大　学　问

始 于 问 而 终 于 明

守望学术的视界

天津工人

THE WORKERS OF TIANJIN

1900-1949

1900—1949

[美] 贺萧————著

喻满意、任吉东、许哲娜————译

GUANGXI NORMALSUNIVERSITY PRES

广西师范大学出版社

·桂林·

天津工人：1900—1949

TIANJIN GONGREN：1900—1949

The Workers of Tianjin, 1900-1949 by Gail Hershatter, published in English by Stanford University Press.

Copyright © 1986 by the Board of Trustees of the Leland Stanford Jr. University. All rights reserved. This translation is published by arrangement with Stanford University Press, www.sup.org.

著作权合同登记号桂图登字：20-2025-113 号

图书在版编目（CIP）数据

天津工人：1900—1949 /（美）贺萧著；喻满意，任吉东，许哲娜译. -- 桂林：广西师范大学出版社，2025. 8. --（中国城市史研究系列）. -- ISBN 978-7-5598-8489-3

Ⅰ. K261.3

中国国家版本馆 CIP 数据核字第 2025RB5605 号

广西师范大学出版社出版发行

（广西桂林市五里店路 9 号　邮政编码：541004）
网址：http://www.bbtpress.com

出版人：黄轩庄

全国新华书店经销

广西广大印务有限责任公司印刷

（桂林市临桂区秧塘工业园西城大道北侧广西师范大学出版社集团有限公司创意产业园内　邮政编码：541199）

开本：880 mm × 1 240 mm　1/32

印张：14.875　　字数：381 千

2025 年 8 月第 1 版　　2025 年 8 月第 1 次印刷

定价：98.00 元

如发现印装质量问题，影响阅读，请与出版社发行部门联系调换。

《天津工人：1900—1949》（中文版）前言

　　2014 年，我很欣喜地为我的著作《天津工人：1900—1949》（下称《天津工人》）中文版撰写了简短的前言。该书由许哲娜、任吉东和喻满意做了完美翻译，并于 2016 年由天津人民出版社出版。鉴于该版现已绝版，我很高兴广西师范大学出版社决定发行新版。虽然《天津工人》的中文版首次面世距今已近十年，但我十年前所写的内容仍然能够表达我认为的这本书对中国读者可能具有的价值，因此我在此附上了稍作修订的原版前言。

　　《天津工人》一书最初于 1986 年在美国出版，它探讨了中国华北最重要的工业城市——天津碎片化的工人阶级的区域特性与生存策略。在该书英文版问世后的近三十年里，我一直希望它能被翻译成中文，让在天津工作生活的人们以及对中国 20 世纪初社会文化历史感兴趣的读者能够接触到这本书。翻译工作耗时费力，我要向译者、天津社会科学院和南开大学的众多当初支持此项目的同仁，以及广西师范大学出版社的编辑们表达我的感激之情。

　　自该书首次出版以来，已过去很长时间，或许我应该谈谈我研究和撰写此书时的一些历史背景。20 世纪 70 年代初，我还是一名本科生时，就对中国产生了浓厚的兴趣。那些年，正值美国越南战争和反战运动的高潮，尼克松访华和"文革"后期，人民历史观的兴起以及女权主义要求"让看不见的东西被看见"。受乒乓外交和尼克松访华报道的鼓舞，我报名参加了所有我能找到的中国课程，渴望亲眼看看当时这个美国人难以访问的地方。（我十几岁时获得的第一本护照明确禁止前往中国。虽然第二本护照取消了这一禁令，但在 20 世纪 70 年代初，普通美国人获得中国签证仍然非常罕见。）1975 年，我短暂访问了中国。1979 年，我再次回到中国进行为期两年的博士研究，此时"文革"已经结束，关于改革的讨论已经开始。我在天津南开大学的中国同学，有许多人是下乡知青，他们正沉浸在自己的动荡中：一方面回望自己以往的岁月，另一方面对中国以外的世界充满强烈的好奇心。我们之间的对话所展现的开放性、辩论和变革的能力，至今仍是我心中积极参与知识交流的重要典范。

　　当我于 1979 年开始研究时，我对 1949 年前在天津工厂工作的男女工人感兴趣：他们来自哪里，他们的工作生活是什么样的，他们如何应对早期工业化的艰难条件，他们是如何维持生计的，他们制定了什么样的生存策略，以及他们产生了什么样的政治抱负？简而言之，我想知道中国早期工业化的艰难条件是如何改变城市男女工人的生活的，工人是如何改变新兴城市景观的，以及他们在革命运动的兴起和成功中扮演了什么角色。我还想探讨地区差异的问题，因为当时除了上海，人们对其他地区的工人阶级历史知之甚少。

但到 1979 年，天津 1949 年前的世界早已远去。它已被以国有工厂为主导的地方经济取代，其中一些工厂成立于 1949 年之前，但如今都作为社会主义企业经营。早期工人阶级中规模较小且更不稳定的部分，如三条石的小作坊里的铁匠、在城市里拉货的运输工人，正在萎缩或不复存在。记得 1949 年前岁月的工人已步入中老年，尽管我有幸找到并采访了其中一些人，但很多人已无法再受访。

此外，在我于 1979 年至 1981 年期间进行研究时，天津所讲述的故事本身也处于变化之中。三条石历史博物馆曾用于展示小铁匠铺中学徒所遭受的残酷苦难，但当时已对公众关闭，尽管仍有工作人员留守，我还是能够查阅到 20 世纪 30 年代和 40 年代一些小作坊的记录簿，但似乎没人能确定，旧的剥削和苦难故事是否已经被完整记录下来。三条石主要是阶级斗争的场所，还是可能是一个繁荣的小规模生产的中心而应该作为天津经济生活充满活力的标志受到颂扬？答案并不明确。不少人对我要调查工人阶级的历史表示好奇。我花了大量时间试图解释欧美学术界"自下而上"书写历史的尝试，以及我对阶级的探索旨在追踪阶级和阶级意识出现和转变的不均衡且不可预测的方式。

然而，尽管革命前的天津社会早已远去，但在 1979 年，它的物质世界在很大程度上并未发生太大变化。我仍然可以骑着自行车穿越天津各个"租界区"那"百衲被"般的地形，那里的电车轨道互不衔接，电压也各不相同（前日本租界为 110 伏特，其他地方为 220 伏特）。尽管三条石铁工业区里那些老旧的作坊已被改作他用，但其狭窄的街道在老城中国区的一角纵横交错，依然保存完好。因此，我当时的一个项目就是学习每一条小巷，以了解这个 20 世纪初的条约口岸的社会地理如何被保留到了中华人民共和国成立后的第四个十年。

如今,我从1979年至1981年认识的天津已经不复存在,它被改革时代的一波又一波变革淹没。建筑环境已翻天覆地:摩天大楼矗立在市中心,历史街区被翻新成餐厅和旅游景点,工人阶级社区被拆除,居民被安置到多层公寓楼中,国有工厂也被重组和改造。即使我足够勇敢,骑着自行车在拥挤的街道上穿行,我也将不知道该往哪里转弯。和其他蓬勃发展的中国城市一样,天津是一个由城市移民、金融活动、巨大财富、众多差异、环境挑战和万花筒般的文化生活构成的复杂景观。它无疑值得许多当代学者研究,但它已不再是我认识的那个城市。

然而,天津工业化早期出现的许多问题至今仍具有现实意义。城市移民网络仍然依赖人们彼此进行互助和求职援助,城市移民与农村地区的持续联系仍然是其生活的一个重要特征。工作场所仍然是密集、复杂且有时充满冲突的社会关系的场所。关于中国应该是什么、应该变成什么的公开讨论仍然充斥着报纸和其他媒体。人们仍然在全球力量、国家建设项目和被激烈辩论的当地问题深刻影响的环境中过着日常生活。在这些方面,20世纪初中国工人的生活和斗争预示着当代的景象。我希望在《天津工人》一书中,读者能够窥见一个已经消失但在当今时代留下印记的世界。

贺萧

加州圣克鲁兹

2024年8月

1980 年贺萧与魏宏运先生以及南开大学其他部分教职员工在南开园新开湖畔的珍贵合影

译者序

2013 年,译者接到 *The Workers of Tianjin, 1900–1949*(《天津工人:1900—1949》)这部著作的翻译任务时,距离该书英文版正式出版已经过去将近 30 年。作者贺萧已经从当年骑着自行车在天津大街小巷寻访老工人的博士生,成为美国加州大学圣克鲁兹分校历史系教授、美国亚洲研究学会主席(2011—2012)。继天津工人研究之后,她将主要精力投入开拓女性史研究的工作中。《危险的愉悦:20 世纪上海的娼妓问题与现代性》(*Dangerous Pleasures: Prostitution and Modernity in Twentieth-Century Shanghai*)(1997)、《漫长的 20 世纪中的中国妇女》(*Women in China's Long Twentieth Century*)(2007)、《记忆的性别:农村妇女和中国集体化历史》(*The Gender of Memory: Rural Women and China's Collective Past*)(2011)等著作,为她在美国和中国历史学界都赢得了巨大的声望。同时,在这 30 年间,无论是在海外还是在中国,学术界的整体面貌,从人员构成、理论焦点,到研究路径甚至资料构成及其查找方法,都已经发生翻天覆地的变化，为什么还要向读者介绍这部将近 30 年前出版的著作呢？译者带着这样的疑惑开始了本书的翻译。

在翻译过程中，随着对本书资料、观点乃至史观的反复咀嚼、揣摩，译者愈来愈强烈地感觉到，贺萧的著作读来仍颇有启发，书中许多观点仍颇有新意。贺萧的研究较好地继承和发展了汤普森（E. P. Thompson）的学术思想，但又绝非在其他地域对英国工人阶级研究模式的生搬硬套，而是在掌握翔实资料的基础上，对天津工人阶级赖以产生和发展的政治环境、经济环境和制度环境的特殊性及复杂性给予了充分的关注，从而对天津工人进行了别开生面的研究。从雇佣制度与管理方式、劳动方式与斗争策略、阶层内部的纠葛与阶层冲突、日常生活与风俗习惯、工人组织与工人运动等诸多角度和层面，贺萧对 1900—1949 年天津工人"变化无常"的阶级构成方式进行了深入的分析，形成了独树一帜的解释模式。

本书既不愧为新劳工史的经典之作，又是一部工人视角下近现代天津城市发展史的力作。本书将天津工人在城市生活中对乡村纽带的广泛应用作为一个特别重要的阐述主题，充分展现了传统与现代、城市与乡村的碰撞与融合，从一个侧面生动地再现了近代天津工业化、城市化的进程。

贺萧在研究过程中对口述史料娴熟而又恰当的运用给译者留下了深刻印象。这一研究方法对于今天的城市史研究，尤其是近年来方兴未艾的城市日常生活史研究，仍然具有重大的示范意义和学术价值。

首先，以口述资料弥补书面文献多限于记录重大历史事件的缺陷，为以普通市民为对象、以日常生活与大众文化为中心的城市史研究的研究取向,提供了至关重要的资料基础。贺萧从衣食住行、家庭结构、家庭生活、公共卫生与健康、婚丧礼仪、节日风俗等诸多方面,全方位展现了1949年以前天津工人日常生活的历史场景,甚至包括女性所要面临的"额外的卫生问题"——月经。如此生动、丰富、细腻的"深描",正是得益于她在天津从事研究期间对许多老工人的访谈。

其次,通过对日常生活的"深究",城市的"隐痛"得以浮现。由于禁忌、羞愧等种种社会心理或文化传统方面的因素,很多城市"隐痛"通常遭遇到文字有意或无意的回避、忽视和遗漏。贺萧在本书中探讨的诸多问题,就触及了近现代历史上在天津这座曾被誉为"小上海"的繁华城市中,挣扎在"霓虹灯外"的下层社会种种不为人知的痛楚。女工相较于男工而言,在遭遇与男工相同的困难,以及在薪酬方面低于男工的不公平待遇之外,更要面临另一种难以启齿的压力——性暴力,其中包括男工的性骚扰以及工头作为惩罚措施的性虐待。近代天津纱厂普遍存在由工头把持招工、培训、分配工种以及执行工厂纪律的"潜规则",因此工人在求职及工作过程中不得不忍受工头的欺凌与盘剥;但另一方面,天津工人又在工头的默许或配合下,通过"泡蘑菇"(消极怠工)反抗恶劣的工作条件,通过偷盗原料或产品等方式来抗议并弥补过低的薪水……正是由于有了口述访谈的资料支持,贺萧才得以对这些涉及禁忌、隐秘的话题进行充分的揭示与深入的探讨,也使研究者和读者得以窥见一个超乎想象的、惊心动魄却一直以来鲜为人知的近代天津工人世界。正如作者自己表述的,"随着我的研究的进展,研究范围变得包罗万象,与我的初衷大相径庭"。

最后，口述资料的引入为城市史研究视角的真正转向提供了"必需条件"。尽管早在一百多年以前梁启超呼吁"新史学"的时代，中国的史学研究就开始了从帝王将相的谱牒向百姓生活的转向，然而，由于一直习惯于从官方文献与精英话语中爬梳资料，这种转向似乎并不那么彻底。近些年来，在研究"触角"不断向底层探索的过程中，史学工作者越来越感觉到"眼光向下"已经不能满足史学研究突破的需求，而要进一步追求"自下而上"。如果说"眼光向下"指的是向底层社会发掘研究对象，在方法和立场上仍然带有"居高临下"的心态，那么"自下而上"则反映了史学工作者研究视角与立场的转换。也正是由于转向从"民众"立场出发思考问题，研究者才逐渐意识到下层民众及其所承载的乡土传统并非"城市化"进程中注定被摒弃的落后事物，相反其中可能包含着有助于促进"城市化"的积极因素，甚至可以作为"孵化"具有城市特征的社会关系和文化的重要基础。贺萧的近代天津工人研究已经为这种转向做出成功的示范。贺萧通过口述访谈发现，20世纪上半叶的城市工人正是借助"血缘关系、地域网络与帮会关系的交集"等传统方式，来建立自我保护的社会"联盟"，增强阶级战斗性的，这对传统城市劳工史以"建立在共同工作经历而非籍贯或家族地位基础上的新关系"作为衡量工人阶级觉悟标准的观点是一个修正。

在翻译过程中，译者曾多次向贺萧请教求证书中的疑难问题。贺萧的热情与信任给了译者极大的鼓励。她尽最大努力提供了各种帮助，不厌其烦地对译者提出的各种细节问题进行了查证和解答。她还应邀为本书特别撰写了优美流畅、趣味盎然的中文版序言，使得30年前的天津再次栩栩如生地展现在我们面前，为我们了解撰写本书时的社会环境和学术背景提供了生动翔实的参照，并提供了 1980 年她与魏宏运先生以及南开大学其他部分教职员工在南开园新开湖畔的珍贵合影。

感谢天津社会科学院历史研究所刘海岩研究员对全书进行了非常严谨细致的校订，并提供了许多有价值的资料线索。

感谢天津社会科学院历史研究所首席专家、原所长张利民研究员促成本书的翻译。感谢天津社会科学院历史研究所原所长任云兰研究员不仅在精神上给予我们很多鼓励和鞭策，也提供了诸多实质性的帮助。感谢历史研究所的诸位同人在本书翻译的过程中给予了许多协助，特别是成淑君副研究员不辞辛劳地帮助我们检索了本书的诸多引文原文。

感谢南开大学常建华教授帮助我们厘清了在翻译过程中遇到的民俗问题，并为我们指出了如何在学术史视野下更好地理解这部著作的诸多路径。感谢杭州师范大学的胡悦晗副教授，南开大学的龚关副教授、夏炎教授、关永强教授和天津师范大学的罗艳春、鲁鑫老师以及天津社会科学院图书馆的郭登浩馆长在我们查找资料的过程中提供了热情的帮助。感谢天津市三条石历史博物馆李宇卓馆长在搬迁整理的百忙过程中帮助查找提供本书附录中的相关资料。

感谢广西师范大学出版社的王佳睿编辑慧眼识珠，给予本书再版的机会，这也从另一个角度说明了贺萧这本经典之作的价值。译者也有幸再次认真拜读原文，一方面得以弥补上次译文留下的小缺憾；另一方面得以再次领会本书的价值，真正感受到什么叫"历久弥新"。本书虽然讲述的是天津工人发展的历史，但是其揭示的问题对于理解天津今天的经济、文化和社会仍很有启示,作者在写本书过程中采用的视角和方法对于今天的学者来说,仍然有很强的指导作用。本书出版之后不断有学界同人、朋友和学生向译者咨询索购本书,目前市面已经很难买到本书,此次再版无疑将让更多的读者得以品鉴这本经典之作。

现对翻译处理谨作几点说明:

1.原文有误之处在页下加"译者注"。

2.外国人名的中文译名在本章第一次出现时,在其后面以括号形式保留了英文原文,此后不再保留英文。

3.距离成书时间已经过去近四十年,作者使用的文献资料、研究素材有些已经佚失或因当时保留的信息出处错误导致无法找到原始资料,因此个别汉语人名、地名只能根据拼音译出,在第一次出现时加注了英文原文中的拼音。引文则采用意译的方式译出。

4.外文资料相关信息的译文在第一次出现时,在后面的括号内保留英文原文,此后不再保留。

5.同一种引文信息,第二次出现时,仅保留作者、著作名、页码,其他出版信息不再赘述。

本书翻译及校订工作分工如下:

致谢、导论、第一章、第二章翻译:任吉东;

中文版序言、第三章至第八章、附录、参考书目翻译:喻满意、许哲娜;

全书校译:刘海岩。

由于译者学力有限,翻译不当之处在所难免,敬请读者批评指正。

献给我的父母

伊弗林·科哈特·赫夏特(Evelyn Chohat Hershatter)

理查德·赫夏特(Richard Hershatter)

纪念我的外祖母

吉特尔·布鲁克·科哈特(Gittel Brook Chohat)

致　谢

　　这本关于天津工人社会史的著作,得益于我曾在中国生活和从事研究的经历。我要特别感谢那些对我的研究给予过帮助的人,当时,协助外国学者是一件比较敏感的事情,常常颇费周折。南开大学历史系欣然接受我做了长达两年的访问学者,系里的老师们尽力提供帮助,以满足我对资料如饥似渴的需求。魏宏运教授是我的导师。龙敬昭花费大量时间安排我前去档案馆和工厂。天津历史博物馆和三条石博物馆的工作人员允许我查阅他们馆藏的档案资料。李世瑜堪称天津风俗方面的"万事通"。邢广文和我分享家庭的温暖。王玉凤、潘杭君和鲁新民不厌其烦地解答我关于中国方言习语的问题,同时也教会了我很多如何在中国生活的方法。1979 年至 1980 年在南开大学留学的顾琳(Linda Grove)非常慷慨地给予我许多建议并与我分享研究资料。在我离开中国后,位于日内瓦的国际劳工组织(ILO)档案馆和世界基督教女青年会(YWCA)档案馆的工作人员,还有方显廷教授都为我提供了帮助,使我补充了中国资料所缺乏的许多内容细节。

这本书的写作还有赖于许多老师、同事和朋友的激励和鼓舞,我在斯坦福大学的导师康无为(Harold Kahn)和范力沛(Lyman Van Slyke)一丝不苟地对我的最初计划和学位论文加以评析和指导。他们对于我来说,就是才思敏捷、精益求精和仁爱之心的楷模。海伦·昌西(Helen Chauncey)、韩起澜(Emily Honig)和兰迪·斯特罗斯(Randy Stross)耐心地通读了最初的草稿,并促使我的思路和陈述更加清晰明确。斯坦福妇女史学位论文组(Women's History Dissertation Group)的成员安东尼亚·卡斯特纳达(Antonia Castenada)、艾斯特尔·弗里德曼(Estelle Freedman)、盖瑞·苏·古德曼(Gary Sue Goodman)、盖尔·格莱特(Gayle Gullette)、罗伊斯·赫尔姆伯德(Lois Helmboldt)、韩起澜、乔安妮·梅耶罗维茨(Joanne Meyerowitz)以及薇姬·鲁伊兹(Vicki Ruiz),阅读了部分章节并帮助我厘清了工人阶级中的性别区分。

中国研究领域的许多学者在他们繁忙的工作中抽空阅读了我厚厚书稿的全部或部分章节。在他们中间,我要特别感谢周锡瑞(Joseph Esherick)、柯临清(Christina Gilmartin)、曼素恩(Susan Mann)、裴宜理(Elizabeth Perry)和卢蕙馨(Margery Wolf)。我在美国威廉姆斯学院历史系的同事彼得·弗罗斯特(Peter Frost)、迈克尔·史密斯(Michael Smith)、汤姆·斯皮尔(Tom Spear)、威廉·瓦格纳(William Wagner)和杰姆斯·伍德(James Wood),他们都尽力帮助我以确保这项研究能被非中国研究领域的专家理解。在斯坦福大学出版社,杰西卡·贝尔(Jess Bell)和匿名阅稿者最终说服我撰写最后一章。穆丽尔·贝尔(Muriel Bell)为本书的几个版本做了精心的编辑工作,威廉姆斯学院办公室人员非常迅速地复制了最后的书稿。

为我的研究慷慨提供资助的有美中学术交流委员会、富布赖特－海斯博士论文研究海外资助(Fulbright-Hays Doctoral Dissertation Research Abroad Grant)教育办公室、吉尔斯·怀特夫人基金会(Mrs. Giles Whiting Foundation)。威廉姆斯学院资助完成了学位论文的修改和书稿的准备。

最后,我想要感谢四位为我做出特殊贡献的人:兰迪·斯特罗斯,坚持不懈地帮我理清每一个不一致的论点和不明确的词语;方三孔(Sankong Fang),协助我完成计算机绘图并设法让我明白各种电脑为何那样运行;莎拉·布鲁克·方(Sarah Brook Fang),用热情款待使单调乏味的审稿变得生动有趣;韩起澜,在本书成型之前和成书过程中,与我花费大量时间讨论书中大部分的构思。

目　录

导论：中国和工人阶级历史的形成

1963 年，英国历史学家汤普森（E. P. Thompson）出版了《英国工人阶级的形成》一书。这项研究涉猎极为广博，同时又深奥复杂，简直就是详尽无遗的。书中追溯了从 1780 年到 1832 年英国工人阶级的历史，这个时期"大多数英国工人开始意识到他们之间的利益是一致的，以及在反对他们的统治者和雇主方面是一致的"①。汤普森的研究不仅仅对英国历史研究做出了重大贡献，更是在召唤一种新型的劳工史：一种不仅仅集中关注工会和工人阶级政党的正规活动，而是更注重研究阶级形成的各个方面的历史。汤普森吸收了卡尔·马克思（Karl Heinrich Marx）的理论，特别关注工人阶级从自在阶级变成自觉积极的自为阶级的转变过程。

汤普森批评了任何定义阶级的企图——"几乎用数学的方

---

① ［英］汤普森（E. P. Thompson）:《英国工人阶级的形成》(*The Making of the English Working Class*)，纽约:古典书局（New York:Vintage），1966 年，前言，第 11 页。

法——有多少人在生产方式方面存在了某种关系"。相反，他提出
了一个经常被引用的解释：

> 最精密的社会学之网也织不出一个纯正的阶级样本，只
> 能呈现一个有关"尊重"与"爱"的阶级……阶级是一种关系，
> 而不是一个东西……如果让历史停留在某一时间点上，那就
> 不会有阶级，而只会有许许多多经历的许许多多的个人；但如
> 果我们在一个足够长的社会发生变化时段上来观察这些人，
> 在他们的关系、思想和制度中观察模式，那么阶级将由人们自
> 己生活的历史来定义，而这是它最终的、唯一的定义。①

---

① ［英］汤普森：《英国工人阶级的形成》，第 9—11 页。关于汤普森对阶级定义的进
一步探讨，参见他的《十八世纪的英国社会：没有阶级的阶级斗争?》（"Eighteenth
Century English Society: Class Struggle without Class?"），《社会史》（*Social History*）第
3 卷第 2 期，1978 年 5 月，第 147—150 页；参见其他研究者对汤普森关于占工人阶
级另一半的妇女所作讨论的进一步引申，例如，［美］路易丝·蒂莉、琼·斯科特
（Louise A. Tilly and Joan W. Scott）《妇女、工作和家庭》（*Women, Work and
Family*），纽约：霍尔特出版社（New York: Holt），1978 年；［美］托马斯·都柏林
（Thomas Dublin）的《职业女性》（*Women at Work*），（纽约：哥伦比亚大学出版社
［New York: Columbia University Press］，1977 年）；［英］简·汉弗莱斯（Jane
Humphries）《阶级斗争和工人阶级家庭的持久性》（"Class Struggle and the
Persistence of the Working Class Family"），《剑桥经济学杂志》（*Cambridge Journal of
Economics*）第 1 期，1977 年，第 241—258 页；［美］伊丽莎白·H. 普莱克（Elizabeth
H. Pleck）《两界合一：工作和家庭》（"Two Worlds in One: Work and Family"），《社
会史杂志》（*Journal of Social History*）第 10 卷第 2 期，1976 年冬，第 178—195 页；
［美］路易丝·蒂莉：《无产阶级化的路径：生产组织、劳动的性别分工与妇女的集
体行动》（"Paths of Proletarianization: Organization of Production, Sexual Division of
Labor, and Women's Collective Action"），《信号》（*Signs*）第 7 卷第 2 期，1981 年冬，
第 400—417 页，以及《法国的妇女集体行动和女权主义，1870—1914 年》（"Women
's Collective Action and Feminism in France, 1870-1914"），见［美］路易丝·蒂莉、查
尔斯·蒂利（Charles Tilly）编《阶级冲突与集体行动》（*Class Conflict and Collective
Action*），加州贝弗利山：塞奇出版社（Beverly Hills, Calif.: Sage Publications），1981
年，第 207—232 页。

汤普森的著作倾注大量笔墨分析了英国工匠在进入工业资本形成期时特有的思维方式、惯习及联合的模式。这些因素（如果确认的话，可以将其归类为"传统"，传统不是单一的，也不是静态的）表明了工人们对在资本主义制度下改变工作条件和休闲方式做出反应的行为来源。进而，汤普森极力表明，形成中的工人阶级在应对扩张中的资本主义时不仅仅是一个被动的群体。相反，他将工人阶级在自身形成过程中看成一个积极的因素。①

汤普森的著作在某种程度上是对斯大林式的马克思主义政治与学术压制的一种反应。在他的著作出版后的 20 年中，学界和政界（至少在学术范围内）按照他的研究方向拓展领域。一代年轻的学者（他们中许多人是新左派及各种后续运动中的积极分子）已经把注意力转移到英国（以及欧洲其他国家）、美国甚至在一定程度上包括第三世界的工人历史上。这些学者中，许多人既没有采用汤普森的马克思主义取向，也没有像他那样喜好细节的描述。但是，几乎所有人都从引用他的论述开始，而他们的工作表明，他们认真地试图运用和进一步拓展他所提出的种种问题。

这些历史学者（以及少数历史社会学者）取得了怎样的成就？大体上说，他们从五个方面拓展了汤普森的研究，这五个方面常常

---

① "工人阶级被形成，同时也在自我形成。"［英］汤普森：《英国工人阶级的形成》，第 194 页。

是相互关联和交叉的。① 首先,他们拓展了研究的地理范围。汤普森研究的是英国工人阶级,而其他学者尝试研究法国、意大利、俄国和美国的工人阶级。他们的研究不仅仅是汤普森的关注点及其研究方法在其他区域的简单的地理转移。鉴于汤普森成功地建构了水准很高的英国工业革命编年史,研究其他国家的学者常常不得不按照这种结构撰写这段历史。他们的关注点通常要比汤普森的更为狭窄,局限于某个特定的行业或特定的地方。② 这些对汤普

① 对过去 20 年汤普森理论拓展性研究所形成的工人阶级史学整个发展过程的综述,我的叙述当然过于简单也可能失之偏颇。一些在这个领域做出重要贡献的学者,如艾瑞克·霍布斯鲍姆(E. J. Hobsbawm)是汤普森的同代人而不是后辈。另外,如赫伯特·古特曼(Herbert Gutman)曾深受汤普森影响,但他的研究成果远非沿袭之作。还有其他人,如彼得·斯特恩斯(Peter Stearns)明显不同于汤普森的学术方法和政治取向。然而,汤普森的研究对我影响颇深,是我在这一领域进行探讨的最有益的起点。

② 代表著作包括:[英]迈克尔·P. 哈纳根(Michael P. Hanagan)的《团结的逻辑:三个法国小镇的工匠和产业工人,1871—1914》(*The Logic of Solidarity:Artisans and Industrial Workers in Three French Towns,1871-1914*),厄巴纳:伊利诺伊大学出版社(Urbana:University of Illinois Press),1980 年;[美]玛丽·琳恩·麦杜格尔(Mary Lynn McDougall)的《意识与社区:里昂的工人,1830—1850 年》("Consciousness and Community:The Workers of Lyon,1830-1850"),《社会史杂志》(*Journal of Social History*)第 12 卷第 1 期,1978 年秋,第 129—145 页;[美]琼·W. 斯科特的《卡尔莫的玻璃工人》(*The Glassworker of Carmaux:French Craftsmen and Political Action in a Nineteenth Century City*),英国剑桥:剑桥大学出版社(Cambridge,Eng.:Cambridge University Press),1974 年;[美]小威廉·H. 休厄尔(Jr. William H. Sewell):《19 世纪马赛社会变迁与工人阶级政治的兴起》("Social Change and Rise of Working-Class Politics in Nineteenth-Century Marseille"),《过去与现在》(*Past and Present*)第 65 期,1974 年 11 月,第 75—109 页;[美]唐纳德·H. 贝尔(Donald H. Bell)的《工人文化与工人政治:一个意大利小镇的经历,1880—1915》("Worker Culture and Worker Politic:The Experience of an Italian Town,1880-1915"),《社会史》(*Social History*)第 3 卷第 1 期,1978 年 1 月,第 1—21 页;[美]路易丝·A. 蒂莉(Louise A. Tilly)的《五月事件:米兰的工人阶级和 1848 年的叛乱》("I fatti di maggio:The Working Class of

森研究的拓展显然增加了工人阶级历史的比较范围。例如,学者们必然要问,持续的移民潮如何影响到美国工人阶级的形成,土地与俄国产业工人的意识形成有着怎样藕断丝连的关系。② 不同时期和不同地区的工匠们的经历提供了特别丰富的比较点。汤普森将地位受到工厂体系威胁的工匠视为工人阶级激进主义的开创者。随后的研究特别是法国的研究,已经揭示了工匠激进主义在

(续)────────────────

Milan and the Rebellion of 1848"),载罗伯特·J. 贝祖查(Robert J. Bezucha)主编《现代欧洲社会史》(*Modern European Social History*),麻州列克星敦:希思出版社(Lexington, Mass.: Heath),1972 年,第 124—158 页;[美]罗伯特·E. 约翰逊(Robert E. Johnson):《农民与无产者:19 世纪晚期莫斯科的工人阶级》(*Peasant and Proletarian: The Working Class of Moscow in the Late Nineteenth Century*),新泽西州纽布伦斯威克:罗格斯大学出版社(New Brunswick, N.J.: Rutgers University Press),1979 年;[美]黛安娜·科恩科尔(Diane Koenker):《莫斯科的工人和 1917 年革命》(*Moscow Workers and the 1917 Revolution*),新泽西州普林斯顿:普林斯顿大学出版社(Princeton, N.J.: Princeton University Press),1981 年;[美]雷金纳德·E. 泽尔尼克(Reginald E. Zelnik):《沙皇俄国的劳工与社会:圣彼得堡的工厂工人,1855—1870 年》(*Labor and Society in Tsarist Russia: The Factory Workers of St. Petersburg, 1855–1870*),加州斯坦福:斯坦福大学出版社(Stanford, Calif.: Stanford University Press),1971 年;[美]戴维·蒙哥马利(David Montgomery):《人民的研究:美国工人阶级》("To Study the People: The American Working Class"),《劳工史》(*Labor History*)第 21 卷第 4 期,1980 年秋,第 485—512 页;[美]赫伯特·古特曼:《工业化进程中美国的工作、文化与社会》(*Work, Culture and Society in Industrializing America*),纽约:克诺普夫出版社(New York: Knopf),1976 年;[美]丹尼尔·T. 罗杰斯(Daniel T. Rodgers):《传统、现代性与美国产业工人:反思与批判》("Tradition, Modernity and the American Industrial Worker: Reflections and Critique"),《跨学科史杂志》(*Journal of Interdisciplinary History*)第 7 卷第 4 期,1977 年春,第 655—682 页。

② 例如,可参考赫伯特·古特曼、约翰逊·罗伯特和黛安娜·科恩科尔的著作。

各个城市和各行业出现的原因。①

在把汤普森的研究拓展到其他地区和时期的同时,学者们也丰富了工人阶级史的研究方法。汤普森的长处在于对传统文字资料详尽的搜集和精彩的阐述,而他的后继者得益于历史统计方法和电脑的计算能力。他们仔细地研究婚姻登记、死亡证明、人口普查数据和警察报告,对工人阶级移民、家庭结构和职业流动提出了新的解释。② 汤普森可能不愿认同新一代学者的一些研究成果,因为他们过于迷恋数据而有时会忽略了他的告诫,即工人阶级不能简化成一连串的统计数字关系。然而,他们的研究成果提供的不仅是一种虚幻的精确,他们还帮助我们重构了那些没有加入工人社会也没有留下文字资料的人们的生活。他们使得追问汤普森有关一个数量更大和更加多样化的劳动群体的问题成为可能。

这个扩大了的劳动群体包括很多妇女,而对汤普森研究的第三个拓展开始致力于研究她们的经历。正如其他领域的妇女史研究,学者们已经不能仅局限于简单地关注女性经历之类的标准问题。他们修改旧概念,提出新概念。比如家庭工资经济概念的提出,使得历史学家能够发问,妇女对资本主义生产和劳动力的再生产做出了怎样的贡献。提出的还有下列问题——虽然绝不可能有全面的答案:妇女工作性质的改变对于性别角色社会结构的影响,

---

① 代表作诸如斯科特、哈纳根及休厄尔的著作,此外还有[法]罗纳德·阿敏扎德(Ronald Aminzade)《法国罢工发展与阶级斗争》("French Strike Development and Class Struggle"),《社会科学史》(Social Science History)第4卷第1期,1980年冬,第57—79页。
② 小威廉·休厄尔、罗伯特·约翰逊的著作以及[美]托马斯·都柏林的《职业女性》是这方面研究的典范。

在劳动力市场上妇女工资相对较低的原因,妇女对工人阶级政治的参与。① 频繁产生的对妇女在工人阶级中角色的新认识,促使长期保持的正统观念发生了改变。例如对妇女在其中扮演主要角色的散工的分析,改变了大型工厂取代所有旧的生产方式这样一种资本主义工业线性发展的观点。更确切地说,制作火柴盒和针织产品的家庭制造业与工厂并存的确有助于工厂生产的兴盛。② 对女性工作收入的调查,有望对资本主义非线性逻辑形成更加深入的领悟。

对汤普森理论研究的第四个发展是关注工人的激进问题并试图解释它。一些历史学家致力于工人阶级的结构与传统的研究,另外一些人则关注工人政治经验的积累或长期的经济变迁。他们和汤普森一样已经观察到雇主试图要求新一代工厂雇工遵守工业纪律和工人们顽强抵抗工业纪律的斗争。他们追溯工人们"学会游戏规则"的过程和开始"不是为反对时间(延长)而战斗,而是为

---

① [美]路易丝·蒂莉、琼·斯科特:《妇女、工作和家庭》;都柏林前引书;[英]简·汉弗莱斯:《阶级斗争和工人阶级家庭的持久性》,第241—258页;[美]伊丽莎白·H. 普莱克:《两界合一:工作和家庭》,第178—195页;[美]路易丝·蒂莉:《无产阶级化的路径:生产组织、劳动的性别分工与妇女的集体行动》,第400—417页,以及《法国的妇女集体行动和女权主义,1870—1914年》,见[美]路易丝·蒂莉、查尔斯·蒂利主编《阶级冲突与集体行动》,第207—232页。

② 例如可参见[英]邓肯·白赛尔(Duncan Bythell):《血汗贸易:19世纪英国的散工》(*The Sweated Trades: Outwork in Nineteenth-Century Britain*),纽约:圣马丁出版社(New York: St. Martin's Press),1978年。

（自己的）时间"①而战斗。通常，这些历史学家试图解释罢工并不是突然爆发，而是工人们在日常生活中共同联合的自然延伸。而且，他们还追溯共同联合得以发展起来的各种根源：共同的乡下祖籍、共同的工厂经历、共同的方言和习惯、战争和经济危机时期面临的共同问题。历史学家研究工人激进行为在方法上兼收并蓄，一些人偏好用计算机探讨相关性，康德拉季耶夫长波（Kondratieff Waves）跟踪长期的经济周期，其他人则探究雇主们的抱怨和工人阶级知识分子的回忆录。但是，他们赞同汤普森的观点，即"工人的行动以及使他们了解这些行动的意识，不能仅仅依靠直接的政治事件来加以解释"。②

---

① ［英］汤普森：《时间、工作纪律和工业资本主义》（"Time，Work-Discipline，and Industrial Capitalism"），《过去与现在》（*Past and Present*）第 38 期，1967 年，第 85 页；［美］艾瑞克·霍布斯鲍姆：《习惯、工资和工头》（"Custom，Wages and Work-Lord"），《劳动者》（*Labouring Men*），纽约州花园城：安科图书公司（Garden City，N. Y.：Anchor Books），1967 年，第 405—436 页；［美］赫伯特·古特曼：《工业化进程中美国的工作、文化和社会》。

② 此外参见［法］罗纳德·阿敏扎德前引文；［美］维多利亚·E. 邦内尔（Victoria E. Bonnell）：《叛乱之源：圣彼得堡和莫斯科工人的政治与组织，1900—1914 年》（*Roots of Rebellion：Workers' Politics and Organizations in St. Petersburg and Moscow，1900-1914*），伯克利：加州大学出版社（Berkeley：University of California Press），1983 年；［英］詹姆斯·E. 克罗宁（James E. Cronin）：《劳工暴动和阶级的形成：比较的视角下的欧洲 1917—1920 年危机》（"Labor Insurgency and Class Formation：Comparative Perspectives on the Crisis of 1917-1920 in Europe"），《社会科学史》（*Social Science History*）第 4 期，1980 年，第 125—152 页；以及《罢工的理论：为什么他们不能解释英国经验？》（"Theories of Strikes：Why Can't They Explain the British Experience?"），《社会史杂志》（*Journal of Social History*）第 12 卷第 2 期，1978 年冬，第 194—221 页；［美］迈克尔·哈纳根、查尔斯·史蒂芬森（Charles Stephenson）：《熟练工人和工人阶级的抗议》（"The Skilled Worker and Working Class Protest"），《社会科学史》（*Social Science History*）第 4 卷第 1 期，1980 年冬，第 5—13 页；罗伯

汤普森理论拓展性研究的最后一点是工人阶级文化与经济和政治的关系，它在英国曾引发大量的学术争论。汤普森曾因把"阶级"仅仅简化为"阶级意识和阶级组织"，而忽略其"在经济关系中的根源"，而广受批评。批评他的人指出，由于他坚决避免对理论的机械应用，所以他刻意避开了所有的理论，甚至所有的抽象概念。② 更进一步地，汤普森的后继者被指责把工人阶级的历史简化成去政治化的"文化"观念。汤普森强调意识要排除其他因素，因此这些作者粉饰阶级意识并忽视意识形态。批评者认为，这种做法将工人阶级与其作为其中一部分的大社会隔离开来，因此不会搞清这些事件的革命意义。这些批评人士呼吁回归工人阶级政治的研究，不是把工人阶级政治狭隘地看作组织的历史，而应该更宽泛地将其视为资本主义制度下阶级历史的一部分。虽然他们的批评引发的争论多于新见解，但是他们为自己确定了一个汤普森可

（续）————————

特·E. 约翰逊前引书;黛安娜·科恩科尔前引书;玛丽·琳恩·麦克杜格尔前引书;[美]戴维·蒙哥马利:《19世纪的美国罢工》("Strikes in Nineteenth-Century America"),《社会科学史》(Social Science History)第4卷第1期,1980年冬,第81—104页;[法]威廉·瑞迪(William M. Reddy):《法国早期纺织厂的纱线、等级工资、折扣、蒸汽与其他"群众公正"对象》("Skeins, Scales, Discounts, Steam and Other Objects of Crowd Justice in Early French Textile Mills"),《社会与历史比较研究》(Comparative Studies in Society and History)第21卷第2期,1979年4月,第204—213页;小威廉·塞维尔前引书;[美]爱德华·肖特(Edward Shorter)、查尔斯·蒂利:《法国的罢工,1830—1968年》(Strikes in France, 1830-1968),英国剑桥:剑桥大学出版社(Cambridge Eng.: Cambridge University Press),1974年;[美]雷金纳德·E. 泽尔尼克前引书。

② [美]理查德·约翰逊(Richard Johnson):《汤普森、吉诺维斯和社会主义—人文主义的历史》("Thompson, Genovese, and Socialist-Humanist History"),《历史工作室》(History Workshop)第6期,1978年秋,第90—91、97页;也可以参见《历史工作室》中的信件和回复,第7—9期(1979—1980)。

能会赞同的研究选题：工人阶级历史在各个方面与社会大历史的
整合。①

　　面对如此多产和富于想象力的学术群体，以及许多历史学家
近 20 年努力所取得的成果，从事中国研究的学生先是备受鼓舞，
然后陷入绝望。在汤普森著作出版的前一年，法国学者谢诺（Jean
Chesneaux）发表了他关于 1919 到 1927 年中国工人运动的研究成
果。20 年后，1982 年，林德·谢弗（Lynda Shaffer）关于 20 世纪 20
年代初期湖南工人运动的专著出版。在这 20 年间，几篇关于广东
工人运动的地方研究论文和总部设在东京的中国工人运动历史研
究小组发表的若干篇文章，增加了有关工人抗议运动的研究成果。
然而很明显，对中国工人阶级形成历史的研究跟不上其他国家对

---

① 从不同角度的评论，可参见［美］伊丽莎白·福克斯－吉诺维斯（Elizabeth Fox-
　　Genovese）和尤金·吉诺维斯（Eugene Genovese）《社会史的政治危机：一个马克思
　　主义者的观点》（"The Political Crisis of Social History：A Marxian Perspective"），《社
　　会史》（Social History）第 10 卷第 2 期，1976 年冬，第 205—220 页；［美］托尼·朱特
　　（Tony Judt）《身着豪华紫袍的小丑：社会史与历史学家》（"A Clown in Regal
　　Purple：Social History and the Historians"），《历史工作室》（Histroy Workshop）第 7
　　期，1979 年春，第 66—94 页；［美］杰夫·埃利（Geoff Eley）、基思·尼尔德（Keith
　　Nield）《为什么社会史忽略政治?》（"Why Does Social History Ignore Politics?"），《社
　　会史》（Social History）第 5 卷第 2 期，1980 年 5 月，第 249—271 页；［美］史提夫·
　　霍克施塔特（Steve Hochstadt）《社会历史与政治：唯物主义的观点》（"Social History
　　and Politics：A Materialist View"），《社会史》（Social History）第 7 卷第 1 期，1982 年
　　1 月，第 75—83 页。

工人阶级的研究步伐,如苏联,那里搜集资料同样有问题。① 这种学术的沉默虽然令人沮丧,但不令人费解。简单地说,研究中国的历史学家注意力在其他地方。不论中国国内的还是国外的近现代历史学家,他们关注的都是20世纪的重大事件:1949年革命。这导致他们回溯到19世纪去研究先是西方后是日本帝国主义的影响;这导致他们去研究中国乡村,去探求农业经济的动力和分析作为社会革命根源的农民;这导致他们去研究20世纪的中国大学这个非常明显的政治活动的发源地。但是,这一般不会导致他们进入工厂,更别说工匠的作坊和中国工人的家里。基于可以理解的理由,工人们获得关注大多是当他们与反对帝国主义或革命抗议的大规模全国性运动发生关联的时候,就如同他们在20世纪20年代中期和40年代后期那样。

---

① [法]让·谢诺:《中国劳工运动,1919—1927》(*The Chinese Labor Movement,1919-1927*),加州斯坦福:斯坦福大学出版社(Stanford, Calif.: Stanford University Press),1968年;[美]林德·谢弗:《毛泽东和工人:湖南的劳工运动,1920—1923年》(*Mao and the Workers: The Hunan Labor Movement, 1920-1923*),纽约州阿蒙克:夏普出版社(Armonk, N.Y.: Sharpe),1982年;陈明(Ming Chan):《劳工与帝国:珠江三角洲的中国劳工运动,1895—1927年》("Labor and Empire: The Chinese Labor Movement in the Canton Delta,1895-1927"),斯坦福大学博士论文,1975年;[美]伯纳德·S.托马斯(S. Bernard Thomas):《中国革命和1927广州公社中的"无产阶级领导权"》("'Proletarian Hegemony' in the Chinese Revolution and the Canton Commune of 1927"),安娜堡:《密歇根中国研究论文》(*Ann Arbor: Michigan Papers in Chinese Studies*)第23号,1975年。中国工人运动史研究小组的研究成果发表在他们的专业刊物《中国工人运动史研究》第1—12卷(1977—1983)。谢诺、谢弗和陈的观点在谢弗的《中国工人阶级》("The Chinese Working Class")(《近代中国》[*Modern China*]第9卷第4期,1983年10月,第455—464页)一文中做了总结和讨论。关于中国工人运动的经典研究有[美]尼姆·威尔斯(Nym Wales)、海伦·福斯特·斯诺(Helen Foster Snow)的《中国工人运动》(*The Chinese Labor Movement*)(纽约:约翰·戴出版公司[New York: John Day],1945年)和邓中夏的《中国职工运动简史》(北京:人民出版社,1953年)。

在政治沉寂期，他们的活动不被关注，一直被中国历史学者的研究忽略，工人们只是主要事件模糊的旁观者。①

　　然而，就中国工人而言，不连续的激进性本身就是一项重要的历史事实。它促使我们把注意力转向外部，去探究工人阶级是如何与社会其他阶级发生互动的。为了理解工人阶级在政治上的沉寂，需要考察工人和统治阶级之间的关系、统治阶级彼此之间的关系、暴力和非暴力政治权力的实施以及支配权问题。研究的一个方向就是这样向外进入更大的社会，这有助于构建工人的行为和思想。② 在现在正在进行的关于近代中国政治斗争的研究中，全大伟（David Strand）开始探索这一主线，发现"近代组织活动是工人用来保护和

① 近期探讨有关激进时期与沉寂时期共产党劳工政策的研究有［美］伯纳德·托马斯的《劳工与中国革命》（*Labor and the Chinese Revolution*，安娜堡：密歇根大学中国研究中心［Ann Arbor：Center for Chinese Studies，University of Michigan］，1983 年）。本章导论没有讨论 1949 年以后即中华人民共和国时期的工人史研究，尽管本书利用和讨论了该时期的一些个案研究成果。大量访谈和文献资料是在中华人民共和国的工人教育运动中搜集整理的。大多数资料都集中谈及工人日常生活的困难，他们参加的正规的工人运动以及共产党在组织工人运动中的作用。虽然这些资料也提供了其他地方无法获得的史料，但是资料中常常把工人阶级斗争的动力归结为简单的整体压迫和联合抵抗间的截然对立。最近复苏的中国历史专业使这种可能性得以出现，即中国学者有可能在不久的将来对工人阶级史做出更广泛和更深入的研究。
② ［英］阿利斯泰尔·瑞德（Alistair Reid）指出，组织和行动的缺乏可能是资本主义本身发展方式的产物，然而，马克思强调资本主义制度下工人阶级日渐增强的同质性，而不太强调它的分化倾向：劳动分工的日益复杂化，"因性别和文化的不同而进一步加重"。资本主义发展的不平衡使机器操作工总是少数，工人们为了就业而彼此竞争。所有这些用瑞德的话说就是"失败是正常的……是资本主义制度下工人阶级的状态"，而"缺乏有意识制定的政治策略和同盟，就只能维持短期的群体抗争"。［英］阿利斯泰尔·瑞德：《英国工人阶级形成时期的政治与经济：对穆尔豪斯的回应》（"Politics and Economics in the Formation of the British Working Class：A Response to H. F. Moorhouse"），《社会史》（*Social History*）第 3 卷第 3 期，1978 年 10 月，第 359—361 页。

增进其利益的若干斗争策略之———在这方面,'垂直动员'至少和'横向发动'一样有力"。马克·塞尔登(Mark Selden)建议,探索的范围应该进一步扩大,包括"国家的性质、法律结构、权力和渗透以及国家与社会阶级的关系等方面的研究……国家权力从根本上对工人阶级斗争的领域和斗争的结果产生影响"。①

　　研究的第二个方向是向内,转向工人阶级自身,更仔细地考察意识、组织和行为之间的关联。这些关联不是机械的。正如埃利(Geoff Eley)和尼尔德(Keith Nield)在一次有关德国工人的讨论中指出的那样,工人们缺乏组织未必是"对现状满意或缺乏阶级意识。这种消极情绪可能暗示'对客观可能性的恰当评估'"②。这种对意识的研究反过来让我们在时空上回到了过去,回到了20世纪大多数中国工人出生的村庄。这个工人阶级的持久性如何?表面上看起来"手忙脚乱的"中国新通商口岸的城市化,实际上可能是一个进进出出的复杂运动过程,在这一过程中,作为城市人口重要组成部分的群体却不是城市生活中的常住人口。再者说,乡村来源与战斗性之间的联系并不能用一种预测模式推论出来,而是必须研究他们的各种复杂特性。流动性、短期性和农村保守性可能使工人们不那么忠于城市的条件,从而使得工人们战斗性也不

① [美]全大伟,私人通信,1984年7月22日;[美]马克·塞尔登:《中国与日本的无产阶级、革命性变革与国家, 1850—1950年》(" The Proletariat, Revolutionary Change, and the State in China and Japan, 1850-1950"),伊曼纽尔·沃勒斯坦(Immanuel Wallerstein)主编:《世界社会结构中的劳工》(*Labor in the World Social Structure*),加州贝弗利山:塞奇出版社(Beverly Hills, Calif.: Sage Publications),1983年,第3卷,第58—120页。

② 杰夫·埃利、基思·尼尔德前引书,第270页。

那么强。但是，如果乡村联系网络被带进工厂并加以重塑以适应新的生存环境，乡村纽带的持续也能增加战斗性。重要的是，工人们如何在特定的历史时间和地点运用他们的乡村关系纽带。①

最后，关于工人战斗性的研究推动我们去研究那些试图在中国的工作场所建立组织的空想家和社会组织者。这些人所带来的思想观念已经在历史文献中有过大量的讨论。但是，这些思想观念被工人阶级接受或改变，它们对工人阶级意识的影响还没有被完全搞清楚。至于政治策略是劳工们自己创造的，还是借鉴旧的反抗传统（城与乡）或吸取在城市工厂学到的独立与厂外组织者的经验教训，我们还知之不多。② 因此，即使是大部分时间处于沉寂状态的工人阶级也能够告诉历史学家许多关于大社会，关于意识、组织和行为的关联，关于革命进程，最后关于阶级发展本身的信

---

① 这一观点通过当下正在进行的有关俄国工人阶级斗争的讨论得到了很好的证明。然而，布尔什维克把工人的革命热情解释为无产阶级成熟的标志，诸如学者冯·劳（Von Laue）和海姆森（Haimson）主张，（就像孟什维克认为的）斗争始于村庄带来的不满，并且因工厂生活压力而加剧。而罗伯特·约翰逊和泽尔尼克分别认为，俄国工人并不是在走一条从农村到工厂的单行路，而是保持着双重依恋和一种混合的、常常是易变的不公平感，从而使问题复杂化。邦内尔强调工人对工会组织的失望；科恩科尔指出工人激进化过程的渐进性。总之，这些学者翔实的研究和不同的结论提醒我们，没有一个单一的因素，不论是结构的还是思想意识的，可以解释清楚工人斗争的起因。参见所附书目中这些学者的著作。

② 全大伟曾问过关于北平人力车夫反抗的源起这些问题。［美］全大伟、理查德·魏纳（Richard R. Weiner）：《20世纪20年代北京的社会运动和政治话语：基于1929年10月22日电车动乱的分析》（"Social Movements and Political Discourse in 1920's Peking：An Analysis of the Tramway Riot of October 22，1929"），曼素恩（Susan Mann Jones）主编：《远东研究中心论文选编》（Select Papers from the Center for Far Eastern Studies）第3期（1978—1979），芝加哥：芝加哥大学（Chicago：University of Chicago），1979年，第137—179页。

息。目前有关中国工人的研究刚刚开始把注意力集中于我们的问题，研究题材的组织不是围绕着处境艰难的工人运动中相互不关联的事件，而是围绕工人自身以及他们作为一个与其他阶级相关的阶级的出现。①

中国工人阶级的历史大部分还有待书写。对于历史学家来说，这既是一个问题也是一件乐事。如果某人正在通过研究找出一座城市中的工人，要拼接这座城市的原貌，是困难的，有时也是乏味的，遗漏和掺杂带来的误差几乎不可避免。而另一方面，这一研究领域的范围可能比每一个事件和方向都已经被其他学者谈过或分析过的其他领域更为广泛。

本书讲述的是 20 世纪前半期华北最重要的工业城市天津的工人历史。1979 年春我开始这项研究时，原本希望将大部分时间投入对天津纺织女工的研究。但我发现，（与已经做过更好研究的上海形成对照）天津的纺织女工人数很少，这也使我获得了第一个教训——要考虑到区域特征。我的研究还受阻于近代天津城市史研究的缺乏，无论是英文的还是中文的。第一章和第二章呈现了这一城市背景，前者着重介绍城市的地理空间发展及其碎片化，后者着重阐述在帝国主义和地区混乱的影响下，当地资本主义发展的变化莫测。

随着我研究的进展，研究范围变得包罗万象，与我的初衷大相

---

① 关于上海棉纺厂女工处理这类问题的著作，见［美］韩起澜《姐妹们与陌生人：1919—1949 年上海纱厂的女工》(Sisters and Strangers: Women in the Shanghai Cotton Mills, 1919–1949), 加州斯坦福：斯坦福大学出版社 (Stanford Calif.: Stanford University Press), 1986 年。该书在本书写作时尚未成印，所有对这本著作的引用都摘自作为该书写作基础的博士论文。

径庭。天津的工人阶级非常分散，除了我希望研究的纱厂工人，还有大量的手工业工人、搬运工、其他临时工等。资料将我的注意力引导到工人的碎片化、分裂性，性别分工的变化，还有令人头疼的非线性方式的成长上。第三章描述了不同行业工人之间的区分，但是也探讨了他们中的大多数都具有的共同点：与乡村的联系、与家族之间密切的关系、在城市经济中作为边缘与临时过客的地位。

随后的三个个案研究，侧重每个行业特有的主题。第四章讨论铸铁业和机器制造业对学徒工的使用和虐待。第五章探讨了运输行业的社团组织和帮会同盟。第六章记录了棉纺厂厂主采用各种手段强制推行工业纪律的努力，包括利用劳动的性别分工和女工的性别弱势。虽然这些行业工作境况的差异很大，但是一定的主题不断重现，例如，跨阶级联盟的重要性，以及作为解决冲突的手段，制度化的暴力无处不在。第七章揭示了工人们利用他们有限的休闲时间，加强和拓展能在城市中保护他们的关系网络。市场、娱乐、假日和庆典仪式不再是政治和工作之间的一个领域，而成为能够揭示政治和工作的文化模式的布景。①

这些章节的内容都暗示，劳工的战斗性不应被看作与"正规"工人阶级行为的突然决裂，而应当被看作其延伸。第八章拼接还原了天津有组织劳工运动史。当精英政治控制弱化，或者政治活动分子把组织工人作为目标的时候，抗议活动就会在天津较大的工厂爆发。最有效的组织方式是利用工人之间已经存在的结盟。然而，罢工是众多生存策略中的一种，不应作为分析工人阶级意识

---

① 对于非政治化的工人阶级文化概念的有说服力的警告，见杰夫·埃利、基思·尼尔德前引书。

唯一可靠的指针。本书是有关许多规模不一的企业的工人研究,既包括激进时期之间,也包括激进时期中的情况。本书不赞成那种研究体系,即让工人匆匆登上和离开相隔二十年的历史舞台,同时被动地和无人察觉地时刻准备着。

第一章　近代天津城市的塑形

宓吉（Alexander Michie），一位 19 世纪旅居天津的西方人，给我们留下了一幅对天津城市和居民生动的描绘：

> 正如一句北京俗语所说的："十个京油子斗不过一个卫嘴子。"但是在很多时候，不良的外表具有欺骗性。虽然街道总是泥泞不堪，只要下上几个小时的雨就会无法通行，然而从清晨到黄昏，大街上牛车、马车、手推车来来往往，络绎不绝，街两旁也有许多奢华豪宅；这个城市存在着一个庞大而有影响力的官方社会，会馆声名显赫而势力强大，还拥有让帝制中国其他城市汗颜的又多又好的靠私人捐助的慈善机构，如育婴

堂、贫民院、救济院、施粥厂等等。①

天津位于低洼的沼泽地带，一条弯曲的、变幻莫测的河流贯穿其间。这里经常发生水灾，在糟糕的季节常遭受蝗灾，在好的时候又受扰于蚊虫，所以不能算是一个理想的城市位置。一直到明代（1368—1644），它还是一个谷物、食盐的主要转运中心和战略设防地。作为北京的门户，天津曾于18世纪有外国使团造访，而在19世纪又遭遇外敌的入侵。1860年开埠以后，随着九国列强在此建立各自的租界，天津常常呈现为几个彼此独立的城市的聚合体。老城的范围进一步扩大，城外的乡村变成了工业区。到20世纪30年代，天津的对外贸易额仅次于上海，已然成为华北地区最大的工商业中心。

城市地理空间的拓展折射出城市社会景象的演变，就这种意义而言，很能说明问题的就是天津被碎化成彼此分离的若干部分。这是一座被分割的城市。外国人，本国官员、军阀、买办（受雇于外国商人的中国雇员）、小商贩和帮会，各自都有其势力范围。他们之间的关系错综复杂，而正是这些主流群体的彼此分离，使得天津的经济有了与众不同的特征。

天津经济被碎化为各自独立的行业，各行业由多个主流群体

① 引自马莱绪（William McLeish）《中国外埠居留记》（*Life in a China Outport*），1917年，转引自［英］雷穆森（O. D. Rasmussen）《天津插图本史纲》（*Tientsin：An Illustrated Outline history*），天津：天津印字馆（Tientsin：Tientsin Press），1925年，第37页。19和20世纪的西方居留者称这座城市为Tientsin，在中华人民共和国时采用的罗马拼音系统中被拼写为Tianjin。本书除了引用1949年以前的西方资料时采用前者，其他均采用后一种拼法。

制定规则，这些因素深深地影响着产业的发展。资本四分五裂，非常分散。强势人物不断投资中型或大型制造业，但没有出现稳定的企业家团体，这就使得工业的发展长期处于资金缺乏的困境中，同时极易受到城市政治格局变化的影响。

当地经济的碎化也表现在其他方面。作为一个条约口岸，天津经济超常发展，出现了各种形式和规模的企业。在海河岸边，各种码头机械和出口加工设备杂乱无章地排列着，大型机器棉纺织工厂与小型手工作坊同时大量出现。在天津，各种不同历史形态的资本形式同时并存，却没有从小规模生产向工厂体系线性转化的迹象。

很少有人对天津城市的历史及其短暂的资本主义发展的历史做过研究。然而，这种历史环境对于工人阶级的形成至关重要。就像城市本身被分裂一样，工人阶级的形成也受制于华北农村经济的状况，同时受到政治与经济不稳定问题的长期困扰。

天津的环境

历经数世纪形成的华北平原，受到地壳运动的影响和多条河流泥沙的冲刷铺垫，逐渐海退而成陆。天津位于华北平原的东北角，北京东南约 100 公里的地方。天津地区方圆 100 公里，一片平坦，地面刚刚高出海平面之上，常常会被洪水完全淹泡。浅湖构成的洼地，周围是一片片长满芦苇的广阔沼泽，排水系统的缺乏直到近代仍是一个突出的问题。①

　　五条河流(大清河、南运河、北运河、子牙河和永定河)在天津汇入海河,并在大直沽顺流入海。② 这些河流带来肥沃的土壤和危险的洪水,尤其在 6—8 月份,强降雨季节集中了天津全年降水量的 75%。1917 年暴发了特大洪灾,两场夏季台风洗劫了天津地区,五条河流的堤坝最终全部崩溃,全省(直隶省)38850 平方公里被水淹没,600 余万人无家可归。③ 当时一位居住在天津的英国人描述道:

　　　　租界浮在一片汪洋之中,如果再有山脉做背景,就如同北戴河海滨和威尼斯一样了。风大时,激起的波浪不时重重地撞击着特雷沃－史密斯宅邸(Travers－Smith house)的后墙。9 月下旬洪水初至时,可以看到各种各样的小动物(蛇类),甚至还有家畜在水中游泳,或者栖息在树上、坟头和墙头上。

　　　　(在这种境况下)农民们乘着木船,企图潜水收割,以挽救他们的一些庄稼。他们中的年轻人穿着单薄的衣服,手里拿着镰刀,潜入大约 10 英尺(3.048 米)深的清澈水底,砍断几根茎杆,然后浮出水面呼吸。他们用这种费力而又缓慢的方法,

---

① 在 5000 年前的新石器时代,天津附近的海岸线在现在的以西 50 公里处。从 1957 年开始,考古学者已经发现海岸线前侵遗留下的四条连续排列的贝壳堤。见天津市历史研究所天津史研究室《天津简史》,天津:天津市历史研究所,1979 年;另见 1980 年 10 月 21 日对李世瑜的访谈,他发现了其中一条原始的贝壳堤。

② 应为大沽口,原文误。——译者注

③ 全年的降水量是 560 毫米。鲍觉民:《天津之气候》,《经济周刊》第 44 期,1933 年 12 月 27 日。从明代到 1949 年,天津地区有记载的水灾达 72 次。乔虹:《明清以来天津水患的发生及其原因》,《北国春秋》第 3 期,1960 年 7 月,第 86—95 页。

抢救了一小部分作物。①

天津温暖、潮湿、易涝的夏季之后是短暂的秋天和漫长寒冷的
冬天。河流从 12 月底结冰直到转年 2 月，降雪很少。来自蒙古草
原的寒风毫无阻挡地刮过森林已被砍伐殆尽的华北平原，一句天
津流行的俗语这样警告冬天的危险：腊七腊八，冻死俩仨。另一首
使人感到乐观的谚语，把从冬至到春分这段时期分成十个九天：

一九二九不出手；
三九四九冰上走；
五九河开，六九雁来；
七九八九河边看柳；
九九加一九，耕牛遍地走。②

但是，当春暖花开的时候，风也会随之增大，沙子、小石子和树枝在
空中随风飞舞。

最后一种祸害是昆虫。马戛尔尼爵士（Lord Macartney）在
1793 年乘船路过天津前往北京的途中，抱怨他的团队"烦恼于蚊蠓

---

① ［英］雷穆森：《天津插图本史纲》，第 292 页。
② 感谢王玉凤和鲁新民分别为我写下了这两首谚语。（第二首谚语有误，应为：一九
二九不出手；三九四九冰上走；五九六九河边看柳；七九河开，八九燕来；九九加一
九，耕牛遍地走。——译者注）

的肆意叮咬,惊愕于蝉虫的日夜喧鸣"①。而当地农民更关注的是周期性的成群的蝗虫吞噬庄稼。一位 1655 年访问天津的荷兰人写道:

> 一直到深夜,人们成群聚集在一起驱赶蝗虫,保卫庄稼。每年一到这个时候(6 月份),蝗虫就会伴随着东风一群群铺天盖地而来;它们一旦落下,不消几个小时,就可以吃光所有的庄稼。为了阻止这些害虫,村民们在田间来回走着挥舞着彩旗,不停地高声叫喊,不让这些蝗虫落下,直到将它们驱赶到海里或河里淹死。②

虽然这种环境不适于居住,人类还是从新石器时代就在天津地区繁衍生息。③ 到了宋代(960—1279),为抵御来自北方的入侵

---

① ［英］克兰默-宾(J. L. Cranmer-Byng)编:《一个出使中国的使者:马戛尔尼作为使节觐见乾隆皇帝期间的日记,1793—1794》(*An Embassy to China*: *Being the Journal Kept by Lord Macartney During His Embassy to the Emperor Ch'ien-lung 1793-1794*),出版地不详:朗文(Longmans),1962 年,第 82 页。

② ［荷］约翰·纽霍夫(John Nieuhoff):《1655 年荷兰东印度公司使节哥页和开泽阁下觐见中国皇帝》("The Embassy of Peter de Gover and Jacob de Keyser from the Dutch East India Company to the Emperor of China in 1655"),约翰·平克顿(John Pinkerton)编:《世界各地最好最有特色的航海和旅行记总汇》(*A General Collection of the Best and Most Interesting Voyages and Travels in All Parts of the World*),伦敦:朗文出版社,1811 年(London: Longman, Hurst, Rees, Orme, and Broun, 1811),第 7 卷,第 257 页。

③ 除非另外注明,下文关于早期天津历史探讨的资料均来自前引《天津简史》,第 1—25 页,以及田红石《天津概述(一九一九年前)》,《天津历史资料》第 3 期,1965 年 3 月 1 日,第 1—13 页。

者,人们在这个地区周围建起了要塞。"天津"这个称谓确定于明朝初期,当时王朝统治者在此地驻军设防(天津卫)。这个名称的由来是当时未登基的永乐皇帝曾经在这里渡过海河,因此该地得名天津,或称"天子渡口"。①

可能是由于它在军事上的重要地位,天津一般被简称为"卫"。一则最早流行于清代的带有嘲讽意味的民谣这样描述北京、天津和保定的居民:"京油子、卫嘴子、保定府的狗腿子。"②

显而易见,天津卫嘴子们的天赋在商业领域得到了发挥。唐代(618—907)中期,位于两条运河交汇处的天津已经成为来自南方的谷物和绸缎的重要转运点。一直到清代,漕粮都经过天津运往京城。从 18 到 19 世纪,天津的帆船船队与上海、福建和广东开展贸易。他们运来的不仅仅是谷物,还有外国的一般商品和鸦片。内地商人在天津出售他们的货物,用赚到的收入买进鸦片;在鸦片战争前,天津是鸦片输入华北地区的中心。食盐的生产和储存是另一项重要商业活动。在清代早期,长芦盐运司移驻天津,富有的盐商也从 17 世纪开始纷纷落户津门。③

天津是该地区的粮仓和盐场,出于保护这个战略转运中心的需要,城内政府部门激增。在 18 世纪,该地区所有的府、县衙门,以及盐运使衙门、漕运衙门都设在天津。持续增长的官僚阶层的

---

① ［德］艾伯华(Wolfram Eberhard):《中国历史》(*A History of China*),伯克利:加州大学出版社(Berkeley: University of California Press),1977 年,第 266—267 页。

② 我很感激卡尔·克鲁克(Carl Crook)最早提醒我注意这段民谣。

③ 参见［美］顾琳(Linda Grove)《华北传统商人和现代资本家的管理实践》(*Managerial Practices among Traditional Merchants and Modern Capitalists in North China*)(未刊稿),其中包括关于天津长芦盐商的讨论。

需求和有钱的商人阶层的消费需要,刺激了小宗商业的发展。与此同时,长途贸易又得到山西钱庄所运作的复杂的汇兑系统的金融支持。① 士兵、粮食、食盐和上述所有的贸易构成了天津早期的经济格局。

1816 年的天津

　　在 1860 年开放为通商口岸之前,外国旅行者访问天津很有可能会乘船抵达位于海岸边的大沽,然后改乘帆船逆海河而上。② 因为通过这条蜿蜒的河道需要花费大约两天的时间,所以他们有足够的时间欣赏郊外沿河两岸“用泥坯筑墙和芦苇铺顶的棚屋”③。

---

① 这套系统起源于天津,当时一个商人从四川购买染料必须支付白银。从天津向内地运送白银既笨重又危险,汇兑系统的建立使得携带纸质汇票而不是白银成为可能。这些山西票号直到 19 世纪末在天津仍很受欢迎。山西商人在天津还经营绸缎、毛皮、茶和布匹,也经营当铺。更多关于天津山西票号的研究,可参见杨联陞《中国的货币与信贷》(*Money and Credit in China*),麻州剑桥:哈佛大学出版社(Cambridge,Mass.:Harvard University Press),1952 年,第 82—85 页。关于其他的中国金融业,参见《天津文史资料选辑》第 20 辑,1982 年 8 月,第 90—168 页。

② 接下来关于天津的两段综合描绘主要根据以下资料:[英]亨利·埃利斯(Henry Ellis):《阿美士德使团出使中国日志》(*Journal of the Proceedings of the Late Embassy to China*),费城:斯莫尔出版公司(Philadelphia:A. Small),1818 年;[英]乔治·斯当东(George Staunton):《英使谒见乾隆纪实》(*An Authentic Account of an Embassy from the King of Great Britain to the Emperor of China*),费城:约翰·博伦出版公司(Philadelphia:John Bioren),1799 年,第 1 卷,第 279 页;1980 年 1 月 24 日鲍觉民带领顾琳和我对天津的游览;王绣舜、张高峰:《天津早期商业中心的掠影》,《天津文史资料选辑》第 16 辑,1981 年 8 月,第 61—73 页;1981 年 5 月 19 日与徐景星的访谈;我在天津两年的居住经历。其他的出版资料将在引用时加上说明。

③ [英]乔治·斯当东:《英使谒见乾隆纪实》第 1 卷,第 256 页。

高粱、玉米、谷子、四季豆和水稻,密集地被一直种植到河边,而黄瓜、西瓜、苹果、梨、李子和桃也能在岸上见到。沿河两岸,当地村民用高粱秆的上部编成垫子,而用根部来充当燃料或加固河边堤岸的松土。

当帆船驶近天津城的时候,可以看到大约4.6米高的盐坨沿着岸边一字排开,上面苫盖着席子以防雨水。① 进入城市的地方实在没有什么引人注目之处,留给人的印象仅仅是"帆船渐渐挤到一起直至数不胜数,人口众多,而建筑物虽然谈不上美观,却也显得规整和独特"②。

难得一见的外国访客来到天津,不可避免地成为一个公共事件。成百上千的天津市民站在水中以便更接近运送外国人的船只,另一些人则爬上了盐坨的顶端。1816年跟随阿美士德爵士使团访问天津的亨利·埃利斯,惊呼他"此前从未想象过人头能够如此近地紧贴在一起,彼此就像用螺丝钉固定在一起,但常常仍不能挤出空隙来观看外国人"③。外国人强忍着穿过长长的夹道围观的人群进入城内,以至于感觉天津好像"有大约伦敦那样长"。④ 他们花费了大约两个半小时,才从郊外的第一排房子到达正好位于城东门外的停泊处。

在抛锚处,外国人很难知道河流终于何处,河岸始自何方,因为拥挤不堪的帆船使得他们几乎看不到河面。那里甚至还有一座用船

---

① [英]克兰默–宾编:《一个出使中国的使者:马戛尔尼作为使节觐见乾隆皇帝期间的日记,1793—1794》,第83页;乔治·斯当东:《英使谒见乾隆纪实》第1卷,第278—279页。
② [英]亨利·埃利斯:《阿美士德使团出使中国日志》,第69页。
③ [英]亨利·埃利斯:《阿美士德使团出使中国日志》,第69—70页。
④ [英]乔治·斯当东:《英使谒见乾隆纪实》第1卷,第276页。

只搭成的过河浮桥,"是为了方便行人,但有时又会分开以便让船只从中驶过"①。许许多多的船民和他们的家庭成员长期生活在这些船上,他们中大多数人是沿着内河航线从事贸易而不是从事海上运输的。

来访者一登上岸,很快就会对这座城市的商业生活得出直观的印象。大部分商人居住在北面和东面的城外,以躲避城内泥泞的湿地和统治天津城的那些衙门官吏们的掠夺。他们的房屋有一部分"是临街的店铺,用于出售商品,或作为手工作坊"②。

这些住宅"大部分是用铅灰色的砖建造的,少部分是红色的砖建造的。而最小、最破旧的住房呈浅褐色,并完全曝晒在阳光下"。房屋建筑通常只有一层,偶尔会有两层的,但建筑内的情况只能靠猜测了,因为它们"临街的部分被院墙围着,即使在大门敞开时,也会有一道砖石砌的影壁挡在入门处,其宽度完全超过了大门,可以挡住窥视的目光"③。无论住宅如何地讲究,水的供应都只能依靠流动的水贩,而卫生条件如此之差,以至于一位来自伦敦(即使伦敦在这个时期也不是很清洁)的访问者感到"我们的嗅觉从未感受到如此强烈的恶臭,以至于再回到纯净的空气中时闻不到臭味也许会使我们无法忍受了"④。

来访者来到城墙外海河的西岸,穿过到处是药房、肉铺和粮店的街区。很多商店出售不止一类商品,其中一种最常见的食物是"一团

---

① [英]乔治·斯当东:《英使谒见乾隆纪实》第 1 卷,第 268—269 页。
② [英]乔治·斯当东:《英使谒见乾隆纪实》第 1 卷,第 276 页。根据需要对引用的原文做了修改。
③ [英]亨利·埃利斯:《阿美士德使团出使中国日志》,第 155 页。
④ [英]亨利·埃利斯:《阿美士德使团出使中国日志》,第 154 页。

貌似鱼子酱的黑色东西,其实是大豆和盐混合制成的,再加上其他添加物使其黏在一起"①。

在老城的东北角,来访者可以沿东城墙边的街道离开,这条街道虽然很窄,却很规整,路面铺着大石块,然后一直通往更加狭窄的宫北大街。这条街道的命名是因为一座庙宇,它供奉着水手的保护神——天后。② 这座庙宇始建于1326年,位于海河西岸,溯流而上的水手可以毫无阻碍地望到它。在庙宇前面有两根大约25米高的旗杆,旗帜飘扬,激励着远道而来的水手。

通往天后宫的道路很短,但有时也会因为人群太拥挤而无法通行,尤其是在每年春季举办皇会期间。每年的天后诞辰,她的塑像都会被从庙中抬出在大街上游行。同时还会有高跷、彩车、舞狮、装扮成八仙的表演者,以及携带红布带向天后祈求生子的女人们。大部分天津居民都会参与这种游行活动,还可以逛逛同时举办的庙会。因为这个时候官府要特意免征税收,所以甚至来自遥远的天后诞生地——福建的船舶,也满载货物来到天津。

参加完庆典活动,外国访客可以顺着宫北大街原路返回,途中经过城市中规模最大的金融汇兑银号聚集区。回到城墙的东北角,他可以向右转,考察城北地区,沿着锅店街直到估衣街,然后走出估衣

---

① [英]亨利·埃利斯:《阿美士德使团出使中国日志》,第155页。
② 天后据说宋朝初年诞生于福建沿海的莆田县。987年,她被当地人尊崇为神灵,掌管旱涝、船舶、瘟疫和子嗣繁衍。她出生地的近海最早把她与水手联系起来。南宋以后,她的影响进一步扩大。到了元代,随着南方谷物海运政策的实施,她成为海运船舶的最高保护神,其他的职能逐渐消失。后来她的职能扩大到对儿童的保护和对天花的预防。随着蒸汽轮船的问世和航海安全的增强,天后又成为专门送子的神灵。于鹤年:《天津天后宫考》,《河北月刊》第3期,1935年,第6—7页。

街来到河北大街的南段。① 估衣街专门售卖药品、衣服和丧葬用品，包括寿衣和供亡者垫头垫脚的木制枕头。

从这里向右转，经过几天的旅行，游客就可以到达北京；但向左转快走上几步，就可以得到更直接的酬劳：来到耳朵眼炸糕铺。这个令人倒胃口的称谓并非来自它售卖的炸糕本身——这种炸糕里面包有甜甜的红豆沙馅，而是来自旁边的胡同，这条胡同非常狭窄，以至于当地人把它比喻成耳道。像这一地区其他许多商铺一样，炸糕铺也是由中国的穆斯林经营的。他们的社区以天津城的西北角为中心，穆斯林的清真寺和众多的羊肉铺，将这一街区与天津其他地区区分开来。

游客再返回城北，穿过针市街和竹竿巷，两条街上到处是奔忙的商人和掮客。走不多远，就来到南运河边，在那个时代，这里仍然挤满了从事内河航运贸易的帆船。如果游客真的敢于冒险的话，他可以继续沿路北上，大概十五分钟就可以到达北运河。在不知不觉中，他路过了右侧被称作"三条石"的一片不起眼的地方。这条连接着小河船码头的街道，后来成为天津最著名的铸铁加工业区。

但是精力不是很充沛的游客，会从南运河向南返回城北门；然后，再沿着城墙左转，那里就如同一位1739年的作者描绘的那样"朱栏粉堞切云端"②。从那里只要再花上几分钟时间，他就可以返回城东北角，然后安全地回到停泊在拥挤不堪的河边的船上。

即使没有到过城内那些狭窄的胡同，访客也已经涉足天津大部

---

① 这里指北门外大街。——译者注
② 汪沅曾，转引自《天津日报》，1980年3月9日。

分商业繁盛地区。观察过那些水手和店铺掌柜们，他就可以明确地告诉他的同船旅伴，他已经看到天津当时最重要的城区。但是不久之后，老天津就被一个更大、更复杂的城市，一个各种新兴群体处在很不稳定的共存状态的通商口岸替代。

作为通商口岸的天津

20 世纪天津的到访者会发现一个显著变化了的城市。1860 年 10 月，第二次鸦片战争结束，战败的清政府签订了《北京条约》，条约的一项条款规定天津开放为通商口岸。在随后的 90 年中，这个城市发生了演变。城市市区人口从 1860 年的大约 6 万，增长到 1947 年的 170 多万。1927 年，天津是中国第五大城市，到了 1935 年跃升为第三大城市，1947 年则变成第二大城市。[①]

数量极少但极富影响力的新居民是外国人，他们安居在 1860 年

[①] 从 1860 年到 1937 的人口数字，不包括外国租界，可以参阅《中国经济杂志与公报》（*Chinese Economic Journal and Bulletin*）第 20 卷第 3 期，1937 年 3 月。从 1938 年至 1947 年的数字采用天津市政府统计处编《天津市主要统计资料手册——第 2 号：工商专号》，天津：天津市政府统计处编印，1948 年，第 2 页。1927 年至 1939 年外国租界的人口数字，来自《中华年鉴》（*China Year Book*），1928 年版第 915—916 页、1931 年版第 73—74 页、1935 年版第 347 页、1939 年版第 158—159 页；天津日本商会（Tenshin Nihon Shogyo Kaigisho）：《天津工商业指南补遗》，天津：日本商会，1939 年，第 7 页。1927 年天津排名位于武汉、上海、杭州、广州之后，见天津日本商会《天津概瞰》，天津：日本商会，1927 年，第 6 页；1935 年排名在上海和北平之后，见日本驻天津领事馆《从工业角度考量的华北和天津经济状况》，出版信息不详，1938 年，第 16 页；1947 年天津只排在上海之后，后面依次是北平、广州、沈阳、南京和重庆，见天津市政府统计处前引书，第 2 页。

到 1902 年外国列强在天津强取并建立的九国租界里。在他们充满活力的管理下,海河两岸的乡村成长为天津的经济中心,老城却成了商业落后的闭塞之地。

中国人在建设近代天津的历史过程中也扮演了积极的角色。具有近代化思维的清朝和民国政府官员逐步建起了河北和红桥地区。商业资本家在老城东南开发了城市商业区。运输业的把头们掌控着海河沿岸的仓储业并将市区的街道划分为各自控制的地盘。工人们纷纷涌入设在郊外的工厂和城里的作坊。艺人、妓女和窃贼们在城南各自施展他们的"才能"。

1930 年的天津,城区面积已经非常广阔,步行很难往返穿行,大多数城市居民也不会这样做。外国人和富有的中国人不会贸然涉足租界以外的地区。店主很少有机会离开市中心区。各行业的学徒们不会被允许离开他们的作坊。对于工厂的工人或新来寻找工作的农民而言,天津城市的分界线就是家族和同乡的网络或者工厂的围墙。甚至流动的脚行搬运工也不会迈出他们行帮所控制的地盘边界,除非他有意挑战其竞争者。地理和社会结构形成了难以逾越的界线,很少有天津的居民能够看到城市的全貌。

然而,1930 年的外来访客可能希望游览构成天津整个城市的不同城区。因为城市已经发生极度的扩张,所以这次游览的区域几乎不可能和 1816 年的相重合。而大多数天津新的城市建设者,正是在边缘区建造他们的住宅,天津的工人阶级也正是在那里开始形成。

就像一个多世纪前的先行者一样,1930 年的探访者可以从海河岸边开始他的游览。这条河流促进但又阻碍了天津的发展。说促进作用,是指在整个华北地区只有天津能够很容易地从沿海通过海河抵达,并且很便利地与内河航运系统连在一起。说阻碍,则表现在河道很容易封冻和淤塞,从而周期性地妨碍运输。①

从 20 世纪第二个十年开始,天津每年冬天在海河使用破冰船清除结冰。河道淤塞问题则更难解决。1897 年,一个中外联合组成的海河工程委员会(Hai River Conservancy Commission)成立,致力于疏浚河道和将河道裁弯取直。但是到 1927 年,河道再次淤塞直至水深仅有 3.7 米,甚至小吨位的轮船也无法在如此浅的航道通行,所有的船只不得不在塘沽卸货而用驳船转运。②

不过,显而易见的是,城市仍然沿着海河两岸发展起来。最早的租界(英国、法国和美国租界)是在离海河西岸不到 400 米的长条地带建成的。在租界建设开始之前,"划定英租界的地方是一片很长的菜园,到处是一些肮脏的泥土房……主要是高粱地和水坑"。法租界也几乎没有什么令人印象深刻之处,"这片糟糕不堪的地段到处是水坑、菜园、储存水果和蔬菜的地窖,而且那儿的人也是一些暴徒、罪犯

---

① 钱塘江以北的中国沿海地区,除了山东半岛,几乎全是沙滩,没有多少能建设优良港口的地方。南运河、北运河、大清河和子牙河在 20 世纪前半期全都用于内河航运;永定河的深度仅仅适合小船。鲍觉民:《天津港口发展之地理背景》,《经济周刊》第77 期,1934 年 8 月 22 日;《天津之气候》;另见[英]雷穆森《天津插图本史纲》,第 103页。1949 以前治理海河的描述参见冯国良和郭廷鑫《解放前海河干流治理概述》,《天津文史资料选辑》第 18 辑,1982 年 1 月,第 25—38 页。
② 刘谷侯:《天津工商业之鸟瞰》,《社会月刊》第 1 卷第 5—6 期,1929 年 12 月,第 3 页;王怀远:《旧中国时期天津的对外贸易》,《北国春秋》第 1 期,1960 年 1 月,第 85 页;鲍觉民前引《天津港口发展之地理背景》。

之流"①。

在随后的 70 年间,"紫竹林"(人们这样称呼这片景色并不优美的地区)变成了一个由码头、洋行经营的仓库、海关和出口加工厂构成的繁忙的贸易中心。在世纪之交,新一轮租界划分,增加了北边的日租界和南边的德租界,和他们相对的是海河东岸的奥匈、意大利、俄国和比利时等国租界。

游客可以从租界的最南端开始他的游览。虽然在那里海河两岸的开发建设远远不如上游地区,但是天津六大棉纺厂中的四个以及许多小型酿酒厂已经在那里建成。来自华北各地乡村的工人们,将东南郊外的诸如小刘庄、贺家口、西楼和东楼等,变成了散乱无章的平房聚居区。没有进厂做工的已婚妇女,在家里纺羊毛线出售给商贩。在海河东岸略微靠北的河东地区,烟厂工人以及许多在小工厂作坊做工的工人,在那里安家落户。往南的下游地区是盐田,直至 20 世纪那里仍然出产大量的食盐。

在海河西岸,有一条纵贯若干街区的主要干道,在不同的租界有着不同的名称。在前德国租界,它曾经被称作威廉街(Kaiser Wilhelmstrasse),第一次世界大战后被改名为威尔逊路(Woodrow Wilson Street)。沿着这条大街朝北步行大约 20 分钟就到了维多利亚道(Victoria Road),这是英租界的荣耀之地,也是天津最重要的

---

① 殷森德(John Innocent)牧师记述,《中国时报》1890 年,转引自[英]雷穆森《天津插图本史纲》,第 37—38 页;宓吉记述《中国时报》,1888 年 11 月 3 日,转引同上,第 44 页;关于租界的划定、扩张和归还中国的日期,参见[美]贺萧(Gail Hershatter)《天津工人阶级的形成,1900—1949》("The Making of the Working Class in Tianjin, 1900-1949"),斯坦福大学博士论文,1982 年,第 458 页。

商业区。

英租界的许多街道和建筑都是以在中国"开放"的过程中有所成就的人的姓名命名的。围墙道(也称额尔金路,Elgin Avenue)、巴克斯道(Parkes Road)和内比尔道(Napier Road)等用人名命名的街道,与用英国的城市名(伦敦、剑桥、温泽、格林尼治、利默里克、牛津)及其他一些受到英国影响的亚洲地区(香港、新加坡、科伦坡、广州)的名字命名的街道交替出现。英国工部局所在的有塔楼的戈登堂(Gordon Hall),就是以查理·乔治·戈登(Gordon)将军命名的,他曾协助镇压太平天国运动,后来又为天津的英国租界做了规划。戈登堂位于维多利亚花园(Victoria Park),"这里是天津上层人士的夜晚休闲胜地,有军乐队定时演出,如果天气晴朗的话通常在6到8点钟"①。

从马场道(Race Course Road)通往西南方向,可以到达跑马场和乡谊俱乐部,该俱乐部的最大特色是舞厅铺有下面用弹簧支撑的镶木地板。寻求娱乐的外国人根据他的财力和兴趣,还有其他不同的选择:维多利亚花园的斜对面是一座豪华的红砖建筑,那里是只有商人才能加入的天津俱乐部(Tientsin Club);大沽路上的酒吧则是为驻扎在天津的外国军队服务的;向西跨过几个街区的平

---

① [美]诺赫·菲尔兹·德雷克(Noah Fields Drake):《天津地图及其简释》(*Map and Short Description of Tientsin*),出版信息不详,1900年,第3页;《北京和陆路交通线》(*Peking and the Overland Route*),上海:托马斯·库克(Shanghai：Thomas Cook),1917年,第121页。关于天津租界的发展,见《天津文史资料选辑》第9辑,1980年6月,第1—53页。关于这一时期英国租界生活的回忆,参见[美]约翰·赫西(John Hersey)《重归故里》("Homecoming"),《纽约客》(*The New Yorker*),1982年5月10、17、24、31日。

安电影院(Empire Theatre)主要是为家庭提供娱乐服务的;美国兵营旁边开设的妓院则是为那些乐意去玩的人们开设的;当然还有起士林(Kiessling),既是德式糕点店又是德式餐馆,满足那些喜欢美味糕点和丰盛炖菜的居民的需要。

天津经济生活的中心是维多利亚道及其周围。从维多利亚道往西不到一个街区就是坐落在咪哆士道(Meadows Road)上的雄伟的柱廊式建筑,那是外国人在华北最大的投资之一开滦矿务局的大楼。沿着维多利亚道继续向北一直到法租界,沿街两侧是众多的银行,维多利亚道也因而有了一个昵称:"华北的华尔街"(the Wall Street of North China)。这些银行中,有汇丰银行(The Hong Kong and Shanghai Banking Corporation Limited)、横滨正金银行(Yokohama Specie Bank Ltd)、华俄道胜银行(Russo-Asiatic Bank)、中华懋业银行(Chinese-American Bank of Commerce)、东方汇理银行(Banque de l'Indochine)、中法储蓄会(l'Epargne Franco-Chinoise)、华比银行(Banque Belge pour l'Étranger)等。

还是在这条街上,游客还可以看到《京津泰晤士报》(*Peking and Tientsin Times*)的总部,该报是1902年创刊的英文日报。到1920年,天津至少已经有13份外文报纸,其中包括5份英国的、1份美国的、1份法国的和4份日本的报纸。天津的几份主要中文报纸中,有些是由外国人创办的,他们也把报社设在租界里,在那里他们可以相对自由地评论中国的政治事件。① 外文报纸反映出外国社区与本土环境之间的隔离。外文报纸只报道发生在其母国和租界内的有趣的政治和社会新闻,而对中国事件的报道大部分转摘自中文报纸。

外国人居住在远离主要商业干道的幽静小巷中。他们大部分依靠从事贸易和与贸易有关的行业为生:航运、海关检验、金融和出口加工等。另外还有一些外国人在为租界供水和供电的公用事业公司工作,或者就职于比利时电车公司。有些外国人在天津定居,他们精心建造他们的住宅和花园,把孩子送入外国人开办的学校,每五年回国休假一次。很多人的生活要比在他们自己的国家时舒适许多。一位外国居民回忆说:"仅仅是银行的一个小职员,就能够拥有几匹赛马。"②

但是并不是所有的外国人都能成为商人。一些初来者没有足够的资金来源,只能充当经纪人甚至从事粗重的工作,直到他们积累到足够的资金开始自己的商业。通商口岸时代的天津是一座能够创造财富的城市。维多利亚道上的许多建筑,都是泰莱悌(S. B.

---

① 天津第一份外文报纸是《中国时报》(*The Chinese Times*),发行于 1886 至 1891 年。更多关于天津新闻出版的资料可参考[英]雷穆森《天津插图本史纲》,第 109—111、259—263 页;[美]费维恺(Albert Feuerwerker)《二十世纪初外国在华企业》(*The Foreign Establishment in China in the Early Twentieth Century*),安娜堡:密歇根大学中国研究中心(Ann Arbor: Center for Chinese Studies, University of Michigan),1976 年,第 109 页;[美]安立德(Julean Arnold)《中国商业手册》(*Commercial Handbook of China*)第 1 卷,华盛顿特区:美国政府印刷局(Washington, D. C.: Government Printing Office),1919 年,第 312 页;王芸生、曹谷冰:《英敛之时代的旧大公报》,《文史资料选辑》第 9 辑,1960 年 9 月,第 1—44 页,以及近期《天津文史资料选辑》发表的三篇文章,见第 18 辑,1982 年 1 月,第 39—110 页。

② 1980 年 12 月 7 日对伊斯雷尔·爱泼斯坦(Israel Epstein)的采访。

Talati）建造的。他是一名印度人，20世纪初期来到天津时几乎一无所有，他的商业生涯开始于为外国驻军开办食堂，后来迅速转向房地产业并积累了巨额的财富。还有一些移民是来自俄国的犹太人，他们在十月革命后来到天津。他们聚居在英租界名叫小白楼的街区，非常善于做皮毛贸易，并建有自己的犹太教堂和商业俱乐部。①

除了日本租界人口稠密，外国租界地区要比中国老城及其邻近地区宽阔许多。富有的中国官员和买办也被吸引到租界居住，这不仅仅是因为租界地广人稀，还因为在国内战争持续不断的动荡时期，外国租界地区在政治上相对比较稳定。中国公司分行的经理、中国高级会计师及政府官员们也居住在租界。于是，便有数量相当可观的本地人，为这些外国人和富有的中国人服务，为他们供应衣食和充当他们的佣仆。

顺着维多利亚道继续往北走不久，游客就会发现街名变成了大法国路（Rue de France）。进入法租界的那段道路非常明显，这不仅是因为建筑发生了变化——每个租界都是按照该国最流行的建筑风格规划建设的，而且因为道路出现了一个急转弯。每个西方强国都只管设计和建设各自租界内的道路网，从而在租界交界处就会出现道路的宽度和走向的不一致。

租界的扩张使得天津这个城市看上去就像是一张由不规则的碎片组成的拼图。在海河东岸，利玛窦道（Via Matteo Ricci）两旁是

---

① 《天津文史资料选辑》第3辑，1979年6月，第106—114页；1980年2月7日对伊斯雷尔·爱泼斯坦（Israel Epstein）的采访。关于非犹太俄罗斯人在天津，见杜立昆《白俄在天津》，《天津文史资料选辑》第9辑，1980年6月，第150—177页。

一幢幢粉红色大理石楼房（其中一座是意大利草坪保龄球俱乐部
[lawn bowling club]），①而尖顶和尖塔建筑装点着俄国租界。每个
城中之城都有自己的照明和电力系统，有自己的交通公司和自来
水厂，也有各自的市政管理机构。

外国人无论在宗教信仰方式还是所从事的传教事业方面，都
没有联合在一起。俄国人在海河东岸建起了东正教堂；英国人引
进了一些基督教新教的教派；法国人极力传播天主教，他们宣称在
天津拥有的教徒比其他任何外国教会都要多。法国人因为宗教冲
突引发的国际事件数量也最多。我们的游客现在已经向北穿过法
租界，可以向海河对岸上游遥望，能隐约看到遗存的望海楼教堂的
轮廓。在天津教案（1870年）和义和团运动（1900年）期间，这座教
堂曾两次遭到焚烧。在游客的身后（虽然视线受到租界建筑的阻
碍），可以隐约望见老西开的新法国天主教堂的三座圆顶。法国人
曾企图将租界扩张到这片原本不属于法租界的地区，结果引发了
1916年的大罢工。除了传教活动，各宗教团体还在各国租界和老

---

① 这一句原文有两处误差，意租界的大理石建筑分布以 Via Marco Polo（直译为马可
波罗路，民国时期又称西马路，今称民族路）两侧最集中，包括所提到的俱乐部建
筑，而不是利玛窦道（该道民国时期称营盘小马路，今称光明道）；另外，意租界没
有草坪保龄球俱乐部，这里提到的建筑应当是回力球俱乐部或称回力球场。——
译者注

城建立了医院和学校。①

　　在海河岸边向左转,过一个街区再左转,游客可以继续向西北方向,沿着杜总领事路(Rue du Chaylard)和日租界边界的起始点旭街(Asahi Road)前行。这里也是一个商业区,但是不同于维多利亚道,这里接待的主要是中国顾客。它是由中国买办和普通商人在第一次世界大战期间和战后投资发展起来的,延展到日本租界的北边直至老城的东边,正好是 1816 年西方早期的探访者弃船登陆的地方。天津的大部分百货商店,包括著名的劝业场,都位于这个地区。②

　　当走到老城东南角时,略通本地历史的游客就会停下来环顾四周,那里当年曾有城墙矗立。1900 年夏天,天津成为义和团的活动中心,天主教堂和基督教堂被焚毁。若干天后,八国联军抵达来解除"天津之围"。租界周围、东站附近、天津城南直至郊外八里台

---

① 有关天津教案,在几本英文著作中有详细的论述。对同时代事件的回顾,参见[英]雷穆森《天津插图本史纲》,第 45—53 页。学术论述包括[美]柯文(Paul A. Cohen)的《中国与基督教》(*China and Christianity*),麻州剑桥:哈佛大学出版社(Cambridge, Mass.: Harvard University Press),1963 年,第 229—261 页;[美]费正清(John K. Fairbank):《天津教案的潜在模式》("Pattern behind the Tientsin Massacre"),《哈佛亚洲研究》(Harvard Journal of Asiatic Studies)第 20 辑,1957 年,第 480—511 页。更多有关传教活动的背景,参见[英]雷穆森《天津插图本史纲》,第 247—258 页。参见《天津文史资料选辑》的三篇文章,《天津文史资料选辑》第 2 辑,1979 年 2 月,第 142—187 页。

② 高渤海:《天津买办高星桥发家史》,《文史资料选辑》第 44 辑,1963 年 8 月,第 202—226 页。关于日租界地区的发展,见孙立民、辛公显《天津日租界概况》,《天津文史资料选辑》第 18 辑,1982 年 1 月,第 111—151 页;关于劝业场商业区的发展,见张高峰《劝业场一带的变迁》,《天津文史资料选辑》第 16 辑,1981 年 10 月,第 74—92 页。

村,都发生了激烈的战斗。经过持久的战斗,八国联军从南门攻入城内。许多义和团成员死于城墙之上和老城里,城内的大部分和北门外地区被摧毁。随后,由外国人成立的临时军政府拆除了城墙,以确保其他反对外国的势力不能在城里躲藏,"被拆毁的城墙和城门剩余的废砖石,被用来铺路和为铁路建设提供道碴"①。只有东门孤零零的牌楼使人想起城市旧日的辉煌景象。

老城再也没有从1900年的事件中完全恢复过来。它作为商业中心已经被摧毁,而且这个昔日有城墙围绕的地区,自从1870年朝廷大臣的衙门迁移到河对面以后,便不再是本地的政治权力中心了。几个商业会所(广东、江苏和浙江)在中国城区建立了会馆,而这片刚好在老城以北的地区,直到20世纪30年代仍然保持繁荣。但是,实力大的商业企业都分布在租界地区和老城东南新兴起的商业区。黑暗又拥挤的老城难以容纳重要的工业企业,它们无序地散布在大天津的其他地区。

沿着老城的东界向北,游客走不多久就会跨过海河抵达大经路,一条朝东北方向直通中央车站(Central Station)的宽敞大道。这个车站是北宁铁路(修建于1907年)和津浦铁路(天津到浦口,修建于1912年)的终点站。这两条铁路和经过天津另外两个车站的平汉、平绥及正太等铁路,把天津与一个广大的地域连在了一

① 前引《北京和陆路交通线》,第119页。关于义和团运动在天津的记载,参见[英]雷穆森《天津插图本史纲》,第113—230页,他引录了目击者马莱绪关于天津租界被围的记述;三篇回忆短文见《天津文史资料选辑》第8辑,1980年4月,第8—19页;一份根据对前义和团成员的采访编写的内容更广泛的记述,1956年完成于南开大学:南开大学历史系1956年辑编:《天津地区义和团运动调查报告》,油印本,天津:出版者不详,1960年。

起。现在,天津城市的脉络已经扩展到河北、山西、河南、山东北部、陕西、甘肃、青海、新疆、热河、察哈尔、绥远、宁夏和东北地区。①

　　全长约 3.2 公里的大经路,把新的铁路运输网络和旧的河运网络连接在一起。以这条干道为中心的整个地区,是 1903 年至 1907 年担任直隶总督的袁世凯创建的。大经路南端的公园里曾有一官署建筑群,那里最早是直隶总督衙门,后来成为河北省政府的官署,最后成为天津市政府的驻地。② 在袁世凯主政天津时期,在他的倡导下大经路两侧建起了许多近代工厂和学校。城市的第一所公园、图书馆、铸币厂及警察厅也建在大经路沿线。就像一个世纪前海河对岸的官署衙门所做的那样,官方活动在大经路上的聚集,同样促进了商业的发展。这个地区到处是饭馆、绸缎庄、鞋帽店、药房、酱菜铺、干鲜果店、茶庄、书店以及出售南方食品的摊贩。一些商业活动返回海河对岸发展,促进了东北角地区的复兴。③

　　这个时候,徒步旅行的游客可能已经筋疲力尽,便招呼来一辆黄包车(车夫拉着外国人和富有的中国人满天津跑)。他可以很潇洒地坐上黄包车往回穿过金钢桥,沿着老城的北界,从三条石铸铁加工区与河北工人和家庭纺织作坊区的南面经过,再转向西北,就到达了西车站(West Railway Station),一幢由英国人建造的宽敞的

---

① 鲍觉民:《天津港口发展之地理背景》。
② 《稽查调查统计丛刊》第 1 卷第 5 期,1936 年 11 月,第 7 页。天津从 1913 至 1935 年是省会,先是直隶省省会,1928 年以后是河北省省会。在 20 世纪 20 年代早期的军阀混战期间,许多东南角的商家迁移到能提供商业保护的租界地区,东南角再次衰落。王绣舞、张高峰:《天津早期商业中心的掠影》,第 71—72 页。
③ 《中山路漫步》,《天津日报》,1980 年 9 月 25 日;南开大学经济研究所编辑:《天津市社会调查资料》,蜡纸油印剪贴簿,1931 年。

黄砖大楼。① 一股浓重的新鲜粮食加工的气味从建在子牙河畔的中国人开办的面粉加工厂传了过来。② 在那里，船舶可以把未加工的粮食直接送到工厂的门口。

掉头沿着老城的西界往回走，游客可以看到这里聚集着许多棉纱和棉布商人。在昔日老城西门的地方可以向左转，走到位于老城中心的鼓楼再向右转，沿着北门大街③一直走，这条黯然失色的大街曾是老城的南北中轴线，随着城区人口的增长和店铺挤占大街，这条道路变得更加狭窄。老城的西面和南面生活着许多地毯工匠，他们仍然采用手工来纺线和编织地毯。西头位于老城的西面，那里没有什么值得称道的行业，只是居住着各行各业的劳动者：手摇纺织和地毯编织工匠、铁匠、为大豆打包的、分拣鸡蛋和花生的、砸杏仁的、编草帽缏的，以及分拣猪鬃和鸟羽以供出口的人们。

来到旧城的南界，游客会发现自己已经站在天津人口最稠密的地区。该地区的一部分被称为"三不管"区，因为无论是日本人、法国人还是中国政府都无视它的发展。这里遍布着廉价的戏园、茶馆、杂耍场、烟馆、旅馆等。这里的居民虽然有些是老天津人，但是许多还是第一代进城的农民，他们通过在手工作坊里做工、倒卖二手货、打零工或充当艺人和妓女来获取财富。

---

① 天津西车站是由德国建筑师设计并由德国人组织建造的。——译者注
② 这里所说的面粉加工厂应当是建在南运河畔的。——译者注
③ 有关南开大学校史参看《南开大学六十年》，天津：南开大学，1979 年。有关主要纪念南开大学校长张伯苓生平的系列短文，参看《天津文史资料选辑》第 8 辑，1980 年 4 月，第 72—211 页。

继续向南,游客经过海光寺的日本兵营,最终到达南开大学的校园。这所始建于 1904 年的中学,到 1930 年已经变成华北地区负有盛名的一所大学。[①]

此时,外国游客已经来到城市的南郊,在他的东面、东北和西北面,到处是一片片工人们居住的平房,破陋不堪又非常拥挤,其间散布着一些小手工作坊。在他的西面,居住着许多针织和地毯编织工。但是这位偶然来到这里的游客是不可能发现这些街坊的,因为除了他开始游览时看到的那片远郊和位于北郊的河北地区,天津没有经过规划的工业区。来自各方的工人们挤入狭窄的胡同和狭小的贫民窟,他们工作的场所通常就是他们晚上铺上草席睡觉的地方。我们的游客结束漫长的旅行后,在一个外国人俱乐部小憩片刻,在他的印象中,他看到的不是一个城市,而是从北向南随意拓展的许多小镇:东北部是整洁的政府行政区,北部是铸铁加工和纺织品业区、老城、"三不管"的娱乐区、沿海河的租界及新工业区。虽然其建筑缺乏一致性,但这种混乱的城市布局有其历史的逻辑,因为天津是由一批批先后来到这里的外国人,中国官员、军阀和商人们建设起来的城市。

---

① 这里应当是指南门外大街。——译者注

第二章　无常易变的工业家们

　　天津城市空间分区形成的深层原因是城市经济结构被分裂成多个部分。对这个结构的分析涉及长期困扰着中国近代历史学者的一些问题。除了建筑,天津还受到外国势力怎样的影响? 天津本地的华人精英在天津的发展中扮演了什么样的角色,哪些因素促进或阻滞了他们的参与? 更为普遍的问题是:怎样理解天津的成长有助于证明或质疑"帝国主义"和"封建主义"这些范畴的适用性? 围绕这些问题的辩论在很多历史文献中已经或明或暗地展开了。

投资者和权贵

　　直到 1949 年,天津一直是商业贸易居于首位的城市。天津的各权贵集团都把大量的资本投向商业而不是工业。尽管天津是以中国声名显赫的工业城市之一而著称的,但其近代工业受到政治不稳定的影响而发展缓慢,一直处于试验性和蹒跚不前的状态。要理解其原因,同时也为了弄清工人阶级成长的环境背景,就需要探讨在天津发展的过程中每个统治集团所扮演的角色。

外国人

天津正是作为市场和通向其他市场的门户,才得以吸引外国人在这里定居的。外国人在天津的九十年间,大多致力于拓展口岸的对外贸易。这意味着所有贸易都需要辅助结构的发展:海关检验、航运、保险、金融以及为贸易者提供舒适的居住之地。

因为一些出口产品需要清洗、分类和打包,一些外国洋行开办了出口加工厂。这些工厂的规模通常不会超过安装有一两台机器的一间仓库,它们几乎代表了外国对天津工业的全部投资。直到20世纪30年代中期,日本人开始并购和建造纺纱厂和其他工厂,外国人才在构建近代工业生产体系中扮演起重要的角色。

在通商口岸最初的年代,贸易出口由土产品组成,如"黄花菜、药材、火石(燧石的俗称)、乌枣与红枣、鹿茸、各种水果、坚果、子仁、毛发、鱼骨、香菌、葡萄干、大黄、棉花和腌白菜"①。进口贸易则以鸦片和布匹为主。②

---

① [英]雷穆森:《天津插图本史纲》,第283页。
② 王怀远:《旧中国时期天津的对外贸易》,《北国春秋》第1期,第70页。有关天津对外贸易的更具体的讨论,见[美]贺萧《天津工人阶级的形成,1900—1949》,第32—38、460—461页。

从 1895 年甲午战争结束到第一次世界大战，外国在中国的活动范围极大地扩展。在天津，虽然义和团运动期间和清朝最后数年间外国人的活动减少了，但是对外贸易仍然出现了净增长。① 棉纱、棉布、糖、煤油、染料和鸦片是主要的进口商品。在第一次世界大战期间和战后，许多外国洋行也开始进口武器卖给军阀客户。②

第一次世界大战后，进口贸易的构成发生了变化。钢铁、石油、机械和机械配件成为主要的进口商品。贸易伙伴也在改变，战前英国主导天津的对外贸易，战后美国增加了出口贸易的份额，而日本在进口贸易中逐步占据了优势地位。然而，出口货物仍然大多为原料和半成品，如棉花、羊毛和鸡蛋。在出口贸易构成中，唯一明显的例外是地毯的制造和出口，第一次世界大战后，地毯曾短暂成为出口国外市场的重要产品。③

在 20 世纪 30 年代的大部分时间里，天津的贸易额受到税收和世界范围经济萧条的影响而下降。中国新加征的进口关税把一些贸易逐出天津，使之转向日本人活动的冀东走私区。而在西方因

---

① 关于 1867 年至 1948 年的贸易总量，参见萧良林（Hsiao Ling-lin，此处的拼音与参考书目中的不一致——译者注）《中国对外贸易统计资料，1864—1949 年》（*China's Foreign Trade statistics, 1864 - 1949*），麻州剑桥：哈佛大学出版社（Cambridge, Mass.: Harvard University Press），1974 年，第 177—178 页。

② 王怀远：《旧中国时期天津的对外贸易》，《北国春秋》第 1 期，第 78—80 页；第 2 期，1960 年 4 月，第 3、33 页。关于军火贸易，见米禄斋《阎锡山与帝国主义的军需贸易内幕》，《文史资料选辑》第 49 辑，1964 年 1 月，第 66—68 页。

③ 王怀远：《旧中国时期天津的对外贸易》，《北国春秋》第 1 期，第 74—75 页；第 2 期，第 40—42、44 页。在 1936 年，华北农牧产品总量的大约五分之一是通过天津进行贸易的。一半供出口，四分之一通过轮船转运，四分之一在天津本地消费。日本驻天津领事馆：《从工业角度考量的华北和天津经济状况》，第 19—22 页，列出了 1936 年进出口的详细目录。

为经济萧条减少对中国商品需求的同时,外国商品却在人为操控下低价倾销于天津。① 然而,尽管在两次世界大战之间,天津经济发展很不稳定,但天津口岸在直接对外贸易的各通商口岸中通常还是处于第二或第三的位置。在 1937 年日本发动侵华战争前几年间,天津的进口量大约是上海的六分之一,出口量是上海的三分之一。②但是,在侵华战争期间,贸易不断受到政治动荡的影响,而且1941 年后,日元区以外的所有贸易完全中断。到 1945 年,对美国的出口贸易短暂恢复,但是到 1948 年年底,内战、通货膨胀和投机使得贸易近于停滞。③

从 1860 年到 1949 年,外国人一直控制着货物进出天津口岸的每个环节。从 1861 年以后,掌管天津商业贸易的清朝海关由外国人代表中央政府进行管理。海关税收绝大部分被用于偿还外国贷款,1900 年后用于偿还庚子赔款。④ 绝大多数进口货物是靠外国货轮运输的;大部分商船为英国人以及后来的日本人所有。随着外国轮船的到来,天津需要修船厂修理和更换船舶。到 1922 年,天津附近至少有 5 家修船厂,其中 4 家为外国人所有。外国人也参与

---

① 对经济大萧条时期天津贸易的分析,参见吴子光《经济恐慌中天津对外贸易之衰落》,《河北月刊》第 2 卷第 12 期,1934 年 12 月,第 2 页。1936 年的进口比 1935 年下降了 1260 万元,下降的原因大部分是商品转向走私。王怀远:《旧中国时期天津的对外贸易》,《北国春秋》第 2 期,1960 年 4 月,第 33 页。

② [美]贺萧:《天津工人阶级的形成,1900—1949》,第 37 页;日本驻天津领事馆:《从工业角度考量的华北和天津经济状况》,第 16 页。

③ 日本驻天津领事馆:《从工业角度考量的华北和天津经济状况》,第 16、31—42 页;王怀远:《旧中国时期天津的对外贸易》,《北国春秋》第 3 期,1960 年 7 月,第 98—106 页。

④ 关于海关,参见李炳志《帝国主义控制下天津海关的内幕》,《天津文史资料选辑》第 9 辑,1980 年 6 月,第 54—68 页。

大沽和塘沽的装卸行业，把货物用驳船转运往天津。① 实际经营商业贸易的外国洋行，通常会雇用中国买办作为代理人与本地商人打交道。最大的外国公司，如英国的怡和洋行、日本的三井洋行和三菱洋行，都雇用大量的中国和外国职员。②

一个典型的有进取心的公司，一般要从事一种以上的贸易活动。例如，从事进出口的美国大来洋行(Robert Dollar Company)，从1903年开始由海上运输松木至上海和天津。该洋行不仅供应天津和北京的大部分木材，也为官办铁路和矿山供应大量的木材。1923年，该洋行在天津的海河旁建了一座木材加工厂为华北市场加工木材。大来洋行还成立了一家无线电报公司，企图垄断电报通信业务。其他的洋行也以类似的方式从事多种经营，从纽扣到骨粉，从保险到出口检验等。③ 这些洋行的业务大都得到位于"华北华尔街"及其附近的大型外国银行的资金支持。外国银行也代表他们的政府借款给清政府，甚至还发行纸币。他们主要为外国

---

① 田红石：《天津概述（一九一九年前）》，第10页；《经济周刊》第51期，1934年2月21日；王怀远：《旧中国时期天津的对外贸易》，《北国春秋》第1期，第85页；第2期，1960年4月，第32、43页；第3期，1960年7月，第109页；刘谷侯：《天津工商业之鸟瞰》，第3—5页；《中华年鉴》1921—1922年，第768页；[法]让·谢诺：《中国劳工运动，1919—1927》，第35页。

② 一些天津的外国洋行的历史和活动以及他们的买办们的经历，参考《天津文史资料选辑》第9辑，1980年6月，第79—145页。

③ 阮渭泾：《美商大来洋行在中国的掠夺》，《文史资料选辑》第49辑，1964年1月，第1—20页；王怀远：《旧中国时期天津的对外贸易》，《北国春秋》第2期，第32页；其他几个外国洋行的历史参见黄献廷《三十年来英商仁记洋行在天津的掠夺》，《文史资料选辑》第44辑，1963年8月，第193—201页。

人服务,很少与中国商人打交道。①

如果外国人想过上那种在自己的国家已经习惯的生活,他们就必须自己建立各种设施。最初,一家英国公司从海河为英国租界供应自来水;1920年,英国租界当局接管了这项职责,改为通过打井提供自来水。城市其他地区则由德国人成立于1902年的济安自来水公司供水,该公司提供的是取自南运河和子牙河、经过多重过滤和消毒的自来水。

英、法、日三国租界自己发电,但是其他所有地区由比商电车电灯公司发电厂提供电力。该公司也经营有轨电车,他们1930年雇用了1900名中国人作为司机、售票员、轨道维修员及工厂工人。这家电车公司之所以重要,不仅仅是因为提供了电力、运输和就业,也是因为通过售车票收集了大量的铜圆。该公司在决定当地的铜银比价上起着至关重要的作用,这又转而影响着大多数工人的生计。自来水公司和电车公司代表着天津早期(除开滦煤矿外)

---

① 在天津的大银行,主要包括汇丰银行(英国,1880年成立)、麦加利银行(英国,1882)、德华银行(德国,1897)、横滨正金银行(日本,1898)、华俄道胜银行(俄国,1897)及花旗银行(美国,1913)。《天津工人生活程度及其近四年来生活费之变迁》,《经济研究周刊》第19期,1930年7月6日;《经济周刊》第49期,1934年1月31日;王怀远:《旧中国时期天津的对外贸易》,《北国春秋》第2期,第32页;《天津文史资料选辑》第9辑,第69—78页;吴世成:《天津之纸币》,《商学月刊》,1935年7月,第27—33页;常南:《英国汇丰银行的经济掠夺》,《天津文史资料选辑》第9辑,1980年6月,第69—78页。

最大的外国投资。①

在对外贸易及其附属行业稳步发展的同时,外国对天津工业的投资总量却一直保持很小的比例。在上海,外国对工业的投资从总体上刺激了工业的发展,尤其是在 1895 年到 1905 年。在天津却不是这样。1914 年之前,这座城市大约只有 20 家外国人开办的工厂。这些工厂大多是属于贸易公司的小型打包厂,清洗供出口的羊毛。② 从第一次世界大战到 20 世纪 30 年代中期,外国人的大部分工业投资一直限于出口加工领域。他们拥有几家大型的蛋品厂,主要从事出口鸡蛋的分拣,有时也做冷冻加工。外国和中国公司都很乐于从事坚果分拣加工。第一次世界大战后,外国人在地毯贸易中成为积极的买家,但是他们只是偶尔会亲自监督地毯的生产。

这些外资企业的特点是规模小、很少使用现代机器、主要从事出口贸易加工,唯一明显的例外是天津英美烟公司和日本人建立的东亚烟厂。华北最主要的外国投资的近代工业企业开滦煤矿,

---

① 田红石:《天津概述(一九一九年前)》,第 7 页;天津南开学校社会视察委员会:《天津南开学校社会视察报告》,天津,1930 年,第 199—209、231—251 页;南开大学经济研究所编辑:《天津市社会调查资料》。张次溪:《天津游览志》,北平:中华印书局,1936 年,第 201—204 页(作者可能将书中的书名题写者"郑裕孚"误认为作者——译者注);徐景星:《天津近代工业的早期概况》,《天津文史资料选辑》第 1 辑,1978 年 12 月,第 137—139 页;李绍泌、倪晋均:《天津自来水事业简史》,《天津文史资料选辑》第 21 辑,1982 年 10 月,第 27—53 页。
② 雷穆森前引书,第 83、286 页;《中华年鉴》1914 年,第 106 页;《中华年鉴》1924 年,第 225 页;徐景星前引文,第 134—136 页。

公司总部建在天津,煤矿开采却在唐山。①

　　到 20 世纪 30 年代中期,这种投资模式发生了显著的变化,当时日本公司开始收购中国人开办的经营不佳的棉纺厂。到 1936 年,日本人控制了天津大部分的工厂,出人意料地在当地工业界占据优势地位。1937 年,日本企业在天津的投资刚好占了天津工业资本总数的一半,中国人的投资额仅次于日本,其他外国的投资则微乎其微。但是,即使有日本资金大量投入棉纺织业,在第二次世界大战前夕,外国在天津的投资仍主要集中在金融和贸易。②

中国投资者

　　并不是所有在天津投资的都是外国人,当地从事经济活动的

① 在蛋品厂中,英国人建立的国际出口公司或称"和记洋行",可能是最有名的。见廖一中、吕万和、杨思慎编《天津和记洋行史料》,《天津历史资料》第 6 期,1980 年 7 月,第 1—70 页。关于鸡蛋出口贸易,参见《中国经济杂志》(*Chinese Economic Journal*)第 2 卷第 3 期,1932 年 9 月,第 172 页和《中国经济杂志与公报》第 14 卷第 3 期,1936 年 9 月,第 213 页。关于坚果加工,参见《中国经济杂志与公报》第 4 卷第 5 期,1929 年 5 月,第 433 页;《中国经济周刊》(*Chinese Economic Bulletin*)第 16 卷第 18 期,1930 年 5 月 3 日,第 223—226 页。关于英美烟草公司,参见[美]高家龙(Sherman Cochran)《中国的大企业:烟草工业中的中外竞争(1890—1930)》(*Big Business in China:Sino-Foreign Rivalry in the Cigarette Industry, 1890–1930*),麻州剑桥:哈佛大学出版社(Cambridge, Mass.:Harvard University Press),1980 年;肖祝文《天津英美烟公司的经济掠夺》,《天津文史资料选辑》第 3 册,1979 年 6 月,第 166—194 页。开滦煤矿的公司设在天津,但煤矿开采在唐山。因为它没有直接影响到天津工人阶级的发展,所以这里没有将其作为天津的一项工业投资加以讨论。
② 《经济周刊》第 51 期,1934 年 2 月 21 日。战前外国在天津投资的统计分析,见王怀远《旧中国时期天津的对外贸易》,《北国春秋》第 2 期,第 29 页。主要外国企业名录及其资本额的高低,见日本驻天津领事馆《从工业角度考量的华北和天津经济状况》,第 13—16 页。

也有中国本国的企业家。他们大多数都是政治精英,最初是清朝时期的官员,后来是民国时期的军阀。也许是天津距离北京(1928年前的首都)太近的缘故,这种官僚投资的企业在华北显得异常强势。官员创办、建立,常常也管理许多家天津的工厂企业。天津现代工业就是在官僚的支持下形成的,这一事实使得天津与其他主要通商口岸多有不同,并明显影响着城市的发展过程。

官员的参与使天津的工业得到了些许的保护,但是也使其异常地脆弱。天津的工厂与保护它们的多变的官僚集团政治命运的变化息息相关。企业会因所谓洋务派而倒闭,因袁世凯而消亡,或者在一个与企业关系密切的地方军阀投资者失去其势力范围后失掉资本来源。尤其是军阀,他们对工业只有一时的兴趣,当工业投资风险较大时,他们更愿意把钱投往别的地方。与此同时,在其他情况下可能成为中国本国资产阶级核心群体的商人们,也从来不会把他们大量的财富从商业转而投向工厂的生产中。

官办企业

当天津成为通商口岸后,清政府委派了一些最能干的官员到天津负责洋务和当地的行政管理。天津有史以来第一次成为全国最重要的政治活动中心。

特别是 1870 年李鸿章被任命为直隶总督之后,这座城市成为中央政府洋务派的一个巨大试验场。李鸿章在天津主政的四分之一世纪里,负责修建的天津基础设施和兴办的工厂企业即使按照国际标准也是大型和复杂的。他推动了附近开平煤矿的开采,创办了大沽船坞、电报局、铸币厂，铺设了天津第一条铁路。这些当中，有些完全由官方投资运营，另外一些，像铁路和电报局，既有官方的大量投入，也有商人的投资和参与。①

李鸿章创办的最主要的工业制造企业是建于 1886 年的天津机器局。在他的主持下该机器局前后五次扩大。机器局完全由清政府投入资金，主要生产火药、子弹、水雷、机械甚至钢材。机器局的两个分局，一个位于天津城正南的海光寺，另一个位于天津城的正东面、海河对岸大约 4.8 公里的地方。在全盛时期，机器局拥有2000 名工人，有些是从广东和上海招募来的有技能的工匠。这种大型企业对建筑材料和燃料的需求，促进了其他自强项目的发展。机器局是政府创办、私人经营的开平煤矿的最主要客户。机器局也需要水泥，于是华北最大的公司之一的先驱——启新洋灰公司得以创建以满足这种需求。②

机器局是 1900 年以前天津最大的近代工业企业，它所聚集的工人数量和先进的设施，是天津此后多年再也没有见到过的。这种近代工业企业最终是否对近代资本主义企业的发展起到了促进

---

① 关于官商合办企业的权威性讨论，参见［美］费维恺（Albert Feuerwerker）的《中国早期工业化》（*China's Early Industrialization*），麻州剑桥：哈佛大学出版社（Cambridge, Mass.: Harvard University Press），1958 年。

② 关于李鸿章在天津的活动，参见［美］斯坦利·斯佩克特（Stanley Spector）《李鸿章与淮军》（*Li Hung-Chang and the Huai Army*），西雅图：华盛顿大学出版社（Seattle: University of Washington Press），1964 年，第 139、160—163 页；田红石《天津概述（一九一九年前）》，第 7 页；［美］恒慕义（Arthur W. Hummel）编《清代名人传略》（*Eminent Chinese of the Ch'ing Period*［1644-1912］），台北：成文，1972 年，第 466页。徐景星上揭文，第 125—134 页。天津南开学校社会视察委员会：《天津南开学校社会视察报告》，第 179—188 页。

作用，还是一个有待讨论的问题。1900 年义和团运动期间，机器局被摧毁殆尽。机器局消失得如此彻底，以至于大多数 20 世纪出生的天津人长大后甚至不知道天津有过如此大规模的企业。①

政治不稳定，这个在近代天津历史上经常出现的现象，削弱了官僚阶层及其建立起来的体系。然而，尽管他们在任的时间很短暂，这些晚清官员对天津近代工业"黄金时代"的出现仍有直接的功劳。② 在 19 世纪晚期，天津估计有 5000 名企业工人，义和团运动后的数十年内，天津企业工人的数量再也没有达到这样的水平。

义和团运动过后，直隶省的经济凋敝。作为新任直隶总督和北洋通商大臣，袁世凯有效和坚决地挽救了这种局面并巩固了他在该地区的权力。在他的治理下，天津的商业经济开始恢复，新的市政管理机构出现，他还创建了近代警察制度和学校。③

与此同时，袁任命他的一名下属周学熙领导一个新的省级工

---

① 徐景星上揭文，第 125—134 页。1981 年 5 月 10 日采访徐景星，关于"近代"，徐认为，"近代工厂要使用能源和机器从事生产并雇用大量工人"。但是他补充说，"机器局并不是资本主义企业，因为它没有从事商品生产，也没有发生交换或产生利润"。
② 1980 年 3 月 17 日顾琳和我与卞慧新的访谈。
③ ［美］麦金农（Stephen R. Mackinnon）：《中华帝国晚期的权力与政治：袁世凯在北京与天津 1901—1908》（*Power and Politics in Late Imperial China：Yuan Shi-kai in Beijing and Tianjin, 1901–1908*），伯克利：加州大学出版社（Berkeley：University of California Press），1981 年，第 37— 61、163—179 页。麦金农认为，"中华帝国晚期的政治权力结构，尤其是在北方，是随着 1916 年袁世凯的去世而不是随着清王朝在 1911—1912 年的倒台而崩溃的"（参见该书第 234 页）。我自己对天津该时期历史的研究也证明，1911 年当地的变动很少，特别是在工业和商业方面。因为袁和他在兴办实业方面最重要的助手周学熙，活动期都跨越了 1911 年前后的两个时期，所以我把他们看作清朝官僚和北洋军阀之间的过渡性人物。也可见［加］陈志让（Jerome Chen）《袁世凯传》（*Yuan Shih-k'ai*）（第二版），加州斯坦福：斯坦福大学出版社（Stanford Calif.：Stanford University Press），1972 年，第 55—76 页。

艺局。周宣称的目标是鼓励当地的士绅和商人投资实业。他发起创办了许多小型模范工厂,训练从乡村来的学徒制造纸张、铁器、肥皂、纺织品、玻璃和牙粉。然而,大多数工厂都采用手工方式并有意地训练学徒们学习适合农村生产的技术,而不是恢复到义和团运动前的近代工业生产的规模。① 和李鸿章早期的企业一样,周学熙的工厂有些也是官办的,另外一些则是官督民办的。但是周没有成功地使商人们始终对工业生产感兴趣,因为他和袁世凯都不愿意提供投资担保或分享决策权。1907 年袁世凯离开天津后,他的经济改革计划也不复存在了。②

周学熙在北洋政府时期的几届内阁都担任财政总长,同时继续致力于在华北建立、重组或经营大多数大型企业。他在投资方面的兴趣,包括滦州煤矿、启新洋灰公司、几家银行及华新纱厂。他在天津实业界突出的半官方角色(他失败于未能争取商人的持久参与)展示了由政府官方创办的工业部门所具有的优势和弱点。

军阀投资

在袁世凯政权和国民党统一之间的那些年(1916 年至 1928年),各派独立的武装势力或军阀先后占领天津,包括吴佩孚、张作

---

① 关于周学熙的生平,见祝淳夫《周学熙与北洋实业》,《天津文史资料选辑》第 1 期,1978 年 12 月,第 1—28 页;田红石《天津概述(一九一九年前)》,第 7—11 页;麦金农前引书,第 163—179 页;徐景星上揭文,第 142—145 页;李志道《中国实业银行兴衰小史》,《天津文史资料选辑》第 1 辑,1978 年 12 月,第 54—63 页;天津南开学校社会视察委员会《天津南开学校社会视察报告》,第 162—178 页;雷穆森前引书,第 269—271 页。

② 麦金农前引书,第 163—165、173 页。

霖、李景林和冯玉祥。① 天津也是被打败或退隐的军阀最喜爱的居住地。无论是当权的还是下野的，他们许多人都选择天津作为他们的大量私人财产（在他们控制的地区征税所得）的投资场所。

这些军阀们把他们的大部分财产不是投资在工业，而是投资在土地和城市不动产。他们中的一些人跻身城市最大的地主行列。他们也是最活跃的房屋建造者，建造中式和欧式住宅，用于出租和供自己及家人享受奢华的退隐生活。军阀们还把大笔的金钱用于购买黄金和珠宝，投资当铺，存入本国和外国银行，投资粮店，当然还从事军火生意。

军阀最早对投资工业感兴趣是在第一次世界大战期间，当时工业投资获益上升。许多军阀最初投资的工业是军用品生产，诸如生产军服、干燥食品和马鞍。那些拥有政府官职的军阀，利用职权为他们的产品争取到免税和较低的铁路运费。然而不久，军阀们就被吸引到两个赚钱多的行业，即成为天津工业核心的棉纺织业和面粉业。从1914年到1925年，天津超过40%的新工厂都有军阀参与创建，他们新投入的资本占了总投资的一半以上。11个面粉厂中，有6个都有军阀的大量投资。最大的个人投资者是安徽军阀倪嗣冲，他投资了一家棉纺厂、一家油漆厂和几家面粉厂，投资总额八百万元（约为四百万美元）。他一个人投入的资金，几乎

---

① 英文著述中对这一时期的概述和第二手文献，见［美］詹姆斯·谢里登（James E. Sheridan）《分崩离析的中国》（*China in Disintegration*），纽约：自由出版社（New York：Free Press），1975年，第20、57—106、298—300页。

是 1895 年至 1914 年天津工业投资总量的两倍。[①]

　　然而,军阀之间持续不断的战争导致的政治不稳定,打消了他们从工业投资中挣钱的企图。到 20 世纪 20 年代早期,所有工业企业都受到内战的影响。相互对抗的军阀政府征收苛捐杂税阻碍了贸易也扰乱了工业产品市场。货物积压,即使有空的货运车厢可用,商人们也不得不花费比规定价格高出三到四倍的价钱让军方运输这些货物。[②]这些因素加上 1934 年后国民党的重税和世界经济大萧条的影响,是当代分析者最经常提到的天津不断发生工业危机的原因。

　　军阀们的投资为 1949 年前天津工业仅有的繁盛期提供了相当重要的资金来源。然后,他们在促成了工业利润急剧下降的形势后,又把他们的资金从工业中抽出,转而投向更有利可图(更历

[①] 这段关于军阀经济活动的讨论主要依据下列资料:祝淳夫:《北洋军阀对天津近代工业的投资》,《天津文史资料选辑》第 4 辑,1979 年 10 月,第 146—162 页;赵世贤:《军阀王占元经营工商业概况》,《天津文史资料选辑》第 4 辑,1979 年 10 月,第 163—171 页;董权甫、刘申之:《曹锟家族与天津恒源纺织有限公司》,《文史资料选辑》第 44 辑,1963 年 10 月,第 85—114 页;陈世如:《曹锟家族对人民的经济掠夺和压榨》,《天津文史资料选辑》第 1 辑,1978 年 12 月,第 99—112 页;王子寿:《天津典当业四十年的回忆》,《文史资料选辑》第 53 辑,1965 年 11 月,第 35—38 页;纪华:《倪嗣冲在粮食业的投资》,《天津文史资料选辑》第 4 辑,1979 年 10 月,第 194 页;何诚若:《倪嗣冲在安徽和天津的投资》,《天津文史资料选辑》第 13 辑,1981 年 1 月,第 187—191 页。美元比价来自弗里德里克·李(Frederic E. Lee)《中国的货币、银行与金融》(*Currency, Banking and Finance in China*),华盛顿特区:政府印务局(Washington, D. C. : Goverment Printing Office),1926 年,第 44 页,以及中华民国政府金融专家委员会《金本位货币制度逐步引进中国的法律方案》(*Project of Law for the Gradual Introduction of a Gold-Standard Currency System in China*),未刊本,1929 年,第 152—156 页。

[②] 刘谷侯:《天津工商业之鸟瞰》,第 6 页。

史悠久)的行业。① 甚至在军阀们热衷于投资工业的时期,他们投入工业的资金,也仅仅是他们投入土地和城市不动产的资金总数的一小部分。他们需要持续不断地获取利益以满足他们追求权力的资金需求,而这种对权力的追求所导致的不稳定,又使得工业不可能为他们提供这些利益。

商人参与

官僚和军阀利用他们不稳定的政治权力发展着天津工业,同样积累了大量财富的中国商人群体,或许有望成为工业投资的另一种来源。而事实上,商人比军阀更不愿意把他们的钱投入工业。大多数人喜欢传统的投资渠道,而有胆识的商人也只是尝试着闯入外国人控制的国际贸易领域。

最老的天津商人群体是当地人说的"八大家"。这个称谓首先指的是盐商,但是也指那些通过经营土地、粮食或船运发财的人。这个群体的成员随着时间而改变,但是都属于有大量资本用于投资的商人。例如,由于受到政府强制配额的限制,盐商们的利润仅有有限的小部分可以用于盐业的再投资。

像军阀一样,天津的富商通常只是用他们的钱投资土地、银号、当铺、私人的金银店,还有就是炫耀性的消费,如讲究排场的葬礼、赌博和斗虫等。有些家族还拥有私人杂耍戏班,以便他们能够

---

① 例如,可参见两篇关于阎锡山从 1928 年到 1937 年在天津活动的论文:阎子奉:《阎锡山家族经营的企业》,《文史资料选辑》第 49 辑,1964 年 1 月,第 46—65 页;米禄斋:《阎锡山与帝国主义的军需贸易内幕》,第 66—68 页。

在每年的皇会游行时进行演出,从而可以为他们的主顾赢得更大
的荣耀。商人们也会投资商业机构,诸如布庄、珠宝店、药铺和酒
厂等。20世纪,他们中的一些人还开办手工工场,制造军服、毛巾
和其他纺织品。但是,他们很少把钱投入工厂生产,除了无所不在
的周学熙(他偶尔有一个投资项目或小规模的面粉厂投资)。唯一
明显的例外是宝成纺纱厂,它从商人那里吸引投资,用于棉纱和棉
布贸易。①

　　第二个天津商人群体是买办,即外国贸易洋行的中国雇
员。② 天津最早的买办是从宁波和广州招募的,那里的外国洋行已
经活跃一些年了。后来,天津当地人也加入买办的行列。③ 买办抽
取的佣金可以高达一笔交易的价值的20%,到了19世纪晚期,最
成功的买办可以与盐商争当城市首富。天津四个最富有的买办

① 关于盐商和"八大家",更多的资料见《天津文史资料选辑》第20辑,1982年8月,
　第39—89页,以及顾琳的进一步研究。两个关于20世纪富有商人和他们的投资
　的个案研究,见孙敬之《元隆绸布店与"庆修堂孙"的兴衰始末》,《天津文史资料
　选辑》第2辑,1979年2月;蔡慕韩《"胜芳蔡"发家史》,《天津文史资料选辑》第2
　辑,1979年2月,第130—141页。
② 英文著作中关于"买办"这一角色的探讨,见[美]郝延平(Yen-p'ing Hao)《十九世
　纪的中国买办:东西之间的桥梁》(*The Comprador in Nineteenth Century China : Bridge
　Between East and West*),麻州剑桥:哈佛大学出版社(Cambridge, Mass.: Harvard
　University Press),1970年。
③ 严逸文:《四十年买办生活回忆》,《文史资料选辑》第42辑,1964年2月,第254—
　283页;毕鸣岐:《天津的洋行与买办》,《文史资料选辑》第38辑,1963年2月,第
　69—97页;高渤海:《天津买办高星桥发家史》;梁佩瑜:《天津怡和洋行及其买办
　梁炎卿》,《天津文史资料选辑》第9辑,1980年6月,第79—106页;郑志璋:《天津
　太古洋行与买办郑翼之》,《天津文史资料选辑》第9辑,1980年6月,第107—124
　页;魏伯刚:《天津横滨正金银行与魏家两代买办》,《天津文史资料选辑》第18辑,
　1982年1月,第153—181页。

（怡和洋行、太古洋行、华俄道胜银行和汇丰银行买办）积累了多达两千万元的财富。[①] 然而，四个人中仅有一个人选择投资工业。他就是与洋务派关系密切的汇丰银行买办吴懋鼎。也许，正是这种与官方的关系导致他很早就对工业产生了兴趣。在1900年之前，天津四家私人工厂中的三家都是由他创建的——一家火柴厂、一家制革厂和一家毛纺厂。[②]

后来的买办没有追随吴的步伐，反而选择了把他们的资金投到外国租界的不动产上。军阀混战期间，只有租界被认为是绝对安全的区域。富有的中国人涌入租界地区，导致租界不动产经济的繁荣，所产生的投机性利润远高于工业投资的获利。在这种形势下，买办们迅速积累了大量资本。在第一次世界大战和20世纪20年代，买办们凭借经验和关系，开办了他们自己的进出口贸易行，和外国公司直接做生意。他们与外国洋行的关系也促使他们建立了许多小型出口加工工厂，其产品被外国贸易洋行收购。[③]

直到1949年，买办在天津的经济生活中仍旧扮演着重要的角色。他们投资商业，放贷给银号和商人，还投资当铺。但是，和他们的上海同行不同，天津买办在吴懋鼎以后，再也没有人投资于大规模的工业生产。一位中国的史学者认为，这是因为上海买办通过很长时间逐步积累起他们的财富，而天津买办是暴发户，他们来

---

① 与卞慧新的座谈；《天津的洋行买办》，《天津文史参考资料剪辑之六》，天津，1975年8月，第10页。

② 徐景星上揭文，第140—142页；吴焕之：《关于我父吴调卿事迹的回忆》，《文史资料选辑》第49辑，1964年1月，第228—235页；雷穆森前引书，第268—269页。

③ 《中国经济周刊》第10卷第315期，1927年3月5日，第28页；严逸文上揭文，第264页。

钱容易花钱也快。① 无论事实是否如此,买办们经济上的精明和适应能力足以使他们在多次政治变局中维持他们的地位。也许正是这种极度的精明,使他们在这种贸易和投机性经济活动中获取远高于长期工业投资的回报,避免了制造业带来的风险。

消失的工厂主和熔毁纱锭:棉纺织业

缺乏稳定的企业家群体,这个由华北地区政治的不稳定所致并使之复杂化的问题,导致当地工业的发展一直处在时盛时衰的状态中。在这一点上,没有比天津的机械化程度最高的工业——棉纺织业更为明显的了。② 天津成为中国棉纺织业的中心,有着几大优势:资金雄厚的当地投资者群体、靠近原料产地,还有广大的市场。政局更迭引来新的企业家,也给工厂带来了至少三次繁荣的机会——第一次世界大战期间、20世纪30年代后期以及第二次世界大战同盟国刚取得胜利后。但是,每次都因长期的战争以及常常近乎"吃人"的政府政策,最终工业无法兴旺起来。

在第一次世界大战后的岁月中,天津大部分棉纺厂是靠某个官僚或某派军阀出资兴建的。有四家工厂建在租界的东南边缘,两家建在旧城的北面。奉系③军阀曹锟是恒源纱厂的主要投资人,裕元纱厂则控制在安福系军阀手中,它的最大股东是倪嗣冲(一百

---

① 1981年5月10日与徐景星的访谈。

② 有关这一方面的情况,在贺萧的《天津工人阶级的形成,1900—1949》中有详细的论述,见第161—183页。

③ 著者有误,应为直系。——译者注

一十万元），最初的董事会成员包括倪嗣冲、段祺瑞和许多高级官员。周学熙的华新纱厂及裕大纱厂是吸引军阀投资的另外两家工厂。①

但是，经过 20 世纪 20 年代初几年的赢利后，工厂遭遇了一系列的困难。1922 年，以及从 1926 年到 1929 年，军阀之间一连串时断时续的自相残杀的混战中断了交通，以致内地的棉花无法运到天津，从而导致原棉价格上涨。虽然有商人和工厂主抗议，但那些运到市场的棉花还是被连续几届军阀政府征收重税。持续的内战状况也间接影响到工业。因为旱灾、战争和缺乏政府的鼓励措施，整个河北的棉花生产从 1919 年后持续不断下降。饱受抢掠成性的军队摧残而贫困化的民众，削弱了棉织品市场。最后，有军阀投资的工厂如恒源纱厂，当其投资者在军事和政治上遭遇失败时，就会失去其资金来源②。

20 世纪 20 年代初期，战后对外贸易活动的恢复使工厂的经济

① 见前述有关军阀在天津的经济活动的注释。另外关于军阀参与棉纺厂的资料，见王景杭、张泽生《裕元纱厂的兴衰史略》，《天津文史资料选辑》第 4 辑，1979 年 10 月，第 173—174 页；夏少泉《关于周学熙、杨味云和华新纱厂资料的补充》，《文史资料选辑》第 31 辑，1962 年 7 月，第 320—322 页；南开大学经济研究所编辑《天津市社会调查资料》；朱梦苏《天津北洋纱厂沿革及其与金城、中南两行的关系》，《文史资料选辑》第 49 辑，1964 年 1 月，第 196 页；吕露园《北洋纱厂与朱梦苏》，《天津文史资料选辑》第 6 辑，1979 年 12 月，第 129—130 页。
② 南开大学经济研究所编辑：《天津市社会调查资料》；华商纱厂联合会棉产统计部：《中国棉产统计》（1—5），未刊本，1929 年；《经济研究周刊》第 30、31 期，1930 年 9 月 21 日、28 日；方显廷：《中国棉纺织业之危机》，《经济周刊》第 8 期，1933 年 4 月 19 日；董权甫、刘申之：《曹锟家族与天津恒源纺织有限公司》，第 96 页；方显廷：《天津的纱厂与原棉供应》（"Cotton Mills and Raw Cotton Supply in Tientsin"），《中国经济月刊》（*Chinese Economic Monthly*）第 7 期，1924 年 4 月，第 2 页。

形势变得更加复杂。当欧洲的商人又开始购买中国的原棉时,棉花的价格再次上涨,导致当地的纺纱厂更难获得原棉。[1] 同时,进口棉纱和棉布重回中国市场,与质量往往较差的本地产品形成竞争。上海的棉纱也把本地产品挤出天津市场。从 1926 年起,六家纱厂都开始出现亏损,而到了 1927 年,华商纱厂联合会(Chinese Cotton Millowners Association)公开抱怨,交通、重税及常年内战所导致的对棉纱需求的减少,正一起危害着新兴工业。[2] 1930 年后,形势愈发恶化,正如中国分析家所正确指出的,这是转折之年,正从"慢性危机转向急性危机"[3]。原棉的价格持续上升而棉纱的售价跌落,以至于天津的纱厂每卖出一包棉纱即亏损 27 元。[4]

外国的竞争使得中国的纺纱厂处于劣势。日本棉纺厂的产品进入中国市场,既有通过天津的合法渠道进入的,也有经由冀东走

---

[1] 从 1919 年到 1932 年,外国出口商在天津购买的棉花,超过三分之二通过海运运往海外或其他中国口岸。方显廷:《天津棉花运销概况》(第二部分),《经济周刊》第 76 期,1934 年 8 月 15 日。

[2] 董权甫、刘申之:《曹锟家族与天津恒源纺织有限公司》,第 96—97 页;《中国经济周刊》第 196 期,1924 年 11 月 22 日,第 10 页;南满洲铁道株式会社(Minami manshu tetsudo kabushiki kaisha):《华北工厂实际情况调查报告:天津》(Hokushina kojo jittai chosa hokokusho:Tenshin no lu),出版地不详,1938 年,第 28 页;刘谷侯:《天津工商业的危机》,《社会月刊》第 1 卷第 1 期,1929 年 7 月,第 44 页;方显廷:《天津的棉纺厂和原棉供应》,《中国经济月刊》第 7 期,1924 年 4 月,第 1 页。(出版时间可能有误——译者注)

[3] 下面的讨论依据列奥纳德·T. K. 吴(Leonard T. K. Wu):《中国棉纺业的危机》("The Crisis in the Chinese Cotton Industry"),《远东调查》(Far Eastern Survey)第 4 卷第 1 期,1935 年 1 月 6 日,第 1—4 页;同时参见具体注释。

[4] 价格下降的数据参见《天津纱厂实业近况》,《纺织周刊》第 5 卷第 22—23 期,1935 年 6 月 15 日,第 564 页;何廉《白银征税与棉纱征税政策上之矛盾》,《经济周刊》第 88 期,1934 年 11 月 7 日。

私非法途径进入的。日本企业比中国的工厂资本雄厚，能够通过压低价格倾销他们的商品，以便保持和扩大他们的市场份额。建在中国国土上的日资工厂有同样的有利条件，此外还可以免征进口关税。到 1934 年的春天，日本和中国上海的棉纱已经控制高阳的手工织布市场。最后，1931 年日本入侵东北，阻断了中国纺织厂的一大市场，而日本工厂可以轻而易举地在那里销售他们的产品。①

新的国民党政府加征的国内税使这个问题更加严重。因为统税不加区别地对待价值相差巨大的不同棉纱，专门生产精梳纱的日本棉纱厂和生产更为便宜的普梳纱的中国棉纱厂缴纳几乎相同的税额。除此之外，1934 年修订的关税税率，实际上减少了对进口棉纺织品征收的关税，同时增加了中国生产商所需要的原棉和纺织机械的关税。天津当地对棉花贸易征税，在 20 世纪 20 年代就引起很多麻烦，此时仍然是个问题；特别是 1931 年以后，面对日本人

---

① 1932 年对中国 122 个纺织厂的研究，得到的棉纺厂资本数据如下：

所有权	工厂数目（个）	每个工厂平均资本（元）
中国	78	1 836 911
英国	3	4 720 767
日本	41	9 061 869
	122（总计）	4 335 885（平均）

方显廷、陈振汉：《中国工业现有困难的分析》，《经济周刊》第 26 期，1933 年 8 月 23 日；关于日本和中国上海的棉纱，见王子健《民国二十三年的中国棉纺织业》，国立中央研究院社会科学研究所旧稿，出版信息不详，无发表日期，第 44—45 页。1929 年，日本入侵东北的前两年，13.51% 的中国棉纺织品进入东北市场。天津的一些工厂，例如宝成纱厂，所占比例更高。方显廷：《中国棉纺织业之危机》；《天津纱厂实业近况》，第 563 页。

的威胁,城市不得不增加税收以应对新的军事开支,使得这个问题更加严重。①

　　与外国人的工厂和外国人投资的工厂相比,天津本地的工厂在技术上也处于劣势。根据一位作者的估算,一个拥有 1 万纱锭的工厂,如果是中国工厂主就必须雇用多达 400 名工人,而如果是日本企业主,则只需雇用 120 到 150 名工人就能应付得了。② 经营者无力修理或更换陈旧的设备。资金的缺乏又反过来直接决定了大多数中资工厂都是小型的合股公司,每年红利的大约 10% 必须用于支付债券。没有足够的资金再投资于他们的设备,大多数企业都深深地陷入高利率的债务中,举债目的是从财政上保证企业的发展和为企业提供足够的流动资金。③

　　在破旧失修的设备和不断增加的债务的背后,是一个如经济学家方显廷 1932 年指出的"悉因缺乏专门知识,引用私人及舞弊而毁坏"的管理阶层。方批评工厂效率的低下:

① 列奥纳德·T. K. 吴:《中国棉纺业的危机》;方显廷:《中国棉纺织业之危机》,第 188 页;万心权:《天津市税捐概况》,《河北月刊》第 1 卷第 4 期,1933 年 4 月,第 1 页。
② 列奥纳德·T. K. 吴:《中国棉纺业的危机》。对上海和天津的日资和中资工厂每天每锭平均产出量的比较,见方显廷《中国的棉纺业与棉花贸易》(Cotton Industry and Trade in China),天津:直隶印字馆(Tientsin: Chihli Press),1932 年,第 1 卷,第 95 页。关于日资和中资工厂纺织工人生产能力的比较,见方显廷《中国棉纺织业之危机》。
③ 对流动资金短缺的分析,见丁沽《中国工业的流动资本的问题》,《经济周刊》第 14 期,1933 年 5 月 31 日,以及方显廷《中国棉纺织业之危机》;关于裕元纱厂问题的具体统计,见方显廷《天津的棉纺厂和原棉供应》,《中国经济月刊》第 7 期,1924 年 4 月 15 日,第 2 页;《天津纱厂实业近况》,第 562—563 页;王景杭、张泽生《裕元纱厂的兴衰史略》,第 175—179 页;棉二《厂史 1918—1949》,手稿,1958 年 9 月 15 日,天津:棉二厂档案,第 9—10、55—57 页。

　　纱厂之创办者多属无经验之人，仅鉴于欧战期间中国纱厂获利独多，乃为大利所诱，起而创办纱厂……全厂数百万产业，竟委诸对于棉纺织业毫无知识经验之经理处置一切，而此类经理，普通均为最有势力之股东所委任，既无纺织专门知识，又不能通晓成本会计之理论，理财之方法及市场之情形。结果，经理又将其职务委诸属员。于是纱厂之利润，悉视机运而定矣。厂中纺纱部或织布部之头目，又多为经理或股东之亲友，视其工作为营私舞弊之源，而将其职务转委之工头。此类工头虽有其专技，但仍乏科学的训练，因此机器保存不妥当，时有停顿之虞，致工作效率减低。工人又非经选择及训练而来，多赖包工制度征募，结果成品质料退化而成本反见日增。①

　　到 1934 年，天津的棉纺厂多数几近崩溃。② 与此同时，中国天津很快成为日本建立"华北大棉业中心"计划中的关键环节。日本洋行开始通过收购那些被迫关闭的工厂扩张他们在天津棉纺织业中所占的份额。在租界东南的老纱厂区，也有新工厂正在建设。

---

① 方显廷：《中国棉纺织业及其贸易》，第 1 卷，第 319 页，转引自方显廷《中国之工业组织》(*Industrial Organization in China*)，天津：直隶印字馆，1937 年。这里所提及的劳工合同制度是根据上海的实际而不是天津的。关于管理问题的进一步讨论，参见杜文思《平津工业调查》，北平：公记印书局，1934 年，第 23—24 页。关于恒源纱厂这种类型的管理体系的记述，参见董权甫、刘申之《曹锟家族与天津恒源纺织有限公司》，第 97—99 页。
② 关于这种危机的具体描述，见贺萧《天津工人阶级的形成，1900—1949》，第 174—175 页。

到 1937 年初, 只有三家棉纺厂还在中国人手中: 大生、恒源和北洋。①

　　在日本统治时期的前三年, 天津建成了四个新的纺织厂。到 1938 年末, 天津有 462 000 支纱锭在运转, 18 个月里增加了 59%。② 在日本人占领前, 天津没有工厂能够纺出比 60 支细的棉纱, 而日本人安装的机器能纺出更细的棉纱。织布机从 2500 架增加到 7800 架。由于华北局势出现新的稳定, 天津的棉纱和棉布市场都有所扩展。1938 年, 天津的四家纺织厂(公大六厂和公大七厂、裕丰及恒源)棉布的主要销售地在河北, 但是也在山东、山西、察哈尔、绥远、河南及华中一带销售。从 1937 年到 1940 年, 北洋纱厂的报告称, 这是建厂以来最兴旺的时期。乐观的政府报告也预

---

① 《日本开发华北棉纺织业》("Japan Developing North China Cotton Industry"), 《远东调查》第 5 卷第 17 期, 1936 年 8 月 12 日, 第 185 页;《天津逐渐成为一个新纺织业中心》("Tientsin Slowly Emerging as a new textile Center"), 《远东调查》第 6 卷第 1 期, 1937 年 1 月 6 日, 第 11 页。关于裕元收购的具体过程, 见《天津纱厂实业近况》, 第 561—563 页; 王景杭、张泽生《裕元纱厂的兴衰史略》, 第 178—179 页。关于新建棉纺厂, 见南满洲铁道株式会社《华北工厂实际情况调查报告: 天津》, 第 31—32 页;《日本开发华北棉纺织业》(上文引用);《天津逐渐成为一个新纺织业中心》(上文引用); 洛克伍德·Q. P. 秦(Rockwood Q.P.Chin)《纱厂, 日本经济在华的急先锋》("Cotton Mills, Japan's Economic Spearhead in China"), 《远东调查》第 6 卷第 23 期, 1937 年 11 月 17 日, 第 263 页。
② 这一百分比源自南满洲铁道株式会社的《华北工厂实际情况调查报告: 天津》中的统计数字, 见该书第 26、30—33、36 页所提供的数据。该项数据不同于上海市棉纺织工业同业公会筹备会编辑的《中国棉纺统计史料》(上海, 1950 年)一书中提供的数据。

测说,到 1946 年纱锭将增加到 680 000 支。[①]

　　当然,这些乐观的预测始终也没有实现。虽然发展期持续到 1940 年,但到了第二次世界大战后期,工业又陷入困境。获取原料变得更加困难,可获得的棉花越来越多地被日本占领军占有。[②] 在日本侵华战争结束前的最后几年,天津的中国和日本纺织厂都被迫熔毁部分设备为军队"献铁"。北洋纱厂"捐献"了三分之一以上的纱锭,而大多数日本纺纱厂也遭到了同样的命运,裕大纱厂被改建成酒精厂。仅有两家天津的纺纱厂——裕丰纱厂和上海纱厂,因为他们与日本政府的关系而无须遵守熔毁法令。到战争结束时,四家日本纺纱厂已经停止生产,而另外四家只能维持它们以前生产能力的一小部分。在中国人所有的纺纱厂中,北洋纱厂关闭,而恒源纱厂的生产能力下降。城市纱锭总的拥有量在 1942 年上升到大约 506 000 支,此后由于"献铁"而减少,到战争结束时减少到大约 407 400 支。其中,仅有大约 28 000 支纱锭和 1000 台织机在

① 张绪愉:《我是一个纺织业的工人说几句对纺织业的感想》,《华北劳动》第 1 卷第 1 号,1946 年 1 月,第 12 页;南满洲铁道株式会社:《华北工厂实际情况调查报告:天津》,第 37、49、86 页;吕露园:《北洋纱厂与朱梦苏》,第 132 页。
② 纪广智:《旧中国时期的天津工业概况》,《北国春秋》第 2 卷第 2 期,1960 年 4 月,第21 页。

1945 年还在实际运转。①

日本投降以后,国民政府行政院立刻组成了中国纺织工业公司(China Textile Industries Corporation),以接管和经营属于日本人的工厂。1945 年 12 月,其分公司在天津成立。最终,该公司控制了七家棉纺厂和一些相关机构,只有恒源和北洋被归还给个人。② 这个时期,由于几乎全都是政府所有的工厂,棉纺厂避免了被政府施加高压这种糟糕的事情,他们的机器没有像许多私营工厂那样遭遇南迁或被当废品卖掉的命运。棉纺织业在城市的工业领域占据主导地位,这一点甚至比战前更明显。到 1947 年底,棉纺织品产量占到城市工业品总产量的 64%。③

---

① 朱梦苏上揭文,第 200 页。天津市纺织工业局编史组:《旧中国时期的天津纺织工业》,《北国春秋》第 2 卷第 1 期,1960 年 1 月 10 日,第 99 页。关于战争后期困境每个纱厂的记述,见中国纺织建设公司天津分公司编《天津中纺二周年》,天津:1947 年,第 195—201 页。董权甫、刘申之:《曹锟家族与天津恒源纺织有限公司》,第 111 页。纱锭拥有量的估计数,来自李洛之、聂汤谷《天津的经济地位》,天津:经济部冀热察绥区特派员办公处结束办事处驻津办事分处,1948 年,第 252 页。该书在战争结束后受到国民政府的资助,显示 1942 年的数据仅有日资工厂,而且各项数据都没有出处。尽管要做出准确陈述还有问题,但是似乎可以肯定地说,天津的纱锭拥有量一直迅速增加,直到太平洋战争爆发,此后因为设备熔毁而减少,但是尽管如此,占领时期天津的纱锭拥有量仍然出现新的增长。战争末期仍在运转的纱锭和织布机数量的估算仅仅包括日资工厂,因此实际的数据肯定更高。《中国棉纺业报告,含 1946 年》,引自《中国通信月报》(China Correspondent Monthly Reports),1947 年 4 月,C13/2/75,日内瓦国际劳工组织档案馆(ILO Archives, Geneva),第 3 页。
② 《中国棉纺业报告,含 1946 年》,第 2、3、9 页。裕大纱厂和宝成纱厂变成一个企业的一部分。
③ [美]鲍大可(A. Doak Barnett):《共产党接管前的中国》(*China on the Eve of Communist Takeover*),纽约:布拉格出版社(New York:Praeger),1963 年,第 56、57 页;高尔夫等:《解放前夕奄奄一息的天津工商业》,《天津文史资料选辑》第 5 辑,1979 年 10 月,第 158—176 页。

然而，尽管有政府的保护，工厂仍然面临严重的问题，首要的问题就是在战争后期遭受的损害。"在各工厂被接管时，"纺织工业公司1946年的年度报告谈道，"机器大多都严重失修，建筑被毁坏。"工厂一直受困于缺乏备用零件、缺乏熟练工人、无法控制产品的质量。[①]

到1948年年中，河北棉花的运输通道被切断，棉纺厂不得不大量使用进口原棉，进口比重达到大约80%。频繁的停电也使工厂的生产遭遇阻碍，一家工厂1947年总共停电时间竟然超过了1617小时。通货膨胀是另外一个普遍存在的问题。棉纺四厂（原上海纱厂）的总支出（包括工资、生产成本和厂务费）在1927年[②]从1月份的9.92亿元增加到12月份的170亿。1948年8月改用金圆券后，生产一件棉纱（181.44千克）的耗费超过了900"金元"，而政府规定的限价为707"金元"。工厂销售他们的产品已经毫无利润可言，与20世纪30年代早期的情况如出一辙。[③] 在这种情况下，棉纺厂商不得不像大多数天津百姓一样在黑市上做投机买卖。特别是布匹被当作流通货币的替代品，被许多天津市民用于购物、支付租金，甚至用于借贷。棉纺织品投机买卖的中心是哈尔滨路附近的胡同，那里每天有5000到6000匹布倒手。因为工厂50%的产品

---

① 《中国棉纺业报告，含1946年》，第4、15页；中国纺织建设公司天津分公司编：《天津中纺二周年》，第196页。

② 此年代可能有误，似应为1947年。——译者注

③ ［美］鲍大可：《共产党接管前的中国》，第56页。电力供应是由政府作为公用事业运营的冀北电力公司承担的。棉四：《1946年本厂简介和调查》，天津：棉四厂档案，棉四；《1947年布告留底簿》，天津：棉四厂档案。包敬弟：《新经济管制与纺织业》，载《纺织建设》，1948年10月15日，转引自《北国春秋》第1期，1960年1月，第102页。

可以自由销售,所以在哈尔滨路能发现许多布匹的踪迹。①

　　纺织厂遭受的最后一次打击是政府削减了从美国进口原棉的城市供应量,从 1947 年的 668 000 担减到 1948 年的不到一半。到 1948 年末,天津的纺织厂——这个城市长达三十年引以为傲的工业部门一周只有三天能开工。到解放时,在城市仓库中储存的棉花仅够十天纺纱所用。②

　　从棉纺厂最初建立到 1949 年这 30 年间,有三类与华北政权关系密切的投资者掌控着天津的棉纺厂。无论哪一类投资者,对制造业的兴趣都很快从属于对政治生存的需求。棉纺厂就像天津所有的工厂一样,成为榨取利润、课征捐税、拆卸设备的资源,并最终伴随着工业赞助者走马灯似的更换而被抛弃。

结　论

　　1949 年之前,贸易一直主导着天津的经济,而外国人主导着贸易,因为他们远比中国同行更能动用大量的金融和政治资源。只有当外国人的经营活动减少时,比如"一战"期间,中国人才能获得自主发展的机会。

---

① 《北国春秋》第 1 期,第 103 页。

② 《北国春秋》第 1 期,第 105 页。按照鲍大可的说法(前引书第 53—54 页),天津商界认为,对天津的这种不公平待遇是有意为之。因为每个地区的进口配额是国家制定的,他们断言,政府利用这一制度偏袒"政府官员在上海的商业利益",并使政府在政治不稳定的北方投资的风险保持在最小限度。

大致来说，外国人选择投资的那些事业处于兴盛中，而他们忽视的处于艰难发展中。近代工业，除了 20 世纪 30 年代后期短暂的几年，都属于后者。

与上海相比，天津在吸引外国工业投资方面失败的原因部分可以归于天津开放为通商口岸较晚，但是其他的因素也很重要。来到华北的外国人主要对出口来自天津腹地的土产原料感兴趣。他们在天津购进的土产品价格非常低廉，而经过加工后就能获得高额利润。既然一间仓库安放一台打包机或摆上几张桌子分拣坚果就可以赚到大钱，外国人就很难再有动力去投资需要复杂设备的工厂。20 世纪以来天津腹地持续不断的政治动荡使这一有限的经济活动也遭到阻碍而减缓下来。

此外，在 1929 年中国政府收回关税自主权之前，外国人进口工业品要比在天津本地生产在经济上更有利。他们也投资像开滦煤矿那样的采矿业，但是投资制造工业受到同样减缓天津口岸发展的一些因素（如基础设施不足和政治不稳定）的制约。

有人认为，在中国的其他地区，外国人对制造工业的控制阻碍了中国本国制造业的发展。在天津，直到 20 世纪 30 年代以前，很少有外国人投资工业，帝国主义的影响并不表现为在天津的外国工厂和中国工厂之间的直接竞争。① 然而，天津有许多外国人，他们通过其他一些方式影响城市工业。义和团运动时期，外国的政治干预导致了天津最早期的大型工厂被摧毁。受到有利的税收制

---

① 有关适用于中国的帝国主义各种定义的有说服力的论述，参见前引［美］高家龙《中国的大企业：烟草工业中的中外竞争（1890—1930）》，第 5—6、202—207 页。

度保护的外国进口产品,无疑会殃及某些中国产品的市场。① 只是在第一次世界大战期间,当本地市场暂时摆脱外国进口产品的竞争时,天津的制造工业才得以浮现出来。

在工业产品进口和农牧业产品出口的贸易模式下,小型和劳力密集型的出口加工工业首先得到集中发展。当中国企业家在"一战"后开始建造大型工厂时,他们要依靠来自外国的零件、机械,有时还有原料。市场的波动和价格的操纵足以使许多新生工厂倾覆。更有甚者,外国人所创建的金融体系完全有能力吸引中国人的资本,例如,军阀们在外国银行拥有大量储蓄,这可以被认为是外国人弄走了那些本来可以投资工业的资金。当然,导致外国银行可靠和工业投资有风险的因素并不都是由外国人造成的。总而言之,外国人对天津城市工业的影响是非常大的,但是并非像中国其他地区由外国人控制工业生产那样直接。

各种中国投资者群体,包括官方的和私人的,也都投资工业,但是他们的努力大都是昙花一现。这些投资者中许多人所依赖的政治精英掌权时间都很短暂。在所有中国投资者中,军阀是参与工业生产最多的。然而,他们在经济领域的投资和参与政治的行为方式,从根本上讲是相互矛盾的。他们勒索可以给他们的工厂提供贷款的银行,向工业企业和消费者双方征税,并用战争扰乱了原料供给和产品市场。20 世纪 20 年代,主要是他们所制造的麻

① 何诚若:《倪嗣冲在安徽和天津的投资》,第 189 页;刘谷侯:《天津工商业的危机》,第 44 页;方显廷、陈振汉:《中国工业现有困难的分析》;吴瓯:《天津市火柴业调查报告》,天津:天津市社会局,1931 年,第 1—4 页。(英文原文作者误为"Wu Ao",应为"Wu Ou[吴瓯]"。——译者注)

烦,导致天津的腹地市场远逊于上海的长江下游市场。军阀充其量算是天津工业一个善变的资助者。

天津从来也没有培育出一个热衷于工业的独立的本国资本家阶层。在袁世凯之后,北方的投资者对工业化是一条"富强"之路,只是有一个懵懵懂懂的了解;他们更关心的是为他们的军队搞到军服和把搞到的钱放入他们自己的保险箱里。他们之所以被工业吸引只是因为能赚到高额的红利,而因为除了投资还管理工厂,他们常常会增加分红和那些商业投资者竞争。

尽管如此,工业从未成功地胜过政治精英们所熟悉的旧的投资渠道。政治动荡催生了短期投机性投资总能得到回报的环境;而制造业属于高风险行业。其结果是,工业缺乏固定资本和流动资金,在金融危机面前必然显得十分脆弱。投资不足是天津工业领域的顽症,被许多当代分析者引证为造成天津工业持续危机的最主要的非政治性因素。[1]

在整个通商口岸时代,天津被政治动荡困扰,被一拨拨的政治势力统治,经济发展时断时续。天津的腹地在整个日本占领时期和内战时期始终乱象纷呈,与城市只能保持脆弱的联系。城市经济的不稳定和分化折射出其统治阶层的不稳定和分化,反过来,统治阶级特定的行为方式,又对工人阶级的发展产生了重要的影响。

明确地讲,因为没有中国投资者群体对工业投资长期保持兴

---

[1] 这种观点的一个例证,见鲁荡平《发展天津工商业最低限度的工作》,《社会月刊》第 1 卷第 5—6 期,1929 年 12 月,第 1—4 页。1929 年,鲁谈到租界以外的天津,有 2148 家工厂,总资产 31 406 944 元,每家大约 10 000 元。城市有 20 000 家商店,总资产 22 230 468 元,每家大约 1000 元。

趣,所以近代天津工业也没有形成更有经验的资本家所熟知的管理规范。天津的大型工厂,表面上看是机械化和"现代"的,实际上却是在落后的生产技术和基于旧式社会关系的管理体系下运行的。这就影响到缺乏经验的资本家所采用的招聘体制、劳动组织方法,并将工厂纪律强加到同样缺乏经验的工人身上。

无论外国人还是中国人,对工业投资的兴趣都远低于对其他经济投资的兴趣。工业终归是天津经济和政治强势阶层一时的"玩物"。对天津工人的研究一定不能仅限于少数几个机械化的工厂,以及反复无常和经常变换的工厂主。这项研究必须包括从事出口加工的仓库和从河北乡下来到天津的小企业主经营的许多手工作坊,同时不应该无视那些搬运原料和制成品、来往于工厂之间的搬运工人。总之,这项研究应当探讨在危机重重、分崩离析的天津经济中形成的复杂职业结构,各种工作职业的多样性及其共性。

第三章　工作多样性与工人生活

　　20 世纪天津的工业和这座城市一样,以一种快速而又无序的方式发展。天津的制造业并没有按照从家庭到作坊再到现代工厂这样一个清晰的历史进程发展,而是这三种生产方式同时出现,而且其中的某种生产方式有时还会帮助其他的生产方式加速发展。

　　这种发展方式在现代制造业中最为明显。天津的 6 家大型棉纺厂、6 家机器面粉厂、4 家火柴厂和 2 家大型卷烟厂,几乎都建在第一次世界大战前后。它们崭新的红砖建筑改变了海河两岸的天际线。工厂宿舍和一排排仓促建成的房屋开始在这座城市的边缘形成新的工人阶级社区。20 世纪 20 年代,天津有望成为华北重要的制造业中心。

　　不过,这些现代工厂并不能代表天津的工作环境。大量小作坊使用手工或半机械化方式制造商品。铁工具和机器部件、地毯、花布和针织袜子只是这类手工作坊生产的几种产品。作坊并不是旧式手工部门的残余,它们和大型工厂一样,也是 20 世纪 20 年代经济繁荣的产物。

除了这些机构雇佣工厂工人和工匠,一些行业还依靠临时工和散处工人(outworker)。这些工人许多是妇女和儿童。出口加工仓库雇佣临时工分拣鸡蛋、羊毛或剥核桃。火柴厂虽然使用先进的化学工艺生产火柴,但是还要雇佣妇女和童工(在家)糊火柴盒和(在车间)用手装火柴。散处女工人被雇佣来纺羊毛线以卖给地毯厂,做花圈,编席子和为每一支新驻天津的军阀部队缝制军服。这些妇女的孩子或弟弟妹妹,为了微薄的计件工资,常常与她们一起工作。

由于这些工人是临时性或季节性地被雇佣,在职业调查中他们常常不被算作就业人口。而且,天津的"工业"劳动力中有相当大的比例是散处工人,他们从来没有见过大型或机械化工厂的内部是什么样的。他们的人数和工匠一样,随着工厂生产的扩大而增加。

最后,天津主要还是一个贸易港,大量的工人为船舶装卸货物并将货物从这座不断扩大的城市的一端搬运到另一端。搬运行业是连结商业和工业的纽带。搬运工人可以分成两部分:一部分是源于清朝初期的世袭性社团行会的成员,另一部分是人数更多的工作极不规律的人力车夫和河岸边的苦工。①

---

① 有关所有这些行业劳工的初步探讨,参见[美]李侃如(Kenneth Lieberthal)《天津的革命与传统,1949—1952》(*Revolution and Tradition in Tientsin, 1949–1952*),加州斯坦福:斯坦福大学出版社(Stanford Calif.: Stanford University Press),1980 年,第 11—25 页。

广义的工人虽然只构成天津人口的一小部分，但是所占比例在不断增加：1929 年是 3.4%，1938 年 11%，1947 年 13%。他们是这座城市第二大职业群体；只有商业部门雇佣的人数比例一直超过它（1938 年 14%，1947 年 16%）。运输工人又占了人口总数的4%—5%，如果加上人力车夫和四处游走的苦力，所占比例还要大。工人的实际比例甚至比这些数字显示的还要高，因为那些被列为"不事生产"的人（超过总人口的一半）包括许多临时工和不工作的被抚养人（见图 1 和表 1）。

单位：百万人

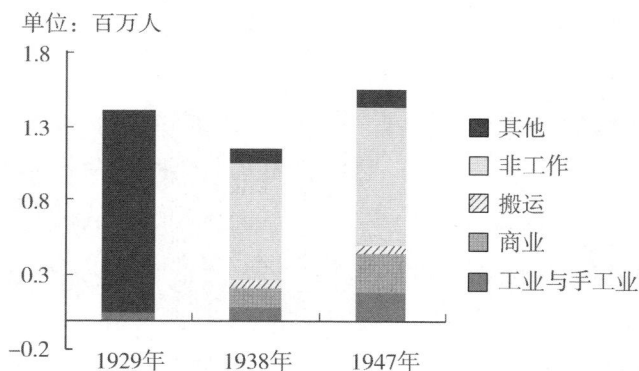

图 1　天津职业构成，1929—1947 年

表 1　天津职业构成（1929—1947 年）

类别	1929 年		1938 年		1947 年	
	工人人数	百分比	工人人数	百分比	工人人数	百分比
工业与手工业	47 519	3.4%	131 543	11.1%	229 833	13.4%
商业	—	—	166 598	14.0%	283 311	16.5%
搬运业	—	—	60 839	5.1%	65 118	3.8%

类别	1929 年		1938 年		1947 年	
	工人人数	百分比	工人人数	百分比	工人人数	百分比
无工作[a]	—	—	742 076	62.5%	994 225	58.0%
其他[b]	1 343 602	96.6%	85 474	7.2%	143 047	8.3%
总数	1 391 121	100%	1 186 530	100%	1 715 534	100%

资料来源:1929 年数据来自《中国经济杂志与公报》(*Chinese Economic Journal and Bulletin*)第 20 卷第 3 期,1937 年 3 月;《南开统计周报》(*Nankai Weekly Statistical Service*)第 3 卷第 17 期,1930 年 4 月 28 日,第 81、85—86 页。1938 年数据来自天津特别公署《天津特别公署(民国)27 年行政纪要》第 2 卷(天津,1938)。1947 年数据来自天津市政府统计处编《天津市主要统计资料手册——第 2 号:工商专号》,第 1 页。

a. 包括学生、无工作家庭成员、罪犯、接受福利救济的人及失业人员。

b. 包括公务人员、职业人员和服务业人员。

因此,天津的工人阶级包括工匠、搬运工、临时工和工厂工人。虽然他们多数是这座城市的新来者,但是他们的就业机会因性别、年龄、籍贯和社会关系不同而有所差别。他们的生活环境也大为不同。工匠通常会把他们的家人留在乡下,自己住在作坊里;而工厂工人常常将他们的家人带到天津找份工作,做临时工。

不过,尽管所做的工作多种多样,天津工人还是有许多共同点。天津工业的发展不能简单地用诸如"前工业化/工业化"或"传统/现代"这样截然两分的词来描述。除了搬运行业在天津有较长的历史,天津其他工业部门都是通商口岸时代的产物。(由于这个原因,搬运工人将在后面的第五章单独讲述。)工人从来没有纷纷走出旧式的作坊进入现代的生产中心。相反,随着每个工业部门的发展,它们会从附近河北省的农民中吸收工人。对多数外来的农民移民而言,天津所有的工作环境都是新的。不过,即便是最大的几家工厂,也保留了许多农村的环境特征。一名农民最终在这个复杂的工业结构中处于什么位置,与以乡村为基础的社会联系有很大关系。

此外,天津的工人不论到哪里工作,都会发现他们的职业很不稳定。虽然许多人来到天津是为了逃避华北乡村经济和政治的动荡不宁,但是这座城市给他们的庇护很少。即使是最大的工厂也难免遭遇突然的关门倒闭;对工匠和临时工来说,稳定的工作就更难找到了。任何行业的工人阶级都处在生活的边缘。他们常常有可能坠入社会的更底层:从工厂工人变成苦力,从纺织女工沦为妓女。有的工人也有可能回到华北的农村。许多工人往往只是在节假日,或者是结婚、生病和失业的时候返回他们的家乡,除非自然灾害和战争破坏了乡村经济并切断了其与城市的联系。作为一个整体,工人阶级对于天津来说是必不可少的,但是就每个工人而言并不是必需的,他们无论是自愿选择还是不得已,都注定是城市的短期居民。

手工业

天津的手工作坊通常规模很小,雇佣的工匠常常不超过 30

人,而且几乎没有超过 100 人的。① 在这些工厂中,大部分工作都
是在没有使用动力机器的情况下完成的;每个工人的资本化程度
也很低。60%以上的天津工人在这样的工厂工作(见表 2)。手工
工匠差不多都是男性,他们通过在某一工厂当学徒学习技艺。他
们来自农村,住在他们的工作场所(严格讲,时常就睡在他们做工
的机器旁),并定期(即使是不经常地)回到他们的村子。

表 2　1929 年每个工人的投资数

行业	元/每名工人	占天津工人总数的百分比(%)
超过 1000 元	—	—
面粉磨制	3922	1.42
制盐(塘沽)	3854[a]	1.15
制碱(塘沽)	3498[a]	1.21
纺纱	1250	35.35
食用油/大豆	1243	0.05
N = 18 618 名工人	—	39.18
500—999 元	—	—
火柴制造	765	4.29
酿酒	631	1.02
制皂	599	0.50

① 不过,在地毯编织业中,303 家工场中有 22 家雇佣工人超过 100 人。参见《南开统
计周报》第 2 卷第 29 期,1929 年 10 月 28 日,第 4 页。有关平均每个企业工人数的
数据,参见方显廷《天津地毯工业》(*Tientsin Carpet Industry*),天津:直隶印字馆,
1929 年;方显廷《天津针织工业》(*Hosiery Knitting in Tientsin*),天津:直隶印字馆,
1930 年;方显廷《天津人造丝与棉纺织业》(*Rayon and Cotton Weaving in Tientsin*)
(《天津织布工业》英文版),天津:直隶印字馆,1930 年;杜文思《平津工业调查》,
第 61—79 页;再参见《中国经济杂志》《中国经济周刊》中有关文章。

续表

行业	元/每名工人	占天津工人总数的百分比（%）
卫生棉	525	0.06
N＝2793 名工人	—	5.87
400—499 元	0	0
300—399 元	—	—
织毯	304	0.41
N＝197 名工人	—	0.41
200—299 元	—	—
汽水	277	0.15
织席	250	0.57
纱布织造	250	0.17
印刷	217	0.86
水泥和瓷器	208	0.22
浆糊制造（1 名工人）	200	0.002
印花布（3 名工人）	200	0.006
N＝940 名工人	—	1.98

不到 200 元：制镜（179）、丝带和棉带编织（154）、盥洗用品（150）、制革（149）、罐头食品（140）、蜡烛制作（128）、帆布织造（115）、纽扣（111）、油（燃料）（93）、线轴（80）、提花业（79）、制帽（74）、文具（63）、机械（61）、玻璃制品（57）、漂染业（57）、杂货（55）、针织品（50）、毛纺（45）、灯芯制作（40）、电镀（38）、染织（37）、毛皮镶边（35）、毛巾（35）、肠衣（34）、电池制造（33）、纺棉（28）、石棉制品（27）、铜匠（26）、竹木制品（19）、草帽辫编织（17）、地毯编织（14）、铁制品（10）、骨和角制品（4）。[b]

N＝24 915 名工人	—	52.43[c]

资料来源:麦克斯韦·斯图尔特、方福安(Maxwell Stewart & Fu-an Fang):《中国工业与劳动力的统计学研究》(A Statistical Study of Industry and Labor in China),《中国经济杂志》第 7 卷第 4 期,1930 年 10 月,第 1085—1087 页。斯图尔特和方的数字是 1929 年天津市社会局统计并出版数字的订正版,其中包括吴瓯等的《天津市社会局统计汇刊》(天津:天津市社会局,1931 年)。社会局采集的数据由于大大低估了地毯织造工人的人数和错误估计了其他几类手工工人的人数,遭到南开大学经济学家方显廷的批评。《南开统计周报》第 3 卷第 42 期,1930 年 10 月 20 日,第 201、204 页。

注:第二栏中的百分比,由于四舍五入总和没有达到 100%。

a. 塘沽由于距离天津有一小时的火车路程,所以没有被包括在这项研究中。

b. 在一些情况下,每名工人的实际所占资本可能会稍高一点,因为虽然有 185 家小工场的总人数,但是并没有总的投资数。

c. 最小的工场中的手工工人数量甚至高于 52%。有几个行业(如地毯织造、针织业)在这项研究中被低估了,而另外一些行业(如制鞋)根本就没有被包括在内。

1929 年,天津主要的手工业是织布业、漂染业、机器制造业、地毯业、针织业和制铁业。虽然它们的资本总共占天津工业总投资还不到 3%,但雇佣了将近 2 万人,占天津工人总数的 40% 以上。[1]（参见表 3)

---

[1] 另外的将近 7000 名地毯工人没有被计算在这些统计表来源的调查中(见表 2 的资料来源说明)。如果将其他的行业,如制砖、纽扣制作、漆器、电镀、织席、制皂和制革等都包括在内的话,手工工人的总数可能高达 3 万人。《南开统计周报》第 3 卷第 42 期,1930 年 10 月 20 日,第 201、204 页。《中国经济杂志》《中国经济周刊》中有关文章。

表3　1929年天津机械化工业和手工业的职业构成

行业	工厂数	投资		工人	
		元	百分比（%）	人数	百分比（%）
机械化工业[a]	—	—	—	—	—
棉纺织	6	20 990 000	67.20	16 798	35.35
机制面粉	5	2 655 000	8.5	677	1.42
火柴制造	4	1 560 000	4.9	2040	4.29
合计	15	25 205 000	80.60	19 515	41.06
手工业[b]	—	—	—	—	—
织布提花	404/25	550 799	1.80	8575	—
漂染	198/83	79 670	0.26	1404	18.00
机器	62/1	72 680	0.23	1197	2.95
地毯	161/8	69 867	0.22	4841	2.51
针织	78	64 662	0.2	1295	10.18
制铁	511/3	22 050	0.07	2207	2.72
合计	1414/120	859 728	2.78	19 519	4.64
总计[c]	2186/185	31 226 944	—	47 519	41.00

资料来源：源自表2引用的麦克斯韦·斯图尔特、方福安的研究。

a. 该调查没有包括卷烟厂。

b. 在第一列中，"/"左边的是上报了投资额的作坊，右边的是没有上报投资额的作坊。

c. 所有工人人数超过1000人或投资超过100万元的行业都包括在表格中。制盐和制碱工厂没有包括在表格中（尽管总数中没有减去），因为它们的地点在塘沽。

天津工业中的手工业部门历史并不长。多数手工作坊发端于"一战"后的十年。① 例如，地毯业直到第一次世界大战期间，西方购买者来自近东的地毯货源被切断之后，才得以获利。整个 20 世纪 20 年代，地毯业一直稳定增长。②

手工业常与更"现代的"工厂协同发展。例如，许多小作坊中的手摇织机织布用的是天津新式纱厂生产的棉纱。③ 手摇织机由当地机器作坊制造。制铁作坊生产通商口岸建设所需的金属建筑材料和工具。在上述这些实例中，正是天津通商口岸的新经济活动为手工业的发展创造了条件。

手工业需要的资本投入很少，对经济波动反应敏感，也很容易受其影响。当经济条件好时，如在 20 世纪 20 年代中期，工匠们成立自己的新作坊，而那些老字号作坊主聚资建立新的分号。那些最成功的作坊主甚至有希望成为小工厂主。不过，天津不稳定的政治环境意味着经济条件时常会变坏，尽管各行手工业并非都同样受到影响。④ 在遭遇危机时，许多作坊干脆关门。另外一些作坊将工匠遣散回家，而保留那些不领薪水的学徒工。纺织、针织和地

---

① 参见方显廷《天津针织工业》有关章节；《中国经济周刊》(1924—1935 年)、《中国经济杂志》(1927—1932 年)、《中国年鉴》(1912—1939 年)等有关部分。
② 后来，这个行业受到军阀混战、世界经济萧条和太平洋战争的影响而衰落。方显廷：《天津地毯工业》，第 13 页；芮允之：《天津地毯工业的兴起和发展》，《天津文史资料选辑》第 1 辑，1978 年 12 月，第 64—79 页。
③ 方显廷：《天津人造丝与棉纺织业》，第 24 页。
④ 例如，就在日本入侵天津之前，制革和纺织作坊由于东北市场丧失、日本人走私和国民党的重税而遭受损失。与此同时，制铁业显然没有受到这些因素的影响，反而进入最繁荣的一个阶段(参见第四章)。参见《国际劳工通讯》第 16 期，1936 年 1 月，第 46、57、73 页；第 18 期，1936 年 3 月，第 84 页；第 22 期，1936 年 7 月，第 60 页。

毯作坊的主匠如果自己买不起原料,就改为从更大的作坊分包工作。[1] 虽然某个作坊可能倒闭,手工业的某个行业可能整个遭受损失,但是在 1949 年之前,手工工人作为一个群体一直占据城市劳动人口总数的将近一半。[2]

制造工业

天津的二元制造业也包括少量大型现代工厂。天津的全部工人中有将近 40% 是被那些每名工人占有资本额超过 1000 元的企业雇佣的(见表 2)。纺纱、机制面粉、火柴制造和卷烟生产是天津最重要的机械化工业。1929 年,前三个行业合在一起占了天津工业资本的 80%,雇佣工人总数略微超过了 40%(见表 3)。

在这些行业中,棉纺业是当时规模最大的。1928 年,天津 6 家棉纺厂的总投资将近 2100 万元,工人将近 17 000 人。六大纱厂占了天津工业投资的三分之二、机械动力的三分之二、制造业劳动力的三分之一。大约五分之四的工人是成年男性,其余部分中妇女和儿童各占一半。直到日军占领天津之后,妇女才大量进入天津

---

[1] 方显廷:《天津针织工业》,第 25 页。

[2] 李侃如发现,在 1943 和 1949 年,超过一半的工人被小型或中型企业雇用。［美］李侃如:《天津的革命与传统,1949—1952》,第 12 页;［美］李侃如:《一座中国城市的重建与革命:以天津为例,1949—1953 年》("Reconstruction and Revolution in a Chinese City：The Case of Tientsin, 1949–1953"),哥伦比亚大学博士论文,1972年,第 27—29 页。

的工厂。①

　　机制面粉是天津所有工业中投资最密集的行业，而且雇用的工人远少于棉纺厂。1932 年，4 家仍在生产的面粉厂总资本超过250 万元，雇工总数大约 600 人，几乎都是男性。② 火柴制造业虽然不像棉纺业或面粉业那样资本雄厚，却仍然是主要的雇工企业。两家最大的火柴厂一共雇用了 1663 名工人。这些工人十分之九都是男性，还有少量在工厂里工作的妇女和儿童。大量的妇女和儿

① 1928 年六大纱厂有 226 808 支纱锭和 1310 架电力织机。从 1924 年到 1930 年，天津占全国纱锭总数的大约 6%，全国纱厂劳动力总数的 6%—7%，位居全国纺织业中心的第三或第四位，居上海、武汉之后，有些年排在青岛之后。1928 年，天津纱厂消耗的棉花占全国所有华资纱厂的 6.73%，生产的棉纱和棉布分别占 6.03% 和 5.94%。同期，上海纱厂的纱锭数和工人数占了全国的一半以上。有关天津与上海在全国的地位，参见方显廷《中国的棉纺织业与棉花贸易》，天津：直隶印字馆，1932 年，第 1 卷图表 16，第 114 页。有关工人的人均资本和人员规模，参见方显廷《河北的工业化与劳动力，尤以天津为例》（"Industrialization and Labor in Hopei, with Special Reference to Tientsin"），《中国社会及政治学报》（*Chinese Social and Political Science Review*）第 15 卷第 1 期，1931 年 4 月，第 10 页。《南开统计周报》第 2 卷第 28 期，1929 年 10 月 21 日，第 1 页，给出了总纱锭数与占全国棉花用量的百分比。织机数与天津占全国劳动力的百分比见《中国棉纺统计史料》，第 5、11 和 15 页。工业投资比例是 1929 年的，来源于吴瓯等《天津市社会局统计汇刊》。有关机械动力的统计数字来源于社会局 1933 年的调查，见《北国春秋》第 2 卷第 1 期，第 93 页。劳动力性别构成来源于吴瓯等《天津市社会局统计汇刊》；天津市社会局编《国货一览》，天津：天津市社会局编印，1929 年。

② 在 1915 到 1925 年期间，天津一共成立了 10 家面粉厂，然而到 1932 年，"一战"后外国面粉的恢复进口，迫使其中 6 家面粉厂关门倒闭。董昌言：《天津面粉工业状况（工业丛刊第一种）》，出版地不详：河北省立工业学院工业经济学会，1932 年，第 9—10、14、16、20 页；吴瓯等：《天津市社会局统计汇刊》；天津市社会局编：《国货一览》。

童是作为散处工人被雇用的，因而在工厂调查中没有被计算在内。①

棉纺厂、面粉厂和火柴厂的投资大部分来自中国投资者。市政府的调查没有包括卷烟业，原因可能是两家主要的卷烟厂都属于外国人所有。它也是四大制造工业中唯一从一开始就大量雇用妇女和女童的行业。②

这些现代工厂多数在20世纪20年代经历了短暂的繁荣，但不久便由于卷土重来的进口商品的竞争、沉重的国内税收、军阀混战以及世界经济萧条而遭到重创。管理体系效率低下和工人生产率不高使这些企业的问题更加恶化。那些侥幸逃过日本八年占领期间的严厉控制而存活下来的现代工厂，许多又沦为1949年前最后

---

① 1928年火柴业有5家工厂，总资产150万元，其中一半以上属于丹华和北洋两家。吴瓯：《天津市火柴业调查报告》，第6、29、45页；吴瓯等：《天津市社会局统计汇刊》；天津市社会局编：《国货一览》。

② 一家棉纺厂（裕大纱厂）和一家火柴厂有相当数量的日本人投资。有关棉纺厂参见第二章和第六章；有关火柴厂，参见吴瓯《天津市火柴业调查报告》，第58—59页。1921年，英美烟草公司在海河边上开了一家分公司。1930年它雇用了大约4000名工人。日本人于1918年建立的东亚株式会社（Toa Company）也有几千名工人。肖祝文：《天津英美烟公司的经济掠夺》，第168—169页；《中华年鉴》，1931年，第523—524页。有关英美烟草公司在中国的经营，参见[美]高家龙《中国的大企业：烟草工业中的中外竞争（1890—1930）》。所有投资数字是整个英美烟草公司的，而不仅是天津工厂。有关东亚株式会社，参见郑启南《经济部接收东亚烟草公司概况》，《华北劳动》第1卷第6期，1946年6月，第14页。

的混乱内战时期通货膨胀、强取豪夺及封锁围困的牺牲品。①

手工工匠与工厂工人

　　天津的手工作坊与机械化工厂之间的差别,乍看上去远大于相似性。在工厂工作的工人往往有好几百人,甚至好几千人,他们必须学习操作庞大而又危险的机器,必须适应工厂中非人性化的纪律管理制度。不过,手工工匠和工厂工人同样来自农村,使用相同的方法找工作。两个群体中男性都占大约四分之三。童工占工厂工人的五分之一,手工工匠的23%。直到20世纪30年代棉纺厂开始雇用更多妇女之前,妇女在工厂和手工作坊中所占的比例很

---

① 有关纱厂,参见第二章。有关面粉业,参见高尔夫等《解放前夕奄奄一息的天津工商业》,以及杜文思《平津工业调查》,第3页。有关火柴业,参见吴瓯《天津市火柴业调查报告》,第59页。有关烟草业,参见肖祝文《天津英美烟公司的经济掠夺》,第169页;郑启南《经济部接收东亚烟草公司概况》,第14页,以及高尔夫等《解放前夕奄奄一息的天津工商业》,第163—166页。

小,也许分别只有 5% 和 2%,当然女工人数很可能统计不足。① 工厂工人和手工工匠都经常离开他们的工作场所。他们与乡村的联系由于婚姻、经常性的返乡以及天津自身雇工的性质和工作场所而强化。

籍贯与找工作

几乎与天津所有行业的工人一样,手工工匠也是从河北与山东的农村来到城市的新移民。在针织、地毯和手工织布业,天津本

---

① 吴瓯等:《天津市社会局统计汇刊》;天津市社会局编:《国货一览》。不过,社会调查常常低估妇女在各行业劳动力中的数量。例如,1929 年社会局发现,在工业劳动力中只有 2606 名女工,其中大部分在纺织厂。然而,陶玲与章秀敏(Lydia Johnson)1927—1928 年对工厂女工的研究,包括纱厂、军服厂、毛纺厂、火柴厂、核桃仓库、烟厂和各种其他企业,发现有 10 450 名妇女和女童被雇佣。作者认为这只不过是实际工人人数的一部分。《南开统计周报》第 3 卷第 17 期,1930 年 4 月 28 日,第 85—86 页;章秀敏:《给萨拉·利翁的信,1927 年 12 月 1 日》(letter to Sarah Lyon, Dec. 1, 1927),日内瓦世界基督教女青年会档案馆(World YWCA Archives,Geneva),日内瓦,中国 1926—1929 年:通信,备忘录,报告三(China 1926-1929: Correspondence, Minutes, Report Ⅲ),油印本;陶玲、章秀敏:《天津工业中的妇女与女童研究》("A Study of Women and Girls in Tientsin Industries"),《中国经济杂志》第 2 卷第 6 期,1928 年 6 月,第 519—528 页。有关妇女在天津劳动力中地位的进一步讨论,参见方显廷《河北的工业化与劳动力,尤以天津为例》,第 21 页;以及方显廷《天津地毯工业》,第 23—24 页;《益世报》,1937 年 3 月 26 日,第 5 版;张绪愉《我是一个纺织业的工人说几句对纺织业的感想》,第 12 页;《益世报》,1947 年 8 月 26 日,第 4 版和 1947 年 9 月 1 日,第 4 版。

地工人从没有超过 7%，通常是 4%或更少。①

手工工匠来自几十个县的乡村，不过每个行业所吸引的工人来源地区略有不同。例如，根据方显廷的调查，地毯工人有三分之一来自武清、枣强和束鹿县。南宫人和武清人总共占了针织工人的四分之一。制铁业工人来自交河县。② 那些为某一行业提供了大量手工工匠的县，往往也会为同一行业提供许多学徒工。某些行业的工人集中来自某些地区，这常常源自当地手工生产的传统。但更可以肯定的是，雇工方式极其个人化的性质，使这一传统得以延续。只有 14%的地毯工人和不到 9%的手摇纺织工人及针织工人是依靠自己去作坊求职找到工作的。其他人是通过朋友、同乡、亲戚或原来一起当学徒的人介绍找到工作的。多数情况下，介绍人自己就是地毯工人或针织工人。刚从乡下来的新人和想换一家作坊的熟练工匠都是通过这种方式找到工作的。③ 对于学徒来说，成为雇工的过程更需要依赖个人关系。

和手工工匠一样，工厂工人绝大多数都是第一代城市移民。在 1949 前的 30 年中，天津棉纺厂的工人主要来自五个地区：天津郊区，河北、山东、河南的乡村，以及（新厂成立时）上海及其周边地

---

① 方显廷在 1929—1930 年发现，94%的针织工、92%的地毯工和 77%的手摇纺织工来自河北农村。其余的大部分来自山东。学徒工构成模式大致相同。96%的针织工不是天津本地人，在天津居住了 10 年或稍短的时间；手摇纺织工的这项数字是 86%。方显廷：《天津针织工业》，第 64 页；《天津地毯工业》，第 55 页；《天津人造丝与棉纺织业》，第 50、63 页。
② 方显廷：《天津地毯工业》，第 55 页；《天津针织工业》，第 64 页；有关制铁业工人参见第四章。
③ 方显廷：《天津地毯工业》，第 46 页；《天津人造丝与棉纺织业》，第 53 页；《天津针织工业》，第 59 页。

区。虽然熟练工人可能来源于中国其他地区的工厂，但是普通操作工人都来自天津本地或河北其他地区。①

整个 20 世纪 20 年代，这些来自农村的移民主要是男人与男孩。一份 1929 年的政府调查报告称，在统计到的 1 385 137 名城市居民中，61% 是男性。在中心城区，男性占到总人口的 60%—69%。在郊区，这个数字为 50%—59%，表明这里由于移民而分离的家庭要少一些。这项人口统计对那些离开家乡、很可能是上其他地方找工作的人进行了单独统计；这部分人中男性占了将近 85%。②

本地农民进入天津的棉纺厂工作，原因是他们住在城市附近，城市可以为他们提供新的收入来源。这些农民的经济情况各异。有的自己有土地，并不完全仰仗工资来养家糊口。其他一些人则没有土地，工资是家庭的唯一经济来源。③ 另一方面，河北或山东远离城市地区的农民到天津来是因为天灾人祸：军阀混战、盗匪、洪水和干旱。二十世纪三四十年代，这些因素不断迫使人们来到天津，许多农民因为日本侵略军的残暴而逃到天津避难。一位名叫纪凯林的工人 1943 年跟随父母来到天津。他描述了他的家乡文

① 《天津工业的工资》（"Wages in Tientsin Industries"），《中国经济月刊》第 3 卷第 10 期，1926 年 10 月，第 418 页；方显廷：《中国的棉纺织业与棉花贸易》，第 115 页；南满洲铁道株式会社：《华北工厂实际情况调查报告：天津》，第 57—59、108 页；吴瓯：《天津市纺纱业调查报告》，天津：天津市社会局，1931 年，第 208 页。尽管 1931 年对一家面粉厂的调查发现，一半工人来自天津县和附近的静海县，其余的来自河北和山东各县，但是面粉与火柴业没有类似的统计数据存在。吴瓯：《天津市面粉业调查报告》，天津：天津市社会局，1932 年，第 62 页。
② 吴瓯等《天津市社会局统计汇刊》中有关户口的部分。
③ 吴瓯：《天津市纺纱业调查报告》，第 195 页；天津县实业局：《天津县实业调查报告》，天津：天津县实业局，1925 年，第 35 页。

安县在日本人占领下农民生活恶化的情况：

> 到了收获的季节,日本人就会来催促收割,然后把大米运走。这叫"公粮",是一种税。他们拿走收成的 50%—60%……种大米的人不许吃大米。如果(日本人)出来扫荡进到谁家,看到他们家锅里有大米,他们就烧掉这家的房子。

由于纪凯林住的村子里没有常驻日军,中共的八路军晚上在那里非常活跃。日军定期派巡逻队到该村杀害那些被怀疑支持共产党的人。在一次这样的镇压扫荡中,村长遭到拷问并被刺死;之后,每当日本人来时村民们就会逃离家园。

在日本人占领几年之后,纪家决定离开：

> 我们虽然够吃,但是这种不稳定的生活,你的心总悬在嗓子眼。先是老的和小的离开,到大约 15 里远的一个亲戚家。那里有日本人的驻军。至少在有驻军的镇没有这种扫荡……我在那里住了几个月。然后,我们全家一个接一个来到了天津。
>
> 我们村有一百多户。那时差不多一半都走了。①

纪家的故事在天津来自日本人占领下的乡村地区的其他工人中,是很普遍的情况。

①　采访纪凯林,南开大学经济研究所,1980 年 12 月 29 日。

人数众多的工厂工人在二十世纪三四十年代与家人一起逃亡到天津，可能是造成天津合同用工制度发展相对不健全的一个原因。由于华北被占区的农村经济处于破产状态，那些乡下的年轻人没有必要为了离开故土进入城市而解除与家庭的关系。[①] 和手工工匠一样，工厂工人通过亲戚、朋友和老乡的介绍找到工作。在棉纺厂，管理者曾不断地试图以一种少些人际关系、更"现代的"招工程序，来取代这种雇工体系(参见第六章)。可是，尽管做了这样的努力，工厂工人仍然依靠乡村的关系来找工作。

学徒与童工

在所有手工行业中，学徒是劳动力的重要组成部分。越是小的作坊似乎对学徒的依赖程度越大。在整个地毯行业中，学徒占工人总数的将近三分之一，而三分之二的手摇织机工和将近四分之三的针织工人及纽扣制作工人都是学徒。所有被雇来制造料器和织席的也几乎都是学徒。电镀、制皂、制革、制铁和机器制造行业的作坊，都依赖相当比例的学徒工。[②]

学徒不仅需要介绍人，还要有保证人。介绍人一般是同乡、亲

---

① 吴瓯：《天津市纺纱业调查报告》，第 208 页；采访高凤起，1981 年 1 月 17 日；采访纪凯林。

② 方显廷：《天津地毯工业》，第 54、42 页；《天津人造丝与棉纺织业》，第 23 页；《天津针织工业》，第 67 页。《中国经济周刊》第 9 卷第 305，1926 年 12 月 25 日，第 371—372 页；第 11 卷第 344 期，1927 年 9 月 24 日，第 168—169 页；第 10 卷第 314 期，1927 年 12 月 26 日，第 105—106 页；第 10 卷第 308 期，1927 年 1 月 15 日，第 36 页。南开大学经济研究所编辑：《天津市社会调查资料》。杜文思：《平津工业调查》，第 61—79 页。

戚或朋友。保证人必须是一个已经定居天津的人,并愿意在这个学徒逃跑后赔偿雇主膳宿费用,如果学徒生病或受伤,愿意为其支付医疗费用。多数行业的学徒期限要略长于三年,而且通常是没有工资的,只负责学徒的膳宿和职业培训(在做了一年杂差之后)。如果有雇主协会,雇用学徒的条件有时会由雇主协会制定。不过,即便没有签订学徒协议,各行业内或行业之间雇用学徒的方式差别也并不大。①

在世界其他地区的手工业中,学徒制度通过限制入行、保护和传授行业秘密来保护手工工匠。在受到机械化工厂生产的威胁时,手工匠人常常为保护这种传统手工艺组织而斗争。在 20 世纪的天津,学徒制度与其说是保护手工工匠地位的手段,还不如说是一种伪装了的童工制度。学徒在这期间并不能保证学会一种技能。许多长期在天津的作坊工作的学徒,在学徒期满后仍无法以手工工匠的身份找到工作。作坊主更愿意招收一批新学徒,因为他们更廉价,更容易被控制。由于存在种种不稳定因素,无论是熟练工匠抑或学徒都无法保证手工业的稳定。②

多数学徒的年龄介于 14 到 18 岁之间,但是在天津的作坊,甚至熟练工匠也非常年轻。1929 年一份对中小工厂两千多名工人(不包括学徒)的抽样调查发现,他们的平均年龄略高于 24 岁。在方显廷研究的三个行业中,超过半数的手工工匠的年龄在 21 到 25

---

① 方显廷:《天津地毯工业》,第 57—59 页;《天津人造丝与棉纺织业》,第 63—67 页;《天津针织业》,第 63—67 页;有关制铁业与机器制造业的学徒状况,参见本书第四章。
② 有关学徒工的失业,参见方显廷《天津地毯工业》,第 67 页,以及本书第四章。

岁之间。① 导致这种年龄结构的部分原因是天津手工业的起步较晚，同时也反映了年轻人是华北农村中最有可能迁徙入城的群体。

工厂与手工作坊最让人意外的相似之处竟然是都使用学徒工。20 世纪 20 年代初期和中期，童工占了所有棉纺厂工人的四分之一以上，而且六个工厂中有五个工厂只为多数童工支付微薄的薪水，或者仅提供食宿。几家棉纺厂订立的学徒合同，条件与手工作坊的相类似。与这种正式的订立合同雇用学徒的方式同时存在的是雇用童工做非熟练工作的惯常做法。② 尽管给儿童支付的报酬低于成人，但是利用学徒制度来为工厂获取童工并不是完全出于经济原因。1926 年的一份调查显示，宝成纱厂要为学徒提供食物、服装和津贴，调查这样评论道："雇用童工对工厂实际是个损失，各厂都不喜欢这种制度，不过由于他们的父母在厂里工作并请求把他们带到厂里，工厂无法拒绝，因而接收和雇用他们。"③如果加上吃饭费用和津贴，学徒的耗费有时可能比 15 岁以下的非学徒

---

① 吴瓯等：《天津市社会局统计汇刊》。方显廷：《天津人造丝与棉纺织业》，第 51 页；《天津地毯工业》，第 44 页；《天津针织工业》，第 58 页。

② 《保工会刊》，第 160 页，1926 年 12 月，引自王清彬等《第一次中国劳动年鉴》，北平：社会调查部，1928 年，第 570—571 页；周学辉《天津华新纺织公司始末》，引自祝淳夫《北洋军阀对天津近代工业的投资》，第 156 页；王景杭、张泽生：《裕元纱厂的兴衰史略》，第 174 页；棉二：《厂史 1918—1949》，第 17—18 页。"学徒""徒工"与"童工"，这三个词在日本占领前的文献中可以互换使用。另一个词"养成工"在日本人占领天津后开始使用并延续到 1949 年前。它也被宽泛地用来指所有年轻工人。这些称呼不严格的使用，使人很难确定有多少童工没有工资但被教会了技能，多少童工支付了少量工资而要干额外的工作。

③ 《保工会刊》，第 571 页，引自王清彬等《第一次中国劳动年鉴》。

童工和成年工人还高。① 尽管在经济上是不利的,但是家庭关系、天津手工业普遍流行雇用学徒的做法,以及企业在扩张期需要组成和快速培训一批驯服听话的劳动力,所有这些促使天津的工厂在 20 年代采用了学徒制度。

不过,20 世纪 30 年代,学徒工与其他童工在工厂中的比例下降了。1929 年,16 岁以下儿童占工人总数的 14%,到 1933 年降至还不到 3%。大量有关 20 世纪 30 年代初期的"纺织业危机"的文献中,根本没有提及学徒。由于工厂已雇用的受过训练的成年劳工数量充足,甚至是过剩,当时可能不再需要童工了。在工厂频繁关闭的年代,管理者很可能不希望保留一群需要提供食宿的驻厂童工。②

在日本占领期间,日本雇主扩大工厂,使用童工再次盛行。劳工需求的增加和难民人数的增长,以及日本工厂主希望获得一批驯顺的劳动力,这些都导致童工雇用的增加。当儿童随家人逃难来到这个城市,儿童们被吸收到工厂里;他们也被单独从天津之外的地区招工入厂。他们被分成两个群体:学徒——用六个月到两

---

① [日]长野朗(Nagano Hogara):《世界威胁、中国工人与工人运动》(Shina rodosha yo rodo undo),1925 年,引自王清彬等《第一次中国劳动年鉴》,第 228 页。在原文中,15 岁以下与 15 岁以上的工人两栏数据被错误地弄反了,造成给童工支付的工资一直比成人还高的印象。

② 吴瓯:《天津市纺纱业调查报告》,第 12、39—44 页;邓庆澜编:《天津市第二次工业统计》,天津:天津社会局,1935 年,第 67 页。两次调查都由市社会局发起;1933 年的调查不包括纺织工人。1929 年的数字尽管显示比 1926 年下降了,但是与上海(5.7%)、武汉(4.6%)和青岛(7.3%)的工厂童工百分比相比还是要高。考虑到这一时期天津工厂女工所占百分比低,有可能年幼男性工人部分填补了她们的位置。方显廷:《中国的棉纺织业与棉花贸易》,第 149 页。

年时间学习一种技能,或者无技能童工——擦洗机器和搬运东西。不过,培训过程常常是很随意的,童工与学徒的差别往往并不明显。同时代的观察者认为,日本人占领期间,这两类儿童在工厂里所占工人的比例介于三分之一到三分之二之间。①

一名在日本人占领期间被工厂雇佣,当时只有 13 岁的女工说:"我来了好几次,不过我个子矮,未能通过考试……你必须身高和体重达标。如果夏天来你不容易通过。我们穿得很少……冬天你可以多穿一些,鞋子可以高一点。你看起来会胖一点和高一点,这就可以了。"②

各个部门都有儿童在干活:男童在男性成年工人占多数的部门,女童在女工占多数的部门。在纺纱厂,他们大多常常被安排干"接头"的工作,即当纱线将要缠绕到线轴上时将纱线的头接在一起。在织布厂,他们被安排"穿综",将经线穿过织布机上一组平行的线。这些工作都需要非常好的眼力、熟练和集中注意力。一位负责训练年轻工人的工厂职员评论道,穿综"不是轻松活。小孩子干这个活非常累,会变得消瘦又憔悴"③。儿童也在精整车间(finishing department)工作。尽管他们的力气比不上成年人,但工厂管理者仍使用他们,因为"他们廉价、年轻、很诚实,不会磨洋工"④。

1945 年后,中央政府管辖的工厂着手对年轻工人的正规培训。

---

① 采访纪凯林;采访张春风,1981 年 1 月 21 日;采访程长立,1981 年 1 月 17 日;采访高凤起;采访韩瑞祥,1981 年 4 月 1 日。
② 采访张文清,棉纺二厂,1981 年 1 月 21 日。
③ 采访韩瑞祥,1981 年 4 月 1 日。
④ 采访纪凯林。

各国营厂(天津 10 家中有 7 家)都成立了一个"培训室",由一名职员专门训练年轻的工人。要参加培训的年轻工人还需要有一名介绍人和一名保人,并必须到劳动部门登记。两三个月后,一组受训者"毕业"并被转交给生产组,随后下一个"班"入学。工厂在对童工进行更正规培训的同时,还尝试着提高工人的社会地位,因为他们现在是政府的雇工。童工常常被比作学生,而且工厂还尝试着更加严格地招收一批新的工人。①

就这样,以各种方式被雇用的童工构成了工厂劳动力的一个重要部分,就像小作坊的童工那样。和成年手工工人一样,成年工厂工人的年龄也趋向年轻。20 世纪 20 年代末,对 3898 名棉纺厂工人所做的一项调查中,97%是男性,其中三分之一的年龄在 16 至 20 岁之间,另外还有四分之一的年龄在 21 到 25 岁之间。只有 15%的工人年龄超过 30 岁。②

天津工厂的女工

工厂与手工作坊的差异不大,其中的一个差异是妇女的参与。手工工匠几乎都是男人,妇女则在卷烟、火柴和纺织等行业的工厂当工人。她们在 20 世纪 30 年代中期进入纺纱业,显示出明显不同的地区模式,与南方的工业中心颇有差别。

---

① 采访韩瑞祥,1981 年 4 月 1 日;棉四:《1946 年本厂简介和调查》。有关上海的类似情况,参见[美]韩起澜(Emily Honig)《上海纱厂女工,1919—1949 年》("Women Cotton Mill Workers in Shanghai, 1919-1949"),斯坦福大学博士论文,1982 年,第 2 章。
② 方显廷:《中国的棉纺织业与棉花贸易》,第 116 页。

在上海,棉花是"国王",棉纺厂女工是"国王的侍女"。至少从20世纪20年代中期至1949年,妇女是这个中国最大的工业城市最重要产业中主要的劳动力。1932年的调查发现,72.9%的上海棉纺厂的工人是女性,如果将女童工包括在内,这个比例还会更高。上海纺织业妇女占据优势,这种情况导致流行作品和学术著述中将棉纺厂女工描绘成1949年前工业的典型受害者和女英雄。[1]

然而,华北地区妇女进入棉纺厂要比南方晚,人数也更少。在天津,1929年妇女只占棉纺厂工人的9.14%,如果将女童包括在内则是13.24%(见表4)。直到日本占领天津,日本人接管了纱厂之后,妇女的比例才上升至39%,到1947年刚刚占了一半。[2]

表4　1929年与1938年天津纱厂的女工

工厂	1929年		1938年	
	女工人数	所占工人比例(%)	女工人数	所占工人比例(%)
1938年属于日本人的工厂[a]				
裕元/公大六厂	577	9.74	3380	40.17
华新/公大七厂	254	11.32	867	29.25

---

[1] 有关上海纱厂女工的经历,参见[美]韩起澜《上海纱厂女工,1919—1949年》。其他南方纺织中心情况差不多:无锡工人68%是女工,南通和武汉分别是56.5%和42.4%。方显廷:《中国棉纺织业与棉花贸易》,第149页。

[2] 1930年,女工只占青岛纱厂工人的6.4%。方显廷:《中国棉纺织业与棉花贸易》,第149页;南满洲铁道株式会社:《华北工厂实际情况调查报告:天津》,第57—59、92、102、111、118、128、131、135、145、150、153页;中国纺织建设公司天津分公司编:《天津中纺二周年》,第123、195—200页。在后两个调查中,儿童没有在成年男工人和女工之外单独列出。

续表

工厂	1929 年		1938 年	
	女工人数	所占工人比例（%）	女工人数	所占工人比例（%）
宝成/天津	376	22.45	650	35.32
裕大	123	7.25	530	28.64
裕丰	—	—	1897	36.38
属于中国人的工厂				
恒源	—	—	1290	59.17
北洋	213	10.44	850	49.79
总数	1543	9.14	9464	39.16

资料来源：吴瓯：《天津市纺纱业调查报告》，第 12、39—41 页。1938年，南满洲铁道株式会社：《华北工厂实际情况调查报告：天津》，第 92、102、111、118、128、145、150 页。

a. 1929 年除裕大外所有的厂仍在中国人手中。

女性劳动力构成的地区差异可以有多种解释。上海的许多纱厂从 20 世纪 20 年代开始就由日本人管理，而在 30 年代中期之前，天津的棉纺厂几乎全都属于中国人。普遍使用女工的做法可能是由日本的纱厂老板从日本引进的，中国的工厂主模仿上海做法为的是在劳动力成本上保持竞争力。①

———————

① 然而在华北，并不是日本工厂三最早开始增加雇用女工的。在青岛，20 世纪 20 年代日本人在纱厂有很大投资，工人几乎全部是男性。天津的裕大纱厂，虽然早在 1926 年就有日本人的投资和参加管理，但直到 1929 年女工人数刚刚超过工人总数的 7%。方显廷：《中国棉纺织业与棉花贸易》，第 149 页；吴瓯：《天津市纺纱业调查报告》，第 12、39—41 页。

第二个因素是妇女在乡村经济中的角色，因为大部分工人是从乡村来到城市的移民。上海周边农村的妇女既参加农业生产，又积极从事家庭手工生产。而在北方，虽然妇女有时也在家中从事手工生产，但她们很少在田间劳动。因而，从小就在户外劳动的南方妇女，比足不出户的北方妇女更可能进入工厂。①

在华北的外国观察者给出的另一个解释是，北方妇女不去工厂上班的原因是她们中缠足的比南方妇女多。不过，在 20 世纪 20 年代，这一习俗在全中国已经开始减少，1929 年只有四分之一多一点的天津妇女缠足。此外，在中国其他地区（如江北），缠足的妇女既在田间又在工厂劳动。妇女缠足在整个中国的实际分布，以及它与女性束缚和妇女工作的关系，仍不是很明了。②

天津的城市规模和职业结构也可能影响到女工的比例。与上海相比，天津的工业部门总体上比较小，特别是纺织工业。上海对工人的需求更大，这或许就是工业能够吸纳更多女工的原因。在天津，工业所能提供的工作职位要少得多，而且被赚取家庭主要收

---

① ［美］韩起澜：《上海纱厂女工，1919—1949 年》，第 2、5 章。
② 女性总人口 543 366 中，缠足的有 146 191 人。吴瓯等：《天津市社会局统计汇刊》，有关户口的部分。也参见伊丽莎白·赖特（Elizabeth C. Wright）《天津 1921 年年报》（Annual Report, Tientsin, 1921），日内瓦世界基督教女青年会档案馆，《中国报告，1920—1922 年》（China 1920-1922：Reports），油印，3/68，2；采访伊斯雷尔·爱泼斯坦；［美］韩起澜：《上海纱厂女工，1919—1949 年》，第 1 章。

入的男人占据。①

最后,上海与天津之间的差异很可能仅仅是年代性的。上海的纱厂起源于 19 世纪 90 年代中期,比北方纱厂的创建要早整整 20 年。20 世纪 20 年代中期,妇女就大量进入上海纱厂。她们进入纱厂的部分原因是厂方寻求廉价和听话的劳动力。② 同样,天津妇女从 1934 年开始大量进入纱厂,当时棉纺织业正处于崩溃的边缘,饱受劳工纠纷和工厂关闭之苦。两个城市决定招收女工可能是出于相同的管理方面的考虑——降低劳动成本,摆脱势力很大的工头,并保证工人安定的工作环境。因此,天津的棉纺织业在使用女工方面不过是有点滞后,与上海并没有什么本质差别。

工人的婚姻状况

许多超过 20 岁的手工工匠仍然未婚。大约三分之一这个年龄段的针织工人和地毯工人已婚,而手摇织布匠的已婚率为 61%。方显廷将这些行业的高单身率归结为工人赚钱太少;许多手工工

---

① 1929—1930 年,对 87 名天津纱厂男性工人和他们家庭的调查发现,丈夫提供家庭收入的 74.7%,妻子和男女孩子只贡献了 16.5%。(其余的来源于家庭其他成员和非工资收入。)尽管调查没有明确说明这些妻子与孩子做什么工作,但是他们所挣得的收入占家庭总收入百分比之低,让人猜测他们是在从事按件计酬的手工工作,或者做临时工,而不是在工厂做全职工作。方显廷:《中国棉纺织业与棉花贸易》,第 136 页。与上海女工对家庭收入贡献的比较,参见 [美] 韩起澜《上海纱厂女工,1919—1949 年》,第 5 章。

② [美] 韩起澜:《上海纱厂女工,1919—1949 年》,第 1 章。

匠赚的钱几乎无法养家糊口。①

即使是那些结了婚的手工工匠，也是将妻子留在农村，每年回家几次。天津那些性别比例最失衡的地区——男女比例超过三比二的地区，正好也是工具制造、地毯、人造丝和棉纺织等行业集中的地区。② 不管结婚与否，手工工匠都居住在雇佣他们的作坊里。他们的食宿费用从他们的薪水中扣除，或者食宿免费。③ 和手工工匠一样，相当一部分成年工厂工人也是未婚的。只有在面粉厂，工人的岁数比其他工厂的工人都大，已婚工人的比例超过了一半。在两家最大的火柴厂，已婚工人不到三分之一。1929 年，只有 37%的成年男性工人结婚，人数不多的妇女已婚率却高达 62%。男性工人已婚率低的原因很可能是工人普遍年轻和工资过低，迫使许多工人推迟找对象，直到他们能够负担得起。④

20 世纪 30 年代中期以后，进工厂当工人的妇女常常更年轻

---

① 方显廷：《天津针织工业》，第 58 页；《天津地毯工业》，第 45 页；《天津人造丝与棉纺织业》，第 51 页。

② 有关 1938 年的性别比例，参见天津特别市公署《天津特别市公署二十七年行政纪要》第 2 卷，天津，1938 年，第 5—6 页。20 世纪 30 年代和日本人占领时期地区编号方法，以及每个地区的行业分布都来源于邓庆澜编《天津市第二次工业统计》，第 5 页，以及《天津特别市工厂联合会会务纪要》，天津，1943 年，第 10 页。

③ 《中国经济周刊》有关文章，《中国经济杂志》有关文章。杜文思：《平津工业调查》，第 61—79 页。方显廷：《天津人造丝与棉纺织业》，第 19 页；《天津地毯工业》，第 48 页；《天津针织工业》，第 27 页。李步龙(Li Bulong，音译)：《天津砖业概况及其改良办法刍议》(*The Brick Industry in Tientsin and the Problem of Its Modernization*)，油印本，天津：工商学院(Hautes Etudes)；上海：震旦大学(Universite l'Aurore)，1940 年，第 6 页。

④ 吴瓯：《天津市面粉业调查报告》，第 12、42、50、62 页；《天津市火柴业调查报告》，第 30、45 页；《天津市纺纱业调查报告》，第 39—41、49 页。

（有些没结婚）。在日本占领期间，她们即使已婚也会刻意隐瞒，因为多数工厂的规定严禁女工结婚。那些隐瞒婚姻状况的人一旦怀孕，常常会在发现后被开除。一些人则通过紧紧地束住腰部来掩盖怀孕，试图延长留在工厂的时间。①

1945 年日本无条件投降后，已婚妇女进厂做工的人数增加了。这显然有一部分原因是战后工厂工人年龄偏大，另一个原因是一部分女工当初刚工作时还是小孩，如今已经到了结婚年龄。不过，尽管中国纺织工业协会的全国性规章有关于产假的规定（见第六章），但是采访资料表明，怀孕女工还是常常被迫离开工厂，直到生完孩子一段时间后再回来。②

薪酬与流动率：不稳定的工人

手工工匠并非天津劳工中的上层。20 世纪 20 年代后期，收入最好的是建筑工人、裁缝和鞋匠。然而，在受雇于制造业的工人当中，没有什么证据能显示"现代"与"欠现代"产业的工人薪水之间存在较大差距。虽然在较大产业工作的工人确实比地毯、针织和手摇织布工人赚得多一点，但是这很可能已经被他们的食宿费用抵消了。③

同样没有证据表明，手工工匠比工厂工人更多扎根于城市生

①　采访张文清；采访韩瑞祥，1981 年 4 月 1 日；采访李桂兰，棉四，1980 年 6 月 16 日；采访张家贵，棉二，1981 年 1 月 17 日；采访张春风；［美］韩起澜：《上海纱厂女工，1919—1949 年》，第 5 章。
②　采访韩瑞祥，1981 年 4 月 1 日；采访张春风；采访高凤起；采访纪凯林。
③　统计数字来源于方显廷《河北的工业化与劳动力，尤以天津为例》，第 17—19 页。

活。多数手工业工人在新年时回到他们的故乡（村里）住上十多天，这段时间他们的合同要重新拟订。如果作坊陷入经济困难，工人们就会在某个重要节日被解雇，有时他们会在得到一笔补贴后被送回原籍。在方显廷调查的手工工匠当中，四分之三的手摇织布工和超过一半的地毯工人与针织工人干了将近3年的时间，许多工人在经济波动时离开。[①] 不管是出于他们自己的选择还是因为整个天津工业的不稳定，手工工匠仍然是这个城市的临时居留者。

天津工厂工人和手工工匠一样经常变动他们的工作。在棉纺厂成立的头十年中，工人经常在工厂调进调出或在工厂之间变换工作。1929年，裕元纱厂已经成立了11年，有四分之三以上的工人在该厂工作了至多4年。[②] 工人离厂的原因各异。在方显廷调查的离开四家工厂的3968名工人中，将近40%的人是因为"久离职务"放弃工作或被开除的。另外13%是因为要返回家乡，11%是因为生病或受伤，其他的是因为盗窃、不遵守纪律、打架、工作不好或找到其他工作而去职的。[③] 因为"久离职务"而离开的比例高，与因为"归还原籍"的比例明显地不匹配，可能表明在此期间工人们在天津变换工作频繁。方显廷还发现，旷工率二月份最高，这个

[①] 方显廷：《天津人造丝与棉纺织业》，第60、53—55页；《天津地毯工业》，第46—47页；《天津针织工业》，第60页。

[②] 吴瓯：《天津市纺纱业调查报告》，第70页。1929年，方显廷通过研究四家天津纱厂的记录发现，那一年离厂工人的人数占比从6.6%到75%以上。工人离厂的比例之间差别大，无常态，带有偶然性，这肯定反映了某个工厂发生了重大变故。方显廷：《中国棉纺织业与棉花贸易》，第121页。有关这一时期流动率高的另一个观点，参见棉二《厂史1918—1949》，第12页。

[③] 方显廷：《中国棉纺织业与棉花贸易》，第122页。

时候正是春节,许多工人都回村探亲去了;从 6 月到 8 月,酷暑迫使工人离开工厂。对于工人频繁返回他们的家乡,方显廷这样评论说:"此乃由于天津各纱厂工人,率皆募自邻县或邻省而然,盖此种工人,工作多时,略有积蓄,即欲回里而不愿逗留他乡也。"①在这方面,纱厂工人与手工工匠似乎没有什么不同。

日本人占领期间工人流动率异常高有好几个原因。劳动条件恶劣使人容易生病。随着经济条件恶化,越来越多的工人为了维持生计而偷东西,被发现后遭到开除(见第六章)。许多日本新工厂则一直在争夺同一批劳动力,正如建筑公司和仓库都需要搬运工人一样。在收成好的年份,工人们不断离开工厂回到原籍的村子,他们许多人都把家人留在了那里。在天津看起来似乎要遭到攻打的那一段时期,一些工人纷纷离厂返乡,他们感觉村子里更安全。最后,工厂拒绝留用已婚或怀孕妇女也是工人流动率高的原因。②

从 20 世纪 30 年代到日本人占领结束,工人的流动率既反映了工人的弱势(遭遇疾病、开除和裁员),也显示出使人们能够通过不断变换工作而改善生活的某种力量。在 1932 年至 1945 年,一位名叫陈志的男性工人一共换了 8 次工作。他第一次换工作是因为工厂被卖,第二次换工作是为了离家近一些,第三次是因为雇主在洪水淹没车间时企图强迫他在水下拆卸机器。在第四家工厂干了短暂的一段时间后,他为了获得更高的薪水先后在自行车厂、铁厂和机器作坊工作,最后这份工作他干了一年,尽管这要求他为了工

---

① 方显廷:《中国棉纺织业与棉花贸易》,第 123—124 页。
② 采访韩瑞祥,1981 年 4 月 1 日。

作，每天来回走 50 里路。最后他又回到第四份工作的那家工厂，因为他的家就在工厂附近。陈的经历在许多工人中非常典型。[①]

一些男性工人采取季节性就业的策略，这使得他们在不同的工厂进进出出：

> 在船来的季节，河上有很多卸货的活儿。这只能持续很短一段时间。或许有一天你干了一小时，船上的活儿就没了……你必须很强壮，否则你干不了这种活儿。
>
> 冬天没有活儿。在"上冻的三个月"他们就回工厂工作，因为工厂里暖和。他们就在那里将就这三个月，直到船又回来了，他们又离开工厂。[②]

当然，人员流动并不都是工人选择的结果。在日本人占领的最后几年情况尤其是这样，当时由于原材料短缺，大规模裁员已是司空见惯。在日本人占领的末期，好几百名工人连续几次被解雇又被重新雇用。[③]

在战后时期，人员流动减少了："虽然人员流动仍然存在，但比日本占领期间少了许多。人们在这里安顿了下来，住在工厂的宿舍里，并把他们的家人从村里带来；……年轻工人的比例下降，他们不再那么频繁地流动。……女工有了孩子，结了婚，仍可以留在

---

① 采访陈志，1980 年 6 月 16 日。
② 采访韩瑞祥，1981 年 4 月 1 日。
③ 采访韩瑞祥，1981 年 4 月 1 日；采访张春风。

厂里。"①这一评论与我们对"二战"之后劳动力的描绘完全一致：这是一个年龄更大的群体，女性工人的比例不断增加（而流动率可能更低，比如从工厂转到搬运业），工厂无须为了雇用员工大张旗鼓地组织招聘活动。不过，在天津现代工业早期的大部分时间里，工厂工人与手工工匠一样，一直是不稳定的和流动的。

工作等级

工人去哪里找工作，很少能有选择。他们的运气取决于从家乡农村就伴随着他们的社会关系。而且，不管是调查者还是工人自身，都认为并非所有工人阶级的工作都是平等的。对天津工作等级的看法，反映了对薪水、工作条件、安全和性骚扰的关注。

例如，纱厂的参观者撰写的报告常常会包含对恶劣工作条件的细致描述。不过，占主导的声音还是对现代机器所带来的进步表示认同。1927—1928 年，基督教女青年会（YWCA）的两名工业干事陶玲与章秀敏对天津的女工和童工进行过研究。她们把工厂与多数妇女工作的拥挤、污秽的手工工坊加以比较，写道："这些工厂建在宽大、现代、采光良好和空气流通的建筑中，装备了新式的美国机器。童工们在适合他们身高的机器上工作。头上是管道，喷出的细细的水蒸气使空气保持湿润；冬天，这些水蒸气让车间非常温暖。"②

---

① 采访韩瑞祥，1981 年 4 月 1 日。
② 陶玲、章秀敏：《天津工业中的妇女与女童研究》，第 522 页。

　　1926 年,一位英国独立工党的参观者访问了上海、天津和其他工业中心的一些工厂,并提出这个问题:"现代工厂的工人比旧式手工业中的工人情况要好吗?"他的结论是:答案很复杂。大型现代工厂通常比小作坊"更卫生"。薪水则很难进行比较,因为虽然现代工厂工资要高,但手工工匠常常会被提供住宿。手工工匠虽然劳动时间更长,但工作时"比现代工厂的工人更轻松,干活断断续续,而现代工厂的工人要听命于机器。手工工匠的工作不像现代工厂的大规模生产那么单调或机械……不那么受纪律约束,也不那么紧张"[1]。

　　调查者还分析了不同类型工厂工作的差别。基督教女青年会干事章秀敏为纱厂的女童工开办了一所学校,后来又为卷烟厂工人开办了一所,她在 1931 年这样评论:

　　　　两周前,来自英美卷烟厂旁另一个中心(指工人学校)的大约 25 名女童,在星期日下午来参观纱厂的中心……两群工人之间的反差非常明显——烟厂工人薪水相当不错(每天大约 50 分鹰洋),穿着整洁,整体面貌比纱厂的女童要好得多。后者每天工作 12 小时,每天薪水只有 25 分到 40 分。[2]

　　调查工人自身的看法是个更加艰难的任务,因为获得他们观

---

[1] [法]马隆上校(Colonel C. L'Estrange Malone):《新中国,第二部分:劳工状况与劳工组织》(*New China, Part Ⅱ: Labour Conditions and Labour Organizations*),伦敦:独立工党(London: Independent Labour Party),1926 年,第 13—14 页。

[2] 章秀敏:《给玛丽·丁曼的信,1931 年 5 月 20 日》(Letter to Mary Dingman, May 20, 1931),Box 11/115,日内瓦世界基督教女青年会档案馆。

点的唯一途径是现时的采访。① 一个明显的考虑是经济,"在找工作时,"韩瑞祥解释说,"人们想到的主要事情就是薪水。至于工作环境——嗯,你不可能想到那些。重要的是你挣的钱是否够生活。最好的工作是在铁路上、邮局和海关——那里的工作稳定,有保障。"②与搬运业或出口加工业相比,制造业工作很少有季节性波动。在一个固定工作很难找到的城市,那些有稳定工作的人感觉自己很幸运。③

有人认为干金属加工比纱厂工作要好。一位工人谈道:"机器行业是最好的。例如,在三条石……开始时你要受罪,不过当你出来后(成为手工艺人),你要比在棉纺业更富裕。虽然你的身份不怎么高,但你在经济上会比较富裕。"④此外,熟练的金属制造工看重他们比较能够控制生产过程:

> 其他厂人们的情况比我们还不如。我们的是技术性的工作。机械化制造行业不是技术性工作。例如,纱厂的女工。她们多数都是童工。她们的生产是固定的,产量也是固定的。每天——不管你今天能不能完成,产量都是一样的。他们有

---

① 这些采访反映了30多年来有关"旧中国"工人苦难的政治教育的结果。被采访者经常会指出,他们的社会地位低下:"在'工人'前要加个'臭'字。在社会上,这个说法很流行,好人不当工,好铁不打钉。"(纪凯林)不过,不清楚他们在当时是否平常就意识到自己的社会地位低下。确定工人在1949年以前对他们工作的态度的唯一方法,就是与他们可能找到的其他工作做比较。

② 采访韩瑞祥,1981年4月1日。韩有文化,在一家纱厂担任低级职员,因此他希望找的工作与多数工人的不同。

③ 采访徐景星,1981年5月10日;采访韩瑞祥,1981年4月1日。

④ 采访陈志。

一个考勤钟。当你走进工厂，放上你的卡，考勤钟就会在卡上打上标记。当你下班离厂时，你就要取走这张卡。卡片的上面有打印的时间，他们通过卡上记下的时间，想让你干更多的活儿。如果你没有织出那么多布是不行的。在我们机器行业，你不可能计算出件数。技术活儿的生产过程是不固定的。如果今天你的刀片不好，或材料不好，都会影响到产量。因此产量不可能提前决定。①

不过，另一项需要技能的手工行业地毯编织，地位似乎比纺织业还要低，可能是因为这个行业更加不稳定，且要求工人完成较高的工作定额。② 尽管薪水是评价一项工作的主要因素，但是正如韩瑞祥所说的，工作稳定性和压力等也是影响评价的因素。

一些年轻力壮的男工人在纱厂工作的同时也交替着到河边去当苦力，以便尽可能地增加他们的收入。而那些没有固定工作、完全依靠搬运行业临时工作的人，普遍被认为比那些可以在工厂里找到工作的人更为不幸。也许更加值得同情的是那些在日本占领期间，为了养家糊口不得不干两份工作的人："如果我们在厂里上夜班，早上就不得不赶到河东的新货栈上班。哪里睡什么觉？……我们常常是在两份工作之间偷偷打个盹。我们下班之后又要回去工作。如此周而复始——这是我们谋生的唯一方法。"③

妇女的工作等级情况不同。妇女没有男人那么多的工作选

---

① 采访陈义和，1980 年 4 月 18 日。

② 采访陈志。

③ 采访高凤起。

择,她们有的工作,包括纱厂的工作,收入并不多。除了纱厂,妇女还在其他几家大厂工作:卷烟厂(尤其是英美烟草公司在当地的分厂)、加工蛋类以供出口的国际出口公司以及火柴厂。她们还在南市的许多小印刷厂工作,用脚踏印刷机印制商标和标签。① 20 世纪 40 年代,妇女也开始进入地毯行业。所有这些工作都远比那些妇女扮演主要角色的临时劳动力市场提供的工作要稳定得多。

　　不过,经济以外的因素使得妇女更愿意在家做散工,而不愿意到工厂里工作。尤其是第一代进城的农村人,把工厂看成男女杂处的地方,认为它违反了人们公认的所有社交礼仪的规则。彼此没有血缘关系,甚至连老乡都不是的男男女女,每天待在一起,干活时随意交谈。② 这样的相处如果只是发生在孩子之间还可以容许,可是如果他们已经是青少年,这样的接触就值得怀疑。在像纺织厂车间这样妇女很少的地方,工人们自己就会监视这样的接触:"我记得在日本人占领期间,有一次一名妇女来到了纺织厂。她给一个人带了些吃的。可能他们的关系不错。当他下班时他们一起走了。有些人就尾随他们,嘲笑他们。当年,人们认为男女是不能

---

① 有关天津制造业的妇女,参见陶玲、章秀敏:《天津工业中的妇女与女童研究》,第521—525页。有关香烟厂,参见肖祝文《天津英美烟公司的经济掠夺》,第181—184页。有关女工在鸡蛋业,参见刘锦涛《天津之蛋业》("Egg Industry in Tientsin"),《经济研究》(Economic Studies)第18期,天津:天津工商学院(Tientsin: Tientsin Institut des Hautes Etudes),1941年,第8页;廖一中、吕万和、杨思慎编:《天津和记洋行史料》,第60—69页。关于火柴业的一项综合研究中,包括有关妇女角色的讨论,参见吴瓯《天津市火柴业调查报告》;有关妇女印刷工的资料,来自对陈义和的采访。

② 采访纪凯林。

待在一起的。"①由于担心在没有得到他们同意或他们不知情的情况下发生这样的接触，父母都不太愿意送自己的女儿进工厂。韩瑞祥回忆说："十一或十二岁还可以，年龄再大一些，家里人就不愿意让她们到工厂工作了。"②

这种态度后面隐藏的不仅是不愿意放弃传统，也存在年轻妇女在工厂遭遇性侵犯的真实可能性。强奸和性骚扰在工厂里并不少见（参见第六和第七章）。女工们在工厂车间里和上下班路上被侵犯。因此，"一户之主看到他女儿离家上班，于是就想，'嗯，这也许是我们谋生的一种方法'，不过他同时还要为他的孩子担忧。在旧社会如果你长得好，情况可就麻烦了"③。

女工在纱厂可能失去贞洁，这甚至给那些实际已避开伤害的女工的婚姻前景蒙上一层阴影。女工们很难"找到婆家"——结婚。即使已经顺利地订婚，"有的时候，当女工结婚时，婆家并不信任她，瞧不起她"，张春风回忆说。④ 受害者只能自己承担这种不幸。正如日本占领时期一个顺口溜所说的："好男不当兵，好女不做工。"这种鄙视还殃及女工的家人，因为"女工地位很低。如果人们知道某家的闺女在厂里上班，他们就会瞧不起你"。⑤

正如女工因为作为新娘的首要条件——贞洁受到质疑而被人嫌弃一样，男性纱厂工人的首要条件——赚钱能力也被看作多有

---

① 采访张家贵。
② 采访韩瑞祥。1981 年 4 月 1 日。
③ 采访孙庆奎，棉二厂，1981 年 1 月 17 日。
④ 采访张春风。
⑤ 采访张家贵。

欠缺。女工都尽可能地"从外面找一个地位更高的人结婚"。然而，这种理想的对象很难找到，而工人之间结婚的情况也并不罕见。①

总之，工人们自己眼中的工作等级复杂、多变，并有点怪异。它会因为普遍的经济环境、季节、工人的性别与年龄，以及他们的社会关系而变化。将自己置于这种工作等级中的一个有利地位是工人们职业生涯的一个目标。

临时工与工人阶级家庭

在天津这个城市，许多工人都没有固定职业，但他们是"打八叉"（地方俚语，意思是"不论什么临时性的工作，只要能找到就干"）的行家。许多这种工作，像河边的苦力活儿、捡核桃等，都与天津的对外贸易有关，随着季节与经济周期而变化。另外一些工作是在家里干的，大量妇女和儿童在家里从事手工生产，产品供出口国外和国内市场。

构成临时工的工人甚至比搬运工人还难以捉摸，因为他们不但没有固定的雇主，甚至连固定的行业也没有。然而，他们的生活可以通过研究工人家庭的结构在某种程度上重构。考察一个家庭以及他们的物质生活和贫困的边缘地位，要达到三个目的：对那些我们讨论过的工人的工作生涯一探究竟；寻找和描述那些在不那

---

① 采访纪凯林。

么引人注目的其他地方工作的临时工；探究那些通过临时工这种临时性被雇佣的"安全网"滑出了"穷忙族"（working poor）①的行列，堕入天津社会下层的人们的经历。

家庭的构成

在移民天津的过程中，一家人常常会分开。父母或兄弟姐妹继续留在家乡务农，儿子或父亲先迁移到城里。城市里的家庭成员常常生活在与他们长大成人时所处的人群不同的群体中。不过，在 1949 年以前调查的家庭中，亲属关系仍然是基本的组织原则，决定着谁与谁一起生活。家族关系引导着形塑或离开城市的农民复杂的移民模式，并使这种模式具有连贯性。在他们居留城市期间，无论时间长短，以血缘关系为基础的家庭单位，养活着一些家庭成员并让另一些成员去寻找工作。②

1937 年对上海、北平、天津及其他各地的城市与乡村家庭的调查发现，多数农村家庭有 5 名以上家庭成员，而城市家庭的人口数往往不到 5 人。③ 已有数据显示天津的家庭在整个 1949 年以前都

---

① 这里是指整日奔波劳动，却收入微薄，无法摆脱贫穷的人。——译者注

② 缺乏连续性的移民统计数字使我们无法准确单独确定移民天津，或曾在天津单独生活的农民的比例。不过，采访数据显示，即便是那些独自到天津的农民也要依靠当地的亲戚介绍工作，还要与城里的亲戚或乡下的亲人，或者与两者都保持经济联系。不过，下面的讨论集中在那些与全家人一起移民或一起生活在天津的农民身上，因为他们的经历更容易被知悉，也因为定性数据显示，他们构成移民的大多数。

③ 《经济周刊》第 213 号，1937 年 4 月 14 日。所包括的调查是在 1922 年到 1928 年之间进行的。

与这种模式相一致,1930 年至 1937 年,刚好徘徊在 5 人以下,战后稍微超过了这个数字。[1]　为数不多的集中对工人与穷人展开的调查发现,家庭规模基本在 5 口以下,只有一个例外。[2]

工人阶级家庭反映了天津人口的普遍模式,那就是男人可能比女人多。从 1928 年到 1947 年,城市人口中男人的数量总体上一直超过女人,占总人口的 58%—63%。[3]　甚至出生人口的统计数据似乎也对男性有利:1936 年的报告显示出生人口 14 746,其中 53% 为男性;1947 年记录的出生人口中,男性占 55%;而 1948 年 9 月记录的出生人口中,54% 是男性。1936 年的出生人口中,根据父亲的职业分析,出生的男孩数量几乎在每个类别中都超过了女孩。[4]　另

① 有关城市总人口与家庭规模的统计数字来自以下资料。吴瓯等:《天津市社会局统计汇刊》;《最近中国人口的新估计》,《社会科学杂志》第 6 卷第 1 期,1935 年 3 月,第 246—247 页;《最近中国之人口统计》,《统计月报》第 1 卷第 1 期,1929 年,第 46 页;《益世报》,1935 年 6 月 10 日、9 月 26 日,1936 年 3 月 22 日、6 月 20 日、7 月 19 日、8 月 18 日、11 月 17 日、12 月 17 日,1937 年 1 月 15 日、2 月 17 日、3 月 14 日、4 月 14 日、6 月 13 日,都在第 5 版;程海峰:《中国通信月报,1947 年 8 月》(China Correspondent Monthly Reports. Aug. 1947),国际劳工组织档案馆(ILO Archives,Geneva)C13/2/29,第 23 页。这些估计数字有些包括郊区。
② 《冯华年先生纪念册:民国十六年至十七年天津手艺工人家庭生活调查之分析》,天津:李锐、华文煜、吴大业印赠,1932 年,第 492 页;吴瓯:《天津市纺纱业调查报告》,第 49—50 页;《益世报》,1935 年 7 月 7 日,第 9 版。这些调查对家庭没有一个统一定义。例如,冯华年的调查只包括每天住在家里和在家里吃饭的人(第 490 页),而《益世报》的调查将一个家庭定义为"一个经济单位",不管其成员是否有关系或都生活在一起。
③ 参见吴瓯等《天津市社会局统计汇刊》;《最近中国人口的新估计》,第 246—247 页;《最近中国之人口统计》,第 46 页。只有吴瓯和 1937 年 1 月 15 日、6 月 13 日《益世报》例外,这些资料没有提供性别比例。
④ 《天津市二十五年份人口出生状况》,《稽查调查统计丛刊》第 2 卷第 5 号,1937 年 5 月,第 4 页;《益世报》,1948 年 1 月 14 日,第 4 版;《益世报》,1948 年 10 月 15 日,第 5 版。

一方面，在天津的死亡数据中，女性却超过了男性。根据 1936 年的报告，女性占死亡人数的 50.2%（虽然她们仅占总人口的 41%）。1947 年，妇女占死亡人数的 50.31%，1948 年 9 月占 57%。[①]

女性的出生率明显低于男性的这种趋向，或许可以用溺杀女婴这一习俗来解释；她们的高死亡率完全可以反映出社会下层的妇女在经济上处于极端弱势状态。不过，男性在人口中总体上占优势并不能只由这些因素来解释。至少在工人中，这也是移民方式（到天津来找工作的男性人数更多）造成的。正如前面所提到的，许多手工行业的男性住在作坊里，在城里没有家人。很可能是他们，而不是家庭类的人口，成为造成性别不平衡的部分因素。天津的妇女来到一个男性在人数上（也在其他方面）占优势的地方。

有关工人阶级家庭构成的其他资料，我们知之甚少。一份1927—1928 年对 132 户手工工人的调查发现，所有的户主（主要挣钱者）都是男性，最常见的是 21 到 40 岁的男性。16 岁之后，很少有女儿会继续留在母亲家里；很可能她们在这个年龄上下就出嫁了。有一半多一点的家庭成员处于工作年龄，调查报告将这个年龄确定在 16 到 50 岁。另有 36% 是 16 岁以下的儿童。[②] 不过，最后这几个百分比带有误导性，这些统计数据和定性资料都说明，工人阶级家庭的每个成员几乎都为家里增加收入，不管老的少的。关注一下几个工人家庭的情况，就能说明他们利用不同的策略以

[①] 《天津市二十五年份人口死亡统计一斑》，《稽查调查统计丛刊》第 2 卷第 4 号，1937 年 4 月，第 14 页；《益世报》，1948 年 1 月 14 日，第 4 版；《益世报》，1948 年 10 月 15 日，第 5 版。

[②] 《冯华年先生纪念册：民国十六年至十七年天津手艺工人家庭生活调查之分析》，第 493、495 页。

维持起码的生存。

工作的家庭

陈桂兰一家的八口人大部分都在工作。在 20 世纪 30 年代末 40 年代初,她的父亲与叔叔做旧货买卖,当地将这个行当称为"喝破烂",原因是从业者要走街串巷叫卖他们的货物。另一个偶尔住在她家的叔叔是拉洋车的。桂兰的母亲做针线活。她的哥哥是个街头小贩。她的婶婶则干许多杂活,而她的奶奶照看小孩。

在这样的家庭里,童年的时光不会太长。12 岁时,桂兰就和一群堂姐妹们,在一名岁数大一点的女亲戚的带领下,每天到英租界的一个货栈去剥核桃。如果这项工作因为季节原因停止了,她们就到纱厂去做短工,剥花生或挑选供出口的草药(麻黄)。干这类活的人大部分是妇女和女童。14 岁时,桂兰找到了更稳定的工作,在一个小厂里织地毯,按尺挣钱。不过,即使家里多数人都做活,这个家庭也仅够糊口。家里人为了省出玉米面给拉车的叔叔,平常都吃蔬菜和豆腐渣。

16 岁时桂兰回老家住了很短一段时间,然后与家人一起回到天津住在西楼。那里是一片贫民区,住的都是有相对稳定工作的人和临时工:

> 我们院里住着三个"喝破烂"的和一个卖芹菜、白菜和萝卜的。有在纱厂上班的,有拉胶皮的。还有一个在河坝上干活。他们都是穷人。

　　我是院子里唯一在地毯厂上班的。妇女们都待在家里，都没有固定工作。有的捡废煤渣，有的接些针线活。十四五岁的男孩则捡破烂，或在婚葬礼上干点活，帮着扛旗子赚几个铜板。有时，十七八岁的男孩会帮人烧砖。①

　　和她们院里的那些家庭一样，和她一起在地毯厂上班的工人，家中成员多数也都没有固定职业，而他们把自己塞进他们可以建构起来的任何经济生存空间之中，通过让几乎每个人都出去工作以增加收入来源，或者把工作带到家中，让待在家里的人干。

　　第四章将要谈到的是铁厂工人陈义和的生活。当他家最初来到天津时，他还太小无法工作，于是和他的嫂子待在家里。他的母亲和哥哥去从事核桃生意的货栈工作。他们安排前去工作的出发时间和路线，以便每天都能有机会再次被雇用：

　　　　我们住在河东……他们到河对岸的英租界去干活，剥核桃……他们一天挣两毛到三毛钱。今天有活干，明天可能就没活干。

　　　　他们半夜十二点就得起床，因为如果你到晚了，人手够了，他们就不会要你了。他们必须早上六点就开始干活。他们为嘛要这么早起？因为他们必须绕一大圈才能走到那里。那时，街道和小巷都围着栅栏。有的时候，栅栏是关闭的。他

① 采访陈桂兰，1980 年 11 月 2 日。有关一个天津小贩家庭的童年及临时工生活的丰富记述，参见新凤霞《新凤霞回忆录》（*Reminiscences*，Beijing：Panda books）（外文版），北京：《中国文学》杂志社，1981 年；《新凤霞回忆录》，香港：三联书店，1980年；《艺术生涯：新凤霞回忆录二集》，香港：三联书店，1982 年。

们(有钱人)担心穷人会抢劫他们。所以,如果你不能从这里通过,你就不得不走很远的地方绕过这里……

　　他们论斤付工钱。女的、男的,所有人都可以做这种工作。谁也没有固定的工作。

最终,陈的哥哥成了一个洋行的职员,陈自己当上了学徒。一个儿子每月有了 15 元的收入,另一个儿子由铁匠铺管吃管住,这个时候陈的母亲才可以不再工作了。①

　　即使是那些有一个或多个家人在纱厂有相对稳定工作的家庭,其他家庭成员也必须做短工或干其他活来减轻家庭负担。张文清和她的哥哥姐姐在裕元纱厂上班,她的父亲则为外国人当差。她的母亲是小脚,无法出去工作,就为街坊邻居做棉衣、棉裤和棉鞋。在那些男户主在纱厂上班的家庭,妻子和孩子就为住在附近的单身工人做针线活,去附近的郊区拾木柴和干草做燃料,摘野菜当饭吃。1929 年,一项对 87 户男户主在裕元纱厂工作的家庭的调查发现,主要挣工资者的妻子、孩子、兄弟、姐妹及父母,一共提供

———————————
① 采访陈义和。

了家庭收入的四分之一。[1]

尽管经济状况非常困难，但是工人阶级家庭仍想方设法让儿子上学以确保未来的收入，虽然他们上学的时间只够他们认识几百个字。不过，即便是那些上了好几年学的男孩，最终也只能做手工工匠或小贩，而不可能获得他们所期望的职员或文书的工作。女孩几乎永远不可能去上学。[2]

大多数的工人阶级家庭不可能向上流动而摆脱工人阶级的身份。他们竭尽全力防止向下滑向处于社会边缘的穷人行列。如果多数成员工作，或者有一个人进学校念书，一个家庭就有望保持一个节俭、通常不舒适却足够的生活水准。

物质生活

尽管工人家庭能灵活和果断地设计使收入最大化的途径，普

---

[1] 采访张文清；吴瓯：《天津市纺纱业调查报告》，第 348 页；方显廷：《中国棉纺织业与棉花贸易》，第 135—136 页。冯华年 1927—1928 年对 132 户手工工人家庭的调查证明了这一点。尽管家庭收入的将近 87% 来自主要挣钱者，而且这个人无一例外地是个男人，但是孩子与妻子所贡献的收入让这个家庭得以收支相抵。在 260 名有工作的家庭成员中，182 名是男人，78 名是女人。男人从事的工作包括木匠、纺织工、理发匠、制革工、金属加工工人、鞋匠、油漆工和苦力等。妇女从事的工作包括纺纱、针织、糊火柴盒和卷香烟。在 5 个收入最高的家庭中，4 个妻子有工作。《冯华年先生纪念册：民国十六年至十七年天津手艺工人家庭生活调查之分析》，第 493、495—496、502 页。

[2] 采访陈桂兰；采访天津基督教女青年会前干事高仁英，1980 年 4 月 21 日；《冯华年先生纪念册：民国十六年至十七年天津手艺工人家庭生活调查之分析》，第497 页。

通的工人家庭还是会花光几乎所有挣来的钱。表5显示的是20世纪20年代后期几组被调查的工人平均年支出。在每一组中,家庭支出的一半多(有的几乎是三分之二)花在食物上。大约四分之一花在住宿和燃料上。各家尽量压缩穿衣上的花销(约占收入的7%),把衣服改大、缝补和重复利用,直到它实际上已经破得不成样子了,然后用剩下的破布来补衣服。杂项消费开销,从香烟、酒到医疗和教育,通常非常地低。

表5 1927—1930年,工人阶级家庭的支出

类别	(1) 纺织工和织袜工 1929	(2) 手工工人 1927—1928	(3) 工厂工人 1929	(4) 工厂工人 1929—1930
家庭数量(个)	199	132	12 687[a]	87
平均每户人口数(人)	3.7	4.3	—	—
每年支出(元)	288.16	177.28	261	—
支出百分比(%):				
食物	56.2	61.82	—	63.8
衣服	7.3	6.95	—	6.7
房租	16.1	14.05	—	7.1
燃料	9.6	12.75	—	9.7
杂项	16.8	5.33	—	12.7

资料来源:(1)南开社会经济与经济研究委员会1929年的调查,《中国劳动阶级生活费之研究》,《经济研究周刊》第3期,1930年3月17日,重印。(2)《冯华年先生纪念册:民国十六年至十七年天津手工工人家庭生活调查之分析》,第492、503、529页。(3)吴瓯:《天津市纺纱业调查报告》,第51页。(4)方显廷:《中国棉纺织业和棉花贸易》第1卷,天津:直隶印书局,1932年,第138页。

a. 这项研究统计了工人数,没有家庭数。

1927—1928 年冯华年对 132 个手工工人的研究表明，每户平均年收入是 184.34 元。其中，几乎 98% 为工作收入，其余来自家庭礼物、贷款、典当物品、救济和变卖个人财物。支出与工作收入相比，每户平均每年的盈余不到 3 元，或者是不到工作总收入的 2%。即使这少得可怜的盈余也可能被夸大了，因为正如冯华年指出的，工人阶级家庭购物的数量很小，很分散，他们很难准确地记住每一次购物。在冯华年调查的最贫困家庭中，工作收入与开支之间的亏空超过 11%。即便没有料想不到的花销或者一段时期的失业，工人阶级家庭的收入也仅够维持最简单的物质生活。[1]

住所

每次陈桂兰家回到天津，他们都在不同的地区租一间房，那里住的都是穷人和工人。无论他们选择住哪里，他们的住宿条件都差不多。穿过迷宫一样的狭窄的胡同，一个小院内围建着一些平房，聚居了 3 到 10 户家庭。有一点富余钱的工人可能设法租一间砖瓦房。第二类还算幸运的家庭则住在里外都用白灰粉刷过、高粱秸秆铺顶的土坯房。第三类也是最常见的房型，结构相似，只不过粉刷用的是泥巴，一旦进入雨季，房子就漏个不停。而房东通常是当地的房地产商人，他们住在另一个城区，每月派人来收房租，

---

[1] 《冯华年先生纪念册：民国十六年至十七年天津手艺工人家庭生活调查之分析》，第 489、501、503—504 页。

对修房子不是特别在意。① 一位记者写道,在一个工人阶级居住区,房子太破旧了,"顶上泥片,漱漱地坠落,苇把和木架,也多宣告仳离,四壁缝裂,到处窟窿,下雨时,好比露天,炎热时,臭气四溢。逢到隆冬的季节,整天的在北风底下颤抖呻吟"②。

由于房屋都朝向院子内,从胡同中看不到多少里面的状况,一位当地的调查者发现它们只是有虚假的良好外观而已。他补充说:

> 一旦你进到每一个院落里一看,便知道先前的判断是错误的。住在里面的人家,多是工厂里的劳动者,他们有的是已失了业;即便不失业的,也都是入不敷出……每一个巷口,都聚集着一群鹑衣百结的女人和小孩,一张张菜色的脸……那里的房屋,空着的很多。显然,尽管每月仅只一元的房租,也不容易找到住户了。③

多数家庭只租得起一间房。最常见的房屋大小是约 3.3 米长,2.7 米宽,2.7 米高。这些房间与工人们在家乡村里住的房屋没有多大区别。一半甚至更多的空间都被"炕"占据了,"炕"是一个中空的高土台,既当床,又是起居室和用餐区。炕的一头有个灶,是

---

① 采访陈桂兰;《冯华年先生纪念册:民国十六年至十七年天津手艺工人家庭生活调查之分析》,第 521 页。冯的调查发现,7%的家庭住在砖瓦房中,15%住在石灰粉刷的房中,78%住在泥巴粉刷的房中。
② 《北平日报》,1935 年 4 月 18 日,《劳动季报》转载,第 5 号(1935 年 5 月),第 138 页。
③ 《益世报》,1935 年 1 月 20 日,第 9 版。

用来做饭和往炕内供热的。炕的里面安着一口锅,锅的盖子与炕的表面是齐平的。做完饭后,家里人就会将锅盖盖上,上面铺上席子,把它当成座位。夜里,一家人就睡在炕上,有时甚至共用一床被子。多数房间里面很少再摆放着其他的东西,水桶、桌子、凳子,都放在炕上。①

大部分房间有一扇门和一扇窗户。三四个人挤在房间里,空气常常散发着臭味。有些窗户是玻璃的,有些是油纸的,有的是纸糊的,中间镶着一块玻璃以便让少量光线可以射入房间。夏天,房门口挂上一块布帘或粗糙的草编帘以阻挡蚊虫进入。烧"苇子香"驱赶蚊虫也很常见。这些气味与人汗味混杂在一起,取代煤烟味成为这种家庭夏天特有的气味。②

为炕供热的炉灶里烧的是木柴和高粱秸秆。有些房间另有一个没有烟囱的炉子用于取暖和做饭。这种炉子需要烧煤球,煤球是由煤屑、黄土和水混合制成的,被团成球形摆放在房子的一侧晾干。煤球一旦点燃后能烧很长时间,不过,这些炉子里的火如果照看不好就会灭掉,再次点燃非常麻烦。而炕灶的火可以熄灭,并很容易随时点燃。煤油灯则尽可能地少用,以便节约燃料。这就是这类典型家庭的所有家用器具。③

---

① 《冯华年先生纪念册:民国十六年至十七年天津手艺工人家庭生活调查之分析》,第 521—522 页。
② 《冯华年先生纪念册:民国十六年至十七年天津手艺工人家庭生活调查之分析》,第 522 页。
③ 《冯华年先生纪念册:民国十六年至十七年天津手艺工人家庭生活调查之分析》,第 522—523 页;采访陈桂兰。

饮食

一份对天津工人生活成本的连续调查,从 1927 年开始一直延续到 1952 年,列出了天津手工工人经常购买的 24 种食物:上海大米、美国面粉、本地面粉、玉米面、小米、绿豆、大豆、豆芽、土豆、豆腐、葱、大蒜、两种白菜、菠菜、韭菜、酱油、醋、芝麻油、盐、面酱,以及(不是经常性的)猪肉、牛肉和羊肉。[①]

然而,看似非常丰富的食物掩盖着日常饮食的单调(根据当时一位观察者的看法),热量与蛋白质也不足。根据冯华年的调查,工人将大约 62% 的收入花在食物上,其中 59% 花在粮食上,17% 花在蔬菜上。[②] 工人们早餐通常吃烧饼或油条(当地称作"馃子")。其他的选择包括(许多都可以从街上的小贩那里买到并在上班路上吃)豆浆、面茶、红高粱米粥或嘎巴菜(大豆面摊成软薄饼,再加上油、葱、白菜和调味料)。午餐是一天中最丰盛的一顿饭,可以是饽饽(玉米面蒸的糕饼)、米饭、茄子,夏天可以喝绿豆汤,冬天吃面条或烤山芋。一顿晚餐由馒头、饽饽或小米粥组成。这几种主食常常被放在一起做成一锅吃,陈桂兰回忆说:"我们吃很多咸菜和

---

① 《经济研究周刊》第 18 期,1930 年 6 月 29 日。工人阶级的食物与衣服和燃料一样,一直到 1949 年前,都很少变化。开始于 1946 年的一份非常类似的清单,可见《华北劳动》第 1 卷第 2 期,1946 年 2 月 25 日,第 7 页。

② 《冯华年先生纪念册:民国十六年至十七年天津手艺工人家庭生活调查之分析》,第 510—511、515 页;《天津工人生活程度及其近四年来生活费之变迁》,《经济研究周刊》第 19 期,1930 年 7 月 6 日。

玉米面饽饽。下面我们会放上白菜熬，既是菜又是汤。"①

　　一个工人阶级家庭一个月最多吃几次肉。在1927—1928年的10个月时间里，冯华年调查的132户家庭平均只花了五吊钱买鸡蛋。天津其他的著名美食——夏天的西瓜、酸梅汤和冰激凌，冬天的河蟹，春秋季的野鸭以及应季的油炸蚂蚱，都是上层人的食物，工人阶级无缘享用。如果工人真的买了肉吃，那很有可能是羊肚汤，一种用羊的内脏炖的菜肴，价格便宜，但是否干净常常值得怀疑。

　　许多工人（特别是家里人多的）买不起面粉或大米，就用玉米面或其他更便宜的粮食取代。在当地工人阶级家庭中非常流行一种巧妙的工具——饸饹床子，工人们可以用它将非常粗糙的面，如高粱面或绿豆面，做成面条（叫作饸饹面）。工人们把这些粗糙的面加水和成面团，然后放入一个中空的管子里，通过一层铜网用力将面直接压到一锅开水中。这一工具将那些太粗糙以至于无法揉到一起的粮食转化成可口的食物。②

　　多数人只能买得起当天的食物。例如，一天典型的采购可能是：几棵葱，一碗或两碗豆腐，以及几个铜板的佐料。陈桂兰说："我们会买一个或两个铜板的食物，烧开水，把食物倒入锅中。"工

---

① 采访陈桂兰。
② 《天津市之风俗调查》，《河北月刊》第1卷第3号，1933年3月，第1—22页；采访陈桂兰；《冯华年先生纪念册：民国十六年至十七年天津手艺工人家庭生活调查之分析》，第510—511页；王达：《天津之工业》，《实业部月刊》第1卷第1期，1936年4月，第117页；吴瓯：《天津市纺纱业调查报告》，第344页；采访李世瑜，1981年3月24日。

人们消费的唯一奢侈品是香烟和少量茶叶以及廉价的白酒。①

　　水需要每天从推着水车在工人居住区转悠的卖水小贩那里购买。每次买水花几个铜板不等，这取决于买水的家庭成员用扁担挑的水桶能装多少水。每个家庭一般都自己烧热水，不过也有流动小贩在街头支起炉灶少量售卖热水。多数家庭在家中做饭；只有拉洋车的例外，他们没有固定时间或地点吃饭，因为他们总是在走动。他们充饥的东西有烧饼、咸菜、热水，或者（生意好时）从路边小摊买的面条或包子。②

衣着

　　"靠我们挣的足够吃喝，但穿衣常常就不够了，"陈桂兰回忆说，"我母亲时常在过年时给我做衣服。冬天我穿棉袄和棉裤。天很冷。我母亲为我做了双棉鞋。我们从不买什么东西。"③尽管她家里很穷，但有些工人家庭比她家还穷。在冯华年调查的 132 个手工工人家庭中，只有一半有整身的棉衣；孩子同样衣不蔽体。

　　衣服是用高阳当地机织土布在自家缝制的，中间絮着棉花，偶尔会缝上一块羊皮。工人们喜欢被染成黑色或蓝色的土布，因为这种土布结实又不显脏。吴瓯在 20 世纪 30 年代初调查的纱厂工

---

① 《冯华年先生纪念册：民国十六年至十七年天津手艺工人家庭生活调查之分析》，第 490、500、527 页；采访陈桂兰。
② 《冯华年先生纪念册：民国十六年至十七年天津手艺工人家庭生活调查之分析》，第 522—523 页；《北平日报》，1935 年 4 月 18 日，《劳动季报》转载，第 5 号，1935 年 5 月，第 137 页。
③ 采访陈桂兰。

人，多数有两身夏装，有的只有一身，他们每十天洗一次。冬天的棉衣每年拆洗一次，家人合用的棉被也是如此。工人们冬天穿棉鞋，春秋穿帆布鞋，夏天常常光脚。冯华年注意到，天津工人朴实的穿着与北京的工人没有太大的差别，不过跟上海工人比起来就显得单调得多。[①]

公共卫生与个人健康

与租界不同，工人居住区既没有自来水也没有下水道。没听说过有私人厕所。在陈桂兰居住的社区，胡同的尽头"有一个没有顶的芦苇棚，那就是厕所。夏天和冬天无法小便，因为当下雨或刮大风的时候，我们无法使用它。我们没有雨衣或雨伞。如果不得不去，我们就戴顶草帽，或者就干脆浑身都淋湿了。不过，多数家庭用两个桶，一个装尿，一个装大便。每天早上我们在上面撒上石灰"[②]。

一旦桶满了，普遍的做法是将它倒到街上。1936年，一位去谦德庄的人恶心地看到："住户的垃圾秽水，随手地倒洒，冬天还闻不出来，但到春气一动，这种秽物体因为地气蒸发，所以发出种种奇臭骚腥。"[③]

建造公共厕所丝毫没有缓解这个问题。到1948年天津已经有

[①] 《冯华年先生纪念册：民国十六年至十七年天津手艺工人家庭生活调查之分析》，第517—519页；《经济研究周刊》第18期，1930年6月29日；吴瓯：《天津市纺纱业调查报告》，第343—344页。

[②] 采访陈桂兰。

[③] 张次溪：《天津游览志》，第5页。应为第51页。——译者注

548 座公厕,服务于将近 70 万家里没有厕所的人,相当于 1277 人用一个厕所。大约十几座厕所由市政府卫生部门管理,其余的由"粪商"建造,他们将收集的粪便卖给附近的农民作肥料以从中获利。不过,这些公厕的"光顾者"很少顾及后来的使用者。一位市政府杂志的作者这样抱怨:

> 到这里来的人们只图一时之便,从来不曾想到什么公共卫生、公共道德,于是任意把大便排泄在粪坑以外,小便也不去尿池,只在一进厕所,甚至厕所门外便开始了远距离射击,弄得遍地都是河流和湖泊,后来的人简直无法涉足。如果是在夏天,我们更可想见那多得可怕的蝇子和一堆堆没有变成蝇子的粪蛆!

妇女根本不可能光顾这些设施,因为公厕只供男人使用。①

工人阶级居住区没有自来水也意味着在家里洗个澡非常困难,只能擦洗一下身体。少数几个纱厂为工人设有澡堂,而多数工厂没有这类设施。收入高些的工人每月去公共澡堂两到三次,在那里他们可以使用公共的灌满热水的水泥浴池,许多浴池边上挂着牌子,警告醉酒者和老人勿入。不过,穷一些的工人根本不洗澡。夏天,他们就在河里水浅的地方冲洗一下,冬天就用湿毛巾擦拭一下。在冯华年调查的手工工人中,平均每个家庭花在洗澡上

---

① 《公厕问题》,天津市政府秘书处编译室:《天津市周刊》第 6 卷第 7 期,1948 年 3 月 20 日,第 12—13 页。

的钱还不到一分。①

月经期的到来给女工们带来了一系列额外的卫生问题，她们常常由于不知道身体到底出了什么问题让事情变得更加复杂。陈桂兰记得：

> 我第一次来月经时正在上班。那年我 14 岁。我在工厂上厕所。我一蹲下时看到了，我想："哇！为什么那里有血？"我跑回家……我告诉我奶奶："糟了！我的屁股出血了！"我的奶奶说，"哦！你来了身上了吧"。她给我准备了一块布并做成了一条带子……然后她将那块布放在里面做垫子。我用过之后要洗干净……在乡下她们也用布。如果我们在工厂里，必须把它换掉，我们就偷一块布，或者自己带一块。然后，我们把它换上并将用过的扔进厕所里。我们没有办法更多地注意卫生。②

缺乏排污和用水设施的问题在被附近工厂污染的工人居住区更加严重。1936 年，一位西广开的居民向当地报纸投诉，他和邻居因为附近的工厂炼铜释放一氧化氮和盐酸烟气而彻夜不能安眠。1947 年，河北的居民要求一家军服工厂在工厂宿舍附近修建下水道，因为工人们老是将污水倒到街上，街道上已经形成一条一尺多

---

① 张次溪：《天津游览志》，第 219—221 页；吴瓯：《天津市纺纱业调查报告》，第 346—347 页；《冯华年先生纪念册：民国十六年至十七年天津手艺工人家庭生活调查之分析》，第 527 页。
② 采访陈桂兰。

深的呈绿色的水沟。居民们还要求当地一家制革厂停止在一条胡同里堆放石灰和皮革废料，倾倒的污水流到皮革废料堆里，使其发出恶臭味。（在这个案例中，和多数案例一样，市政府也没有什么办法，只能下令工厂和附近居民清理那个地方。）即使在附近没有工厂的地方，生活条件既有农村生活的艰辛，又有城市居住的肮脏，就像在河北，妇女在她们土坯房里纺纱，"到处是污物，臭气弥漫，孩子和猪一起挤在院子和房间里"①。

　　由于缺少足够的衣服和房屋抵御恶劣的气候，日常饮食贫乏，缺乏公共和个人卫生设施，加上环境的污染，天津人饱受疾病之苦就不足为奇了。每个季节都会出现特有的疫病：一月份是肺结核和其他呼吸道疾病，二月是发烧和皮疹，三月和四月是肺结核与伤寒，五月、六月和七月是发烧和皮疹，八月和九月是肺结核、痢疾和消化道疾病，十月至十二月又是肺结核。1936 年的一份调查发现，仅次于年老和中风的死因是肺结核、发烧和皮疹。二月和七月这两个分别最冷和最热的月份，也是死亡率最高的月份。②

　　正如每个月都有经常发生的致命疾病一样，每个年龄段也都有。一岁以下的小孩最容易死于痢疾和肠炎。如果他们活过了第一年，在接下来的五年中，他们受到伤寒、斑疹伤寒、痢疾、天花、白喉、麻疹、疥疮、发烧、皮疹、惊厥和消化道疾病的威胁。如此多样的疾病也可以说明，这个年龄段是死亡率最高的。16 岁之后，肺结核和其他呼吸道疾病是更常见的死因，对产业工人与搬运工人来

---

① 《益世报》，1936 年 6 月 30 日，第 9 版；《天津市周刊》第 4 卷第 1 期，1947 年 8 月
　　23 日，第 15 页；陶玲、章秀敏：《天津工业中的妇女与女童研究》，第 525 页。
② 《天津市二十五年份人口死亡统计一斑》，第 6—7、10 页。

说更是如此,他们比从事农业或商业的劳动者(后二者更容易死于年老或中风)更容易死于肺病或其他类型的结核病。[1]

如果某个工人不幸生病,且又没有就业于少数几个设有某种诊所的大工厂,那么他(她)往往就会从中医那里购买当地的草药治病。其他可选择的很少:1929 年全天津市只有 74 名西医和 423 名中医,要服务将近 140 万人口。而且这些医生的分布非常不均。一篇关于 1948 年沙眼病大爆发(感染了 70 万天津人)的文章指出,其中一个比较穷的区只有 1 名眼科医生,需要服务超过 25 万人,而一个较富裕的区有 9 名眼科医生,服务 8.6 万人。[2]

天津工人阶级的物质生活是肮脏、烟雾弥漫的,寒冷与闷热交替(其间还有多沙的春风),疾病缠身,臭气熏天,疲惫不堪。他们的生活与天津富人的生活形成明显而巨大的反差,正如一位当地海关的作者在 1933 年所评论的:

> 富者资产累万,炊金爨玉,一饭十金,重裀叠褥,一衣百金,居则深宅大院,洋楼高厦,行则汽车飞驰,用以代步,身受者虽尚自恨不足,旁观者实已望尘莫及。至于辛劳苦工,贫困小贩,终年竭尽全力劳苦工作之结果,而所入极微,其生活也,甚至数米为炊,称薪而爨,衣难蔽体,食难一饱,居求一贫民之窟……以与日食膏粱,居必华贵者较,实大有天壤之别。[3]

---

[1]《天津市二十五年份人口死亡统计一斑》,第 12、16 页。

[2]《社会月刊》第 1 卷第 1 号,1929 年 7 月,第 54 页;《益世报》,1948 年 4 月 2 日,第 5 版。

[3]《天津市之风俗调查》,第 21 页。

贫困的边缘

我们的研究至此已经描述那些每个人都有工作和至少有一名成员有一份稳定工作的工人阶级家庭的生活。不过，那些没人有固定工作的家庭——每个家庭成员都是临时工或失业者，他们的物质生活情景与那些较幸运的工人阶级大不相同。

挣扎在生存边缘的是天津的穷人。他们的吃、穿、住全要靠自己解决，他们的生存方式与我们前面谈到的工人不同。不过，他们的经历对弄清天津工人阶级是至关重要的，天津工人经常因为工厂倒闭、生病等而不幸落入穷人的队伍。与此同时，天津的穷人，不管是破落的工人还是从农村新来的难民，总是企图向上跻身工人阶级的队伍。这个巨大的劳动力后备军无疑让工资保持在较低水平，也形成了很少有人有稳定工作的职业结构。这种社会下层的生活也会不时地出现在前面描述的许多工人的身上。

沦入下层之路

季节性或经济性波动导致的"失业"人员，是天津社会下层的第一个来源。在政府调查中，"失业"一词通常是指那些不久前还被雇佣，现在走上了这条路的人。对这个人群数量的估计，因每次的调查及其时期的不同而不同，1928 年占男性人口的 16.2%，1933年占城市总人口的 40%。最准确的估计是当某个行业陷入困境

时,在短期内产生的大量失业人员。1935 年,社会局估计天津有 1
万人失业,其中 4000 人是因为两家大纱厂关闭而被归入这一类的。
1937 年,据说有大量地毯工人和印染工人失去他们的工作。到
1941 年,占领当局估计有将近 1.7 万名男工和 1500 名女工失业。
战后时期,失业人数与其他统计数字一样急剧地增长,到 1946 年初
增加到 23 万人。1946 年的另外两项调查显示,有将近 10 万产业
工人仍然失业,找到的工作也是诸如三轮车夫、小贩或其他流动性
的临时工这一类。在中华人民共和国成立的前 20 年中,失业一直
被市政当局看成一个主要的社会问题。①

　　天津社会下层的第二个来源是农村,即 1949 年前的 30 年中几
次大的和无数次小规模的涌入天津的难民潮。20 世纪 20 年代,为
了逃避内战、饥荒、洪水和干旱,大批农民几次涌入天津。1920 年
秋,上述这些因素的同时存在,造成超过 3 万人来天津避难。一位
外国观察者这样写道:

　　　　在一次次饥荒的打击下,农民逃离他们的农田,田里什么
　　也没剩,甚至连树叶和树皮也因为他们饥饿难耐而被吃光了。
　　他们带着最后一个铜板来到天津……许多人为了凑足火车路

---

① 方显廷:《河北的工业化与劳动力,尤以天津为例》,第 15—16 页;《天津市之风俗
　　调查》;程海峰:《访问北平、天津与济南,1935 年 5 月 21 日—6 月 14 日》(Visit to
　　Peiping, Tientsin and Tsinan, 21 May-14 June 1935),油印,C1802/3,国际劳工组织
　　档案馆(ILO Archives),第 11 页;《国际劳工通讯》第 4 卷第 4 号,1937 年 4 月,第
　　102—103 页;《华中每日新闻》(Central China Daily News),1941 年 5 月 28 日,程海
　　峰:《中国通信月报,1941 年 5 月》,C1802/122,第 28 页;《华北劳动》第 1 卷第 1
　　号,1946 年 1 月,第 23 页;《华北劳动》第 1 卷第 2 号,1946 年 2 月,第 15 页;程海
　　峰:《中国通信月报,1946 年 9 月》,C1803/176,第 5 页。

费卖掉了他们仅剩的牲口,而那些更不幸的人为了买火车票不惜典当衣服或卖掉孩子,然后纷纷涌入这座城市。现在,城市的边缘建起了一个难民营,两万多难民住在他们用稻草和泥巴搭盖的类似房子的地穴里。[1]

市政当局和教会组织争相前往为这些难民发放食物、衣服,并提供医疗服务,但是这样的赈济仍无法满足需要,大量难民每天涌出难民营在天津街上乞讨。市政府担心,如果难民人数得不到控制,他们谁也得不到足够的救助,无奈之下他们环绕难民营建起了一道土墙和壕沟。[2]

1920 年的难民潮之后,从 20 年代到 30 年代,难民潮一浪接一浪。爱泼斯坦忆起他童年时的天津:"难民来了,他们会在晚上死在街头。如果冬天刮起来大风,他们就会挤在门洞里,早上你会发现他们已经死了。"[3]在冬天活下来的人中,有的会回到乡下去,有的留在天津,加入永久性的社会下层行列。

1939 年 8 月,暴雨引发了一场大洪水,堤坝溃决,90%的天津人变成了自己家乡的难民。大水不仅淹没了天津,还在河北淹死了 3000 人,造成 60 万人无家可归。尽管天津本身也遭受灾害,难

① 伊丽莎白·赖特(Elizabeth Wright):《1920 年 8 月至 10 月季报》(Quarterly Report, August-October, 1920),世界基督教女青年会档案馆,《中国 1918—1921:备忘录报告》(China 1918-1921:Minutes, Reports),油印,3/67。

② 《格蕾丝·科泊克的来信,1920 年 12 月 3 日》(Letter from Grace Coppock, Dec. 3, 1920),世界基督教女青年会档案馆,《中国 1918—1920:通信》(China 1918-1920: Correspondence),油印,3/65。

③ 采访伊斯雷尔·爱泼斯坦。

民还是涌入天津,而且第二年春天的情况证明他们的选择是明智的:由于春天无法播种庄稼,河北农村大约有 300 万人面临饥荒。比较而言,天津下层的生活风险肯定更小些。① 不过,最大的一次难民潮是在 1949 年前的解放战争时期,难民先是从河北农村,后来又从东北流入天津。到 1948 年年中,难民人数据称达到了 10 万人。②

　　天津社会下层的第三个来源是妇女。1928—1929 年,市政府对由市政当局设立的妇女救济院收容的 50 名贫困妇女进行了研究。研究显示,这些妇女多数是小妾、被婆婆虐待的童养媳、遭到妓院老板残酷对待的妓女或生活状况无法忍受的女仆。总之,她们要么是本来应该为她们提供保护的家庭制度的受害者,要么是无法找到工作走投无路的难民。这些情况特殊的妇女被妇女协会、警察局或地方法院交给了救济院。就任何一类引起市政当局关注的人而言,无疑还会有另外许多人靠收入微薄的职业勉强度日或不幸死去。③

　　天津社会下层的第四个来源是那些出生在贫困家庭的人和身

---

① 程海峰:《中国通信月报,1939 年 8 月》,C1803/101,第 4 页;1939 年 9 月,C1803/102,第 3 页;1940 年 3 月,C1803/108,第 4 页;1940 年 5 月,C1803/110,第 3 页。

② 《天津市周刊》第 7 卷第 6 期,1948 年 6 月 5 日,第 10—11 页;《益世报》,1947 年 6 月 21 日,第 4 版;《益世报》,1948 年 1 月 19 日,第 3 版;《益世报》,1948 年 1 月 22 日,第 3 版;《益世报》,1948 年 6 月 17 日,第 5 版;[美]鲍大可:《共产党接管前的中国》,第 58 页。

③ 《天津特别市妇女救济院妇女一览表》,《天津特别市社会局一周年工作总报告 1928—1929 年》,天津:社会局,1929 年;南开大学经济研究所编辑:《天津市社会调查资料》;天津南开学校社会视察委员会:《天津南开学校社会视察报告》,第 8—17 页。

体残疾的人。一些残疾人可以自己开辟谋生之路。例如,1936 年 900 名盲人乐师和算命先生向市政府请愿,要求限制无线电播放音乐的时间,因为摆放在商店橱窗里的无线电收音机的广播音量太大掩盖了他们的音乐,减少了他们的收入。不过,多数的残疾人是社会下层永久成员的一部分,他们的人数在政府有关穷人的调查中显得非常突出。[①]

尽管政府官员勇敢地试图估算出此类社会下层的人数,但还是有许多迹象表明,此类社会下层仍有大量的人没有被包括在人口统计中。难民显然被统计到另一个类别中。即使忽略这些数字,数目还是相当惊人的。1929—1930 年的一项调查,包括残疾人、太老和太小而无法工作的人、没有人赡养的孤寡,以及家里只有一个人工作且收入无法养活全家的家庭,得出的数字在95 000人以上。1947 年,这个数字估计为 82 633 人。尽管天津的每个区都能找到贫民窟,但是许多当地人并不知道这些贫困邻居的生活状况——事实上这样的发现出乎许多人的意料,令他们感到震惊。至少有一位新闻记者被他在一个区的发现震撼,以至于甚至没有勇气跟将他拉回城里的人力车夫讲价钱。[②]

---

① 天津特别市社会局编:《社会月刊》第 1 卷第 1 号,1929 年 7 月,第 31—32 页;《益世报》,1936 年 5 月 16 日、8 月 11 日,第 5 版。

② 吴瓯等:《天津市社会局统计汇刊》。南开大学经济研究所编辑:《天津市社会调查资料》。《天津市周刊》第 5 卷第 1 期,1947 年 11 月 15 日,第 4—5 页;第 1 卷第 7 期,1947 年 1 月 25 日,第 12—13 页。

社会下层的日常生活

天津的穷人并不总是处在失业状态，但是他们能够找到的职业，即使以天津的标准来看，收入也是非常低的。例如，1935年，几个"铁道外"地区（当地人称"人间地狱"）幸运的居民在当地一家用草制作手纸的工厂上班。就是这样一个每天工钱只有20到30个铜板的工作也很难找到。常见的职业是拉车、打散工、拾毛烂、小贩、家庭纺纱织布、乞丐和扒手。一天傍晚，一个政府代表团参观了土房子贫民区，发现当时"是下午四点，正是快要到讨晚饭的时节，所以有不少女人和小孩，都手里提着堆满污垢的小桶，准备出发"。然而，经常被调查者谈到的这些贫民区的特征，是许多身强体壮的人待在家中。一位天真的访客报道了1935年发生的一件事：

> 在另一个小屋里，我们发现两个壮丁躺在用砖铺在四周用草铺在中心的特别床位里，一位见了我们，便坐起来，直着没有光彩的眼看着我们，我们问他为什么不出外做工，他说："哪里有工做?!"他叹了一口气，接着说："我们要作工没有工作，讨饭又因为年轻没人给。真是只好饿死了!"说完后便又躺下。[1]

---

[1] 《益世报》，1935年1月20日，第9版；《益世报》，1936年1月1日，第5版；《天津市周刊》第4卷第9期，1947年10月18日，第10页；《天津市周刊》第5卷第1期，1947年11月15日，第4页；《天津市周刊》第7卷第6期，1948年6月5日，第10页。

　　穷人与比他们更幸运一些的工人阶级兄弟姐妹们最明显的差距就是住所。工人们住砖砌白灰房，或者是土坯屋，社会下层则住窝铺——一种由木头支起框架，上面抹上泥和草的棚屋，或者是苇席搭盖的摇摇欲坠的棚子。困扰工人阶级的住房潮湿和漏雨问题在这里显得更加严重。尽管如此，许多窝铺仍然也有房东——不过，他们不是每月收一次房租，而是按天收，那些超过五天没有交房租的人会被赶走。为了减轻负担，有时两家人共租一间房。①

　　1947年，一位好奇的记者在西广开地区发现了一片建在坟地上的窝铺。由于该地区也属于咸水沼泽地，地下水位不断变化，许多棺材都暴露在外面，有的在水里，有的在泥中。胆大的穷人用这些棺材做他们窝铺的支架或做地基。漫步过这片地区，这位记者来到"一个臭水坑的岸上"，他发现一口棺材"里面铺的是烂草和烂纸，能坐能躺不能立，是一个跛腿的乞丐住着"。这位不幸的房客因为付不起租金被赶出了他的窝铺；他剩下的财物只有一块破麻布片和一个粗陋的饭碗，在他出去乞讨时就放在这口棺材里。"除此之外，什么也没有，所以他很放心，住宅连门窗也不需要，"这位记者沉思着写道，"住这样的房子却有一样好，塌了房砸不死人。"他补充说，假如政府此时宣布任何搬走这些棺材的人都可以拥有它们，那么不出一个小时这些棺材就会消失。②

　　窝铺里的陈设与它们的外表一样简陋。窝铺里很少有炕；家具就是铺在地上的草形成的一张床，用烟草口袋包裹的半块砖就

----

① 《益世报》，1936年1月1日，第5版；《天津市周刊》第1卷第7期，1947年1月25日，第12—13页；《天津市周刊》第5卷第1期，1947年11月15日，第4页。
② 《天津市周刊》第4卷第9期，1947年10月18日，第10页。

是枕头。饭是在地上的一个坑上做的,因为多数的居民买不起炉子;燃料是孩子们捡回的碎木块和废弃的煤渣。一些人家用野菜来补充玉米面和高粱面的不足;另外一些人则捡拾被人丢弃的白菜叶子、老了的萝卜或被人丢弃在河边的腐烂的猪肉肠。[1]

和他们吃的食物一样,穷人们穿的衣服也是从垃圾堆里捡来的。1935 年,在河北的一个贫民区中,多数居民只有一套衣服,冬天他们用棉絮填塞在衣服里御寒。在这一贫民区 71 个被调查的家庭中,没有一户报告在衣服上有任何支出。[2]

这些贫民区的公共卫生状况甚至比已经描述的还要糟糕。一处贫民窟正好位于城市垃圾场的旁边,善于创造的居民试图将他们糟糕的居住地变成一个意外的有利之处,在那里养猪以补贴生活。在另一个区,有一片排水不好的洼地,人们便养起了鸭子。在西头地区,一位调查者走访了 1400 多户家庭,发现每一户都有一位病人;居民们以为他是来发放救济品的,当他走到他们门前时,纷纷撩起草编或棉布的门帘,大声说出他们贫困的性质——鳏寡、孤儿、疾病。[3]

穷人一旦病了,他(或她)的生命常常受到威胁,因为这些人没有钱看病或抓药。1935 年,某贫民区 45 个不久前生病的人中,38 人试图自己治疗,只有 1 个人痊愈。所谓"治疗"常常包括用宝贵的铜板去买香,在"李爷"(天津附近静海县的一位神)或"孙奶奶"

[1]《天津市周刊》第 1 卷第 7 期,1947 年 1 月 25 日,第 13 页;《益世报》,1936 年 1 月 1 日,第 5 版;《益世报》,1935 年 1 月 20 日,第 9 版;《天津市周刊》第 5 卷第 1 期,1947 年 11 月 15 日,第 4 版。
[2]《益世报》,1935 年 7 月 7 日,第 9 版。
[3]《天津市周刊》第 5 卷第 1 期,第 4 页;第 1 卷第 7 期,第 12 页。

(一位据称有神奇治病能力的巫婆)神像前点燃,即上香。①

在下层人住的地区,没有娱乐场所或妓院(一位记者评论说:"他们穷苦得要死……他们怎么想到这些。")。即使这些地区有公立学校,他们也不会让他们的孩子去上学,而是让他们去捡煤渣或垃圾。连那里的甲长都是文盲。在这样的地区,女孩仍被看成"赔钱货",因为她不大可能为家里赚到足够的收入以弥补她所吃掉的食物。②

天津下层的极度贫困常常引起公共和私人慈善组织的关注。除了那些由市政府管理的,多数慈善机构的资金来自富有的名人和商人的捐赠。这些慈善组织有的专门救助妇女和已经戒毒的吸毒成瘾者,有的帮助遭受灾害的病人,或在冬天向贫困者发放衣服和热粥。③ 虽然他们的努力值得赞扬,他们无疑使许多家庭不至死于饥饿而得以幸存,但是他们对整个社会下层的影响是很有限的。

手工工人与工厂工人有着相似的来源以及职业模式和收入。两者与临时工之间的区别主要是他们能够利用社会关系找到稳定的工作。多变和流动性是这三种工人的共同特征。他们的物质生活同样很不稳定。而且,他们与那些因缺乏社会关系而无法找到任何工作的极贫的天津穷人保持着一种令人不安的亲近性。在奋力找到和保住一份工作的同时,下层阶级对生活的感受一定犹如巨大的阴影不时显现在天津工人的脑海里。

---

① 《益世报》,1935 年 7 月 7 日,第 9 版;《天津市周刊》第 1 卷第 7 期,第 13 页。

② 《天津市周刊》第 1 卷第 7 期,第 13 页;第 5 卷第 1 期,第 4 页;第 4 卷第 9 期,第 11 页。

③ 《天津市之风俗调查》,第 1—22 页。

第四章　飞铁走錾：三条石工人

　　三条石大街是天津北部一条狭窄的街道，其有限的长度与它在天津工人阶级历史上的地位极不相称。[1] 尽管这里近来已经被拆毁，重新建了房子，但它曾经是天津金属加工行业的中心。在 20 世纪前 50 年中，铸造和机器制造小作坊排列在街道两侧，保守估计有 75 家，雇佣了大约 1000 名工人。这些小作坊由通常出身于农家的小资本家经营，雇佣几个工人和学徒来制造小型机器和机器零件。这一地区的机械化发展很慢，直到 20 世纪 40 年代，许多工

---

[1] 本章一个较早的版本发表在《近代中国》(*Modern China*)第 9 卷第 4 期，1983 年 10 月，第 387—419 页。

场还只有几台车床或一个小铸铁炉。①

　　三条石的工业为那些生产设备和组织都是从国外移植过来的产业(虽然并不总是成功的),如棉纺织业,提供了一个重要的历史比照。三条石延续了中国传统的小型工业组织,这是一种建立在劳动剥削基础上的前资本主义组织形式。② 在铸造铺里,作坊主与数量不多的雇工一起干活,没有劳动与闲暇时间的明确区分。尤其是学徒工,在非工作时间和业余行为方面都要受到管束。他们不被允许离开工厂,不被允许留长头发,不被允许结婚,甚至在作坊主在场时不能将手背在身后。如果作坊主家有人死了他们必须戴孝,要以本应专门用于长辈的称谓称呼作坊主的子女,过新年时要向作坊主磕头,有的还要皈依作坊主所选定的信仰。三条石生

---

① 虽然三条石在 20 世纪二三十年代的市政府调查中不时被提到,但是它作为当地工业的一个边缘区,从没有引起多少注意。1949 年后,这种情况发生了变化。早在 20 世纪 50 年代初的"三反""五反"运动中,一些三条石的作坊主就被定为国民党外围组织或帮会的成员,或者同时是两个组织的成员。1957 年,一个作为"反右"运动组成部分的展览批判三条石学徒工封建性的劳动环境。1958 年,南开大学历史系的一个学生小组写了有关三条石的长篇报告。到 20 世纪 60 年代初,该地区建立了自己的博物馆,专门揭露 1949 年前金属加工行业的罪恶。小说式的叙述和新闻式的文章着重强调三条石学徒工所遭受的苦难。

② 有关中国小型产业组织,参见[日]斯波义信(Yoshinobu Shiba)《宁波及其腹地》("Ningpo and Its Hinterland"),载[美]施坚雅(G. William Skinner)编《中华帝国晚期的城市》(*The City in Late Imperial China*),加州斯坦福:斯坦福大学出版社(Stanford Calif.: Stanford University Press),1977 年,第 391—440 页;[美]韦尔莫特(W. E. Willmott)《中国社会的经济组织》(*Economic Organization in Chinese Society*),加州斯坦福:斯坦福大学出版社(Stanford, Calif.: Stanford University Press),1972 年;[英]理查德·陶尼(Richard Tawney)《中国的土地与劳力》(*Land and Labour in China*),纽约:哈考特·布雷斯出版公司(New York: Harcourt, Brace),1932 年,第 114 页。

活的这许多特征与欧洲和俄罗斯的手工作坊有类似之处。17 世纪,伦敦的学徒要遵守类似的规定。在法国旧制度时代,手工工场的师傅同时也是工场主。在 19 世纪俄罗斯的犹太人居住区,手工匠人每天工作时间长达 18 小时,作坊也是匠人们晚上睡觉的地方。①

然而,尽管三条石是早期中国手工业的延续并与欧洲工业化以前的手工工场相类似,但它是天津通商口岸时代的产物。在 20 世纪上半叶,三条石从一片沼泽变成一个繁荣的工业区。当地的企业家取得了大量的技术进步,同时使这个地区的手工作坊数量增加,企业组织复杂化。

或许因为是一个新区,作坊主和工人都来自农村,三条石很少展现出其他拥有更古老手工行业的城市所具有的行会传统。天津的机器制造商直到 20 世纪 30 年代才成立行会,即便如此,他们当时也是在政府的倡导下才成立的。与 20 世纪 20 年代北京的手工业行会不同,天津的行会不是由经理和工人的组织联合控制的。这些行会没有宗教功能,不祭拜行业的祖师,也不每年赞助任何戏

① [英]史蒂芬·R. 史密斯(Steven R. Smith):《伦敦学徒工:17 世纪的青少年》("The London Apprentices as Seventeenth-Century Adolescents"),《过去与现在》(*Past and Present*)第 61 期,1973 年 11 月,第 149—161 页;[美]小威廉·H. 休厄尔:《法国的工作与革命:从旧政权到 1848 年的劳工语言》(*Work and Revolution in France: The Language of Labor from the Old Regime to 1848*),英国剑桥:剑桥大学出版社(Cambridge, Eng.: Cambridge University Press),1980 年,第 2 章;[美]伊兹拉·门德尔松(Ezra Mendelsohn):《俄罗斯犹太人地区的阶级斗争:沙皇俄国犹太工人运动的形成岁月》(*Class Struggle in the Pale: The Formative Years of the Jewish Workers' Movement in Tsarist Russia*),英国剑桥:剑桥大学出版社(Cambridge, Eng.: Cambridge University Press),1970 年。

剧演出;不给有困难的手工工匠提供帮助,也不能保证行会成员有
一个体面的葬礼;没有有效措施来保护学徒,学徒们充其量只是伪
装了的童工;没有行会规章通过强制要求技能水平和确保就业来
保护手工工匠。作坊主从未有效地组织起来,以便能通过行会为
他们自己提供政治保护。而三条石的工人也没有发展完备的城市
手工业传统给予保护,这种传统或许能在这个地区受到威胁时激
发工人的战斗精神。① 他们也没有形成一个工业阶级斗争的新时
代。作坊主与工人有相似的出身背景,他们将农村关系网带进作
坊。虽然三条石的工业变得越来越大、越来越复杂,作坊里的社会
关系却变化很小。资本家与工人的阶级结构与阶级觉悟,并没有

① 有关 20 世纪 20 年代北京行会的这些功能,参见[美]步济时(John Stewart
 Burgess):《北京的行会》(*The Guilds of Peking*),纽约:哥伦比亚大学出版社(New
 York:Columbia University Press),1928 年。有关 19 世纪汉口行会的宗教、商业、公
 司和社区服务功能,参见[美]罗威廉(William T. Rowe)《汉口:一个中国城市的商
 业与社会(1796—1889)》(*Hankow:Commerce and Society in a Chinese City, 1796-
 1889*),加州斯坦福:斯坦福大学出版社(Stanford,Calif.:Stanford University
 Press),1984 年,第 289—321 页。(不过,汉口行会是一种起源于当地的商业行会,
 而不是手工业行会。)有关 15 和 16 世纪欧洲作为管理者与保护者的行会,参见罗
 伯特·杜普莱西斯、玛莎·豪威尔(Robert S. Duplessis and Martha C. Howell)《早期
 近代城市经济的再思考:以莱顿与里尔为例》("Reconsidering the Early Modern
 Urban Economy:The Case of Leiden and Lille"),《过去与现在》(*Past and Present*)第
 94 期,1982 年 2 月,第 49—84 页。有关欧洲手工工匠战斗精神的著述非常多。在
 研究方法各有千秋的著作中,我找到特别有帮助的包括[英]汤普森《英国工人阶
 级的形成》;[美]小威廉·H. 休厄尔:《19 世纪马赛社会变迁与工人阶级政治的
 出现》,第 75—109 页;[美]迈克尔·哈纳根、查尔斯·斯蒂芬森:《熟练工人和工
 人阶级的抗议》,第 5—13 页;[法]罗纳德·阿敏扎德:《法国罢工发展与阶级斗
 争》,第 57—79 页。

如近年来中国史学界所认为的那样，发展得那么快或达到那种程度。①

三条石工场的规模很小，这是天津工业的典型特征。1949年后不久的一份全市调查发现，天津有9800多家私有工业企业，平均每个企业只有7.3人。只有18家企业（其中包括全部旧政府所有的纱厂）每家雇佣的人数超过了1000人。② 不过，由于小型企业的工人不像大型企业的工人那么引人注意，他们的状况、他们与现代产业工人的差别与联系并没有怎么引起讨论。首先从工场主的视角，然后再从有利于学徒和手工工匠的角度考察三条石，我们就可以探索三条石地区新崛起阶级的日常生活及其思想。

---

① 三条石在25年政治地位突出的年代产生了大量的印刷材料，内容从政治上严厉批判刘少奇，到有关三条石工人吃了掉进咸菜缸里淹死的老鼠的耸人听闻的报道，还试图计算出一家铸铁作坊剥削的劳动剩余价值。尽管这些历史调查的质量充其量也只能说是参差不齐的，但是如果将这些材料批判性地利用，或许可以由此开始考察天津手工业工人的经历。南开大学报告（天津史迹调查队三条石早期工业资料调查组编：《天津市三条石早期工业资料调查》，油印本，天津，1958年）中的材料，包括采访三条石老工人与工厂主的口述历史，以及从金聚成铁工厂的账簿中收集的材料。它虽然内容多有重复而且凌乱，却是有关这个地区最好的材料摘要。好几篇有关三条石的中文文章是完全或部分依据这个报告写成的，包括林开明：《关于天津三条石发轫的几点探讨》，手稿，1962年12月12日；徐景星：《天津近代工业的早期概况》，第124—161页；南开大学政治经济学系：《关于解放前天津三条石资本主义剥削情况调查资料》，油印品，1972年3月；顾金武：《试论解放前天津三条石资本主义剥削的若干特点》，油印品，天津：南开大学经济学系，1979。由于这些文章没有提供新的资料，所以它们在本章中不会被引用，除非书中讨论的正是作者提出的分析意见。有关三条石虚构的叙述，包括王锡荣等《解放前天津三条石徒工的血泪》，《历史教学》，第2期，1965年，以及任朴《三条石》，天津：百花文艺出版社，1964年。
② 纪广智：《旧中国时期的天津工业概况》。

三条石:一个地区的发展

在天津老城的正北面、南运河与北运河的交汇处,是一片狭长的三角形地区,这一地区的西界是一条短短的河北大街。据说在19世纪后期,李鸿章家有人去世,他横穿这个地区修了一条路,并用三条长方石板铺在上面,以便让送葬队伍能够气派地通过。"三条石"这个地区的名字就是由此而来的。①

尽管三条石到处是洼地,非常潮湿,但是它离19世纪天津的商业中心太近了,不可能长期处于落后状态。围绕该地区的两条河,边上到处是码头。每年3月到6月,再从7月中旬到河流结冰,两条河上船舶密集,常常难以通行。商人们离船登岸,在河北大街上买卖交易。这些商业活动扩展到由东向西横穿这一地区的三条石大街。在进入20世纪之前,这一地区有储存木材、核桃、杏仁、水果及药材的仓库,还有两家染房和一家棺材铺。②

早在19世纪60年代,每年农闲季节,七八个人一伙的农民推着手推车,来到三条石,车上装着风箱和炉子。这叫作"行炉"。他们支起设备开始为停泊在附近的船只制作小零件:顶端如钻石形状的"枣核钉"、锚及车轮部件等。将商品运到市场上来卖的农民,

---

① 天津史迹调查队三条石早期工业资料调查组编:《天津市三条石早期工业资料调查》第一部分,第3页。
② 天津史迹调查队三条石早期工业资料调查组编:《天津市三条石早期工业资料调查》第一部分,第3—5页。

开始在三条石逗留，修理他们的农具和锅。春耕开始后，这些流动的铁匠们就会收拾东西回家。这些人的家大多数在天津西北 360 里的贫困地区交河县。那里的铁加工手艺很发达，三三两两的交河农民长期以来就结帮游走在这一地区，修补坏了的犁铧头和锅具等。

"行炉"什么时候第一次来到天津不甚清楚。不过，1860 年后的某年间，一位姓秦的手工匠人在这里开了家作坊。他和另外两个一起工作的人都很穷，据说他们只能合穿一件外衣。但是他们掌握一门特殊手艺：做一种既轻且薄，又省燃料的"硬模子锅"。他们"秦记"作坊做的锅非常受欢迎，并很快挤走了曾在这一地区很常见的又厚又重的山西锅。① 到了 1906 年，秦记已经有工人 20 名。每年春天，他们为当地农民制作犁铧。夏天来临，他们又转而生产轮箍、锅、锤子和排水管。②

扩张租界的英国人对建筑材料的需求促进了三条石一项重要的技术进步：翻砂和铸铁。③ 1900 年，英国人委托秦记给新架设的电线杆子做铁支架。根据当地的传闻，秦记请了一位曾在天津机

---

① 天津史迹调查队三条石早期工业资料调查组编：《天津市三条石早期工业资料调查》第一部分，第 6—7 页。

② 义和团运动被镇压后，外国人成立的都统衙门控制了天津两年。它拆毁了老城墙并兴建了大量建筑。此外，许多租界区域扩大，对水管、炉子和其他金属工具及建筑材料产生了相当大的需求。

③ 20 世纪 20 年代整个中国的铸铁技术似乎与三条石的技术水平大体上差不多，具体的叙述参见［美］鲁道夫·霍梅尔（Rudolf P. Hommel）《手艺中国》（China at Work），纽约：约翰·戴出版公司（New York：John Day），1937 年；麻州剑桥：麻省理工学院出版社（Cambridge，Mass：MIT Press），1969 年重印，第 13—32 页。其中的某些技术显然起源于公元初的几个世纪。

器局(不久前在义和团运动期间刚刚被摧毁)工作的技术熟练的工匠帮忙,以便能按期交货。他们付给他很高的薪水,并且好饭好酒地招待他,可这位工匠对他的技术严加保密,只在没人在场的情况下才工作。不工作时,他就用草席将工作区围上,这样别人就看不到他的产品。不过,他没有注意到经理的侄子,一位在他闲暇时常来工场的17岁小伙儿。在那位小气的工匠不知情的情况下,年轻的秦仔细观察,掌握了他的技术,并教给了秦记所有的工人。从那以后,铸铁行业遍及整个三条石。在秦记学徒期满的工人出去做师傅非常抢手。①

　　三条石最成功的一家工场当数马文衡于1897年建的金聚成铁厂。②马成长于位于交河县界的一个农民家庭,年轻时在泊镇一家干货店学做生意。24岁时他失业回到家与父母一起生活,其父母拥有大约30亩土地。有一阵子,他靠给亲戚看果园赚得微薄的收入,不过他很快意识到,对他而言种地没有未来。他用一块地抵押了500吊钱,并说服他叔叔和几个亲戚又凑了500吊。他带着几个懂铁匠活的侄子来到天津劝业场地区,支起了风箱和炉灶,在外面围了一圈篱笆,开始制造和修理工具。

　　1900年后,日本人将租界扩大到这一地区。篱笆和摇摇欲坠

---

① 天津史迹调查队三条石早期工业资料调查组编:《天津市三条石早期工业资料调查》第一部分,第26—27页。

② 除另行注明者外,有关金聚成的讨论根据以下材料:天津史迹调查队三条石早期工业资料调查组编:《天津市三条石早期工业资料调查》第五部分,第1—12页;我通过《天津文史资料选辑》工作人员的安排,于1980年3月26日和4月17日采访前三条石资本家的笔记;我个人对马云龙的采访,1980年4月19日;三条石历史博物馆的档案中保存的几近完整的金聚成的账簿(1897—1956年)(以下简称三条石档案)。

的棚子不符合新的建筑规定,马和他的亲戚只好收拾工具搬到西北边的三条石。他们从一个当地地主手中租到了位于大街西头的半亩地。随后,他们又围起了一道篱笆,搭起了一个简单的棚子,所有的活都在里面干。棚子里安装着简陋的工具,主要是一座能够加热 100 斤铁的化铁炉和需要四个人拉的风箱。马靠着他的工人们的技术铸造各种形状的干模。①

1900 年以前的账簿显示,金聚成主要为当地市场生产农具。这些产品在当地很典型:犁具、锅、斧、铁砧、秤砣、铁丝网以及为附近药铺制作的药箱。义和团运动后 11 年,这种产品模式逐渐发生了变化。这一时期的账簿显示,他们频繁收到英国的钱,大多数是定制炉子,以及制造越来越多的机器零件。金聚成还制造用来稳定内地运棉船的压舱铁。这一时期铸造翻砂技术被引进,生产规模显著地扩大。② 金聚成的工人也不断增加,长期工人从 1900 年年初的 12 名增加到当年年底的 20 名(很可能包括临时工和学徒)。1907 年这家作坊雇佣了 21 名工人(5 人是临时工,8 人是熟练工,8 人是学徒)。到 1913 年人数增加到 39 人。这些工人大部分是从马的家乡招来的。第一次世界大战期间,作坊的业务持续增长。1916 年,作坊从一家日本洋行购买了第一台动力机械——三马力发电机。1917 年,作坊主已经有能力买下他们的厂棚所在

① 天津史迹调查队三条石早期工业资料调查组编:《天津市三条石早期工业资料调查》第二部分,第 2 页;采访马云龙。
② 1900 年这家作坊购买了 76 507 斤铁,但到了 1906 年购铁量几乎翻了一番,达到 135 745 斤。营业额也从 1900—1904 年每年大约 7000 吊,增加到 1905—1906 年的 12 000 多吊。作坊账簿上记录的利润从 1901 年的 1043 吊增加到 1906 年的 1818 吊,再而到 1910 年达到 39 000 吊以上。

的那块地，并于 1921 年建造了一幢坚固但并不很壮观的两层厂房。

与此同时，另一个行业——机器维修业出现在三条石的铸铁作坊旁边。最早的机器维修作坊建立于 19 世纪末 20 世纪初，每一个机器零件都是手工锉出来的。而且到了 1900 年之后，由于地理上接近当地的棉花行业，三条石的机器维修业务不断增加。三条石的仓库成了外国洋行与内地之间迅速增长的棉花贸易的交易场所。来往的棉商在每天前往仓库的路上都要经过三条石，不久他们就开始从当地的作坊，像"郭天成""春发泰"和"郭天祥"等，订购轧花机和棉花打包机。①

随着农村织布业的发展，特别是在高阳地区，三条石的作坊也学会了仿制日本进口的织布机。日本织布机的主要进口商之一是田村洋行（Tamura Company）。田村经常将零件送到郭天成和其他当地的作坊去维修和更换。1907 年前后，田村从郭天成订购了一整架织布机。由于该作坊此前从没有做过，作坊的一名经理郭二愣到田村洋行仔细研究了日本进口的织布机，回到作坊里复制了一台。第二年，该作坊为这家日本洋行制造了多台这样的织布机，并在每台机器上仔细贴上了该洋行的商标。到了夜里，他们从洋行的后门将这些织布机运进去，到了第二天早上，田村洋行就从前门把它们当作日本商品卖出去，由此赚取了相当可观的利润。对"进口"织布机的需求深深打动了郭天成的经营者，他们不久便开始直接联系高阳的商家，告诉他们自己可以制造跟日本样品一样的织布机，而且价格比它们便宜。许多作坊为自己创造了类似的

---

① 天津史迹调查队三条石早期工业资料调查组编：《天津市三条石早期工业资料调查》第一部分，第 8 页；第二部分，第 5—10 页。

商机以开拓市场。生意如此之好，许多企业纷纷到三条石大街开业或从城市其他地区搬到那里。[1]

随着机器制造业务的增多，机器组装过程也变得更加复杂，像郭天成这样的作坊无法再自己生产必要的零部件。1908 年，郭天成开始与金聚成铁厂签署分包合同，由金聚成铸造整套机器零件。机器厂负责最后的组装。[2] 第一次世界大战期间及战后初期，是天津工业整体繁荣时期，三条石大街上的工厂也分享了这种普遍的繁荣。整个城市的小织布作坊和针织工厂都从三条石订购机器和零件。尽管军阀混战导致停工和一段时间的业务损失，但持续的时间通常都很短。[3] 从"一战"到日本人入侵之间的这段时期，三条石至少有 30 家新的工厂成立。它们大致分为三类：第一类，一家已有的作坊可能会拆分资本成立分厂；第二类，在某家作坊完成学徒生涯的手工工匠可能会成立自己的企业，并与他以前的作坊主保持密切的业务联系；第三类，铸铁作坊可能会成立自己的机器厂，反之亦然。

更成功的铸铁作坊通常会至少在一家机器制造厂有控股权。虽然账务是分开的，但是由于经理常常是关系密切的亲戚，每家作坊都可以保证是可靠的生意伙伴。[4] 例如，1919 年，金聚成开办了

---

[1] 天津史迹调查队三条石早期工业资料调查组编：《天津市三条石早期工业资料调查》第一部分，第 13—14 页；第二部分，第 7—10 页。

[2] 天津史迹调查队三条石早期工业资料调查组编：《天津市三条石早期工业资料调查》第二部分，第 10 页；采访马云龙。

[3] 天津史迹调查队三条石早期工业资料调查组编：《天津市三条石早期工业资料调查》第二部分，第 18—19 页；第三部分，第 1 页；采访马云龙。

[4] 天津史迹调查队三条石早期工业资料调查组编：《天津市三条石早期工业资料调查》第三部分，第 1—6 页，详细叙述了许多此类工场及其分厂。

自己的机器制造厂金聚兴。它的主要业务是仿制日本人的印刷机,并通过附近大胡同(在老东北角附近)的一家代理商销售出去。这家作坊还制造刀片和提花织布机。金聚兴另有厂址和账本,但与总作坊共用一些管理人员。

20 世纪 30 年代中期是"三条石小资本家的黄金时期"①。在日本人入侵前,三条石生产的机器和机器零件包括轧棉机、织布机、提花机、弹花机、切面机、自行车轮、锅、炉子、吊车轮子、柴油机、车床、磨面机、水泵、蒸汽管、水管、轧光机、锅炉、造纸机、榨油机、暖气片、草帽编织机、织袜机、印刷机、打轴机、螺丝钉、螺母、犁铧、手推车零件和寺庙大钟等。三条石农用机械的市场包括河北各地,以及山西、山东、河南和东北的部分地区。三条石的磨面、染色、印刷和纺织机器主要卖给天津的小工厂,但同时也销往许多同样偏远的地区。②

三条石地区产品目录的不断增加,很可能是渐进的技术革命的结果。在机械行业,手持的锉逐渐被旋转的车床取代。由于没有电,"旋转"必须用手来做。一个人,通常是一名学徒,转动一个大铁轮,通过皮带将动力传送到车床,而实际的机器加工由一位熟练工人来完成。然而,在许多作坊里,手锉仍然占有重要地位。"一战"期间和战后,有几家机器制造厂开始尝试使用电滚子——外国人引进的马达。许多工人担心新机器危险,不过它们的高效

---

① 采访马云龙。
② 天津史迹调查队三条石早期工业资料调查组编:《天津市三条石早期工业资料调查》第三部分,第3—4页;采访马云龙;曾铁忱:《天津之机器业》,《社会月刊》第1卷第3—4号合刊,1929年10月,第1—34页。

率很快使其大受欢迎。一些作坊从附近日租界的电器洋行租用电动机，每月租金 6 元，用 110 伏电带动皮带。那些用不起电动机的作坊使用锅炉产生蒸汽带动皮带。而用不起锅炉的作坊继续靠手转动车床，这一做法一直到日本人占领期间仍很普遍。①

与此同时，铸造作坊正经历一场自身的技术革命。从最早使用"窑"（kiln）发展到使用"倒锅"，从使用"湿模"到"干模"。翻砂技术逐渐兴起。作坊的动力源也发生着改变，从手拉风箱变成手转的"风葫芦"，再到与发电机相连的电扇。② 同样重要的变化发生在原料的选择上。废铁被来自湖北、长江三角洲和东北鞍山的铁取代。条形铁通过五金行从矿山购进再批发到工厂。三条石的作坊通常只专为一项活儿购买所需数量的金属，因为他们很少有额外的资金用于大量储备铁。与五金行保持良好业务关系的作坊则可以赊账购买。

在技术和获取原料途径等方面的进步是三条石发展的重要原因。不过，至少在一个重要方面，传统方法没有被取代。除了一家非常大的机器厂德利兴，没有哪家作坊有工人专门为他们生产的机器从事设计或者说是绘制设计蓝图。生产依赖工人的传统技艺，作坊产品品种的增加则依靠雇佣有制造其他产品经验的工匠。可能是由于这个原因，不同的作坊因专门生产某种产品而出名：德利兴专门生产印刷机，其他作坊则专门生产造纸机、织布机、染色

① 天津史迹调查队三条石早期工业资料调查组编：《天津市三条石早期工业资料调查》第二部分，第 22—23 页；采访陈义和。
② 天津史迹调查队三条石早期工业资料调查组编：《天津市三条石早期工业资料调查》第二部分，第 25 页。

机或针织机。①

到 20 世纪 30 年代,最成功的铸造和机器制造作坊不再只有一间厂房了,诸如郭天祥和金聚成这样的作坊已经分出业务部和制造部。典型的业务部由一名会计和销售员、业务学徒组成,还有一名或多名"跑街",他们的工作是招徕客户。在制造部,时常是有一名首席技师,在他的下面是工头、工匠和学徒。经理常常也是唯一的投资人,管理着两个部门。② 虽然这些较大的作坊可能主导着三条石的经济生活,但是它们在金属加工行业中并不是最典型的。1928 年,社会局的调查统计显示,天津有 514 家铁工厂,其中能够收集到信息的大约有 511 家。从数量上看,它们占了天津工厂总数的将近四分之一。但是,每个企业的平均投资额只有 43 元,只有 21 家使用电力。它们一共只雇佣了 2207 名工人和学徒,平均每家企业只有 4.3 名工人。

同一项调查还发现,机器制造业在投资方面稍微好一点,不那么分散。(在被调查的 63 家企业中)62 家工厂的平均投资额为 1172 元。三条石和附近地区的作坊投资额通常为 1000 元或更少。它们仅占天津工业总投资的 0.23%。其中一半使用电力。它们雇佣了 887 名男工人和 310 名男学徒,总数 1197 人,平均每个企业大约 19 人。③

---

① 王达:《天津之工业》,第 185 页。
② 有关这些大的作坊,参见邓庆澜编《天津市第二次工业统计》,第 262—264 页;《社会统计月刊》第 2 卷,1940 年,第 24—26 页;南满洲铁道株式会社:《华北工厂实际情况调查报告:天津》,第 589—637 页。
③ 曾铁忱:《天津之机器业》,第 4—8 页;吴瓯等:《天津市社会局统计汇刊》。这些统计数字不包括租界。根据同一调查租界只有 24 家铁工厂和 6 家机器制造厂。

1935 年，天津社会局发表了另一项有关天津铸造业和机器制造业的研究。该调查显示，这个行业每个企业的人数仍不到 30 人。多数作坊使用某种电机动力，不过大部分都是一两匹马力的电动机。它们总共只占天津工业总投资的 1% 多一点。①

尽管三条石大街的许多作坊主都有血缘关系或是同乡，可是他们的周围绝非没有敌对和竞争。马云龙是金聚成创始人的侄子，从 20 世纪 20 年代一直到 50 年代也是该铺子的经理。他回忆说："三条石的资本家并不齐心合作。他们相互之间明争暗斗。"没有行会组织尝试着去阻止或规范成员作坊之间的竞争。作坊间互相送礼或秘密结盟是企业关系的普遍特征。

一家作坊要想取得成功，必须与其他作坊主达成和保持微妙的联盟。在天津，小作坊主不可能依赖市政府提供法律保护或人身保护；他们必须通过协商、恐吓或收买来摆脱冲突。造成麻烦的一个根源是脚行。铸造厂被迫屈服于脚行的地盘争夺，雇佣他们搬运所有的产品。作坊主对这些束缚极为不满。马记得曾听父亲说："铸造工人与脚行工人之间曾爆发过一次大的械斗。铸造工人赢得了由他们自己搬运的权利，如果价格合适，有些小活才会找脚行。不过，脚行仍然是个问题，因为他们总试图要高价。双方如果讲不成价，就会产生冲突。"控制三条石地区运输的脚行头子叫王四。这个地区另外一个有名的脚行把头姓蔡，铸铁工人给这个令

---

① 不管是因为它们的标准更严格（可能排除了纯粹家庭式的金属加工作坊），还是因为调查者调查得不那么完全，这次调查仅包括 99 家金属加工工场和 43 家机器制造厂，每一种类的三分之一以上都在第三区的三条石地区。调查的结果可以在邓庆澜编《天津市第二次工业统计》中找到。

人讨厌的把头起了个绰号"菜帮子"。这些把头的头子,是一个神秘又令人生畏的人物张西元,他经常坐着轿子在这个地区到处巡视。马解释说,"我们对他都很客气,因为我们都怕他。他和当地的恶霸袁文会、刘广开和刘宝珍都厮混在一起"[1]。

除了脚行,像马云龙这样的小作坊主还必须应付一些蛮横的邻居。金聚成附近的平安里是三条石主要的妓院聚集区,这些妓院给作坊带来了麻烦。马认为,这些妓女是受骗或被贫困的农民家庭卖进城里来的,她们要接待各种各样的嫖客。许多当地工人都去那儿,而当不知情的农民也决定要去妓院时,问题就出现了:"那些开妓院的人与帮会有关系。他们喜欢打群架,有时会为争妓女而大打出手。从农村来的人不知道到底怎么回事,最终挨了打。"那些被打的人逃进金聚成的院子,后面是追他们的人,导致金聚成的设备经常受损。最后,为了防止这样的闹事者闯入,马建起了院墙,并在墙头两边装上了铁丝网。[2]

最后一个祸害是当地各种各样的流氓,他们不时地给作坊主们的生活带来痛苦。"他们会出现在街上,站在那里恶狠狠地盯着你,直到人们给他们钱了事。他们想尽办法敲诈我们的钱。"马很感伤地回忆着。然而,尽管存在这些问题,当地的作坊主还是宁愿将钱再投资到这个地区,而不是在乡下买地,或者采取富人传统的投资方法在城里买房。除了金聚成和金聚兴,马本人还参与了名为"同义公"作坊的创建。他派出一批工匠到他拥有经济利益的每

---

[1] 采访马云龙。有关脚行和它们的把头的详细讨论,参见第五章。
[2] 采访马云龙。

家新的作坊工作。①

　　1937 年夏天，日本人占领天津后，许多工人不知道局势会怎样发展，纷纷离开天津逃回乡下老家。1938 年，他们大部分返回三条石，日军占领产生的新市场需求让三条石的生意重新兴旺起来。由于日本人要发展当地橡胶业，他们需要铁模具，一些三条石的作坊开始专门生产模具。其他的作坊生产炉子、铁丝制造机和发展迅速的运输行业所需的吊车零件。日本人在华北全境试图改良棉花种植和建设机械化工厂加工棉花，使得三条石棉花机器的市场扩大。新商家不断涌现：在日本人占领期间，三条石成立了 24 家作坊，其中一些是由从东北来天津的商人投资的。另有一些东北商人在天津开办染厂，从而为三条石机器厂制造的印染机器提供了需求。②

　　大一点的三条石工场与日本洋行签订了独家专门生产某些商品的合同。1940 年到永茂公铁厂当学徒的陈文炳回忆："永茂公悬挂着一个三洋公司的标志。三洋公司在天津很有名。我们专为他们生产。冬天一到我们就做炉子。"如果一家洋行需要做一项活儿，永茂公做不过来，它可以分包给更小的厂然后从中扒"一层皮"。③

---

① 采访马云龙。
② 天津史迹调查队三条石早期工业资料调查组编：《天津市三条石早期工业资料调查》第三部分，第 6—9 页，不详。在占领期间，日本人自己建了 75 家机器厂，大部分也是小型的。它们据称雇用了将近 1 万名中国工人。这些工厂大部分都在三条石以外地区。振济：《胜利前天津机械工厂概况》，《华北工矿》第 2 期，1946 年 6 月，第 107 页。
③ 采访陈文炳，1980 年 7 月 10 日。

在日本当局的指导下,1938 年五金行业在三条石历史上首次组成了一个行会(机器铸造会)。如果有一个较大的订单需要完成,行会就会充当这个地区作坊的代理,将这项活儿分配给多家作坊。大的作坊在这种分配中获益也最大。① 不过,这种行会是来自上层的强制性组织。它并不能有助于规范行业内部或者是代表铁工厂和机器制造厂与占领当局进行谈判。

太平洋战争爆发后,三条石地区的状况开始迅速恶化。1942年,日本人加强了对原料的控制。生铁必须从日本商行购买。特别的监察员被派往各铁工厂。他们如果发现了条形铁,就会要求查看(日本)洋行开具的销售发票;无法提供将可能导致作坊主遭到逮捕。不过,在老城的西南角和河东的二马路的黑市上有少量的铁在卖。这些商人的货摊被称作"铁窝子"。他们也无法满足这种需求,到1944 年许多作坊被迫购买旧车床,熔化后当作原料。和大多数情况一样,小作坊受影响最大。但是,即使像金聚成这样的公司也发现他们的销售区域在萎缩,因为日本人不愿意让织布机和农具被销售到共产党组织活跃的地区。② 在金聚成,工人人数从日本占领前的40 人增加到新的生产任务开始大量出现时的60 人,到战争后期又减少到20 人。形势恶化后一些工人离开了。不过,作坊主并不愿意解雇任何人,因为都是亲戚或同村人,解雇他们会

① 郭天祥机器厂的郭东波成为该行会的负责人,不过后来行会分成两个组织:一个是机器制造会,一个是铸铁业会。史玉凯负责后者,很显然,他想方设法将最好的活儿留给自己的铸铁工场。天津史迹调查队三条石早期工业资料调查组编:《天津市三条石早期工业资料调查》;采访马云龙。

② 天津史迹调查队三条石早期工业资料调查组编:《天津市三条石早期工业资料调查》;采访马云龙。

让作坊主们很丢脸。马开始购买和储存玉米面，当没有其他工作可做时，他就让他的工人自己磨面。在日本人快要投降时，工场甚至连玉米面都没有了，留下来的工人只好吃杂粮。

尽管马靠手段使他的工场没有在日益恶化的环境下关门，但是一个政治上的疏忽差点葬送了他的作坊。1942 年，金聚成卖了 6 台印刷机给一个姓李的山东人。这笔生意是通过马的亲戚做成的。因为日本人坚决禁止向共产党控制地区输出任何商品，没有通行证，任何东西都不能离开天津。获得通行证需要两个保人，包括一个机构。马自己到公安局去充当保人。他既想赚钱又想反对日本人，当这个姓李的再次回来买 5 台印刷机时，马尽管这次知道这个姓李的与共产党八路军有关，还是卖给了他。当日本人发现李来自共产党控制地区时，马突然意识到自己陷入了严重的麻烦。他拼命地请许多日本军官喝酒吃饭，但还是没能阻止日本军警砸了他作坊里的机器。最后，他们强迫他写了一份保证，不再生产印刷机。从此，他个人的安全和作坊的命运就一直处在危险中。[1]

随着该地区局势的恶化，生存的唯一策略就是继续为日本人制造商品。在战争的最后几年，占领军停止了工业建设，集中力量进行军需品生产。为他们从事这种生产的中国工厂得到优先的配额供应。从 1943 年开始在春泰机器厂工作的陈义和记得，每位有居住证的人通常被允许购买 15 斤粮食。

或许实际上是豆饼或花生饼，那就是他们让你吃的东西。

---

[1] 采访马云龙。

每家每月只允许有一盒火柴。可是,如果你的工厂为日本人干活,他们就会给你好一些的粮食配给。每月你可以得到四盒香烟,而不是一盒,火柴是一包而不是一盒。当然,你买这些东西必须掏钱,但至少他们按那个数量给你配额券。①

为了应对不断恶化的情况,一些作坊主试图通过改善与日本人的关系来维持生存。直到今天,当地作坊主仍因为他们被迫与日本人合作而被人们记住。"在那段时期我们那样做是为了生存",马回忆:

> 不过,我们内心恨日本人。我们为了生存被迫为他们干活。但有些人远不是这样。郭东波(郭天祥机器厂的厂主)没有原则。他是日本人控制下的机器行会的头目。他成了三条石大街的保长。日本人利用他。他甚至去过日本。
>
> 郭东波真是缺心少肺。当他遇到日本人时就会脱帽鞠躬。不过,当他和中国人走在一起时就会腆着肚子。他戴着一顶日本帽子还挎着一把手枪。他忘了自己是个中国人。②

郭东波不是唯一这样的人。不仅处于困境中的三条石作坊主,当地的恶棍情况也是如此。他们为了生存,不惜巴结日本当局并在当地获得个小职位。像金聚成这样的作坊则遭受到双重的"挤压",一面是勒索者,另一面是萎缩的市场。

---

① 采访陈义和。
② 采访马云龙。

1945 年初，日本驻军司令部通知行会头目，要分派各工厂制造一定配额的炮弹，这使得三条石的问题尖锐化。原料由日本人提供；用大米支付，这在市场上是很稀有的粮食，因为到战争后期食用的口粮主要是由玉米面和喂牲口的饲料混合而成的。仅仅在三条石大街就有 30 多家作坊制造军需品；正如作坊主们所看到的，他们别无选择。即使如此，能够持续开工的三条石作坊的数量也从 1937 年的 83 家缩减到 1945 年的 30 家。1945 年，日本人投降，国民党返回，马云龙和其他作坊主如释重负。①

不过，国民党重新统治天津给三条石的小资本家带来了新的麻烦。有很短一段时间，与乡村的经济联系恢复使作坊的生意得到了改善。随后，由于担忧共产党在华北的影响不断扩大，国民政府对"输出"到农村的工具和机器严格控制，规定它们只可以通过铁路或轮船运输。不过，正如当地一家主要报纸《益世报》指出的，火车无法到达很多乡村市场，而轮船所能抵达的地方，如青岛和上海不需要三条石的产品。官方的规定让情况变得更糟糕。为了从三条石用船运东西到天津北郊的北仓，买家首先要从北仓公安局取得一张许可证。然后，他可以到天津冶炼同业工会填写一份担保书，找到三个担保人，写一封信给警备部物资管制处，信中说明他想要购买的产品详情，并到行会盖章。此后，他还要花一两个星期将他要的货物运到北仓；不过，如果那个地区突然爆发战事的

---

① 83 家作坊的估计数过高，很可能包括一些家庭式作坊。天津史迹调查队三条石早期工业资料调查组编：《天津市三条石早期工业资料调查》；在《天津文史资料选辑》工作人员的安排下对原三条石资本家的采访，1980 年 3 月 26 日—4 月 17 日；采访马云龙。

话,他将什么也得不到。这些订货即使运到了,有时也只能得到所要商品的十分之一。作坊也还是难以买到生铁和焦炭,不得不依赖废金属。绥远和山东的煤炭来源由于战争被切断,只有数量有限、价格更贵的开滦煤矿的煤可以弄到。①

三条石作坊主面临的最后一个问题是各种国民党官员的敲诈。他们在该地区的活动是如此臭名昭著,以至于当地人对他们的称呼从"国民党"变成了"刮民党"。对马云龙来说,国民党政府的大肆搜刮是最令人感到不安的因素。

到三条石地区巡视的第一拨官方代表是来自稽查处的。他们威胁德利兴的作坊主,指控他曾为日本人制造产品。实际上,德利兴不仅制造机器,还为日本人制造枪支和火药。而马云龙并没有因为自己的作坊没有制造过军火而感到一丁点安慰;不久,一位稽查处的熟人来找他,告诉他金聚成在他们的名单上位列第二。马试图与他的这个熟人商量送现金来免除调查,但是这人的要价太高了。马除了等待调查人员到来别无选择。他们真的来了,并指控金聚成为日本人制造大炮,这是一个金聚成根本无法完成的任务,因为该作坊没有造大炮所需要的机器。调查人员没有被这些事实证据阻止,他们利用马的畏惧(毕竟他和这条街上的其他工厂一样,给日本洋行制造过机器零件),通过中间人敲诈了一大笔钱。

稽查处的工作结束后,马云龙又先后被宪兵队、军统处和公安局的人找过。后者最让他觉得可鄙,因为他们曾给日本人当过警察,战后又换了制服继续为国民党工作。每一伙人都重复指控金

---

① 《益世报》,1948 年 7 月 30 日,第 5 版。

聚成制造过大炮。"无论你怎么对他们说没有给日本人干过活,他们就是不听,因为他们跟着就是要钱。摆脱他们的唯一办法就是给他们钱。"

有整整一年的时间,马云龙不敢待在铺子里,担心其中的某一伙人会来逮捕他。他知道只要他离开了铺子,警察就不会再骚扰别人,因为他们的目标是作坊主和经理。他通过中间人送出贿赂,因为他担心如果这些警官见到他本人,他们会要更多的钱。"整整一年,"他脸上显出痛苦的表情回忆说,"我没做什么有用的事。我花了大量的钱行贿。根本没办法关注生意。"也不只是他的作坊特别不走运,许多作坊都面临同样的问题。"每当警车下午到来时,每一个必须躲起来的人都会躲起来,因为我们没法知道他们要抓我们中的谁。"

和其他每家企业一样,金聚成也受到不断恶化的通货膨胀的伤害。国民党返回天津后,马将工厂赚的钱存了起来,而不是马上用这些钱买货物。通胀很快让他的储蓄变得一文不值。经济总体上的衰退影响到市场对他产品的需求,他的作坊很快深陷债务危机之中。马被迫凭借同样巧妙的手段使自己免受牢狱之灾:

> 我从一个朋友那儿借些钱,用来还一些分散的债务。做生意是一种艺术:如果你有十个债主,他们马上都会来找你,这样你就不好办了!如果你借一大笔钱并用它来还几笔小债务,没有人会猜出你没钱了。如果别人以为你手头很富裕,他们就很乐意跟你做生意。

到 1948 年,连这种债务花招的策略也不管用了。作坊主手上根本没有钱来还债,活也太少了,只能一半时间开工。马召集他的老雇员商量:他们是应该关门还是继续工作?"这让我很伤心。这么多年了,现在它终于要结束了。我们决定保留这家铺子,让一部分人离开。我们保留了十几个与我们关系最亲近的人。"其他人要么回乡下老家,要么到东北找工作,或留在天津闲待着。"这是我第一次解雇这么多人。"作为最后一搏,像全天津的大小企业一样,马拿出他的作坊所剩不多的资产进入投机市场。他从购买国民党拍卖的没收商品开始。"他们将 5 件东西以 8 件的价格拍卖,将那3 件的收入作为他们的利润。每个参与其中的人都分得一份。"马也参与买和卖,并获得他的一份。如果有活的话,他和留下来的几名工人也做少量铸造的活儿。①

到 1948 年年中,《益世报》发现它曾调查的 80 家铁工厂,30 家已经倒闭,20 多家已经停工。其余的厂使用以前购买的原料,只是大约每隔一周"开出一炉"。"作为厂家集中地的河北三条石大街,但闻一片铿锵震耳之声,震得耳朵欲聋。"一位记者写道:"如今三条石大街已是寂然无闻,面带愁容的工人躺在熄火的炉边睡觉。"而农村市场急需铁工具。一位 1948 年年初回乡的工厂主发现,村里的锅很少。"两三家共用一口,"他告诉一位记者,"谁要是打破了它,谁就倒霉。"他估计仅填补这项需求就需要三到五年。② 机器行业的情形也好不到哪去。1948 年年中,当地一家工业杂志发起的一次座谈会发现,城市里的机器厂只有 20%—30% 勉强维持开

---

① 采访马云龙。
② 《益世报》,1948 年 7 月 30 日,第 5 版。

工,其余的工厂发现将机器拆毁卖零件利润更大。①

即使那些资本远比三条石大街上的作坊要雄厚的工厂,也被对产品运输的严格限制搞得破了产。1948 年 7 月,原来由日本人建造的天津钢铁厂无法支付工资。银行和北京的总公司也没能挽救它。该厂经理的悲痛之情或可在三条石的作坊主中引起共鸣,他声称:"现在做工厂,就等于背着一具死尸,不准放下,也不准停步,疲于奔命,奔到那一天为止? 前途真不堪想象!"②三条石实际上处于瘫痪状态,只有等待共产党军队的到来。

三条石的经济命运是整个天津许多行业中手工和半机械化工厂发展过程的典型。这些工厂在经济繁荣期由一些小企业家建立,在应对新市场需求方面显示了极大的灵活性。它们一直快速发展,直到城市被日本人占领。三条石小资本家的企业精神是显而易见的。这些工厂主在这个地区谋生活,他们打算在这里待下去,而不是很快发一笔财之后回到乡下老家去。在三条石,一个本地资产阶级小群体开始成长,他们部分地依赖外国客户,这是事实,但是他们植根于这个地区和专门的行业。与市中心区许多更强大的同行不同,他们多年坚持专注于某个行业。

然而,三条石生活的关键元素不是由企业身份法则来决定,而是由一个到处是掠夺者的城市中的生存需要来支配的。这些掠夺者从至少还能提供一种服务的脚行,到当地的恶棍和政府的小官员。三条石的工厂主虽然知道如何利用金钱和个人的社会关系来

---

① 《益世报》,1948 年 7 月 13 日,第 5 版。
② 《益世报》,1948 年 8 月 3 日,第 5 版。

处理这些关系，但是缺乏权力、组织和金钱来让一个强大的保护人提供持续的保护。当然，没有哪一任天津市政府会有兴趣充当这个角色。能够有效代表成员经济利益的行会组织的缺失，是三条石历史短暂和天津政治环境不稳定的综合产物。当历届市政当局要盘剥他们的时候，三条石的作坊不能聚集起来进行抵抗。区域政治斗争加剧了当地经济的动荡，小作坊对此更难加以掌控。三条石作坊在政治上的脆弱，加上资本实力的缺乏以及对不稳定的原材料供应的依赖，使它们在中华人民共和国成立前十年中濒临破产。就是在这样的环境下，三条石工人为了谋生存而斗争不息。

三条石工人

社会来源

三条石工人与作坊主的社会来源交织在一起，而且常常是完全相同的。1949 年后对三条石 107 名作坊主的研究发现，41 人来自交河县，13 人来自天津市，11 人来自吴桥县。[①] 学徒显示类似的来源分布模式。有关郭天祥机器厂的书记录了 98 名学徒，他们从 1925 年 1 月到 1933 年 3 月进厂。学徒中最大的群体来自吴桥县，超过总人数的五分之一，厂主郭东波也来自吴桥县。尽管郭天祥的工厂是机器制造厂而不是铁工厂，该厂人数占第二位的群体还

---

① 天津史迹调查队三条石早期工业资料调查组编：《天津市三条石早期工业资料调查》第一部分，第 6 页。

是来自铸造工人的传统来源地交河县。97%的工人来自河北，3%来自山东，其中只有4%是天津本地人。[1]

第二个样本是73名铸造工人，都是1949年后在一家机械铸造厂工作的工人。1949年前，他们分布在至少16家小的铁厂。[2] 他们中，差不多80%（58人）来自交河县。人数占第二位的（5人）来自马云龙的家乡、与交河交界的阜城。虽然工厂代表的工人数量并不能让我们推断出来自某几个县的工人都进了特定的工厂，但是似乎大部分铸造工人都来源于交河，机器制造工人的来源要更广泛，包括吴桥、交河、宁津和大城县。[3]

在被调查的73位铸造工人中，67%在1949年后被划分为贫农家庭出身。不过，出身中农的占相当大的一部分（23%），送儿子当金属加工工人最多的不一定是最贫困的家庭，甚至也不是来自最贫困的县。对原三条石工人的采访显示，对许多农民而言，日本人入侵至少和乡村贫困一样可能是他们决定离开农村的重要因素。

由于没有关于作坊主和工人在他们家乡的阶级成分可供比较的统计数字留存下来，我们很难判断作坊主是否通常来自比工人更富裕的家庭。不过，这一点值得怀疑，因为许多三条石的资本家刚到天津时都是学徒或工人。在1949年后调查的32位作坊主中，

---

① 天津史迹调查队三条石早期工业资料调查组编：《天津市三条石早期工业资料调查》第九部分，第1—2页；《郭天祥第一本学徒名目》，三条石档案。
② 1956年，作为公私合营运动的一部分，三条石的许多小的作坊都被并入几个大的工厂。
③ 天津史迹调查队三条石早期工业资料调查组编：《天津市三条石早期工业资料调查》第九部分，第1页；《三条石老工人统计表》，三条石档案，A2(73)。A2指的是一个卷宗，括号中的数字是指卷宗中的某件档案。这些统计数字显然是在20世纪70年代初采集的。

17 人是从当铁工厂手工工人或学徒开始的。其余的人中许多也是在一个密切相关的行业工作。[1]

吸引年轻男性农民到三条石作坊的不仅是与天津地理上的邻近。总体上,河北东南部的县(交河、吴桥),而不是那些与天津最近的郊区输送的工人最多。该省那一带农民从事铁制品制造的特有传统成就了这种模式,而介绍亲戚或同村人进入作坊的做法促进了这种模式的形成。

天津的调查组从 1958 年到 1972 年进行了数百次采访,采访记录存放在三条石历史博物馆的档案中。这些采访指出了农民离开土地的几种原因,其中一个是乡村的经济困难。高洪仁的故事最为典型:"1942 年咱老家鄞县,年成不好,加之原有土地极少,所以当时生活十分困难,经常是三五天揭不开锅,没有办法,才托同乡介绍到正成铁铺来学徒。"[2] 1937 年之前来天津的工人的回忆记录很少。不过很显然,日本的入侵所带来的混乱加重了农村的艰难,许多农民被迫背井离乡,同时也加重了那些留下来的人的苦难。1940 年来天津的工人刘炳文回忆:"日本人占领交河县时,曾与他们发生过好几次战斗。"

> 他们烧掉了 70% 旳村庄。我们家的房子被日本人烧了。我的爷爷被炮弹炸死了。他们来后村里的人都跑了。在日本

---

① 天津史迹调查队三条石早期工业资料调查组编:《天津市三条石早期工业资料调查》;三条石档案,A2(33、36、41、66)。

② 天津史迹调查队三条石早期工业资料调查组编:《天津市三条石早期工业资料调查》第九部分,第 2 页;三条石档案,A2(2、8、10、14、22)。

人投降之前，我们村的生活一直没有安定。乡下是一团糟，比城里还糟。游击队在打他们。老百姓的生活非常不稳定。①

即使在没有侵略或自然灾害的年份，天津对交河农民来说仍有吸引力。一位三条石工人解释说："到城里来学艺，久已成为我们交河人的一种习惯，大凡家里有两、三兄弟的，总有一个到城市来学手艺。"②迁移到三条石并不必然意味着农村来的男孩打算留在这里。这是工人和他留在农村的家人提高收入的一种手段，他终归还是希望将收入寄回农村的家里。这样做也使农民家庭的收入来源多样化：如果庄稼收成不好，家里还有人可以挣钱。正如刘炳文考虑的："我们乡下来的人都是这样想的：如果这个地方有活，我们就做。如果没有活我们就离开。如果有农活要做，我们就回家做农活。如果没有农活可干了，我们无法养活自己了，我们会再出来。"③总之，"农民是被经济困难推出了农村，还是被美好生活的憧憬拉入城市？"在三条石这个案例中，对这个经典问题的回答似乎为"都是"，特别是因为寻找工作而来的农民，在他生活期间，可能出于不同原因要来回迁移好多次。

三条石工人跟着父母或（更为普遍）独自来到天津。他们来这里是为了逃避农业歉收、外敌入侵和洪水。他们来这里是希望能学会一门可以赚钱的技艺。不管他们出于何种原因来这里，能让

---

① 采访刘炳文，1980 年 7 月 10 日。

② 天津史迹调查队三条石早期工业资料调查组编：《天津市三条石早期工业资料调查》第九部分，第 2 页。

③ 采访刘炳文。

他们在天津安顿下来的一个关键因素是与已经在这里待下的人有种种关系。有的人有亲戚愿意在他们能够自食其力之前提供住宿。另一些人有已经成为手工工匠的亲戚引荐。在三条石没有亲戚的人则找同村人介绍。学徒常常与带他来的作坊主或作坊的总工头有关系；作坊主与手工工匠是同籍的情况更为普遍。

　　某个农村地区与某种工作之间的联系被这种体系强化。马云龙回忆：

> 　　每年春节父亲回家，亲戚朋友们就会来我家将他们的孩子交给他，带回天津"找碗饭"。他每年都带回几个。在我们村 100 户人家中，有 60 户最终都送人到天津做铁工。
>
> 　　一些我的亲戚和同村人在我父亲的厂里学会铸造之后，在天津、济南和东北开自己的工厂。除了朝鲜，哪里都有交河的人。（城里的）当地人不愿意干这种工作，因为它又累又脏。①

　　尽管工厂主和工头经常在新年时回到乡下并带男孩回来工作，但三条石的工场显然从没有系统地招收过学徒。正如陈义和对此做出的解释，"那时你不必去乡下，也不必招人。只要你开个小生意并提供免费住宿，许多人就会来工作"②。

---

① 采访马云龙。
② 采访陈义和。

学徒的条件

那些到三条石作坊当学徒的人清一色是男性，年龄多在十六七岁。[1] 他们通常很少或根本没有在城市工作的经历，也几乎不会什么技能。要找到一份工作，一个男孩通常需要一位介绍人和一位保人，除非他本人已经认识掌柜。有像陈文炳这样的，介绍人是一位已经在这家作坊工作的亲戚。有像陈义和这样的，他的亲戚仅仅认识一位在三条石工作的同村人。保人通常是当地的商人，同时也是与这位渴望做工的人有些关系的人，虽然这种关系可能很疏远。

即使在有些情况下只有口头协议，没有书面保证，如果学徒偷了东西或逃跑了，保人也要向工厂主赔偿他学徒期间的伙食费。如果学徒死亡，保人负责将他埋葬并通知他的家人。由于这会是一个很大的负担，因此没人愿意主动为陌生人担保。"保人在里面没什么好处，"陈义和回忆，"不过，他们都是亲戚朋友。主要是人情关系。如果我不认识你或不了解你，我不会为你担保。"[2]

1949 年后，几乎每一次收集的三条石的口述历史资料，特征之一就是总会出现由要当学徒的人用拇指按上手印的"卖身契"。卖身契的内容生动、丰富多彩，并常常采用短诗的形式，例如：

---

① 《郭天祥第一本学徒名目》。这些年龄可能是按中国传统方法计算的。按照这种算法，一个小孩出生时一岁，每过一个中国新年增加一岁。因此，根据西方的计算方法，平均年龄可能要比这里所说的小一岁以上。

② 采访陈义和。

飞铁走錾

打死无怨

投井跳河

与本号无关

保人赔饭。①

实际上，留存下来的为数不多的印制的学徒契约，语言相当平淡无奇，"卖身契"这个称呼和语句押韵的顺口溜，看来都是 20 世纪 50 年代政治运动的产物。在一份 1935 年签的典型契约中，一位来自天津郊区的男孩王墨斌进入广大工厂。契约签有他的名字，内容是他同意做三年学徒，要一直待在工厂里除非工厂允许他离开，并要勤奋学习。如果学徒期未满离开，他必须赔偿工厂主的伙食费。工厂主同意给学徒少量零花钱。契约其他部分列举了保人的责任（参见附录）。这些学徒条款实际上与中国其他城市手工业行会颁布的学徒条款内容是完全相同的。②

在几家铁工厂，签署学徒契约是一种强调学徒对招收他的工厂负有责任的正式仪式。1913 年进入一家铁工厂的王维桢回忆，在完成了试用期之后，工厂主将他和其他六七个男孩叫进屋：

老板把我们叫在屋里问话，讲清了合同章程，言明立了字据，就得干下去，不能随意走了。同意了，便找中间人填写字

---

① 采访陈义和。

② ［美］步济时：《北京的行会》，第 155—168 页。

据……立了字据以后，便在十天内找个好日子举行仪式，在字据上，小孩要画押，中间人也要画押，家近的，小孩的父亲也要来。

还要摆一桌供，给老君爷烧香磕头。做徒弟的要给头（工头）磕头，给中间人、师父磕头，最后对大师兄也要嚷嚷。

仪式之后，学徒要花几元钱请客人们吃一顿。如果他没钱请客，厂方就会预支这笔钱给他，再从他过年的奖金中扣除。他学徒期满成为正式工匠时，也要举行一个类似的通过仪式："还要请一次客，请师父、亲戚、朋友和同行。要谢师，给师父磕头，这时候，才把字据废去。"①不过，现有的证据表明，很少举行这样的仪式。学徒开始时签订的合同通常以一种不事张扬的方式结束，这反映了三条石行会传统的薄弱。

现存的所有印制契约书都来自机器工厂，而机器制造业和铸铁业之间可能存在差别。在机器行业，工厂主们急于确保他所培训的男孩物有所值。一位前工厂主认为，机器制造技术复杂，任何掌握了它的人都会很抢手。他解释说，工厂主担心一旦学徒们学会了这门技艺，他们马上就会去其他地方工作挣钱。因此，他们利用学徒契约来保证自己在相当长时间里有一个廉价劳动力来源。②

铸铁工人是一个比机器制造工人更无常的群体，铸铁业学徒

---

① 天津史迹调查队三条石早期工业资料调查组编：《天津市三条石早期工业资料调查》第九部分，第7页。

② 王维桢口述资料，参见天津史迹调查队三条石早期工业资料调查组编《天津市三条石早期工业资料调查》第九部分，第5页。

的条款不怎么严格。一位老工人回忆,在铸造业中,四年的学徒是个标准,不过,如果徒工逃跑了,介绍人和保人并不负责。"徒工要是受不了罪,逃跑被抓回来,就毒揍一顿,抓不回,便算了。掌柜的也不找荐举人,这一方面是:当时,要学手艺的人到处都是……再者,手艺人今天在你家做,明天在他家做,流动性很大。有时要找荐举人也找不到。"①

在机器和铸造工厂,书面契约显然是在日本人入侵前才开始普遍使用的。促成采用书面契约的动力不是来自三条石的作坊主想使对学徒的约束规范化,而是来自市社会局,他们想以此制止虐待童工和避免劳资冲突。正如一家全国性劳工刊物在1935年所报道的,社会局之所以关注学徒契约,是因为"天津市各厂,除十数家公司外,其余较小之工厂,概收用学徒,因学徒工资低微,又易于管理,且于工厂有种种之方便。故各厂学徒数目常常超过其雇用工人数量"。这篇文章也注意到,虽然各工厂学徒所要承担的工作多有不同,但是机器业和金属铸造行业学徒的工作是最繁重的。②

1936年年中,社会局编制了一份标准学徒契约,印制了好几百份,将其分发到大小工厂,并以此作为范本。③ 这份契约范本规定:工厂有义务教学徒工一种技能并负担相关费用。工厂主不得允许学徒处理爆炸物或有毒材料,或者操作危险机器和在高压电线附近工作。而学徒工方面,契约劝诫学徒要遵守工厂的各项规章,不

---

① 天津史迹调查队三条石早期工业资料调查组编:《天津市三条石早期工业资料调查》第九部分,第8页。

② 《国际劳工通讯》第12号,1935年9月,第53—55页。

③ 《益世报》,1930年6月30日,第5版。

得中止学徒期，不得擅自休假(厂方规定的假日除外)，除非他们同意补上工作时间。如果学徒违反了厂规，或连续旷工三天以上、偷盗、不服从负责培训他的人员，工厂可以随时终止契约。如果厂方没有履行它的义务，危害了学徒的健康或人格，或虐待学徒，学徒也可以终止契约。工厂不得阻止学徒在完成学徒期后谋职从业。最后一项，13岁以下儿童不得当学徒。出现任何纠纷可以提交社会局仲裁。[1]

　　和这一时期政府机构公布的大多数劳动规章一样，这份契约并没有得到广泛的遵守。1937年2月的《益世报》报道，很少有工厂开始使用这份契约范本。社会局计划让所有工厂填写一份说明他们学徒条款的表格，并下令整改。[2] 这次改革的努力因日军占领而夭折，不过，由日本人组织的行会印制的契约后来被分发使用。值得注意的是，这份契约没有提及任何有关学徒工终止契约的权利。铸铁业和机器制造业没有显示出多少自我规范的意愿，而政府弥补行规缺乏的意图又被市政管理机构的频繁更迭阻碍。

学徒的生活

　　1939年，陈义和开始在亚轮(也有写作"亚伦")机器厂当学徒工，这家工厂有四台机床，大约30个人。他当时11岁。

　　　　我是学徒中最小的。他们没有发电机，所以要两个人用

---

[1] 《国际劳工通讯》第24号，1936年9月，第54—55页。
[2] 《益世报》，1937年2月26日，第5版。

手摇动机床。你必须转动一个大轮子来带动总轴,总轴再带动车床。一个大一点的学徒和我摇这个轮子。

我们每天天不亮起床。你得给所有的机器加油,给总轴加油,然后给师傅们准备好桌子和早饭。他们吃完后我们收拾桌子并开始摇轮子。中午我们会休息,洗过手再为师傅们准备桌子吃饭。①

伙食非常单一。在 20 世纪 20 年代,在经营比较好的工厂,工人们吃馒头,每月吃两次肉。但是,在日本人占领期间和随后的解放战争中,工厂标准的伙食是窝头和工厂自己腌制的咸菜。工人们在院子里或者就在车间里匆匆吃过饭,然后"饭后我们擦干净桌子,我们两人就回去摇轮子"②。

这样的每天例行程序长年如此,只是因季节而有所不同;炎热的夏天下班时间是七八点钟,冬天则要延长到半夜。"阴历九月天气变凉,人们上班的时间就会延长。每年九月初九,冬天开始之际,雇主就会拿出些钱,我们就会吃一顿有肉的饭。当时有个谚语:九月九,吃炖肉,黑天白天连轴做。"③学徒不管是聪明还是愚笨,其技术不管是熟练还是生疏,工作的时间都比熟练工匠要长。他们不仅要为一天的工作准备工具,为工匠们做饭,工作之后还要打水供工匠们洗脸,为他们铺好床铺以及干其他杂事。在一些工厂,学徒们要到午夜之后,才爬到工厂低矮的阁楼上,在草席上睡

---

① 采访陈义和。
② 采访陈义和。
③ 采访陈义和。

几个小时。

　　曾经在三条石当学徒的人们，回忆中提到最多的是长时间劳动带来的极度疲劳。三条石历史博物馆的档案中有大量这样的描绘：学徒工爬到大铸铁炉下连睡三天，钻进垃圾箱里睡觉，在铁锅里洗澡时睡着了，或者蹲在厕所里睡着了。[①] 疲劳自然也导致事故发生。在冬天黎明前的黑暗中，睡眼惺忪的学徒工刚开始干活时，很容易被熔化的铁水迸到已经冻了一整夜的工具上而溅到身上。与陈文炳一起的一名学徒就这样受伤，一只眼睛很快失明。他被解雇并送回老家。[②] 机器制造业同样危险，学徒工被车床压到手，被机器皮带甩到空中，或者被轴砸断腿，都是常有的事。[③]

　　在厂房摇摇晃晃的手工作坊和拥挤的天津胡同里，发生火灾是常有的事，而年轻的学徒也是这种灾难最大的受害者。1936 年11 月，双聚公铁厂的一场大火烧毁了整个厂子，造成好几万元的损失。火灾的起因是一台坏了的发电机。直到大火扑灭之后，警方才发现两名学徒失踪了。在学徒睡觉的阁楼下（正好在爆炸发生的厨房上面），他们挖开了碎砖瓦砾找到了两具烧焦的尸体。王长兴，交河县人，16 岁；王来池，献县人，16 岁。两人来这家厂还不到3 个月。[④]

　　社会局试图整顿金属加工业厂区环境的努力与它规范学徒制

[①] 天津史迹调查队三条石早期工业资料调查组编：《天津市三条石早期工业资料调查》第九部分，摘录了其中好几段叙述。

[②] 采访陈文炳；三条石档案 A2(13)。

[③] 天津史迹调查队三条石早期工业资料调查组编：《天津市三条石早期工业资料调查》第九部分。

[④]《益世报》，1936 年11 月6 日、11 月24 日、12 月25 日，第 5 版。

度的努力一样,似乎都没有什么效果。1934年的一次检查之后,有几家三条石的工厂受到了警告。检查人员提到,郭天成的工作区域"需要维修以避免危险"。全盛德铁工厂被发现"非常狭小,因为生意不好,他们没有资金维修整个工厂的建筑"。检查人员认为,机器车间应当马上维修以防止事故发生。春泰铁工厂被描绘为"厂房严重失修,且光线不足"。德利兴、郭天成和全盛德被社会局给予口头警告,要求清理工作区域,但并没有受到处罚。①

繁重的劳动、长时间工作和安全措施不足是天津所有手工和半机械化行业的典型状况。位于拥挤和破烂不堪街区的小工厂常常在大雨过后突然坍塌,砸到工人。1937年,一家染厂的房梁由于被染锅下面的火炙烤,一天突然坍塌,将工人埋住。尽管社会局警告,学徒工不能使用危险物品,但三条石附近的一家木工工厂在用酒精处理未刷漆的家具时,一罐酒精爆炸,导致7名学徒工受伤,1人死亡。②

虽然工厂主和工人同处在这种令人不安和危险的工作环境中,但是,即使是最小的工厂也有一定的分层。位于最顶层的当然是工厂主。因为他在那里监督生产,有时也参与生产,学徒们都知道要仔细观察他干活。陈文炳记得永茂公铁工厂的雇主"比较内行"。"有时我们做一个件活儿时出了个错。你第一次出错他不会说什么,或者第二次也不作声,但你犯了第三次他就要问你在做什

① 《劳动月刊》第4卷第7号,1935年7月,第4—5、11、17页。
② 《益世报》,1935年9月12日,第5版;《益世报》,1937年3月30日,第5版;《益世报》,1937年6月19日,第5版。

么，或者打你。"①学徒与熟练工匠的关系更复杂。工匠可能会努力保护学徒不受雇主和工头的打骂，但也会变得暴躁和打学徒。师傅与徒弟之间的理想关系是牢固的行会传统所鼓励的，也是社会局希望培育的，但似乎从来没有得到实现。正如1928年一位作者评论的："惟天津地方及其附近，因新式机械小工厂之发达，艺徒大多以工厂为学艺地方，而无所谓业师。于是师徒之间并无亲密关系，彼此同为厂方做工，惟于待遇上工作上略有差别而已。"②

对于学徒工而言，他们在工厂这个封闭的世界，连短暂的休息机会也几乎没有。除了新年，他们不被允许回家，而且对那些来自遥远农村的学徒来说，旅途的花销也让他们无法承受。刘炳文解释说："我们做学徒时几乎从没有出过工厂。我们一天工作十五六个小时，而且大街上日本人常常抓人强迫当劳工，所以我们都不敢出去。也没有澡堂。我们在一个盆里洗澡。放假时，雇主会给我们一些钱让我们去冲个澡。我们自己剪头发。我们没有剪子，就用刀子。"③除非他们在附近的工厂有亲戚或朋友，否则学徒工与他们工厂以外的其他工厂几乎没有什么联系。

尽管三条石的工作非常艰苦，但是没有理由怀疑学徒的状况是反常的恶劣；相反，它们应该被看作整个天津手工和半机械化工厂惨淡状况的一个标志，并且从历史的角度看，也是几乎所有早期工业企业状况的标志。机器的逐步引进增加了劳动的危险性，却没有减轻劳动的强度或缩短劳动的时间。

---

① 采访陈文炳。
② 王清彬等：《第一次中国劳动年鉴》，第580页。
③ 采访刘炳文。

一年之后，新学徒来到工厂，老学徒不会再去摇轮子驱动车床，而是开始在机器上干活。这时，他已经看过的无数遍操作机器的工作，足以让他迅速学会必要的技艺。在此后剩余的学徒期内，他不再是工厂中最低等级的人了。和学徒与雇主之间一样，学徒与学徒之间也存在等级差异："如果我比你早来一天，我就有权打你。"①另一方面，学徒工之间有一定的团结性，形成这种状况的原因是："我们都是穷孩子。我们试图彼此帮助。如果我看到你病了，我就会拿出些钱——即使没有钱也要借些钱——给你买些热水喝。"②

有关工厂中人与人之间关系的更加细致的情况，被1949年后以政治为动机的按阶级界限来划分这些小企业的记述搞得模糊不清了。而且，采访中得到的更加使人难以理解的描述，却是一种从互相帮助到冷漠和虐待这样的关系。长时间的劳动让每个人筋疲力尽，并往往会使学徒、工人和雇主之间的关系变得冷酷。此外，血缘或同乡关系，或者工头和老板的个人好恶，也可能使学徒的生活或是悲惨不堪，或是尚且不错，或（更普遍地）是两者兼有。

有人认为，雇主大量使用学徒工有经济上的好处。学徒工受欢迎的原因可能是他们的伙食费便宜，每个月和节假日只要几块钱；他们可以干那些必须做却不需要多少技术的繁重工作；他们年龄小易于管理。可能是由于上述原因，一些雇主雇佣的学徒人数要比工匠多许多。陈义和所在的工厂有30名学徒，仅有8名工人；在其他工厂，这个比例可能高达40比1。学徒工的这种高比例似

① 采访陈义和。
② 采访陈文炳。

乎是陷于困境的工业的典型特征。20世纪20年代的北京,在外国竞争的压力下,地毯工厂学徒与工人的比率将近3比1,而兴旺发达的行业中这一比率正好相反。①

　　许多学徒工一旦学徒期结束就失业了,这也是陷于困境中的北京地毯业的典型情况。工厂更愿意保留几名熟练工匠和雇佣一群新来的不用付工资的童工做大量工作,而不愿意留用那些在那里学过手艺还要付他们工钱的人。学徒期满并不能保证在这个行业找到工匠的职位。从几个方面来说,这都是对学徒制度的一种滥用。容许不付工资的童工做成年人的工作,没能保护或控制进入该行业的门槛,最终导致一部分熟练工匠失业,这只是对工厂主有利。如果三条石地区历史更长或有一个更强大的行会组织,这种做法就很可能会激起工匠组织的愤怒。②

---

① 天津史迹调查队三条石早期工业资料调查组编:《天津市三条石早期工业资料调查》,第九部分,第4页。几家工厂的学徒与工人的比率如下:

工厂	年代	学徒	工人	比率
全盛德机器厂	1920	40余	1(掌柜)	40比1
郭天祥机器厂	1940	160余	40余	4比1
瑞和成机器厂	1945年后	20	1	20比1

　　有关北京的学徒工,参见朱积权(C. C. Chu)、包立德(Jr. Thomas C. Blaisdell)《北京地毯与北京童工》("Peking Rugs and Peking Boys"),《中国社会及政治学报》特别增刊(Special Supplement to Chinese Social and Political Science Review),1924年4月,[美]步济时:《北京的行会》,第166—167页引用;[美]西德尼·甘博(S. D. Gamble)、步济时:《北京社会调查》(Peking: A Social Survey),纽约(New York),1921年,[美]步济时:《北京的行会》,第167页引用。

② 采访刘炳文;天津史迹调查队三条石早期工业资料调查组编:《天津市三条石早期工业资料调查》第九部分,第4页;[美]林德·谢弗:《中国工人阶级》,第462—463页;[美]步济时:《北京的行会》,第167页。

不过，仅仅用成本、效益无法解释学徒体制为什么能一直延续到解放。毕竟学徒工也需要膳食和衣服。他们也不如有经验的工人那样技术熟练，如果有关他们的年龄和普遍身体差的描述是准确的话，他们的生产效率当然不高。与他们有关的事故，不管是导致财产损失还是人员伤亡，都可能是代价很大的。如果天津真的存在劳动力过剩，雇主们为何不采取更好的办法，按照市场的支配低薪雇佣熟练工人？

部分答案很可能在于传统行业组织是建立在"关系"之上的。三条石工厂始于三五亲戚或乡邻结伙从事流动金属加工业，他们依靠彼此之间的关系维持自身的生存——工厂主之间、工厂主与老乡之间，并扩及雇主与学徒之间—— 一直到解放。许多工厂主并不认为他们有家长的责任照顾年轻的学徒，与学徒常常只是一种遥远的关系。不过，学徒制度由于使用了保人和介绍人，使得获取劳动力的方式与没有人情味的"自由"劳动力市场大相径庭。它给雇主提供了一种可靠的劳动力来源，这种来源通过可能比他的工厂存在还要久远的社会关系对他负责。它使得劳动力招聘成为参与其中的每个人都早已熟悉的关系的一种延伸：亲戚、邻居、朋友的朋友。

对学徒而言，这种方式为那些经济困窘的家庭提供了一种可能至关重要的安全保障。尽管学徒不能在经济上为他们的家庭做出贡献，但他们离开家庭也减轻了家庭的负担。那些学徒期满后成功找到工作的人，有望将来成为一个有技能的工人，为家庭做出贡献。在一个工人很少识字的行业，技能只能通过口头和观察来传授，当学徒是学习的唯一途径。而且，虽然学徒工因为工作和生活条件常常苦不堪言，但是大多数人只能待在那里。正如陈文炳所表达的："真的很艰难，但我又能怎么办呢？除了帮我找到这份工作的亲戚，我不认识其他任何人。我也没地方可去。我也不懂其他行业。他告诉我三条石的生活很艰苦，而家里又无法生活，于是我就来了。无论如何你要挣钱糊口，你可以勉强度日。"①

工匠的生活

在许多方面，三条石熟练工人的生活与学徒工没有多大不同。和学徒工一样，工人们住在工厂里建得很不牢靠的吊楼上或车间里，睡在满是跳蚤和虱子的床铺上。和学徒工一样，他们一年330到360天都工作在"厂屋狭小，光线黑暗，空气窒塞，工作室中煤之熏腾，什物之杂乱，尘埃之飞扬"的环境中，而且常常是"囚首丧面如失其固有健康者"②。工人们吃的可能比学徒稍好些，不过如果工厂状况不好（日本人占领和解放战争期间常常这样），每个人都很可能吃玉米面甚至更粗糙的粮食。工人们可以比学徒早睡晚起一些，不过在这个行业，每天工作11到12个小时是正常的，而且工作又脏又累。③

---

① 采访陈文炳。
② 鲁荡平：《天津工商业》，天津：天津特别市社会局，1930年，第8章，第1—4页。
③ 1929年对三条石工厂的调查表明，每天工作13到14个小时是常见的。曾铁忱：《天津之机器业》，第4—7、26—29页。1935年对天津机器制造和铸铁工厂的一份调查发现，它们的工作时间如下：在142家工场中，18家每天工作11小时，40家每天工作12小时。11家铸铁工厂每天工作14小时。邓庆澜编：《天津市第二次工业统计》，第101页。北京地毯工人工作时间相同。参见朱积权、包立德《北京地毯与北京童工》，第24页，载［美］步济时《北京的行会》，第161—162页。

但是,工匠生活在两个方面与学徒有很大不同:工匠赚取工资,他们还可以调动工作。由于他们住在工厂不用付住宿费,所以一旦学徒期满,经济状况就会显著改善。正如刘炳文所说的,他当学徒时,"甚至连两件衣服都没有。我就像个乞丐。当我们成为工匠后,就可以给家里寄点钱……我的学徒期满了。我有了一门手艺。我挣6块钱。有的人可以挣到8块"①。

三条石的一名熟练工匠的收入还无法将妻子和孩子带到城里生活。② 几乎毫无例外的是,工人与在乡下老家找的妻子结婚,每年回去探亲一次,婚后继续住在工厂里。正如陈文炳所解释的:"我们(他和刘炳文)都是解放后结的婚,因为在这里你无法找到对象。我们从天津以外来的,工资低,无法养家。永茂公的人大多来自农村。一些人结婚了,一些人没有。他们都是在合适的时候结的婚。不过,他们是回乡下结的婚。"③

如果工匠将妻子带进城,他们一家就必须租一间房,即使他本

---

① 采访刘炳文。

② 已有的三条石工厂工资的数据非常分散,前后不一致,无法对它们进行系统的分析。1929年的调查计算出,一名机器工人每月平均工资为11元,根据技能的不同,工资从1元到45元不等。1935年对天津142家机器制造和铸铁工厂的调查得出,机器工人和铸铁工人每月平均工资分别为9元和8.5元。其他的调查所提供的对平均月工资的估计,上下相差大至10元。每次调查的工厂数量和地点各异,而计算平均工资的方法也常常没有任何解释。此外,我们从采访记录得知,在工厂里,根据每个工匠技能的不同,工资差异很大。最后,新年奖金和其他节日馈赠在天津几乎所有工厂和行业都是通行做法,是工人每年收入的重要组成部分,但是在多数调查中都没有提到。因此,依靠工人对自己经济状况的叙述似乎比依靠看似可靠的工资数据更有用。在这方面,三条石工匠的婚姻状况提供了重要线索。曾铁忱:《天津之机器业》,第24页;邓庆澜编:《天津市第二次工业统计》,第88页;鲁荡平前引书;王清彬等:《第一次中国劳动年鉴》,第242、582页;采访马云龙。

③ 采访陈文炳。

人仍留在厂里。妇女要么待在家里，要么也许能在一家出口加工企业找份低收入按日计酬的临时工作。相比之下，留在家乡的妻子可以种地和奉养工匠的父母一家，而工人可以每月给他们寄一笔补贴。

这种安排也可以使家庭免遭突然的失业带来的冲击。尽管有些技艺高超的工匠或与雇主有亲密家族关系的工匠可能在一家工厂干上许多年，但是相当多的工匠都调换过工作。陈义和、陈文炳和刘炳文三个人，从 20 世纪 40 年代初学徒期满到 1949 年，每个人都曾在两个不同的工厂上班。有时他们为了更高的工资而调换工作；有时他们因为工厂关闭或缩小生产规模而被解雇。到过年时，三个人都要回老家，陈文炳和刘炳文在调换工作期间回家居住并帮父母干农活。如果他们在城里有家人，这样频繁调换工作可能意味着经济灾难；虽然如此，这在一个工人平常的生活中也只不过是件小事。

三条石工人的精神世界

大部分工匠仍将乡下称为家并经常回到那里，这一现实以及三条石生活的不稳定，都使得他们不把自己看成城市居民。与学徒工不同，他们没有被关在工厂里，不过，他们对城市生活的参与仅限于偶尔放假时，这时他们会去澡堂、逛鸟市、听评书、看地方戏或到当地红灯区寻求满足。在 20 世纪 20 年代，普乐大街有餐馆、鞋店、上演各种大众戏曲的戏院和许多妓院。虽然这一地区的娱乐是为了满足官员和军阀的需要，但是工人们也可以到那里消遣。

在那条街大部分毁于火灾之后,附近的新乐大街取而代之成为娱乐区。一家电影院、两家餐馆,以及一家上演本地大鼓书的茶馆让这个地区增色不少。马云龙和其他工厂主每月发给每个工人两张当地的澡堂票。①

但是,一般来说,工人们不管是醒着还是睡着都在工厂里度过,也不寻求与工作场所之外有何瓜葛。尽管他们在城里谋生,他们的志向仍然在乡下老家。"天津的生活是比乡下好,"马云龙解释说,"你在城市工作得到报偿。你可以回到乡下,买些地,成为富人。"②他们一心想的是家乡,同时又有要求他们每天长时间的工作,这使得他们无法与城市的任何机构形成持久的关系。显然,他们只有很少的渠道,通过亲属关系或同乡关系,与其他行业的工人阶级建立联系。或许这种孤立因为他们共同的籍贯且集中在城市某个区域而被进一步强化。三条石工人一直封闭在车间这个狭小的世界里。

也没有哪个宗教团体或是秘密会社闯进三条石的世界。陈文炳回忆永茂公铁厂有几个工人是天主教徒或基督教徒。一些工人烧香拜佛。他们听说过一贯道,一个颇为流行的宗教教派(见第六章),但他们把它看成日本人的组织,没有人参加。③ 在陈义和的厂里,一贯道受到一些人的欢迎,因为"在日本人统治时期,参加道门流行一时。在一贯道的人会得到人身保护。我们厂有几个人也参加了。他们供奉八仙"。可是,他的一番话可以代表多数人的态

---

① 采访马云龙。
② 采访马云龙。
③ 采访陈文炳。有关纱厂中的一贯道,参见第六章。

度："穷人不管信什么，都不管用。只有相信有足够吃的才是真的。"①

当三条石工人感到雇主不让他们吃饱时，他们就会采取行动。不过这种行动并不是后来人撰写的厂史里歌颂的那种很引人注目的自觉行动。学徒工们最常见的抗议方式是逃离工场。陈文炳记得："如果学徒工不想继续在那工作，首先他会让人给他安排另一份工作，然后在夜里跑掉。"那些被抓住的会被毒打一顿，不过许多人都是离开天津回到自己的家乡，所以他们很少被抓住。②

至于工匠，由于天津大多数工厂规模都很小，加上就业长期不稳定，工匠很难组织罢工。雇主经常与工匠一起劳动，夜里也睡在工场里。陈文炳说得简单明了："我们不能罢工。如果你罢工他们就会开除你。"由于这个原因，抗议仅限于怠工，当地俗称"泡蘑菇"。在陈义和的厂里，一个工头早晨会起得比工人还早，他叫醒每个人起床工作后就会回去睡觉。筋疲力尽的工人想出一个简单的办法来对付这种情况："当他不在周围转悠时我们就不努力干活。"③

一个对自己的能力很有把握的工匠会更直白地表达自己的不满，并大胆相信他的优势足以让他得到他想要的："如果你觉得不满意时你就别干活。工头和资本家能看出来。他们就会找你。你

---

① 采访陈义和。
② 天津史迹调查队三条石早期工业资料调查组编：《天津市三条石早期工业资料调查》第十部分，第4页；三条石档案，A2(10)；采访陈文炳。
③ 采访陈文炳；天津史迹调查队三条石早期工业资料调查组编：《天津市三条石早期工业资料调查》第十部分，第4页；采访陈义和。

就说:'我赚的钱太少。'有的人会被开除。有的则被加了钱。"①马云龙知道总有其他村的男孩渴望在天津找工作,就对不满的工人说:"三条腿的蛤蟆难找,两条腿的人有的是。"他对那些技能高的工人心里有把握,知道有技能的工匠总能在三条石找到工作,就会反唇相讥:"此处不养爷,自有养爷处!"当然,学徒工就没有讨价还价的资本。②

另一种应对无法忍受的工作状况的方法是偷一点原料到黑市倒卖,或者是把工具毁坏或隐藏起来以拖延工作进度。③不过,工人们不会将这种方法用得太过分。这与纱厂的情况不同,由于纱厂太大,小偷小摸造成的经济后果不会马上显现出来,而小小的铁工厂和机器工厂常常是经济困难勉强度日,偷盗与企业损失之间的联系显而易见。并且,正如陈义和所说:"到这家厂来的人都是为谋生而来的。没有人想让它关张。"④

日本人投降后,共产党曾在天津有一段短暂的公开活动时期。接下去几年,国民党重新控制天津,共产党又积极组织地下活动。不过,共产党并没有在三条石进行什么特别的组织工作。三条石属于天津市党委的"市民"股,而不是"工业工作"部。

与此同时,重新组建的社会局努力让全天津的工人加入政府组建的工会。具有讽刺意味的是,正是国民党政府的这次努力导

---

① 采访陈文炳。
② 采访马云龙。
③ 天津史迹调查队三条石早期工业资料调查组编:《天津市三条石早期工业资料调查》第十部分,第3—4页。
④ 采访陈义和。

致了三条石唯一一次有记载的大规模工潮。冲突开始发生于1947年春天，当时工人每月挣5万元，而一担小米的价格是3万到4万元。德和铁厂的工人要求涨工资，其中有几个人被开除。这些积极分子想继续在厂外组织工会，并联系了市工会理事长王书阁。130多名工人参加了这个工会，6月，当雇主反对他们这样做时，他们进行了两周的怠工活动。在与工厂主和军法处发生了一系列冲突之后，社会局介入调解。到当年年底，工人们成功地建立了工会计划委员会，他们的工资提高了，但运动领导人全部被开除或离开工厂。①

　　这次怠工是政治和经济异常混乱时期的产物，即使在整个天津也是这样。有关这次怠工进展的具体情况并不清楚，主要的活动分子也一直没有找到，有关他们在斗争中所起的作用也没有做过采访。但是，它作为这个地区历史中很不寻常的事件格外引人注目；它绝不代表三条石大多数工人的典型经历，也不反映他们正规组织所达到的程度。与大部分天津小手工业或半机械化工厂中的工人一样，三条石工人并没有远离与家乡和家庭的传统关系。在三条石找到或维持一份工作，或者应对还没有找到工作的那段时间，都要依赖于这种传统关系，而不是在工作中建立的新关系。

---

① 天津史迹调查队三条石早期工业资料调查组编：《天津市三条石早期工业资料调查》第十部分，第6—11页。

结　论

三条石很显然缺少任何社团活动。三条石地区的生活没有被任何宗教的或政治的运动打乱，似乎有一种非历史的性质。1948年该地区比1927年规模更大，经济上更加困难，但实际上并没有什么不同。工人们依旧是断断续续地进厂、工作和离开，却从没有定居下来，使三条石形成一个天津工人阶级的居住社区。

天津铸铁工人和机器制造工人的沉默是该地区短暂而又动荡不宁的历史产物。三条石雇主与工人之间的关系表现出许多"经典的"前工业化特征。明确规定双方责任的学徒制度的存在就是这种特征之一。血缘关系和同乡关系成为雇佣过程中的决定因素是特征之二。工作和生活环境合为一处是特征之三。即使在马云龙与他的那些可以自由离开、其技能可以自谋生计的熟练工人之间，传统关系的影响力依然会将雇主与工人连接在一起。这种关系的存在以及工厂主直接参与生产并住在工厂里，都可能非常有助于缓解冲突和加强工厂的团结，这种团结将工厂中的每个人包括进这种关系，而不是按阶级界限来表达这种关系。

然而，自相矛盾的是，工厂中的阶级冲突（或者缺乏阶级冲突）也是由其他传统的薄弱造成的。三条石是由他们自身也是城市外乡人的企业家运营的一个新区。他们不用依靠行会来保护或规范他们自己。在其他城市，行会有时会卷入与政府的冲突中，或者扣押他们工厂的产品以便获得更好的谈判条件。① 三条石的行会直到 20 世纪 30 年代末才成立，它们充当政府的代理人而不是代表工厂与市政当局打交道。行会的软弱使它无法成为金属加工行业在一个掠夺成性的城市中谋求生存的强有力的手段。

这个软弱的行业反过来又无法给工人提供保护与应有权益，或许还有在强大的行会系统下可以感受到的同业意识。三条石的工匠们从没有以个人成员的身份加入行会。他们从没有亲身体验过被行会规章和宗教惯例合法化的城市手工业传统，这些本来是他们应该保卫的东西。在这方面，他们与北京的同行不同，和欧洲的同行也不同。例如，在 19 世纪的马赛，工人阶级的抗议被工匠们左右，他们比其他行业的工人阶级掌握更多的信息，有更多的组织经验，承担更多的义务，而且不受物质极端缺乏的影响。天津则没有上述这些条件。一旦三条石的工匠们的生计受到威胁，他们就不再扮演他们欧洲同行那样的激进角色，而是纷纷离开这个地区。② 最后，在一个经历了经济压力和政治剥夺双重破坏的地区和城市，雇主和工人都没有多少空间来获得更好的工作条件。这两个群体的目标都是生存，影响他们生存的外部威胁将他们推到了一起而不是推开。

三条石是不利于天津工人阶级形成的诸多因素的集合体：缺

---

① ［美］步济时：《北京的行会》，第 31、205 页。

② ［美］步济时：《北京的行会》，第 175—185、211 页。在对马赛工人的研究中，休厄尔发现，工匠们的激进源于"扩张的危机"，外来移民的加入改变了与之紧密相连的传统文化占支配地位的行业。三条石不存在这种类型的传统城市劳动文化。这个行业的每个人都是移民，他们随身带入城市的乡村社会关系抑制了抗议的发生。［美］小威廉·H. 休厄尔：《19 世纪马赛社会变迁与工人阶级政治的出现》。

乏劳动力的明确分工,缺乏能明确表达意愿的阶级形成的前提条件;雇主与工人都与农村一直保持着联系;薄弱的手工业传统;城市大环境经济与政治的不稳定。尽管劳工关系并不和谐,但是在三条石和天津的许多小工厂里,将雇主与工人结合在一起的因素仍比将他们分开的因素更加不可抗拒。三条石工厂中的关系(与整个城市的手工工业一样)显示出一个上升的资产阶级与一个新生的工人阶级之间的互动,不过两者都尚未完全形成。

第五章　赢得地盘：运输工人

　　天津的运输工人和控制他们的行会有两百多年的历史，在天津工人阶级形成的过程中，是资历最老也是最重要的参与者。天津靠贸易生存：五条河在这里交汇，天津是大运河的重要枢纽，也是来自华北和西北的货物输出海外的装运地、外国进口和来自上海的货物的输入地，以及两条铁路线在北方的主要车站。运入、运出或在城市内移动的货物，要靠人力大军搬运，这部分人可能占城市人口的十分之一，远远超过了工业制造业的工人数量。

　　运输工人分为几种：在高度组织化的脚行中工作的货物搬运

工、按天租车的人力车夫和三轮车夫①以及在河边找一些零散卸货活计的临时工。脚行工人是其中历史最悠久，也是人数最多、最具争议性的群体，也是唯一保留了充分资料、能够让后人对他们的历史进行部分重构的群体。②

　　本章研究的对象仅限于那些主要在天津的码头、火车站或仓库和工厂靠体力搬运货物的搬运工人，同时也顺便谈及那些虽然

① 人力车夫虽然没有组织行会，却是天津工人阶级的重要组成部分。他们的数量在 1935 年估计为 45 000 人，1946 年为 73 000 人。大部分人力车夫买不起自己的人力车，而是从车行租车，按天支付车租。车行要支付九种运输税——每个区和每个租界分别缴纳，因此车夫可以在整个城市自由拉客。作为回报，车行收取的车租，有时超过车夫一天拉车的收入。有关车夫人数和他们的租车合同，参见邢必信、吴铎、林颂河等《第二次中国劳动年鉴》第 1 卷，北平：社会调查所，1932 年，第189—190 页；万心权：《天津市税捐概况》，第 1—4 页；《北平日报》，1935 年 4 月 18日；《劳动季报》第 5 号，1935 年 5 月重印，第 137 页；程海峰：《北平、天津与济南之行，1935 年 5 月 21 日—6 月 14 日》(Visit to Peiping, Tientsin and Tsinan, 21 May–14 June 1935)，C1802/3，日内瓦国际劳工组织档案 (ILO Archives, Geneva)，第 14 页；亚洲发展研究所华北联络局政治事务办公室 (Koain Kahoku renraku)：《华北劳工问题概述》(Kahoku rodo mondai gaisetsu)，出版信息不详，1940 年，第 92 页；《华北劳动》第 1 卷第 1 期，1946 年 1 月，第 14 页。

② 对历史学家而言，搬运工人一直是天津所有劳动阶层中最难以捉摸的。1947 年一位记者这样评论道："写脚行的事情是一件相当困难的工作，并不是因为他的历史的久远和现状的复杂，而是因为一切的文件对此都毫无记载，找不到任何参考材料。"《天津市脚行简介（一）》，《天津市周刊》第 2 卷第 2 期，1947 年 3 月 15 日，第7 页。该文的作者通过采访脚行成员弥补文字材料的不足，不过这种研究方法没有再继续。1949 年后，这个行业被彻底重组，许多搬运工人转到其他行业。和其他的工人阶级一样，搬运工人在 1949 年后通过编写故事和演出戏剧有了他们的历史，其中脚行头子残酷压迫他们雇用的搬运工人。例如，天津市京剧团改编的《六号门》(天津：百花文艺出版社，1965 年)，对 1948 年发生在天津货运码头的一次罢工做了理想化的戏剧式描述。工人们积极参与了这个戏剧早期版本的写作和表演，在演出中保留了许多天津工人阶级语言特色。有关这场戏剧演出的历史和主要演员，参见《天津日报》，1980 年 8 月 2 日，第 4 版。

不是行会成员，但也靠自己的体力运送货物的人力车夫和三轮车夫。而那些操作电动机械的工人，如电车司机和铁路工人，没有包括在内，原因是他们的工作组织完全不同于"传统"行业，并且他们（如铁路工人）在城市间的流动意味着他们与以地区为基础的、更激进的那部分工人阶级关系更为密切，值得另作专门研究。

脚行是 1949 年前的天津最令人生畏和最让人鄙视的组织。他们很戒备地控制着各自的地盘，只允许自己的脚行成员在界内搬运货物，"通过对商人采取威胁和暴力手段、贿赂和讨好当局，通过欺骗并偶尔使用野蛮手段，维持这种垄断"①。一首天津民谣将他们和其他一些群体置于社会的底层：车船店脚牙，无罪也该杀。②

支付给搬运苦力的报酬，高达八成被脚行把头克扣。脚行把头凭借其青帮成员的身份，强化了他们对苦力的权力。青帮组织成员既包括脚行把头也包括工人。暴力和暴力威胁是搬运行业的生存方式，脚行把头用暴力来对付他们的对手、主顾和工人，工人们之间也用暴力彼此应对。搬运业这种根深蒂固的地盘和暴力文化意味着工人们为了生存必须与实力强大的脚行把头形成纵向联盟。和三条石的手工匠人一样，搬运工人也要依靠"前工业的"庇护人—被保护人纽带生存。不过，与三条石的铁业工人相比，他们

---

① ［美］李侃如（Kenneth Lieberthal）：《天津的革命与传统，1949—1952》，第 22 页。
② 采访徐景星，1981 年 5 月 10 日。

与更庞大、更具有流动性的非家庭式职业组织——脚行密切相关。①

脚行的形成

脚行是天津发展成为商业中心的一种副产品。天津发展的三个主要因素也是脚行得以形成的三个原因:交通便利、邻近首都以及周边地区盛产棉花和其他土产。②

明末清初,政府官员频繁经过天津往返于京城。给他们抬轿子和搬运行李的是天津当地的穷人,被称为"伕子"。与此同时,居住在天津的南方商人将广货还有糖和纸输入天津,在他们的推动下,天津与南方的商业运输发展起来。搬运这些货物的人,活跃在

---

① "transport guild"一词是汉语"脚行"不准确的译法,其实按字面翻译应是"脚下的行业"。很遗憾的是,字面翻译无法表达一种具有高度组织性和规矩严格的团体这样的含义。李侃如(《天津的革命与传统,1949—1952》,第22页)将它译成"coolie association(苦力协会)",不过脚行既不是由苦力组成的,也不是建立在自由或平等联合的原则基础之上的。尽管在某些方面脚行与典型的有组织的中国行会不同(如,他们没有学徒制度),但是他们符合步济时对地方性协会的一般描述:"手工匠人、商人或专业人士组织起来,目的是促进他们的共同利益,主要是经济利益和共同保护他们的成员所从事的技艺、行业或职业,制定规章和措施要求以此为目的的成员们遵守。"[美]步济时:《北京的行会》,第19页。
② 以下有关脚行历史的讨论,除另行指出外,主要基于两种资料来源:一是1947年分两部分发表的有关脚行的研究文章:《天津市脚行简介》(一),第7—8页;《天津市脚行简介》(二),载《天津市周刊》第2卷第3期,1947年3月22日,第6—7页。二是1965年发表的有关脚行的研究文章:天津市历史研究所资料室整理:《天津的脚行》,《天津历史资料》第4期,1965年10月1日,第1—29页,特别是其中第1—5页。

老城区和针市街附近一带。第三类搬运工人专门搬运粮食和盐，大都分布在海河东岸。

18世纪初，这三类工人逐渐组成了一个行会系统，每一帮工人可以获得政府的许可，垄断某一地区的搬运工作。每个地区都张贴有官方的通告，划定脚行垄断的范围，明确指定被授权的脚行。从康熙到咸丰年间，清政府通过颁发"龙票"或其他官方公告，批准脚行的垄断权。到了光绪年间，历任天津知县共颁发了11份命令认可脚行的这种特权。

脚行到底是如何形成的，这在许多方面都不是很清楚。有些资料认为，脚行先是自己划分了地段，后来获得了政府的认可，政府以此表明关心苦力的生计，或是作为对脚行服务社会的一种奖赏。① 其他资料则提到了同时存在的两种关于脚行兴起的说法：一种是政府扶植的，在每个城门都有办事处，成立的目的是解决官方交通问题，不过后来也为商人搬运货物；另一种是一些分布在河边的私人脚行。设在城门口而被称为"四口脚行"的官办脚行，后来被承包给了私人脚行，于是两种脚行从此融合在了一起。

脚行既是税收的来源，又是管理运输的手段。"四口"制度把脚行纳入不同的征税系统。税的征收显然委派给当地的商人。他们和中国各地的税收承包人的通常做法一样，即抬高税率，自己从中捞上一笔，因此遭到脚行的痛恨。这种特殊的征税制度一直延

---

① 《天津市脚行简介》（一）第7页提到，由于伕子负责为官员运送行李赚钱很少，于是官府准予他们独占某些地盘以保证他们有足够的收入。同一篇文章（第7—8页）还提到在太平军进攻天津周边地区时，脚行对维护公共秩序发挥了作用，意思是说，这或许也是官府授予脚行特权的原因之一。不过，官府对脚行特权的认可明显早于太平天国运动。

续到 1936 年。①

　　脚行从明末开始出现,一直到 1860 年天津开放为通商口岸,其运输方式和劳工组织模式都很简单。货物都是用扁担挑和手推车运输的。每一个地盘都有一个"伕子头",没有一个全城的脚行组织。伕子头用"喝个"的方法派人去干活——严格地按照轮流的原则呼喊苦力的名字以分派工作。不管谁出去干活,工钱必须上交给伕子头,并由大家一起均分。脚行将搬运的货物分成从船上搬运到货栈中的货(当地行话称"生货")和从仓库搬运到其他地方的货(行话称"熟货")。②

　　天津对外国贸易开放之后,海运规模大为扩大,租界沿河一带修建了新的码头区。那些因为建租界被拆迁的农民得到外国人的允许成立了脚行。③ 他们在海河两岸为轮船装卸货物。尽管人力搬运仍然广泛地使用,但是脚行已经开始使用马车,后来又引进了少量的汽车。劳工组织的方式有了变化:工人们通过抽取放在一个圆筒中的竹签来决定工作的顺序。和以前一样,每人只能轮到一次干活的机会,然后再开始新的一次轮班。脚行的规模大小不等,从一个把头管理的只有一两个苦力的脚行,到按复杂的等级关系组织起来的好几百人。

　　农民被迫拆迁和脚行形成的过程,同时发生在 1888 年至 1911

① "四口"制度的设立日期不详,它运行的许多细节也是如此。参见《天津市脚行简介》(一),第 7 页;天津市历史研究所资料室整理:《天津的脚行》,第 1—2 页。
② 《天津市脚行简介》(一),第 7 页。
③ 和中国的市政府一样,租界政府同样对设在租界内的脚行收税。安力夫:《天津市搬运工人工作报告》,北京:工人出版社,1950 年,第 2 页。

年天津最早修建三个火车站期间。政府给被迫拆迁的农民都发了
"龙票"，允许他们靠装卸货物谋生。车站附近的每个村子选一名
头目；多数脚行的名字是根据村名起的。① 20 世纪的前 50 年中，脚
行和搬运工人的数量持续增加，而这个行业的结构变化很少。脚
行要么专门在沿河一带从事搬运工作，要么就在车站或城内。

在天津交汇的五条河流沿岸分布着两种码头：稍微靠上游一
点的，主要装卸来自内地的民船运输的货物；在租界地区海河沿岸
的码头，则主要停靠装卸轮船。三个最大的轮船码头建于 20 世
纪，分别属于英国的太古洋行、怡和洋行以及中国的轮船招商局。
在 20 世纪，民船和轮船码头都很繁荣。"从大约 3 月 10 日到将近
11 月 20 日，"一位外国来访者在 1900 年写道，"搬运货物是人们看
到的最惹人注意的一种工作方式。"

> 河里挤满了河船以及许多拖船和驳船。满是船舶的河道
> 一直延伸到整个中国城区，其拥挤程度更甚于租界，拥挤的河
> 道总长度达到 10 至 12 英里。数以千计的苦力挤满了河坝码
> 头的来往通道，将商货从这些船上搬上和搬下。②

在繁忙季节，码头开放，每月有 50 个工作日（白班和夜班轮

---

① 有关火车站建设的具体情况，参见天津市历史研究所资料室整理《天津的脚行》，
　第 3 页。第四个车站建于日本占领期间。有关铁路脚行的形成，参见安力夫《天
　津市搬运工人工作报告》，第 2 页。
② ［美］诺赫·菲尔兹·德雷克：《天津地图及其简释》。

换,分别算一"天");在闲暇季节,码头每月有20天工作。①

在日本军队占领前,两个英国码头按月雇人,除了按月支付薪水,还提供食宿。中国码头则按天雇用工人。在日本占领期间,所有三个码头都被日本公司控制,战争结束后又重新归属他们原来的所有者。不过,不管谁经营这些码头或实行什么样的薪水制度,实际的雇用权还是掌握在脚行头子手中,他们和不同的码头所有者签订合同。一旦有船到达,工人们就会找脚行头子领活干;如果没有船来,他们就会到其他地方找活打零工。如果码头上的活儿不景气或劳动力过剩,码头主就会限制每个苦力往返船上和码头的次数。不过,如果需要卸货的船很多,劳力又不足,或者天黑或下雨,脚行就会提出收取更高的搬运费,并有权不受限制地搬运货物。只有当每个脚行的成员都有了活干,工头才能雇用临时工弥补人力的不足。②

在临近1949年时,天津共有84个码头,其中7个大型轮船码头,有4229名码头工人。码头脚行仅负责装船和卸船;至于货物在城市内的运输,则交给另外一些不同的货运脚行。③

---

① 中华全国总工会编:《搬运工人工会工作参考资料》,北京:工人出版社,1950年,第24页。

② 当夏季搬运繁忙季节赚钱容易时,棉纺厂工人被解雇或离开工厂之后,常常会来到河边受雇充当临时苦力。他们不是脚行的成员。在河边当苦力也是那些来自农村无亲无故的人们加入工人阶级的第一个阶段。

③ 中华全国总工会编:《搬运工人工会工作参考资料》,第24—25页;日本帝国驻北京使馆(Zai Pekin Dai Nippon teikoku taishikan):《华北运输业劳工调查》(Kahoku ni okeru kotsu unyu rodoka chosa),出版信息不详,1941年,第42—44、48—49页;安力夫:《天津市搬运工人工作报告》,第2页;张次溪:《天津游览志》,第206—207页;天津市历史研究所资料室整理:《天津的脚行》,第3页。

到 20 世纪 40 年代，内地的商货多数通过铁路运来天津。① 到 1949 年时，估计有 2419 名工人在城市的四个火车站装卸货物。他们分成在脚行把头监督下装卸货运车厢的黄帽子和为旅客搬运行李的红帽子。与其他铁路苦力相比，红帽子干活时的独立性更高一些。② 一个位于东站的大型铁路货场（1949 后有关搬运工人的一部京剧《六号门》，就反映了这个货场的工人生活）雇用了一千多名工人。③

第三类也是最常见的脚行是在城内拉运货物。不管是船舶还是火车运来的货物，一旦卸下后都要交由货运脚行运输。货场不能随便雇用苦力来为他们搬运货物，而必须利用控制这一地区的脚行。货场即使与当地脚行不和，也不能将它的业务随便交给其他脚行。尽管政府试图规范货物搬运收费，有势力的货运脚行仍向商人收取过高的费用。仓库所有者对脚行肆意高收费很是不满，但作为回报他们得到货物运输安全的保证。货物交由货运脚行搬运时，一旦发生丢失，脚行就要赔偿，因此他们很少丢失所搬运的货物或发生有计划的偷窃。④

---

① 薛不器：《天津货栈业》，天津：新联合出版社，1941 年，第 101 页。
② 有关铁路脚行的描述，参见天津市历史研究所资料室整理《天津的脚行》，第 3 页；亚洲发展研究所华北联络局政治事务办公室《华北劳工问题概述》，第 102—103 页；中华全国总工会编《搬运工人工会工作参考资料》，第 27—31 页。
③ 天津市历史研究所资料室整理：《天津的脚行》，第 3 页。
④ 码头脚行搞"大抓"，意思就是偷盗一部分他们搬运的东西，实际情况并不总是如此。20 世纪 40 年代末，脚行把头利用他们与军警的关系，一次"抓"了高达几亿元（这里指的是贬值后的法币。——译者注）的货物，据称一些轮船不敢在天津卸货，转而前往大沽或秦皇岛。《天津市脚行简介》（二），第 6—7 页。有关脚行和货栈业的讨论，参见薛不器《天津货栈业》，第 101—102 页。

一些拉货的脚行以分包的方式专门给某几家工厂装卸货物。[①] 还有一些脚行,除了提供搬运服务,还充当一般的劳工分包人。例如,一家美国公司 1923 年开的一家大型锯木厂,就是完全通过一个脚行的把头雇用临时工人充当员工。他们把工钱付给把头,把头再把钱分给工人。[②]

中华人民共和国成立前夕,天津有各种脚行 227 家,把头 3032 名。共有 6 万到 7 万人靠搬运业为生。[③] 不管是在码头还是火车站,或是城市的商业区和工业区,这些脚行的组织是由传统确定的。它们由一帮世袭的把头操控,这些把头通常被称为"在签的",他们管理着苦力劳工并从他们的劳动中获利。脚行普遍有一套成熟的行为规范,这套规范的形成与脚行和 19 世纪的混混儿以及 20 世纪的青帮成员的联系有关。

---

① 中华全国总工会编:《搬运工人工会工作参考资料》,第 5 页。多数工厂都利用这些脚行。一些需要苦力在厂内搬运货物的大工厂,如裕元纱厂,雇用苦力劳工的方式,是每天早晨向拥挤在厂门口的苦力撒一把有编号的签,然后雇用那些成功抢到这些签的苦力。有关这个过程,参见方显廷《中国的棉纺织业与棉花贸易》第1 卷。

② 阮渭泾:《美商大来洋行在中国的掠夺》,第 10、14 页。

③ 脚行及其把头的数量,来自天津市历史研究所资料室整理《天津的脚行》,第 3 页;搬运工人的总数来自《天津市脚行简介》(二),第 6 页。1947 年 6 月社会局所做的一次调查,得出运输工人 64 955 人,人力车夫和三轮车夫共 30 601 人,码头工人1105 人。这些总数每次调查差别都很大。天津市政府统计处编:《天津市主要统计资料手册——第 2 号:工商专号》,第 8 页。有关 1946 年主要脚行名单,参见天津市历史研究所资料室整理《天津的脚行》,第 8—14 页;1947 年主要的脚行,参见《天津市脚行简介》(二),第 6 页;有关第二区解放时对脚行更详细的调查,参见中华全国总工会编《搬运工人工会工作参考资料》,第 7—9 页。

剖析脚行

"在签的"

脚行把头持有的"签"既是从事搬运业的许可证,又是在某个脚行持有的股份。这些签的起源不明,不过显然涉及政府授予的对某块地盘的垄断权。这种权利有的可追溯到康熙时期(1662—1722年)。签可以被继承、典当或者转卖给其他持有签的人。[①]

签被小心地保护,因为它们是一个男人和他的后代生计的保证。持"活签"或"红签"者不必直接参加搬运货物这样的体力活儿,但是经常要参与监督劳动和账目管理的工作。"死签"或"黑签"签发给那些在脚行争夺地盘的争斗中受伤的,或者是那些在争斗中死亡的脚行成员的被赡养人。他们有资格分享脚行赚取的利益,即使他们根本不参加搬运工作。另一类从持"红签"者当中抽选出来的人,在抢占地盘的争斗中组成敢死队;一旦受伤,他们就变成了持"黑签"者。在签者有工作保障,并有权随意赶走不在签者。[②]

[①] 《天津市脚行简介》(一),第8页。有关一些脚行的悠久历史,参见天津市历史研究所资料室整理《天津的脚行》,第7—8页。有关买卖权,参见安力夫《天津市搬运工人工作报告》,第3页。

[②] 《天津市脚行简介》(一),第8页;安力夫:《天津市搬运工人工作报告》,第3页;中华全国总工会编《搬运工人工会工作参考资料》,第6、19—20页。脚行工人或那些不在签的人也要参加争夺地盘的争斗。

所有在签的都被看成脚行的把头，不过在把头中有一些小的差别。大脚行有一个"总头"，统领着级别低的把头。后者分别是负责雇工人的、管车的和记账的。在他们的下面是"站街"，负责巡查和监督工人，也要监视界内商家，不准他们私自搬运自己的货物。

天津一些大的脚行被分成自己可以直接组织工作的分支机构，不过它们必须将收入的一半交给总脚行。其他的则实际上是小脚行的联合体，每个小脚行都可以根据其大小要求从收入中分得一定的份额。小脚行都有比较简单却又相似的组织结构。在码头，外国公司和中国公司都和脚行签订承包合同以获得劳动力，脚行把头则为总承包人、分包人和工头。①

大脚行的把头常常将从运输业中赚到的大量收入投资到其他经济领域。在日本占领期间，三个轮船码头的总把头一个月的收入超过2000元。这笔财富以及其他类似的收入，都被投入房地产、布庄、造纸厂、澡堂、首饰店、货栈、银号、旅馆、戏院、妓院，还包括由舞女和妓女提供娱乐的挥霍的生活方式之中。②

运输业上层的个人生活方式与城市商业精英没什么两样。他们与政界精英也过从甚密。相比之下，小把头们的日常生活与那些他们雇用的苦力——那些不在签的，完全没有什么区别。

① 天津市历史研究所资料室整理：《天津的脚行》，第7页；安力夫：《天津市搬运工人工作报告》，第3页；中华全国总工会编《搬运工人工会工作参考资料》，第6、19页。有关两种脚行结构的研究，参见中华全国总工会编《搬运工人工会工作参考资料》，第19—22页。

② 天津市历史研究所资料室整理：《天津的脚行》，第17—18页；安力夫：《天津市搬运工人工作报告》，第4页。

"不在签的"

工人们不享有脚行把头们所享有的世袭权利或收入保证。苦力们被雇来完成两种工作：一种是拉车或驾车，一种是货物的装卸和过秤。[1] 对这些工人的社会来源，人们知道得很少。[2] 和工匠及工厂工人不同，他们大多是天津本地人。[3] 所有的这类工人都是男性，超过一半年龄在 25 到 45 岁之间；这显然是一个需要成年人的

---

[1] 《益世报》，1948 年 8 月 4 日，第 5 版。

[2] 现存两份有关天津运输工人的调查。第一份调查是 1941 年由日本驻北京使馆进行的，包含对华北运输公司雇用的工人的好几份样本（样本大小不同）。这些工人实际上是由运输脚行以分包的方式向这家公司提供的。第二份调查是由运输工人工会于 1949 年 9 月完成的，它包括从货物搬运工、人力车夫、码头工人、铁路工人和三轮车夫中随机取样的 2175 名工人。尽管这些取样的代表性无法评估，但它们是关于工人阶级中最难以捉摸的那一部分的唯一数据，所以这里还是将这项调查结果包括进来。这个群体在 19 世纪末 20 世纪初的社会特征很可能与下面总结的不同。1941 年的数据可以在日本帝国驻北京使馆的《华北运输业劳工调查》中找到，1949 年的数据可以在中华全国总工会编《搬运工人工会工作参考资料》中找到。

[3] 在 1941 年调查的天津火车站 1083 名运输工人中，62% 来自天津本地，其余的大部分来自附近各县。见日本帝国驻北京使馆《华北运输业劳工调查》，第 233 页。在 1949 年的调查样本中，只有 20% 的货物搬运工、34% 的码头工人和 15% 的铁路工人将他们此前的职业填写为"农民"。李侃如将此解读为这些工人大部分来自城市。不过，他没有注意到，在同一样本中，很大一部分人此前的职业是产业工人（分别是 32%、39% 和 7%），并且这些人中有许多可能出生和成长于农村，来到天津的工厂，然后被解雇并被迫寻找工作做苦力。参见李侃如《天津的革命与传统，1949—1952》，第 33 页；中华全国总工会编《搬运工人工会工作参考资料》，第 44 页。

体力和耐力的行业，不能雇用童工。① 多数搬运工人是文盲。② 大多数人已婚，已有的少量资料显示他们的家人通常和他们一起住在城市内，这与许多工厂工人及手艺人的生活方式形成对照。③ 尽管有资料显示在家庭构成方面，搬运工人比其他工人年龄更大，更加稳定，但是他们以社会的流浪者而出名。一份 1942 年的报告谈道，许多码头工人都是干了"坏事"逃离家乡的人，他们会定期地不断变换工作。④

很难对搬运行业的真实流动率做出估计，因为搬运工人尽管被同一脚行雇用几年，但是又被该脚行分包出去，不断地变换工作。例如，1941 年的调查报告发现码头工人的流动率高达 75%，该报告是从华北运输公司的角度而不是脚行的角度写的。工人们可能会受雇于同一个脚行，为许多不同的公司搬运货物，因此这个数字可能无法准确地表明其流动率。⑤

---

① 1941 年的调查，调查了 1543 名工人的年龄，其中 56% 的人年龄在 25 至 44 岁之间。在 1949 年的调查中，59% 的货物搬运工、63% 的码头工人和 62% 的铁路工人的年龄在 26 至 45 岁之间。日本帝国驻北京使馆：《华北运输业劳工调查》，第 243 页；中华全国总工会编：《搬运二人工会工作参考资料》，第 42 页。

② 1941 年的调查，在 3086 名工人的调查样本中，确定识字率为 13%。在 1949 年的调查样本中，货物搬运工的识字率是 64%，铁路工人是 54%，码头工人是 86%。日本帝国驻北京使馆：《华北运输业劳工调查》，第 246 页；中华全国总工会编：《搬运工人工会工作参考资料》，第 45 页。

③ 1941 年调查的 1586 名工人中，93% 的人已婚，82% 的人与家人一起居住。1949 年的抽样调查中，已婚的货物搬运工、铁路工人和码头工人的比例分别是 73%、63% 和 79%。日本帝国驻北京使馆：《华北运输业劳工调查》，第 242 页；中华全国总工会编：《搬运工人工会工作参考资料》，第 44—45 页。这些调查还提供了家庭规模的数据，不过无法从中得出明确的家庭构成模式。

④ 日本帝国驻北京使馆：《华北运输业劳工调查》，第 49 页。

⑤ 日本帝国驻北京使馆：《华北运输业劳工调查》，第 234—235 页。

多数运输工人原本在城市里的其他行业工作过(如做工厂工人、商人、小贩、士兵)，失业后干起了搬运工作。脚行工人几近职业层次结构的最底层，仅在工作更没保障的人力车夫和打零工的苦力之上。[1]

脚行工人通过付出他们的劳动所得换取工作的相对保证。脚行工人所得收入通常要少于顾客支付的搬运费总额的三分之一。其余部分直接被"在签的"搜刮走了，或者因支付车辆或马匹(都属于脚行把头)的使用费而被间接侵吞。除了支付这些费用，还有各种杂七杂八的费用，如"鞭子钱""车油钱"(为车辆加润滑油)以及警察勒索的"车底钱"。有的搬运工人的真正收入还不到搬运费的10%。[2] 剥削比例如此之高是导致搬运工人处于职业层级结构最

---

[1] 有关搬运工人调查样本中"此前职业"一项，参见中华全国总工会编《搬运工人工会工作参考资料》，第44页。同一调查提到，多数搬运工人来源于失业的工厂工人和手工业工人。在运输工人中，货物搬运工和铁路脚行工人在1949年赚钱最多。码头工人由于海运中断暂时陷入困境，不过他们的收入通常要好于三轮车夫和人力车夫。见中华全国总工会编《搬运工人工会工作参考资料》，第41页。1949年同一项对运输工人的调查明显显示，三轮车夫和人力车夫是收入状况最差的运输工人。尽管有些人只有在没找到更好的工作时才拉人力车，但是该项研究中调查到的人力车夫，年龄还要大于其他群体(几乎一半超过46岁)，并且许多人拉人力车已经超过20年。三轮车夫更有可能是临时性的。44%的人力车夫未婚，该项调查的作者将此归因为他们的收入太低。全部统计数据参见中华全国总工会编《搬运工人工会工作参考资料》，第41—45页。

[2] 有关各脚行把头剥削比例的讨论，参见天津市历史研究所资料室整理《天津的脚行》，第15页；中华全国总工会编《搬运工人工会工作参考资料》，第13—15、28页。

底层的另一个原因。①

　　1949 年前,在天津搬运货物是一项既繁重又危险的工作。1936 年,一位记者生动描绘了在码头从事搬运工作的苦力:

　　　　这里的人是多的,不大听得见有人说话,只听见各自喘气,哼哼唧唧地瞪着眼用力,脸上有汗,有泥,有突起的青筋,脖子上有被重东西磨得不知痛痒的皮。膀臂上的肉一条一条地突起来,表现出用不完的力。胸膛的肉是紫色的,有的人的心口部分还有一丛黑黑的毛,如果细看,胸膛口上还一跳一跳的,心像是要跳出来,血液大概周流得很快吧!

苦力扛着一大摞的木头、大米或面粉,沿着跳板走到河岸上。他必须注意保持平衡,否则就可能掉进河里。在所扛货物的压力下,"整个的身躯像一个弓,头和脚的距离,也就一尺多远"②。搬运工人的意外常常是致命的:"戈登堂附近有个仓库……稍微靠北一点,对着法租界……他们通常是将货物搬到河边装上驳船。我记得有一次面粉没有垛好,塌了下来,砸在工人身上,一些人被压死了。"③

----

① 1935 年,一位国际劳工组织的观察员评论说:"人力车苦力、码头工人和矿山的合同工比工厂的工人要悲惨得多。他们的薪水低,待遇差。……矿工和码头工人都受到包工头的剥削,而人力车苦力不得不从他们微薄的收入中为租用的车辆支付很高的租金。"程海峰:《北平、天津和济南之行,1935 年 5 月 21 日—6 月 14 日》,第 41 页。
② 《益世报》,1936 年 7 月 8 日,第 5 版。(应为第 14 版。——译者注)
③ 采访伊斯雷尔·爱泼斯坦。

对市内运输工人而言，混乱的交通使状况变得复杂起来。一位外国观察者在经历了一次穿越城市的痛苦旅行之后写道：

> 有轨电车线贯穿整个城市，随着通车距离一年一年地变得越来越长，电车成为方便生活的一种方式，同时也让交通变得更加危险。这些电车和新出现的各种汽车线路混在一起，需要制定限速法规，但是每个租界对某种交通工具的时速限制各有不同，大街上横冲直撞的电车和在人流拥挤的街道中随意穿行的汽车常常违反限速法规……再加上人力车和其他靠人拉拽的车辆。面对城市的这种混乱局面，即使最聪明的第五大道的交警也会慌了手脚！①

在这种危险环境下工作的脚行成员至少有这样的保障：他们知道一旦自己遭遇事故，工友们会照顾他们和他们的家属。

而那些临时被雇用的苦力，实际情况就不是这样了。二十世纪三四十年代的报纸刊登了许多临时工在河边搬运货物时被压死的报道。其中一次事件中，一名 17 岁的码头临时工被一根重木压倒，躺在地上半个小时，因失血过多而死亡，当地的"负责人"对此视若无睹。最后还是警察发现了这名已经死亡的临时工。②

人力车夫不仅面临着与脚行搬运工同样的交通危险，还有其

---

① 《中国基督教女青年会 1921 年报告》(Report of the YWCA in China for 1921)，世界基督教女青年会档案馆：《中国 1920~1922 年报告》(China 1920-1922, Reports)，油印品，第 68 页。

② 《益世报》，1948 年 7 月 14 日，第 5 版；一个类似事件的报道参见《益世报》，1936 年 10 月 23 日。

他一些问题。他们完全靠自己的人力拉车,没有任何役畜助力。据一位外国人观察,他们"要遭受高温、寒冷和雨淋。他们跑起来身体变得异常热,因此在寒冷的天气里会很容易受寒。拉车也影响到他们的心脏。据说,他们刚过 50 岁就会死亡"①。

此外,尽管所有的搬运工都可能违反交通规则,但那些没有行会组织保护的人力车夫最容易受到警察的欺压。一位记者在 1935 年写道:"洋车夫是靠跑马路活命;而马路上却偏偏充满了他们的死对头。"

> 要说,在车马往来频繁的热闹地带,拉车的很容易犯上路规,那时铁面无情的马路英雄,自然会把手里的那根哭丧棒,在你脑袋上来一节狐步舞;或是把你的车垫,权做铁饼,奋力地扔到马路那边小试身手,一显下他英雄的本色。再不然,顺手回过来,在你的脸上,奏一节清脆幽雅的交响曲。

此外,警察还经常从经过的人力车夫那里敲诈"无名捐"。②

搬运工人与手工业工人,以及工厂工人一样生活在最底层。③ 一位记者在 1947 年这样描述他们:

---

① [法]马隆上校:《新中国,第二部分:劳工状况与劳工组织》,第 9 页。

② 《北平日报》,1935 年 4 月 18 日。《劳动季报》第 5 号,1935 年 5 月重印,第 136—138 页。有关人力车夫与警察之间冲突的其他记述,参见《益世报》,1935 年 1 月 29 日,第 9 版及《天津市周刊》第 3 卷第 9 期,1947 年 7 月 26 日,第 13 页。

③ 由于与第三、四和第六章相类似的原因,我在这里不想将现有的不系统的有关薪水的数据资料与生活费的统计数据做相互关联的分析,或者将它们与同样不系统的关于其他职业的现有数据进行严格的比较。

有的是长工，有的是短工，受罚受苦都是他们的事。如我们在街上常见的拉地车的人们，跟牲口一样工作，每天和牲口过在一起。吃到肚里去的是冷风黑饼子，和无穷的屈辱，流出来的是眼泪和血汗，跟拼着生命挤出来的力气。然而，他们所得的报酬竟不及"在签的"人们的十分之一二。[1]

为了增加他们维持生计的手段，脚行工人经常会偷盗一些他们搬运的货物，这种偷窃应该与他们的雇主大量的巧取豪夺是完全不同的两种类型。他们也尽量享受空闲时间，在码头干活歇息期间赌博，或者聚在脚行里喝热茶、弹三弦、谈天和唱曲。[2]

地盘

一个脚行能够搬运货物的地域范围是由官方法令规定的，这一传统始于清朝，此后一直延续，直到中华人民共和国成立。小的脚行的地盘可能是几座建筑或几条街巷；大的脚行控制整个铁路车站或大码头，并经营他们自己的货场。

除了简单地从地理上划分地盘，还有很多其他的规矩可用来划分彼此的工作范围。一家脚行可以专门负责某个大商行或工厂

---

[1] 《天津市脚行简介》（二），第 7 页。

[2] 中华全国总工会编：《搬运工人工会工作参考资料》，第 27 页；安力夫：《天津市搬运工人工作报告》，第 5 页；日本帝国驻北京使馆：《华北运输业劳工调查》，第 49 页；《益世报》，1948 年 8 月 4 日，第 5 版。

所有货物的搬运,也可以负责像开滦煤矿这样的大企业,并将它按区域分开,将活儿分包出去。一个大企业的活儿也可由两三家脚行共同负责,每家脚行每个月负责若干天。①

一些脚行专门负责搬运某种货物(农产品、五金类、皮毛、谷物)或运输过程中的某个阶段("生货"和"熟货")。最后,一些脚行达成协议共享它们的资源,每家脚行从中获得一定比例的搬运费。

通过这些方式,天津所有的搬运工作都被脚行控制。这一系统对商人也有有利之处,因为它能够很好地满足搬运需求,并以准人身关系的方式提供一种责任制。不过,这种地盘无论划分得多么精细,也不足以防止脚行之间,以及脚行与客户之间的冲突。这种冲突一旦发生,通常就会以暴力手段解决。暴力的形式取决于两种深深影响脚行的城市传统:混混儿和青帮。

城市传统

混混儿

1884 年出版的一部非官方地方志书抱怨说:"天津土棍之多,甲于各省。"

---

① 这个城市多数大公司,包括纱厂,都分别将它们所有货物的搬运工作交给一个专门的脚行负责。天津市历史研究所资料室整理:《天津的脚行》,第 14 页。

有等市井无赖游民，同居伙食，称为"锅伙"，自谓"混混儿"，又名"混星子"。皆恣不畏死之徒，把持行市，扰害商民，结党成群，借端肇衅。（按：津地斗殴，谓之"打群架"）……甚至执持刀械火器，恣意逞凶，为害闾阎，莫此为甚。如被拿到案，极能耐刑，数百笞楚，气不少吁，口不求饶，面不更色。①

混混儿是城市流氓的团伙，在 19 世纪大部分时间被官方看成"祸害"。一般认为，他们本来是哥老会的支派，渐渐忘了根本。混混儿团伙成员大都是游惰青少年，也有一些失业工人。他们往往集体聚集在一间租来的房屋中，一起吃饭喝酒，屋内暗藏兵刃，如匕首、大刀、斧把，以备斗殴。混混儿的穿着也显然和常人不同：青色裤袄，腰扎蓝色搭包，脚穿花鞋；头上发辫续上大绺假发，有的还插上一两朵茉莉花。他们走路方式也与常人不同：迈左腿，拖右脚，故作伤残之状。②

混混儿通过从事各种赚钱的活动养活他们自己及其团伙。他们开赌场，一些混混儿设赌坐庄，另一些充当打手。他们充当从乡

---

① 张焘：《津门杂记》卷中，清光绪十年（1884 年）刻本，第 39—40 页。"混混儿"这个词来自方言，很难翻译。"混"的含义很多，"隐秘的、晦暗的、变黑的、模糊的"或者是"混日子或混过日子"。（英文原文该书作者误为"Zhang Shou"，应为张焘。——译者注）

② 有关混混儿的行为习惯及其活动的讨论，除了另外注明出处者，其余都根据李然犀的《旧天津的混混儿》，《文史资料选辑》第 47 辑，1963 年 1 月，第 187—209 页。这项"研究"很可能是根据流传的支离破碎的事实、虚构以及人们回顾的被神话化的行为拼凑起来的。姿态和名声的创造物当然是合理的历史主题。混混儿作为神话无疑影响了 20 世纪脚行的行为，就好像他们 19 世纪英雄行为的传说完全是真的。

下运农产品进城的农民和城市小贩之间的中间人，从二者那里收取佣金。他们对当地的渔民也是如法炮制。他们在提供服务的同时，威胁报复那些拒绝买他们东西的人，同时也把持河边的粮栈。他们也干些赚钱较少的营生，如经营摆渡、遇红白喜事为人抬轿，以及用掺沙子的劣质黄铜铸造假钱。最后，他们也开办脚行。

混混儿在当地获得恶名声并不是因为他们从事上述的经济活动，而是因为他们彼此争夺赚钱的生意时所采取的手段。所有这些手段都遵从一个规矩：面对危险和伤痛要显示出英雄般的淡定自若。如果一个混混儿在殴斗中出声喊痛，对方立刻停手，怯弱者将被赶出锅伙。如果有人拿着刀来剁，他应该袒胸向前；如果有人用斧把来打，他要用头去迎，以证明他无所畏惧。谁要是违反了这些规矩，谁就将成为混混儿们的笑柄。

这样一来，如果一伙混混儿决定要从某个赌局分得利益，他们就要选出一名成员到那个赌场闹事。一旦赌场打手们围过来，这名混混儿就要躺在地上任由打手们殴打。打手们通常会真的痛打一顿，不过要小心不要将他打死，否则惊动了官府，赌局就开不成了。如果搅局者在被打的过程中没有出声，赌局的头儿就很郑重地让人用大红棉被将他盖好，搭回家去养伤。此后，赌局的头儿每天必须给他送一两吊钱，只要赌局存在一天，这份钱就分文不少。在天津俗语中，这叫"不打不相识"。

另一种更可怕的敲诈方式是，进入赌场后来到赌案前，用刀在自己的腿上割下一块肉代替赌资作为押注。如果宝官毫不退缩地接下这块肉，此事便会陷入僵局。识事的局头一开始就会急忙赶过来，嘴里讲着表示关心的话，手里却拿过一把盐末抹在伤口上。

如果割肉者仍谈笑自若，好像什么事都没有发生，他就会因为被证明真的很坚强而有资格每天拿到津贴。

混混儿用类似的手段，即完全靠摆出一副英雄不怕死的姿态赢得对方，去争夺粮栈和脚行。天津有个传说，咸丰年间，一个想经营"四口脚行"的混混儿用跳滚油锅挑战所有竞争者，以争夺对地盘的控制。当时，无人敢接受挑战，他让自己的一个族人跳进了油锅，那人马上被炸焦了，而他的族人们也由此获得了对地盘的永久控制权。①

也是由于混混儿，打群架成了一种极端的行为手段。1949 年前，打群架一直是脚行之间争斗的典型形式。打群架的起因可能是上面提到的任何一种经济行为所导致的冲突。斗殴的时间和地点要提前约定，头一天晚上，所有参加斗殴的人（多时达数百人）要痛快地吃喝一顿。如果同对方有"死过节"，必须有人自告奋勇"抽死签"。双方都明白，这些人即使在殴斗中没有被打死，事后也要到乡甲局顶名投案，为对方被打死的人负责。在约定打架的那一天，众人要整队前往，寨主走在前面，拳头刀子一齐上，直到有人被打死或受伤。这时，才会有人出头宣布争斗结束。然后，县官将预先选定持"死签"者逮捕并带到衙门升堂审问。县衙大堂之下挤满了双方的混混儿，他们前来观审是要确保自己的兄弟受刑时不要

---

① 有关这场争斗的各种版本的记录，参见李然犀《旧天津的混混儿》，第 196 页；安力夫《天津市搬运工人工作报告》，第 4 页；天津市历史研究所资料室整理《天津的脚行》，第 20 页；日本帝国驻北京使馆《华北运输业劳工调查》，第 276 页。

出声喊痛。①

混混儿到了中年就进入半退休状态,开娼窑、戏园子、落子馆、当铺,或者放高利贷。也有的投效总兵衙门做个小武官或到衙门里补个名头当差,一洗年轻时的恶棍名声。有些小有积蓄的参与一些公益事业,如资助"水会"或组织举办宗教赛会出巡。值得注意的是,这类慈善活动同时也是脚行把头们经常参与的活动。和其他活动一样,这两个群体在此类活动中出现了许多的交集。

尽管也做了这些好事,但是混混儿惹是生非的行为,特别是喜欢在街头打架,导致他们与政府当局冲突不断。这种冲突最终导致了他们的衰落。1870年天津教案发生后,曾国藩被清廷派到天津与法国人谈判。事件中有18个外国人被杀,法国要求将凶手逮捕惩处。曾国藩利用这个机会处决了不少因为打架而入狱的混混儿,这些人显然跟这个事件没有多大关系。几年后,李鸿章和袁世凯相继担任直隶总督。袁世凯特别憎恶混混儿,杀了不少。在他

① 一则发生于世纪之交的故事,详细讲述了一个混混儿兼脚行的头目在衙门被打时发出了一声"哎哟!"按照故事的说法,所有在场的人都觉得他达不到坚强忍耐的要求。县官会表示厌恶地下令停止用刑,周围的人们会讥笑他,而他也不得不将管理脚行的权力交给其他人。参见《天津市脚行简介》(二),第7—8页。(此处有误,应为《天津脚行简介》(一),第8页。——译者注)

当政的 20 世纪头十年，混混儿的势力明显削弱了。①

　　混混儿没有给 20 世纪的脚行工人留下什么特别的组织遗产。他们所留下的是一套对事物的态度，中心的一点就是要尊重那些最能完成艰难的体力工作和默默接受惩罚的人。一位观察者用一句格言总结了混混儿的生活观："今朝有酒今朝醉。"②而后来传入天津的青帮，将这些态度融入其组织形式之中。

青帮

　　混混儿衰落的同时，青帮在天津开始崛起，不过，两个群体的成员显然是互有交集的。青帮创立于 18 世纪初期，起初是大运河

---

① 《平津意识形态组织调查》(*Pekin Tenshin shiso dantai chosa*)（二），《调查月刊》(*Chosa Geppo*) 第 2 卷第 6 期，1942 年 6 月，第 427—428 页。有关天津教案的处置，另一个略有不同的版本是，18 名混混儿心甘情愿被处决，以换取对家人的赔偿。参见李然犀《旧天津的混混儿》，第 191 页。在该文的记述中，一名被处决的混混儿的遗孀赔偿金被骗，导致她本人后来也成了一个混混儿。于是，有关她的胆量和勇敢精神便有了许多传说。其中一个是这样说的，一名厂主对她说，只要她能扛得动就可以任由她搬走多少芦苇，于是她扛起 100 多斤的一捆芦苇就走开了。她是不多的几个女混混儿中的一个，这种特别的行为形象一般是属于男人的。

② 日本帝国驻北京使馆：《华北运输业劳工调查》，第 276 页。

漕运水手的互助团体。① 当 1901 年大运河漕运停废之时：

> 青帮中人，见具有历史之团体，即有瓦解之势，乃变通办
> 法，扩大帮之组织，但仍沿用其帮名，与其船只旗号，并一切规
> 约。惟所收者不复限于漕船之运夫，范围几遍及南北各地，人
> 数激增。②

不少青帮的新成员显然来源于通商口岸的码头工人，也来源于混
混儿阶层（至少在天津是这样）。③

在 20 世纪前 50 年，天津的青帮成员不仅扩大到码头工人，而
且还包括人力车夫、小商贩、苦力、手工业工人、饭馆跑堂的，以及
妓院、茶馆和戏园的老板。总之，它实际上包括了混混儿涉足的所
有社会阶层和整个运输行业。

---

① 最早的一派在安庆，最初称"安庆道友会"，后来改叫"安庆帮"，再后来就叫"青
帮"了。根据 1980 年 4 月 16 日和 1981 年 3 月 24 日对李世瑜的采访。有关一般
认定的青帮起源，参见［法］让·谢诺《19—20 世纪中国的秘密会社》(Secret
Societies in China in the Nineteenth and Twentieth Centuries)，安娜堡：密歇根大学出版
社(Ann Arbor: University of Michigan Press)，1971 年，第 45—47 页。谢诺在该书第
50—51 页解释说："这是由于一次生动的讹误……出现在创建者的名字中的这个
'清'字，后来被另一个发音相同但意思是'青'的字取代。到了 20 世纪，由于天地
会或者洪帮因为类似的讹误而逐渐被人们常常称为'红帮'，'青帮'这个称谓就更
加容易让人铭记在心。"（谢诺所指的"创建者的名字"实际上是"安庆"这个地
名。）李世瑜补充说，"青"和"红"常常在青帮话语中一起使用，如"你的伤是'青'
（黑和蓝）还是'红'（流血）?"
② 马超俊：《中国劳工运动史》，重庆：商务印书馆，1942 年，第 74—77 页，谢诺的引用
在第 47—50 页。
③ ［法］让·谢诺：《19—20 世纪中国的秘密会社》，第 48—49 页；《平津意识形态组
织调查》(二)，第 429、437 页。

不过,青帮的影响并不仅限于社会下层。民国初年,袁世凯的儿子和袁的一些主要对手也加入了青帮,他们希望能利用青帮来达到他们的政治目的。从 20 世纪 20 年代初直到日本入侵,每个坐镇天津的军阀或国民党官员(李景林、张宗昌、褚玉璞、厉大森)实际上都是青帮成员。青帮在上流社会以及农、工、商、军警中都有信徒。① 个别青帮头目如白云生,通过投机买卖积累了大量个人财富,在租界过着极为奢侈的生活。②

不过,天津青帮头目从来没有获得像上海青帮头目那样的社会地位。伊斯雷尔·爱泼斯坦回忆说:"天津没有人能像杜月笙和王晓籁等人那样控制上海。"

> 在上海,同样操控青帮的人开银行、经营鸦片生意,而在报纸上有关他们创建医院的报道又称他们是非常体面和受人尊重的市民。天津的情况就大不一样了;天津的青帮规模小,也更加松散。我甚至无法告诉你……谁是天津的老大,而在上海这是显而易见的。③

青帮尽管是按辈分高低组织起来的,但远不是一个统一的组

---

① 1941 年完成的一项有关天津青帮的调查估计,当时的天津有 50 万青帮成员,大约相当于城市人口的四分之一。他们的职业分布如下:劳工(包括搬运工人),50%;无业(靠帮会活动收入生活)者,5%;经营娱乐场所或妓院者,20%;军人、政府职员、警察和铁路工人,5%;邮局职员、商人、自由职业者,12%;租界政府的中国雇员,3%;其他,5%。参见《平津意识形态组织调查》(二),第 439—440 页。
② 《平津意识形态组织调查》(二),第 430 页。
③ 采访伊斯雷尔·爱泼斯坦。

织。帮派之间的争斗,以及帮派成员充当打手的争斗,充斥城市的每个阶层,从高层的政治暗杀到帮派头目或工头之间的斗殴。①

日本占领期间,帮会虽然没有以前那么活跃,却一直继续活动。20世纪40年代初,日本占领军政府曾对一些在法租界活动的帮会成员为重庆国民党政府充当间谍表示担忧。不过,也有另外一些帮会成员与日本人密切合作,收集情报,招收劳工送往日本,并为日本占领军提供妇女。②

二十世纪二三十年代及日军占领时期,青帮在脚行中的活动尤其值得注意。一些大的脚行把头也是青帮的老大:袁文会是一家最老的脚行家族的后代;巴延庆是河北大街脚行的把头,天津运输业工会理事长,同时也是国民党党部委员和红帮头目;翟春和是春和脚行的把头,袁文会的干儿子;马文元外号"三爷",也是国民

---

① 有关后者的例子,参见第六章。帮会头目袁文会和刘广海之间20年的争斗在刘静山的《汉奸恶霸袁文会的一生》一文中有详细的叙述,参见《天津文史资料选辑》第18辑,1982年1月,第208—211页。

② 更多有关青帮政治活动的资料,参见《平津意识形态组织调查》(二),第429—431、434—439、444—447页。有关袁文会的汉奸活动,参见刘静山前引文,第205—208页。有关青帮在汉口的汉奸活动,参见[美]罗威廉《日本占领期间的青帮及其汉奸活动,1939—1945》("The Qingbang and Collaboration under the Japanese, 1939-1945"),《近代中国》(Modern China)第8卷第4期,1982年10月,第491—499页。

党党部委员，后来在京剧《六号门》中被塑造成一个臭名昭著的恶棍。①

　　李侃如认为，脚行"是秘密社团领导人用来控制天津运输业的外围组织"。脚行"为管理运输业提供了一种便利的组织形式……秘密社团（通过这种苦力团体）确定运输业的价格结构，提供必要的劳力，并保证船运货物的安全"②。李的这一表述意味着青帮是一个有自主权的组织，对运输业可以独立做决定，并通过脚行来执行这些决定。不过，还没有发现历史的证据可以证明青帮是一个独立自主的组织。更准确的说法似乎应当是，青帮中的师徒关系强化了脚行把头之间的关系，因为他们几乎都是青帮成员。这很有可能也有助于他们与政府官员和天津其他上层精英成员之间建立同盟关系。青帮成了将脚行组织黏合在一起的"灰浆"，并将它们结合到更大的城市社会结构之中。③

---

① 有关帮会及他们与脚行把头之间关系的资料，参见天津市历史研究所资料室整理：《天津的脚行》，第4、21页；中华全国总工会编《搬运工人工会工作参考资料》，第16、29页；《进步日报》，1951年3月29日，第1版，以及刘静山前引文，第202—203页。袁文会1901年出生在南市，由一个在芦庄子脚行当把头的叔叔养大。这个脚行垄断了日本租界北部和南市的搬运。袁白天在脚行当差，晚上到叔叔的赌场上班。巴延庆和翟春和于1951年3月31日在一次镇压反革命运动中被枪决。马文元和袁文会也在解放后被处决。参见《进步日报》，1951年3月31日，第1版；天津市历史研究所资料室整理《天津的脚行》，第29页。
② ［美］李侃如：《天津的革命与传统，1949—1952》，第23页。
③ 这并不意味着青帮没有自己的组织结构或规则仪式，只不过它没有独立的组织程序。有关青帮的组织仪式和谱系信息以及对其历史高度程式化的记述，可以在《帮会手册四种》（台北：祥生出版社，1975年）中找到；易苏民编《青帮考释》（台北：言昌出版社，1978年）、《青谱纪要》《青红帮考义》中也有相关的内容。这些重印的秘密会社手册是说明性的而不是描述性的，很少有关于帮会与其他社会组织之间相互影响的资料。

对 20 世纪天津普通的搬运工人而言,青帮的身份成为他们谋求职业必不可少的条件。为了在码头上找到一份工作,加入青帮还不够,往往还必须是某个头目的徒弟。甚至那些没有组成社团的人力车夫也发现,租车给他们的车行老板不愿将车租给非青帮成员的车夫。① 处在某个既是脚行把头又是青帮头目老大之人的保护之下,青帮成员的身份可以强化老板和工人之间的等级关系,赋予彼此之间的义务。过年过节徒弟要向他们的师父也是把头孝敬礼物。如果徒弟遭人欺负,师父就应给他们提供保护。师父接收徒弟要举行仪式,叫作"开山门",以强调这种关系的庄严性。举行仪式的地方叫"香堂",可以在家里,也可以是在一个公共场所,这种场合的标志是摆放着蜡烛、香和木牌位,还要邀请一名懂得规矩的帮会重要成员主持仪式。②

青帮成员的身份能为工人提供少量的物质保障:

> 帮会半是行会、半是收取保护费的黑社会组织、半是慈善团体——也就是说,如果你守规矩……人们参加帮会可以作为一种保险,不仅是为了防止被打,而且如果他们病了……帮会会给一点钱。在这方面有一定的保护。这也是他们控制成员的方法,既用恐吓又给一点救济。③

---

① 对李世瑜的采访,1980 年 4 月 16 日和 1981 年 3 月 24 日;[美]李侃如:《天津的革命与传统,1949—1952》,第 23 页。
② 对李世瑜的采访,1980 年 4 月 16 日和 1981 年 3 月 24 日。
③ 采访伊斯雷尔·爱泼斯坦。

更重要的是,帮会身份为与其他受逞英雄和相互忠诚彼此支持的观念制约的工人和把头构成的网络,提供了结盟的保障。[1] 结盟对这个行业的生存和力量积聚至关重要,最擅长结盟的人往往是最成功的。[2] 对脚行把头而言,与更强大的把头结盟能扩大他的经济活动范围和减少冲突的可能。对于脚行工人,据李侃如的观察:

> 城市生活近似于霍布斯的"所有人对所有人的战争"世界,因为市政府的权力无法触及这么远的地方,为这一社会阶层的人提供保护。生活在这种相对无政府的环境中,潜在的秘密会社成员遭遇暴力成为一种生活常态。他处于生计的边缘,无法依赖警察的保护,也不能承受几天不工作所带来的损失,他完全懂得"强权就是公理"的格言。为了生存,他必须与他所在地区最强大的势力建立关系。在这种环境下,秘密会社的价值就在于它能够为潜在的成员提供一种保障。[3]

不过,尽管脚行工人与天津大约 25 万运输、工厂和手工业工人同为青帮成员,[4]但是帮派身份显然并没有让他们拥有一个工人

---

[1] 有关脚行的英雄主义,参见《益世报》,1948 年 8 月 4 日,第 5 版。有关脚行成员彼此之间的忠诚,参见《平津意识形态组织调查》(二),第 440 页。

[2] 日本帝国驻北京使馆:《华北运输业劳工调查》,第 275 页。

[3] [美]李侃如:《天津的革命与传统,1949—1952》,第 23—24 页。

[4] 这些数字来源于 1941 年的一个研究。在估计的 25 万靠体力劳动生活的帮会成员中,22 万在工厂工作,剩余的 3 万是码头工人、车站的搬运工、船主和轮船上的劳工。《平津意识形态组织调查》(二),第 440 页。

阶级成员所具备的开阔的观念。运输工人的世界仍然非常有限。李侃如注意到"一位前天津码头工人若干年后在香港接受采访时，仍然只能按照不同的地盘来描绘这个城市的地理"①。尽管帮会身份为搬运工人提供了一份工作和他所在的脚行内的一套同盟关系，但是没有放宽他在城市中的视野，甚至他们连脚行之外的帮会成员也不认识。1949 年之前时常出现在天津生活中的脚行之间的暴力争斗，完全没有因为冲突双方都是青帮成员这一事实而有所减缓。

暴力行为

脚行对脚行：为地盘而战

运输行业的生活充满了暴力。的确，一个运输工人世界的边界简直就是由暴力来划定的，因为尽管每个脚行都有经政府命令批准的、继承下来的地盘，越界还是时常发生。脚行成员一旦被逮住偷着在其他脚行地盘上干活，就必须承认错误，他的把头也必须道歉，否则就肯定会发生流血事件。②

鉴于喜好自吹是脚行的行为特点，这样的道歉通常并不容易

---

① ［美］李侃如：《天津的革命与传统，1949—1952》，第 25 页。

② 《益世报》，1948 年 8 月 4 日，第 5 版。下面对脚行暴力行为的描述几乎都来源于报纸的报道，不可避免地会呈现为松散的和碎片式的画面。虽然这无助于加深对脚行暴力行为连贯性分析的理解，但是能帮助定义脚行暴力的范围。

做出。当脚行之间"每以争夺生意构衅"，1884 年当地出版的著述这样评论道，"动则挥舞持械，两不相下，谓之'争行市'"①。在世纪之交，脚行之间为争夺地盘的争斗，据称几乎每天都要发生几起死亡事件。②

20 世纪争夺地盘的争斗尽管很少再有像混混儿之间那样的程式化的现场斗殴，但是同样充满血腥。例如，1935 年 7 月的《益世报》报道，为西营门城区各粪厂运送粪便的同议脚行与另一脚行发生殴斗。7 月 23 日早晨，当同议脚行的几名工人正准备将粪便装上一艘船时，十多个男子带着刀、棍和斧子出现了。在这些人的追赶下，同议脚行的人跑开了，其中一人被抓住打死，另一人被打成重伤。调查这起事件的警察从同议脚行的把头那里了解到，这可能是另一家脚行惠乐脚行干的。从 1923 年以来，惠乐脚行和同议脚行一直为争夺地盘而发生冲突，双方发生过无数次官司和街头殴斗。根据这些证词，警方逮捕了四名惠乐的把头，他们承认了自己的罪行，然后被押送到县法院候审。③

这种因争夺地盘而发生的直接冲突在新中国成立前的各行业脚行中经常发生——或是在码头工人中间或是在货运工人之间。这些冲突尽管开始很可能是先在脚行把头之间发生的，但都不可避免地会扩大到搬运工人之间。④

① 张焘：《津门杂记》卷下，第 41 页。
② 《天津市脚行简介》（一），第 8 页。
③ 《益世报》，1935 年 7 月 24 日、11 月 5 日，第 5 版。
④ 《益世报》，1935 年 10 月 3 日，第 5 版；《益世报》，1936 年 3 月 16 日，第 5 版；《益世报》，1936 年 4 月 13 日，第 5 版；《益世报》，1937 年 2 月 22、23 日，第 5 版；《益世报》，1948 年 1 月 26 日，第 4 版；《益世报》，1948 年 5 月 10 日，第 5 版。

　　另一种脚行之间的地盘之争发生在商人企图将他们的生意从一家脚行转给另一家脚行时。例如,河北区有个脚行把头叫李春明,还有一个由张氏三兄弟管理的脚行。1935 年 11 月,张氏兄弟中的一个在三条石的一家货栈卸货时,与一名姓王的搬运工人发生了口角。在扭打过程中,一些货物掉落造成一名行人重伤。李春明帮助协商达成了一个解决方案,张和王每人赔偿伤者一部分医药费。货栈老板担心自己也要承担伤者的费用,决定断绝与张和王的一切关系,改而雇用李春明为其装卸货物。愤怒的张指责李蓄谋抢了他的生意,带着他的兄弟砸了李的脚行。涉事各方被带到当地警察局,张氏兄弟指责李蓄谋独占市场。这个案件被移交法院。①

　　在这种事件发生后,法庭要将指控和反指控划分清楚几乎是不可能的。例如,发生在侯家后的一起典型案例中,两名分别姓邢和姓陈的脚行把头为当地的肉店搬运肉。陈被发现从他搬运的货物中偷盗肉;他被解雇后,生意转交给了邢。第二天陈带着一帮人到了邢家。争吵中陈的头部被刺伤。邢告诉警察说,陈是自己弄伤了自己,目的是讹诈,这种手段在此类冲突中很常见,他要求法庭查明真相。②

　　如果一个把头认为自己足够强大,他就会毫不犹豫地设法从其他脚行把头那里敲诈钱财。25 岁的蔡玉贵是三条石一个自命不凡的把头。他在 1926 年③要求雇有 70 人的脚行把头郝凤鸣(Hao

---

① 《益世报》,1935 年 11 月 23 日,第 5 版。

② 《益世报》,1936 年 3 月 21 日,第 5 版。

③ 应为 1936 年。——译者注

Fengming，音译），每年上交他一些钱作为"孝敬"。遭到郝拒绝后，蔡用斧子砍了他的头四下，然后他坚称——这有点不太可能——是郝自己造成的伤。这个案件和其他案件一样，被呈交法院。①

有时在混战中，根本不可能分清哪个脚行参与了某场殴斗。一份报纸报道了1948年3月发生在二区的一次斗殴，当时只有5名工人在一个货栈等着做散活，他们看到二三十名工人向他们走来，背着一个麻袋（里面装满了兵器）。这伙人冲进了当地一家饭馆，一位等活的工人正在里面吃东西，他们将他拖出去就打。其他人试图逃走时，也遭到追打。警察及时赶到后只抓到了其中一名袭击者，报纸的报道对造成这起有组织暴力行动的原因及作案者的身份，一直保持沉默。②

这些冲突偶尔也会采取黑社会处决的形式解决。张金铭是一位很有势力的脚行把头，当地人称他为"二爷"。1948年7月，他在自家的瓜地被绑架。几天之后，他的尸体在郊外的一块高粱地里被发现。张的儿子只告诉警察说，他的父亲"生前难免与人结怨"③。

脚行对商人

脚行把头会毫不含糊地将敲诈和恐吓手段同样用到他们的客户身上。如果商人不想用某家脚行为他搬运货物，而打算自己搬

① 《益世报》，1936年4月1日，第5版。
② 《益世报》，1948年3月14日，第5版。
③ 《益世报》，1948年7月23日，第5版。

运,他仍然必须向脚行支付费用,其名目多样,如"过街费"或"过肩钱"。① 不交纳这些费用将会带来危险。1936 年 3 月,两位献县的农民用船载着白菜来到天津,当地一名脚行把头在码头迎住了他们,告诉他们无论在哪靠岸,都必须交纳搬运费。遭到拒绝后,把头带着一帮挥舞棍棒的脚行成员,跑到船上将其中一位农民打成重伤。这位脚行把头随后被逮捕,他为他的行动辩护说,那两名农民欠他的搬运费。②

不仅是来自农村的单纯的农民,即使那些声誉卓著的当地工厂主也惧怕这些脚行。瑞生祥颜料厂是一家成立于 20 世纪 20 年代中期的工厂,雇用了二十多个人,在 1935 年发现自己陷入了经济困境。这位厂主试图跟当地脚行协商减免"过肩钱"。起初,那个脚行把头一口拒绝,并辱骂那位厂主。最后,双方达成协议,工厂每年支付脚行 75 元,然后可以自由搬运自己的货物。这个协议维持了几个月,直到有一天,来自另一个区的一家与之有竞争关系的脚行来到颜料厂卸下了一大批船运货物。那家本地脚行把头得到消息,派了多达 50 人的一伙暴徒去了颜料厂,殴打工人和职员,砸碎了他们看到的所有东西。工厂的经理和工人们纷纷逃了出去。警察逮捕了十多名暴徒。当厂主回到厂里查看损失时,又有十多名脚行的人出现在工厂并堵在厂门口。警察又回到工厂并逮捕了其中几个人。十多名颜料厂的雇员在袭击中受伤,其中一些人伤势严重。最迟到 1947 年,当地的媒体报道称,成群的脚行把头和脚

① 《益世报》,1948 年 8 月 4 日,第 5 版;天津市历史研究所资料室整理:《天津的脚行》,第 19 页。
② 《益世报》,1936 年 3 月 24 日,第 5 版。

行工人,殴打和恐吓工厂主,目的是获取更多的生意。① 一位当地商人向市政府寻求保护:

> 现在天津市存在的脚行,他是否代表了封建势力? 他对社会有什么贡献? 是谁拥护他,使其剥削卖力气当牛马的同胞? ……是否等于山寇野匪据山为王,带领喽啰,"留下买路钱"? 这些可恶的脚行,肥头大耳的,张口是"打下的江山",闭口是"祖宗跳过油锅"。市长,你不能为天津除此一害么,他们有什么组织,也不能叫他们这样张狂。②

多数的脚行把头由于拥有人力或畜力车,所以顽固地反对一些商人引进汽车。当天津一家最大的火柴厂的驻厂脚行屡次提高运价时,工厂的管理人员不甘受其勒索,购买了几辆卡车。脚行把头便指派一些他雇用的恶棍去厂中阻挠工作,并威胁要杀死工厂的总经理。最终,这家工厂不得不将搬运工作仍交由该脚行把持。③

工人的暴力行为

中华人民共和国成立后的著述强调脚行把头对工人们的残暴,有许多案例谈到把头使用上述暴力手段对付他们自己雇用的

---

① 《益世报》,1935 年 10 月 29 日,第 5 版;《益世报》,1947 年 7 月 29 日,第 4 版。
② 《天津市脚行简介》(二),第 7 页。
③ 天津市历史研究所资料室整理:《天津的脚行》,第 19 页。

工人中那些对抗他们的人。① 不过，暴力并不是脚行把头的专有特权。中华人民共和国成立前的媒体提供了丰富的证据，说明工人们愿意举起棍棒保卫他们的把头，但是也能够反抗他们的把头。

1935 年的运输工人苏振宝案，就是典型的工人与把头之间冲突的案例。在被一名姓于的工头以很小的过错解雇之后，苏拿着一根木棒找到于家并袭击了他。于的两个侄子和苏的兄弟当时也参与了这场打斗，苏将于的手咬掉了一大块。② 然而，于比天津最有名的一个脚行把头杨德润要幸运得多。杨的一名工人由于自己应得的份钱被骗而愤怒不已，在与杨发生争吵时在杨的面部砍了六刀，胸部砍了一刀。在被捕后，这名工人声称杨剥削他的工人们，每周才发一次工钱，工人们常常都无法支付他们的开销。③ 另一名把头，由于工人们认为他过分地克扣他们的工钱，遭到一群工人的攻击和殴打。④

不过，脚行内部的暴力行为并不总是越过阶级界限。两名搬运工人之间发生冲突，导致一人被打或被刺伤，这样的事情与脚行把头和工人之间发生争斗同样司空见惯。⑤ 更糟糕的是，搬运工人们动不动就把他们喜欢打架的习惯带到了业余活动中。在三条石同一家脚行干活的鲁（Lu，音译）家五兄弟（分别称老大、老二、老三、老四和老五）就是一个案例。1936 年的端午节，老五和一位朋

---

① 天津市历史研究所资料室整理：《天津的脚行》，第 21—22 页。
② 《益世报》，1935 年 9 月 24 日，第 5 版。
③ 《益世报》，1936 年 11 月 19 日，第 5 版。
④ 《益世报》，1937 年 4 月 20 日，第 5 版。
⑤ 《益世报》，1935 年 12 月 30 日，第 5 版；《益世报》，1936 年 11 月 15 日，第 5 版。

友去看电影,结果因为没有买票被电影院的引座员给赶了出来。两人与电影院的管理人员打了一架,被警察罚了一元钱。第二天,老五和他的四个兄弟就把电影院给砸了。电影院的经理担心这事没有了结,去三条石找那里的脚行把头出面调解。途中他被鲁家兄弟和他们的朋友截住并遭到殴打。然后,鲁家这伙人中有一名叫王占元(Wang Zhanyuan,音译)的,让同伙在其头部和背部连砍了六刀,然后跑到警察局声称是电影院经理干的。结果,警察经过调查,将鲁家兄弟全部逮捕。①

个人和集体的暴力是运输行业谈判的表达方式。由于常常诉诸各种暴力行动,脚行把头和脚行工人在天津成了最令人害怕和遭到鄙视的人。他们也引起官方的极大关注,从清朝官府到民国政府,历届政府都不断地试图规范他们的活动。

政府与脚行

到了19世纪后期,官方与脚行之间的关系已经确立。官方公布法规,而脚行只有在法规能够强化他们的地位时才会遵守,否则就会置之不理。一份当地的出版物描述了这种状况:"已经地方官宪为分清界址,厘定章程,不得攙越争执。而今凡有搬运货物,挑

---

① 《益世报》,1936年9月1日,第5版。同样的暴力行为也是人力车夫与车行老板之间,以及人力车夫之间关系的特征,不外为争夺停车地点发生冲突相互用刀砍伤对方。与脚行工人一样,人力车夫的家庭成员往往也会卷入这些争斗。参见《益世报》,1936年2月2日、8月6日,第5版;《益世报》,1948年8月1日,第5版。

抬行李者,当按地段召雇,视道里远近,言定脚力若干。"不过,这套制度执行得并不顺利,"然遇异乡孤客,亦屡有多方需索之习,未免欺生耳。……横冲直撞,络绎于途,尤属强横可恶"。[1]

尽管清代末期袁世凯为终结当地混混儿的争斗之风所做的努力,可能暂时减少了街头斗殴的次数,但是脚行的结构并没有受到触动。在民国初年和军阀统治时期,脚行的活动没有受到干扰。1928 年,国民党在天津成立地方政府之后,曾试图组织一些运输工人工会。不过,政府组织者很快发现,货物搬运工虽然"受到很大压迫,却很散漫,难以组织起来",并惋惜他们的斗争精神常常被用于私人的争吵而不是工会活动。他们通过进一步的观察发现,市工会的几个分支似乎是整体加入工会的脚行,而它们的领导机构几乎原封不动,由把头担任工会的"秘书"。[2] 到了 20 世纪 30 年代中期,天津社会局成立了一个市运输业职业工会。当地一位有影响的脚行把头巴延庆被任命为理事长。由于全市有数以万计的搬运工人,为争夺地盘而发生的街头争斗常常充斥当地报端,工会要求市里重新划定地盘,终止这种争斗。[3]

市政府部门与脚行之间由此而发生了一场不寻常的争执。1936 年初,市政府下令社会局要对脚行有所作为;社会局于是要求运输工会进行一项调查;在经过了一个月的官僚式的互相推诿之后,4 月中旬天津市公布了脚行改革的计划。"四口制度"被废除;

---

① 张焘:《津门杂记》卷下,第 41—42 页。
② 何泽春(He Zechun,音译):《考察各级工会总报告》,天津:中国国民党天津特别市执行委员会,1929 年,第 12—13、39—43 页。
③ 《益世报》,1935 年 11 月 22 日,第 5 版;《益世报》,1937 年 6 月 10 日,第 5 版。

它不再是一个征税单位或者脚行垄断某些地区的理由。这代表着脚行的部分胜利，因为几十年来他们一直反对征收运输税。①

几个星期后，政府的三个部门——社会局、公安局和财政局联合发表了一份公报，宣布开始第二阶段改革计划。他们发布一项命令，宣布从此以后商人可以自由决定由谁搬运他们的商品，脚行不再允许收取"过街费"。公安局将为搬运货物制定收费标准，任何脚行如被发现收费超过所定标准都将受到惩罚。②

这项命令实际上废除了脚行的权利基础，脚行把头们马上做出了反应。他们将争夺地盘的战争搁置一边，联合向市政府请愿撤销该项命令。请愿书用很长的篇幅陈述苦力的贫困和他们的弱点，"无法求生，工商智识缺乏，惟以牛马之劳，借得汗血之资，以便赡养"。脚行把头们坚持说，如果执行这项法令的话，成千上万的人将会失业，他们和他们的家人将会沦为乞丐。运输工会代表脚行发出呼吁，请求市长"再行妥商改善办法"以确保苦力们的生计。脚行以突然停止所有争夺地盘的殴斗来表明他们的诚意。③

此后再没有听到有关改革的消息，直到 8 月，市政府才开始实施一项经过较大修改的改革计划。脚行被允许保持他们对搬运业的垄断权。所有 103 家脚行在接下来的几个月内都要到社会局登记。11 月，所有脚行把头被该局召集到一起，要求他们停止敲诈、欺骗客户，停止抢占地盘或斗殴。社会局警告他们如果违反了这些规定，将会失去经营权。尽管 1937 年初，仍有一些有关争夺地盘

---

① 《益世报》，1936 年 3 月 11 日、4 月 18 日，第 5 版；《天津市脚行简介》(一)，第 7 页。
② 《益世报》，1936 年 4 月 29 日，第 5 版。
③ 《益世报》，1936 年 4 月 30 日、5 月 4 日、5 月 7 日、5 月 26 日，第 5 版。

冲突的报道，但是冲突的数量似乎减少了，而且无论如何，所有地方冲突很快就都被日本侵略掩盖了。[1]

在这一过程中，政府企图废除脚行制度，不过很显然，政府官员承受着相当大的政治压力，这种压力劝阻他们采取这一行动。人们只能猜测这种压力的性质，以及像巴延庆这样的高层党内支持者或同样具有青帮身份的政界精英和脚行把头，在影响政府不要对脚行采取行动这一事情上所扮演的角色。

本应更少受当地政治压力影响的日本占领当局，同样没能清除脚行。1938 年 7 月，在占领天津一年后，日本当局做了一次同样的尝试。当时，抱怨脚行数量太多而且其"分子复杂难免良莠不齐"的铁路局，试图将装运货物的工作交给一个政府组织——国际运输公司。脚行再次提出申诉。他们说，铁路运输工人是离乡背井的农民，他们历来就被允许在铁路上搬运货物。经过多次抗议，政府最后同意让脚行保留他们的权利，只是要求他们在国际运输公司名义上的监管下工作。[2]

1938 年晚些时候，新的脚行管理规定颁布了。脚行再次被要求登记。这一次，脚行把头被要求保证他的工人有好的品行，而他本人也要有两个担保人。脚行的权利不再包括典押、买卖或转让。新规定制定了搬运费的标准并禁止脚行把头对商人使用强迫手段。此外，根据新规定，每个脚行把头都被要求保存明细账目，列明他应当支付给雇员们的薪水，并且不得扣留薪水。

---

[1] 《益世报》，1936 年 8 月 23 日、10 月 29 日、11 月 28 日、12 月 1 日，第 5 版；《益世报》，1937 年 5 月 28 日，第 5 版。

[2] 天津特别市公署：《天津特别市公署二十七年行政纪要》第 2 卷，第 53 页。

这些详细的规定结果证明大都是表面文章。它们对脚行的控制没有造成任何威胁，也没有任何证据表明薪水和运价的规定得到执行。在这些管理规定假象的背后，脚行把头袁文会和巴延庆在占领当局的支持下，和以往一样完全把持着这个行业。唯一显著的不同就是，脚行现在将礼物送给日本人的运输公司而不是中国政府官员。①

抗战胜利后，国民党政府同样是一阵风似的颁布了有关脚行的规定，结果也是一样，又是新一轮的脚行登记。政治上非常灵活的巴延庆仍然是市运输工会的领导人。市政府成立了一个运输事务所，有意取代脚行，结果却遭到后者排挤而拉不到生意。鼓励脚行把头给工人提高薪水的措施，也没有什么显著效果。②

从抗日战争结束到中华人民共和国成立前，对脚行权力形成真正威胁的不是市政府，而是另外两个组织。其中一个是"黑旗队"，这是一个比青帮还神秘的团体。根据当时的一篇记述，在中华人民共和国成立前几年的天津，黑旗队"烧杀抢掠，无所不为"。"黑旗队"依仗武力夺占了大宗船运货物的搬运权，若脚行加以干涉，他们就会"动刀子"加以对付。这是一个能够用"其人之道"战胜脚行的组织。

---

① 天津特别市公署：《天津特别市公署二十七年行政纪要》第 2 卷，第 44—51 页；天津市历史研究所资料室整理：《天津的脚行》，第 6—7 页。

② 《天津市脚行简介》（二），第 7 页；《整顿脚行》，《天津市周刊》第 4 卷第 6 期，1947 年 9 月 27 日，第 3—4 页。在战前和战后，政府也都曾试图登记和控制人力车的数量，战后政府曾发布指令，要求用三轮车取代人力车。有关这方面的努力，参见《益世报》，1935 年 6 月 21 日、12 月 4 日，第 5 版；《益世报》，1937 年 5 月 27 日，第 5 版；《益世报》，1947 年 1 月 21 日、5 月 20 日，第 5 版；《益世报》，1948 年 3 月 22 日、4 月 3 日，第 5 版；《天津市周刊》第 2 卷第 2 期，1947 年 3 月 15 日，第 6 页。

　　另一个威胁脚行的组织是报关行,它在脚行和货主之间充当中间人,人为地抬高价格,从双方榨取利益。在这一时期,敲诈勒索在政府部门中当然并非罕见,即使是强大的脚行也无法阻止它。①

　　就像它们通过贿赂和恐吓,逃过以往历任政府要将它们取缔的意图一样,脚行也逃过了这些威胁,并成功渡过了这些困难年月直到解放。它们有能力让经济瘫痪,它们用这种威胁为自己获取很大的优势条件。它们之所以能够生存下来,是因为它们是给予和收受各种好处的高手。在解放前的天津,与政府间的互惠互利是合法的手段。在很长的历史过程中,脚行把头买通他们上面的人,威胁与他们地位相当的人(其他脚行把头和商人),并通过提供保护和安全保障来控制他们下面的人。他们在天津的城市环境中是如此根深蒂固,以致1949年之后政府花了几年的时间并发动了一场大的运动才将它们消灭。②

　　由于他们使用的手段很成功,所以在天津作为通商口岸发展的整个过程中,传统的脚行组织实际上被原封不动地保存了下来。通过加入脚行这个组织中并对脚行把头表示服从,运输工人获得了工作,这种工作虽然从身体上看来繁重异常但是有保障。他们也在天津最暴力的行业中得到了保护。对工作和保护的双重需要确保了这种纵向联盟的持续力量。尽管现代天津城市逐渐形成,但运输工人这个天津工人阶级中最古老的城市阶层,仍然处在传

---

① 《天津市脚行简介》(二),第7页。
② 有关这个运动的详情,参见[美]李侃如《天津的革命与传统,1949—1952》,第60—77页。

统的结构中，他们所尊崇的那一套忠诚的观念，实际上阻止了他们
参与到具有阶级意识的劳工阶层的形成中来。不过，需要获得保
护的并不仅限于运输工人。跨阶级忠诚的类似模式，保卫这种忠
诚的类似暴力方式，在"现代"天津的棉纺厂也很盛行。

第六章　轮带如海：纱厂工人

　　天津纱厂自第一次世界大战之后成立直到 1949 年，一直是争夺激烈的阵地。电力驱动的机器和四处扩张的厂房使它们成为工业进步明显的外在标志。可是，工厂车间是复杂而多方面斗争的场所，软弱、缺乏经验和无常易变的资产阶级企图将工业纪律强加给变化中的工人群体。① 工厂主与工人都想方设法使工作生活的五个方面朝着对自己有利的方向发展：招工、工作时间、非工作时间、保护和生活。在所有这些方面，工头扮演了关键的角色，一方面最大限度地从工厂主那里获得自主权，另一方面，通过个人忠诚的关系让工人服从他们自己。就工人而言，他们要积极适应新的环境，利用他们入厂前、厂外，以及最终厂内的各种关系使他们能够承受新的工作。②

---

① 有关工场主的无常易变，参见第二章；有关工厂工人的流动性，参见第三章。
② 有关美国工人在工厂如何适应的阐述，参见［美］赫伯特·古特曼《工业化进程中美国的工作、问题与社会》，第 7—65 页。

招工：厂门前的斗争

无论是哪一派的工厂主控制工厂，他们最关心的一件事情就是确保稳定、廉价又听话的劳动力供给。在天津这样新的产业环境下，工人必须从农村招收。工厂主起初依赖工头通过这种方式招收工人。后来，由于工头主导制度会导致腐败和效率低下，他们试图限制工头的作用。工厂主想要限制工头的权力和减少难以管束的工人，导致 20 世纪 30 年代开始招收女工。

在招工过程中，工人们有自己的宗旨——尽可能找到和保持最好的工作。他们依靠入厂前的关系找工作，强化了工头的地位。不过，纱厂的纵向联盟不如三条石那么强，也不像运输行业那么具有强制性。一旦被纱厂雇用，工人有时会选择离开。尽管有经济上的需求和纵向关系的约束，可他们并不总愿意遵守工业对时间的要求。

工厂雇工惯例

控制工作场所的斗争甚至在工人进入工厂大门之前，在招收和雇用工人的过程中就已经开始了。尽管在 30 多年的时间里，工厂主多次企图改变这种做法，但是他们对招工过程也就是对工人的控制，始终没有达到他们期望的程度。

由于机器纺纱在中国北方是新事物，20 世纪 10 年代后期到 20

年代初期纱厂刚刚设立时,当地还没有熟练技工。一些工厂主派人到上海与河南招收熟练工人,另一些人则从天津周边的乡村招收和培训学徒和成年工人。方显廷在 1932 年注意到:"由厂派遣代理人,如司阍者,巡警或工人……各返其原籍,向乡人劝说,诱来天津工厂工作。"这些纱厂为招收的工人发给旅行补贴,如果是学徒还免费提供食宿。在早期这段时间,主动积极的招工策略将纱厂工人数增加到 1929 年的 16 898 人,其中超过四分之三是成年男性。[1]

不过,在世界大萧条的几年中,这些积极的招工策略不再需要了。因为找工作的工人人数多于可以提供的工作职位,纱厂对新工人的要求开始变得苛刻。求职者必须符合一定的身高和体重条件,脾气好,要有一个不在这些厂任职的担保人做担保,没有前科,也没有在其他纱厂惹过麻烦。试工制度也开始实行。[2]

不过,随着正规的按必要条件招工方式的兴起,与流行于手工作坊的非常相似的非正规引荐方式也出现了。在劳动力过剩的时期,如 20 世纪 30 年代初,除非与已经在纱厂工作的人有关系,否则一个渴望找到工作的工人不会有希望进入纱厂工作。这种关系可能是一位已经被这些纱厂雇用的亲戚或同乡,或者认识工头本人。工头负责向厂方推荐新工人。正规的与非正规的各种要求条件控制着进入工厂的大门,工头在这两种招工方式之间居中调节,起着

---

[1] 方显廷:《中国的棉纺织业与棉花贸易》,第 118—119 页;王景杭、张泽生:《裕元纱厂的兴衰史略》,第 174 页;纪广智:《旧中国时期天津工人状况》,《北国春秋》第 3 卷第 3 期,1960 年 7 月,第 16 页;吴甌:《天津市纺纱业调查报告》,第 12、39—41 页。
[2] 方显廷:《中国的棉纺织业与棉花贸易》,第 119 页。

关键的作用。①

工厂主开始发现这种雇工方式对他们是有利的，因为这可以免除他们一项重要的管理责任。正如 18 世纪英国的新产业一样，他们的中心问题是设法获得和培训一支劳动力队伍。在天津使用工头作为中间人以间接的方式获取和培训劳动力，使他们摆脱了这项苦差事。② 不过，最终他们发现赋予工头的权力太大了。1934年恒源纱厂被一家信托公司接管之后，新管理方首先采取的一个行动就是解雇所有工人，并宣布准备废除工头制。从那以后，工人直接由工厂招聘。解雇工人的部分目的是清除当地工头控制的"小领地"，指派有经验的工人监管每个班和检查下属的工人。

20 名工头一起强烈反对这些措施，并要求政府进行调查。这次调查发现，在工头体制下，工厂雇用的工人人数是同规模工厂所需工人数量的将近三倍。或许新的管理方已经在怀疑工头在雇用工人时考虑的是建立他们自己的势力，从而导致这种体制不会很

---

① 采访张家贵；方显廷：《中国的棉纺织业与棉花贸易》，第 120 页。
② ［美］蒂姆·赖特（Tim Wright）在论及 1937 年以前中国煤矿使用合同工时提出了这一观点，认为在工业化早期，即使不存在劳动力短缺，但劳动力市场分散，中介是有必要的。韩起澜调查了上海纱厂利用合同工制度的情况，发现其被帮会控制，对资本家和工人都是不利的。除了日本人占领初期很短一段时间，合同工制度显然从没有在天津使用过，但是在 20 世纪整个上半期，工头作为中间人在获取劳动力的过程中扮演了非常重要的角色。［英］悉尼·波拉德（Sidney Pollard）：《现代管理的起源》（The Genesis of Modern Management），麻州剑桥：哈佛大学出版社（Cambridge，Mass.：Harvard University Press），1966 年；［美］蒂姆·赖特：《"一种逃避管理的方法"——1937 年以前中国煤矿的合同工》（"'A Method of Evading Management'—Contract Labor in Chinese Coal Mines before 1937"），《社会与历史比较研究》（Comparative Studies in Society and History）第 23 卷第 4 期，1981 年 10 月，第 656—678 页；［美］韩起澜：《上海纱厂女工，1919—1949 年》，第 3 章；采访陈志。

有效率。于是，和其他工厂一样，这家工厂开始雇用南方和当地的女工（本章的后面将讨论这一发展的结果）。虽然寻找容易管理和廉价的劳动力肯定是他们的动机之一，但是工厂主也希望建立更加正规的招工程序，以便他们能有更大的控制权。①

1936年，日本公司购买了大部分天津纱厂之后，加大努力使招工程序合理化，并剥夺了工头的控制权。其中总会涉及解雇大部分原有的工头和工人。② 日本人入侵之后，纺纱业的迅速扩张导致劳动力短缺，日本人动用各种招工方法力图避开工头制。

日本纱厂使用的第一种方法是在天津周边常常有新农村移民聚集的地区设立招工站。在贺家口、东楼、谦德庄和宣楼，工厂授权一家人招聘工人。这家人会从当地的村子里招人并介绍到工厂，如果这个工人在厂里干活超过了15天，这家人将收到每招一人两元的佣金。这个招工家庭并不完全靠这项工作养活自己；有时，这个家庭有一名成员已经在这个工厂工作。

日本纱厂也雇用全职的招工者在天津寻找工人。工厂发给这些招工者一套显示工厂设施的照片。然后，招工者会在宾馆租一间房（两个最佳地点是城北的河北文化旅馆和娱乐区的上海旅馆），并挂起一个牌子宣布成立"招工站"。从城外来的人会登记，招工者将他们四五人一组送到工厂。他的佣金与付给招工家庭的一样。此外，纱厂还派人到青岛和济南引诱熟练工人离开那里的

① 朱梦苏：《天津北洋纱厂沿革及其与金城、中南两行的关系》，第197页；《益世报》，1935年7月15、30、31日，8月1、3、21、26日，第5版。
② 《益世报》，1935年7月15、18日；《益世报》，1936年5月20日，6月8、26日，第5版；《益世报》，1936年8月12、17、23、29日，第5版；《益世报》，1936年9月23日，第5版；《益世报》，1936年11月22日，第5版。

纺织厂。他们先是溜进工人宿舍,然后向工人许诺要是来天津将得到更高的工资,诱使工人离开那里。这种招工方式在天津也很常见。在劳动力短缺时期,"打劫"其他工厂也并不是什么新鲜事。

最后,日本工厂每天早上 8 点在厂门口招工。如果工厂当天需要 20 名工人,人事部门就会叫过来 20 人,测量身高体重,并询问他们以前的工作经历和年龄。在这种情况下,招工者是人事部门的雇员,而不是监督生产的工头。①

这些努力对于限制工头作用而言,目的可能达到了,但是,"关系体制"从总体上并没有受到日本人企图使招工制度合理化的影响。在这种体制中,工头通过同乡关系招工,并以一定的代价为工厂工人提供保护。一位当年的工人这样描绘这种体制:

> 招工的工头通常是工厂里的工头或雇员。他在工厂里有关系……如果他介绍很多人进厂,对他有很多好处……例如,有个来自唐山的姓郑的工头。他介绍了许多唐山的人到厂里。他介绍他们进厂,他们自然要依靠他。比如,他可以保护他们。如果有个老实人被欺负,他会为他说话。过年过节时,人们都给他送礼。他们成为他在厂里的一种权力基础。②

在日本人占领期间,工头介绍一个人进厂要索取好几个月的薪水,这样的事情并不是没有耳闻,当然工厂主肯定不会容忍这种

---

① 采访韩瑞祥,1981 年 1 月 17 日;采访张文清。
② 采访纪凯林。

事。① 更常见的做法是送礼给工头,请他找工作。一位工人记得,"如果礼物送得不够,他们就会收下礼物,却把找工作的请求忘掉了"②。

这种方式得以幸存,是因为它不仅对工头有利,对工人也有利。除了能给予保护,有势力的工头还有办法找到厂里比较干净和轻松的工作。日本工厂主制定的复杂的招工程序成了那些没有关系的人最后求助的办法。③

1945 年国民党政府回到天津,它的全资分公司接管了天津大部分工厂,他们再次企图规范招工程序。不过,在纱厂找工作最可靠的方法仍然是求助于关系。工头再一次控制了进入工厂大门的途径。

在新中国成立前的 30 年中,棉纺厂的招工方式有正规的与非正规的两种。在该行业扩张时期(20 世纪 20 年代初到 30 年代末),正规方式被用来吸引工人进工厂。当这个行业不再需要那么多工人时,正规方式又被用来限制他们进入工厂。不过,在这两种情况下,很难说是否曾有较高比例的工人完全通过正规渠道进入工厂。

非正规方式是始终存在的。它们在迅速发展时期补充了正规渠道,在工作不好找的时候取代了正规渠道。不管是好时候还是坏时候,工厂主总是寻求让他们正规要求的效率最大化,而工人与工头依靠关系获得他们想要的东西——前者是工厂的工作,后者

---

① 采访李桂兰。
② 采访张文清。
③ 采访纪凯林、李桂兰、张文清。

是车间里的权力。其结果是形成了以个人关系为中心的，与小型手工作坊相类似的雇工制度。

招收女工：以恒源为例

20世纪30年代中期雇用女工，是纱厂极力招聘廉价而又容易控制的劳动力，同时又限制工头的权力而导致的结果。天津纱厂劳动力的部分女性化比历史更加久远的上海棉纺业晚了将近15年。在上海，工厂主在20世纪20年代初期到中期改变工人的性别分工，目的是从工厂里清除政治激进的男性工人。① 天津的工人政治上相对不太活跃——或者至少是他们的激进活动更容易被镇压（参见第八章），而且直到1935年之前也没有出现过类似的活动。

第一个大量雇用女工的纱厂是恒源。此前曾一概拒绝雇用女工的工厂管理方，在解释雇工政策的变化原因时说，妇女"比男人更有耐心"。而且，还有一层考虑是希望削弱当地工头的权力。到1935年10月底，该厂准备雇用1000名新工人，全部都是女性。包工头从上海招雇妇女来当纺纱工。社会局对该厂决定从南方招人感到不安，因为本地的失业率一直在上升，于是他们敦促恒源纱厂的管理方雇用本地人，除非是技术熟练的工头。可能是迫于这样的压力，厂方同意也雇用部分本地妇女。据当地一份报纸报道："本市各地贫穷妇女闻此消息，纷纷应募。"②

最初，来自西窑洼（天津最穷的地区之一）的妇女被招来擦拭

① ［美］韩起澜：《上海纱厂女工，1919—1949年》，第47—53页。
②《益世报》，1935年7月30日，8月26日，10月24、28日，11月4日，第5版。

机器和挑拣原棉,每天的工钱分别是两角五分和两角。几天后,厂方又从 600 名应聘者中雇用了 30 名女工。这些被选中的女工年龄在 16 至 24 岁,没有缠足,要么有在其他厂工作的经历,要么非常渴望学习。女工必须提供自己的年龄、籍贯、家庭状况、以前的工作经历、婚姻状况,并提供一个担保人。然后,她们要经过一次考试。成功被录用者要接受长达 5 周的梳棉、练条、粗纺、精纺和摇纱的培训。①

当地女工不容易适应工厂的严格生活。恒源管理方承诺,厂方将为每名女工提供食宿、服装和被褥,她们将居住在配有铁床并供暖的宿舍里,所有这些服务措施每月从工资中扣除不超过 3 元。不过,这看似田园诗般的安排持续了不到一周。12 月 14 日,一篇新闻报道称,有的女工想要停止工作,因为厂方提供的饮食仅仅是馒头、小米粥和大锅素菜。她们对宿舍设施也不满意,抱怨供暖不足。当一名女工企图离开工厂时被岗警拦住,发生了争吵。她答应按雇工合同的规定支付厂方提供的膳宿费,然后离开了工厂。第二天,又有十多名女工紧跟其后。一些人的家里拒绝赔偿厂方,他们一群人来到厂里与保安发生冲突,导致警方介入。经过警方判定,极贫女工的家庭不用赔偿食宿费。12 月 14 日,在雇工一周之后,30 名女工只有 10 人留在了厂里。②

如果厂方重新考虑有关女工容易控制的问题,他们就不会把这种做法刊登到报纸上。不过,他们的确宣称他们不确定是否还要雇用当地女工。12 月 16 日,40 名上海来的女工到达天津,一周

---

① 《益世报》,1935 年 12 月 2、5、6、8 日,第 5 版。
② 《益世报》,1935 年 12 月 14 日,第 5 版。

后又有一群女工到达。①

1936年1月中旬，已经有400名南方女工在这个厂工作，厂方再次开始尝试在当地招工。这次他们决定只招收16至20岁，且以前没有工作经历的妇女。两周后，该厂的女工增加到500人。在新闻发布会上，厂方代表宣布他们打算让这些女工的生活"家庭化"。他们指出，在工厂重新开工前，他们翻新了宿舍、饭厅、医院、照明设备和生产设备。他们计划雇用男工操作发电机，修理机器，保卫工厂和织布，而其他所有的工作都由女工承担。不过，由于天津女工"颇难招致"，厂方打算特别关照她们和"保护"她们。出席发表会的记者被带着参观了整洁的宿舍，每个房间住12名工人，并参观了工厂的澡堂，工人每周可以淋浴两次，并被告知计划在餐厅播放音乐，每周放映两次电影。②

从南方招聘工人与在本地招工继续同时进行。3月，500多名女工从上海乘火车到达天津。不过从南方引进工人并没有如厂方所希望的那样顺利。2月，一名没有经验的工人造成锅炉爆炸；当地报纸尖锐地批评厂方不愿意再雇用本地有经验的工人管理这个锅炉。3月，一名工人在清花车间轧掉了一只手。媒体指责那些雇用南方工人的工厂，称多数从上海来的新工人并不是熟练工，每天都有工人手脚受伤。③ 厂方与南方工人之间的麻烦还不止这些。到4月初，9名上海女工向当地社会局请愿，要求支付她们薪水并允许她们回上海。来天津一周和工作两天之后，她们认为自己"水

---

① 《益世报》，1935年12月16、23日，第5版。
② 《益世报》，1936年1月17日、2月5日，第5版。
③ 《益世报》，1936年2月2日，3月3、19日，第5版。

土不服,不能工作"。恒源人事科的负责人表示反对,称如果厂方掏钱送这些工人回上海,类似的要求就会蜂拥而至,厂方将无法应付。最终达成的协议是由上海劳工招聘者负责支付遣返费用,并计划让这些女工乘坐最早一班船回家。①

尽管与本地工人和引进的工人发生了这些纠纷,但是到 4 月中旬,恒源纱厂的工人还是增加到 1400 人,其中十分之九是女工。一个月后,尽管遭到该厂先前雇用的男工们的反对,厂方仍准备再雇用一批女工。工厂原有管理方在与先前雇用的男工们签署解雇协议时曾承诺,将优先为这些工人提供工作机会。这次冲突一直持续到夏天,200 名老工人占用了工厂宿舍以代替拖欠的工钱。在几个人被逮捕之后,他们最终于 8 月底被赶出工厂宿舍,他们的代表被迫签署了一份协议,答应他们不会再到工厂闹事。报道这次事件的报纸不断提到"工人与他们的家属"。恒源纱厂原管理方所管理的工人都是男性工人;与家人一起居住的已婚男工人,被即便已婚也不与家人住在一起而是住在宿舍里的女工取代。②

最终,从上海招雇女工未能成功。到 8 月中,700 名女工中有 300 人回到上海,因为她们对薪水和待遇不满意,估计其余的女工多数在最初的合同期满后也会离开。1936 年后期,或许是重新考虑了如何获取廉价和听话的劳动力的方法,厂方宣布打算雇用童工参加一项工作与学习计划。③

---

① 《益世报》,1936 年 4 月 4 日,第 5 版。劳工承包商不负责住宿、膳食或工人的管理;他们的作用显然仅限于雇工代理人。
② 《益世报》,1936 年 4 月 19 日,5 月 17 日,7 月 14、16、26 日,8 月 10、11、12、16、19、24 日,第 5 版。
③ 《益世报》,1936 年 8 月 18 日、11 月 9 日,第 5 版。

　　天津纱厂向使用女性劳力转变进展得并不顺利。即使在经济萧条和失业率高的时期,也有许多女工几乎是刚到纱厂就感到不满意而马上就离开。上海的女工肯定是发现天津的物质与文化环境难以适应。1937年初的一篇新闻报道注意到,她们常常在离开工厂前,花几个小时装扮,"穿着都很阔绰,烫着头发,登着高跟鞋,差不多都有一件皮领子大衣,不认识的还以为是每日悠闲自在的小姐们呢,谁知她们是每天站在机器海里的劳工;她们用她们自己的力气得来的钱买衣服,来修饰自己"①。这种惹人注目的炫耀很可能招致相对保守的当地工人的妒忌和反感。上海女工很快就开始思念她们更国际化的家乡城市,也就不足为奇了。

　　一个更加令人不解的问题是,为何各种经济因素都表明非常需要工作的当地工人,却如此轻易地放弃工厂的工作。他们的状况或许与一个世纪前的美国缫丝工人很相似。19世纪30年代,南塔基特(Nantucket)的许多妇女和儿童在一家缫丝厂找到工作,但一个月后他们就对工作失去了兴趣。她们所挣的钱无法抵消她们对工业纪律的憎恶。② 那些离开恒源纱厂的当地女工在与工厂保安争吵的过程中得到了家人的支持。很有可能,倘若她们去其他工厂找工作,或在家里干外包活儿,或等待包办婚姻,这些家庭同样会为她们提供生活之所。这些家庭的资源可能非常贫乏,他们只能给女工们一点有限的支持让她找到不错的工作。

　　不管向使用女性劳动力转变过程中出现过什么问题,妇女们不断地进入纱厂,一直在改变着劳动力的性别构成。在纱厂,她们

① 《益世报》,1937年1月17日,第12版。
② [英]赫伯特·古特曼:《工业化进程中美国的工作、问题与社会》,第22页。

清洗棉花(混棉,清花)、梳整、合成规格一致的棉纱(练条)、抽纱(粗纺)、细纺和摇纱。在织布厂,她们上经、浆纱和准备织布(穿筘),然后是织布、整理和打包。① 在 20 世纪 20 年代末,只有在经纱车间的女工人数超过了一半。其他女工大量集中的部门是摇纱车间(41.05%)和粗纺车间(32.19%)。② 但是,到了 30 年代末,几乎所有的细纱工、摇纱工、整经工和穿筘工都是女工了。③

在织布部门,女工和女童工出现在准备车间(备好棉纱准备织布),却罕有出现在织布车间的。女工也在整理车间工作,检查织好的布有没有瑕疵。尽管越来越多的工种被认为是适合女工的工作,但是清花、梳整、并条、维修和保养工作仍然是男工人的天下。天津纱厂劳动力性别构成的变化不如上海纱厂那么快和彻底。到 20 世纪 40 年代,上海纱厂只有技工的工作是专属于男工人的了。④

使用女工除了削弱了工头的权力,也节省了工厂主的钱。早

---

① 1980 年 7 月 1 日访问天津棉纺四厂(原上海纱厂)。有关纺纱过程的详细描述,参见[美]贺萧、韩起澜《纱厂女童工的艰难岁月:上海棉纺业中的女工,1895—1927》(*Hard Times Cotton Mill Girls: Women Workers in Shanghai's Cotton Spinning Industry, 1895-1927*),手稿,1977 年 6 月,第 28—33 页。有关整个生产过程的详情,参见[美]韩起澜《上海纱厂女工,1919—1949 年》,第1章。

② 方显廷:《中国的棉纺织业与棉花贸易》,第 149—150 页。有关劳动的性别分工的其他研究,参见刘心铨:《华北纱厂工人工资统计》,《社会科学杂志》第 6 卷第 1 期,1935 年 3 月,第 141—158 页;吴瓯:《天津市纺织业调查报告》,第 53—54 页。

③ 劳动性别分工因厂的不同而不同。例如,在双喜纱厂男女工人(或更准确地说,男童工与女童工)都做接头工作,而在宝成纱厂这项工作都由男工人操作。采访韩瑞祥,1981 年 1 月 17 日;采访纪凯林。

④ 采访高凤起、张家贵、纪凯林、张文清、张春风;访问棉四厂;[美]韩起澜:《上海纱厂女工,1919—1949 年》,第 50—57 页。

至1929年,男工不仅集中在薪水最高的工作,而且同样的工作,男工报酬也比女工高。女工仅仅在并纱和粗纺两个部门的报酬比厂里薪水最低的男工高(见表6)。

表6　1929年裕元纱厂的工资　　（元/每月）

工作[a]	男工	女工	工作[a]	男工	女工
原动	23.53	—	梳棉(S)	13.2	11.3
机匠/铁匠	21.55	—	穿经(S)	13.2	9.95
木匠	18	—	整理(W)	13.17	—
和花(S)	17.6	—	杂务	13.03	—
织造(W)	17.1	—	打包(S)	12.93	—
粗纱(S)	15.87	14.83	摇纱(S)	12.8	9.93
浆经(W)	15.72	—	卷经(W)	12.72	—
并纱(S)	13.93	12.18	卷纱(W)	12.23	10.43
细纱(S)	13.72	11.58	整经(W)	12.08	9.48
打棉(S)	13.53	—	所有的	15.33	11.35

资料来源:方显廷:《中国的棉纺织业与棉花贸易》第1卷,第134页。

注释:方显廷在调查同一批工人的基础上,只使用他们六个月的第一天和最后一天的平均工资,而不是整个六个月的实际收入,得出一个不同的工作等级(如上,第128—129页)。一组收集于几个月后、可供参考的工资数据,参看吴甌《天津市纺纱业调查报告》,第59—65页。另一个统计对三家天津纱厂1926—1929年工资的详细分析,不过没有对工作进行全面的分解,参看刘心铨《华北纱厂工人工资统计》,第148—156页。

a. (S)＝纺纱;(W)＝织布。

女工大量进入纱厂前后所收集到的工资数据证实,男工比女工挣的要多(参看表7与表8)。日本占领结束后的工资差别更难确定,因为1945—1949年国营纱厂是根据级别而不是性别对工人分类的,没有留下男工与女工可比较级别的信息。不过,采访资料证实,在日本投降前和投降后,女工的级别比男工低一到两级,因而薪水要少。①

表7　1929年六大纱厂工人平均每天的薪水　　(单位:元)

类别	薪水	类别	薪水
男工	0.47	男童	0.32
女工	0.39	女童	0.33
全部	0.46	全部	0.32

资料来源:吴瓯:《天津市纺纱业调查报告》,第44—48页。

表8　1938年4家纱厂工人平均每天的薪水　　(单位:元)

工厂	纺纱		织布	
	男工	女工	男工	女工
公大六厂	0.4	0.36	0.4	0.35
公大七厂	0.47	0.41	0.43	0.33
天津	0.466	0.403	0.372	0.423

① 采访纪凯林、张文清。有关一个厂各等级工人的工资表,参见《工业月刊》第3卷第7—8号,1946年8月,第49页。一份中共地下党1948年的文件指出,政府拥有的天津纱厂给女工的工资只有男工人的不到三分之一。中共天津市档案科:《关于工运工作中几个问题的研究调查资料》,1948年7月15日,载纪广智《旧中国时期天津工人状况》,第19页。

工厂	纺纱		织布	
	男工	女工	男工	女工
裕大	0.496[a]	0.424[b]	—	—

资料来源：南满洲铁道株式会社：《华北工厂实际情况调查报告：天津》，第 92、103、112、119 页。

a. 厂里全部男工人的数据。

b. 厂里全部女工人的数据。

在招工问题上的斗争从来没有得到最后解决。20 世纪 30 年代，工厂主的确暂时成功限制了工头的权力，在开始雇用女工后，他们改变了劳动力结构，降低了劳动力成本。不过，他们从没有将雇工牢固地掌控在自己手里，工头仍然是招工过程中的关键人物和受益者。尽管天津工人阶级中许多人都感到绝望，但是工厂主从没有拥有一个完全可控的供他们招工的劳动力市场。每一批新工人都不得不与制造业工作的需求妥协，而一些人选择了离开而不是顺从。对那些留下来的人而言，车间便成了关于如何度过工作时间的斗争场所。

工作时间：车间里的斗争

和世界所有处于工业化早期的工厂一样，天津纱厂对工人提出了一系列新的要求。机械化生产的操作规则要求他们按固定的班次工作，跟上机器的节奏，工作的环境是温度和工作速度要适应棉纱线的需要而不是人的需要。

不过，车间不仅是"中性和不可避免的科技变化"的场所①，也是斗争场所。工厂主、工头和工人，三套秩序规范竞争控制权。工厂主制定工作时间的各项规定：工作日的长度、生产的组织、薪酬制度、行为规则。他们像一个世纪前的英国同行一样，用临时搭配在一起的胡萝卜加大棒式的方法执行工业纪律：一方面实行计件工资和奖励出勤好的工人；另一方面是罚款、搜查、殴打、性虐待和开除。②

不过，尽管工厂主们制定了规则，但是他们并不总能予以执行。他们企图操控薪酬制度，却常常被天津经济混乱的大环境挫败。他们在车间的代理人工头负责维持工作纪律，不过工头们的野蛮方式导致了与合理的工业秩序背道而驰的局面。而工人们有时是得到工头的背后支持，有时甚至是在他们明显合作的情况下，学会了缩短工作时间并通过"泡蘑菇"来让自己过得更不错。

工作日

"早晨五点钟，就得起来，比如在冬季吧……厂中放出的汽笛

---

① ［英］汤普森：《时间、工作纪律和工业资本主义》，第93—94页。
② 有关英国的情况，参见［英］悉尼·波拉德（Sidney Pollard）《工业革命中的工厂纪律》（"Factory Discipline in the Industrial Revolution"），《经济史评论》（*Economic History Review*），系列2第16卷第2期，1963—1964年，第254—271页。19世纪晚期的意大利和俄罗斯都使用了同样的方法。［美］唐纳德·H.贝尔：《工人文化与工人政治：一个意大利小镇的经历，1880—1915》，第1—21页；［美］罗伯特·E.约翰逊：《农民与无产者：19世纪晚期莫斯科的工人阶级》，第81—82页。

声,呜呜地响起,"1935 年,一位天津纱厂工人给当地一家报纸投稿写道,"候在门外边,缩着头颈的工人,都一群地进厂,有的揉着惺忪的眼睛,有的打着哈欠与咳呛……这其中有七八龄的儿童,有快近花甲的老人,有纤弱的妇女,有健壮的汉子。"为了按要求在上班时间开始前一个小时到达工厂,这名工人必须在天亮前起床并步行 10 里路。① 由于工人没有表,那些住在工厂附近可以听到汽笛的工人就靠工厂的哨声将他们唤醒:"他们鸣三遍汽笛。第一遍是 5 点,第二遍 5 点 30,第三遍 5 点 45……第一遍汽笛我母亲就会叫醒我;第二遍我就出门了。"②

工人们没有钱乘车,往返步行上班非常耗费时间。1937 年日本人占领天津后,情况就更加复杂。每个工人都必须带着通行证并在军事关卡出示。来自郊区农村的工人必须带着"良民证",上面注明他们的居住地区、职业、年龄和性别。没有这些证件他们就有可能被怀疑是控制着农村地区的八路军派的坐探。③

即使随着战争结束,路途已不再那么危险,工人们也常常会迟到,一方面是由于路远,一方面是因为他们对工业时间的要求有抵触。1947 年 11 月,棉纺四厂发布了一份通告警告员工,他们如果迟到 10 分钟将被扣除十分之一的工资,并不再被允许进厂。这个规定显然无法执行,因为三周后又出台了一个修订的"冬天版",改为对住在附近迟到半小时以上的工人罚款,而不是不让进厂。住

① 《益世报》,1935 年 3 月 10 日,第 14 版。

② 采访张文清。

③ 采访高凤起、陈志。

在海河对岸的工人可以晚到一个半小时而不会被拒绝入厂。①

一旦进了厂,只要勤勤恳恳,工人们就将面临一天 10 到 12 小时不停的运转:

> 厂里像机器海似的,皮带、轮子,轮子、皮带……皮带在湿漉漉的喷水管喷的水雾里——特别是在布厂和细纱的部分,人们像在轻雾里似的活动。她们把身子陷在轮子和皮带的海里,有的走来走去,有的一动不动,注视着机器上的棉絮;或十指不停地在接线头。人和机器连为一体;机器动,人也随着动。人不敢在机器动的时候停停那发酸的胳膊和手指,不敢停一停那疲惫的双足。②

等到工人完成工作,在出口排着队接受检查(有没有偷东西),然后走回家,他或她除了睡觉已经没有力气做任何事。即使那些住在工厂的房子里,只需走几步道上班的单身工人也不例外。1937 年,一位记者在参观完一家工厂宿舍之后写道:"虽然厂方给他们预备了秋千、乒乓球等游戏,他们在休息的时候已然不再想到娱乐……他们吃了饭,然后睡眠。"③

一段时间结束,通常是一周,工厂的白班和夜班轮换。这取决

---

① 棉四:《1947 年布告留底簿》,1947 年 11 月 22 日、12 月 12 日。

② 《益世报》,1937 年 1 月 17 日,第 12 版。天津纱厂大多数都实行每班 12 个小时,直到 1945 年后才缩短为每班 10 个小时。吴瓯:《天津市纺纱业调查报告》,第 14、54—56、102 页;采访程长立、张家贵。

③ 《益世报》,1937 年 1 月 17 日,第 12 版。有关一名纱厂女工一天生活的详细描述,参见[美]韩起澜《上海纱厂女工,1919—1949 年》,第 4 章。

于某个厂的时间安排，一班工人有可能有 36 小时休息时间，而不
是通常的 12 小时。除了这些休息时间，工厂每周 7 天都在生产运
行，每个人都会轮到夜班。"最难受的是轮到夜班，使一般好睡的
人，感觉到异常难挨，身体愈困乏，瞌睡愈紧迫，"一位纱厂工人在
1935 年写道，"偷睡吧，倘若断了纱头，被管理员查见，轻则耐骂，重
则耐罚①……当深夜中的时候，自二点到五点，真不容易熬②。"由
于工人常年上班黑白颠倒，所以他们总是感到很累。童工的情况
尤其如此，他们发现在白天很难睡觉。③

在国民党统治的两个时期（1928—1937 年和 1945—1949 年），
节日要比日本人占领时期多，因为这些节日包括民国成立纪念日、
国庆日、孙中山诞辰和逝世纪念日，以及纪念 1911 年辛亥革命的各
个其他节日。与三条石的工厂不同，纱厂不仅这些节日要放假，春
节、端午节和中秋节也要放假。从 1945 年到 1949 年，国营工厂星
期日也要放假。④

不过，工人们实际上将他们所有醒着的时间都花在与工作有
关的活动上：往返工厂，在上班时间完成重复而又苛刻的工作任
务，下班时间轮换做家务活以适应工作倒班的安排。对工作日的
要求与工人们努力顺从这些要求，主导着工人阶级生活的组织。

---

① 原文为"or worse, fire them（重则开除）"，与《益世报》载"重则耐罚"不符。——译者注
② 《益世报》影印本有些地方较为模糊，无法辨认该字。——译者注
③ 吴瓯：《天津市纺纱业调查报告》，第 54—56 页；《益世报》，1935 年 3 月 10 日，第 14 版。（此处有误，应为《益世报》，1935 年 4 月 10 日，第 14 版。——译者注）采访张文清、张家贵。
④ 吴瓯：《天津市纺纱业调查报告》，第 14、103 页；棉四：《1947 年布告留底簿》；采访张文清。

空间、炎热、灰尘与速度

纱厂尽管比三条石的工厂大，但是也常常同样拥挤和不舒适。1929 年，对裕元纱厂摇纱车间的视察发现它"位于楼上，楼梯即少，电梯 2 具，则为专司运纱，木梯凡四，其二为螺旋式，凡四五转，其二为坡式，斜度甚大，上下均不便捷。若偶遇火灾，则数百人奔集一处，必至发生事故"[1]。有些车间的机器空间很窄，成年人在那里工作很不舒适："在华新纱厂的细纱车间，本间工人接头者，占全体四分之二点五，在此种工人中，童工约及半数，其年龄达三十以上者，寥寥无几。盖细纱之锭子高仅 3 尺，而机间之空隙又甚狭窄，大人必须俯身方能接头，故殊不如童工之灵便故也。"[2]这个车间比纺纱部的其他车间都要吵，但与织布厂比要安静，那里的电动梭子的噪声达到震耳欲聋的程度。

为了防止棉纱断裂，纺纱车间必须保持温暖潮湿。这让工人们冬天感到暖和，1947 年一份对 6 家国营纱厂的调查发现，1 月份的温度在华氏 50 到 77 度（10 至 25 摄氏度）。这也让他们在夏天很难受，因为 7 月和 8 月车间的温度高达华氏 80 到 90 度（26.67 至 32.22 摄氏度）。另一个让人感到不适的原因是潮湿，车间里夏天的湿度很少低于 50%，常常高达 80%。[3] 里面没有任何通风设备。

---

① 吴瓯：《天津市纺纱业调查报告》，第 83 页。
② 吴瓯：《天津市纺纱业调查报告》，第 181 页。
③ 中国纺织建设公司天津分公司编《天津中纺二周年》一书中，详细分类列出了工厂与车间的温度与湿度。

"天热的时候，"张春风回忆道，"平均每天要抬出去十多个工人……他们将他们抬到门口，呼吸一些空气。然后，他们又回去工作。"[1]

不同的车间情况各异，清花车间的工人可能受到飘浮在空气中的棉絮的侵害，[2]摇纱车间会因为过度潮湿而令人感到难受。棉条在纺成棉纱之后和摇纱之前要被弄湿以增加抗拉强度，使其更容易被摇卷。1929年检查人员评论说，在进行这样操作的车间，工人们不得不"无论冬夏，工作于水湿地上，夏日虽湿气过盛，而一时尚不至为患；惟至冬时入厂则水湿浸淫；出厂则寒气袭骨，一冷一湿故足部无不冻溃，工作艰难此一苦也。工人大率工作至17岁左右辄以工资不足衣食之用（每日至多不过30筐），率皆离此他谋，且以年至17岁以上，腰背不能如十三四岁时伏行耐劳，时有腰痛现象"[3]。

闷热、潮湿和粉尘使工人们每天下班的时候都很脏。"所有工人都穿着同一身衣服工作和生活，"一位20世纪20年代生活在天津的外国人记得，"所以你总能区分出棉纺厂的工人，因为他们身

---

① 采访张春风。

② 天津社会局：《社会局公报》第7号，1936年6月1日。

③ 吴瓯：《天津市纺纱业调查报告》，第184—185页；采访张家贵。民国时期中国有一部工厂法，不过它主要是关于工作时长和规范女工及童工的，没有涉及工厂的工作条件。即使它强制规定控制粉尘和温度（这在20世纪20年代和30年代世界任何地方都是不可能的事）也不可能得到执行，因为在1945年之前，中国的政治动荡使任何实施的努力都成为泡影。1933年，方显廷认为这项法律极不现实，因为它提出每班8小时、带薪休假和禁止女工上夜班。他说，这项法律如果得以真正实施，会严重损害纺织业。有关这项法律的评论及其直至1933年的历史，参见《经济周刊》第38号，1933年11月15日。有关1936年政府命令要求在纱厂设立儿童看护室的例子（也从未得到执行），参见天津社会局《社会局公报》第9号，1936年7月1日，第13—15页。

上总是沾满了棉绒。他们穿着夏天的衣服和冬天的衣服，而且整个夏天或冬天都穿着它们，不管他们是否工作。"①大部分纱厂都为工人建有澡堂。在一个典型的工厂，男工人使用的澡堂有一个公共浴池，每天换两次水。检查人员描绘同一家工厂（裕元）的女工浴室"室内阴暗，臭气扑鼻"，地上满是厚厚的污垢，撰文者好奇"不知浴者将鞋袜解脱后，将如何下足"。女工很少去浴室洗澡也就不足为奇了。②

中班工人被允许有很短的吃饭时间。住在单身宿舍的工人常常几十人结成一伙，租用一间宿舍厨房，雇一名厨师。他们早饭和晚饭通常吃馒头、热粥、咸菜、豆芽和白菜。中午他们吃一些更丰富的饭菜：米饭、炸酱面或包子。在换班的那些天，他们要吃肉食。另一伙工人从当地的餐馆订餐送到工厂，吃的伙食也差不多。这两类工人几乎将每月工资（1929 年 7 元或 7.5 元）的一半花在食品上。

住在家里的工人带着油条和大饼上班，上班中间的饭由家人送到厂里。1929 年的调查发现，他们每月的食物开支只有 3.5—7 元，并且也吃大米和白面。第四类工人从街上的小贩那里买份饭，小贩们有时也进到厂里卖小吃。夜班的工人在上班路上买吃的，因为他们不被允许在半小时的吃饭时间里离开车间。③

在吃饭时间，厨房和餐馆会将食物直接送到厂里的食堂，里面

---

① 采访伊斯雷尔·爱泼斯坦。

② 吴瓯：《天津市纺纱业调查报告》，第 105—106 页。

③ 吴瓯：《天津市纺纱业调查报告》，第 54—56、120—122 页；采访伊斯雷尔·爱泼斯坦。

有长桌和长凳。有家人的工人则到厂门口去拿家里送来的食物。在大部分厂里，"食堂之外，更设有公共厨灶及锅炉，供工人蒸饭食、饮水、洗濯之用"①。有些工人在食堂吃饭，有些在机器旁吃。特别是那些计件付薪的工人，离开机器就意味着损失了钱。政府和私人报告经常会提到，工人出于经济的考虑在机器旁吃饭，将棉尘和食物一起吃了下去。②

在日本占领的中后期，纱厂工人的食物供给变得非常糟糕。大米和白面留给军队，普通百姓禁止食用。通常的食物是玉米面、红薯、大豆、高粱面和豆饼。③ 夜班工人张文清记得：

> 吃饭没有固定时间。我们带一点豆饼，将它放在一个缝在衣兜里的小口袋里。豆饼用水泡一下，撒上一点盐，再放回衣兜里，当我们干活的时候就吃它。吃完之后，没有热水，我们就喝凉水。上夜班时，到处是放屁的人，很臭，因为我们吃的食物不能好好地消化。④

工作生活的几个方面——空间、闷热、尘埃和用餐时间是可以衡量的，而工人们必须完成定额工作量或者跟上机器节奏的压力是无法衡量的。被迫与不知疲倦的机器保持步调一致是现代经济

---

① 吴瓯：《天津市纺纱业调查报告》，第120—122页；方显廷：《中国的棉纺织业与棉花贸易》，第182页。
② 《劳动月刊》第8卷第8号，1935年，第10页；《益世报》，1935年3月10日，第14版。（此处有误，应为《益世报》，1935年4月10日，第14版。——译者注）
③ 采访李桂兰；采访韩瑞祥，1981年1月17日；采访张春风、张家贵。
④ 采访张文清。

行业工人阶级独有的经历。1929 年检查人员观察到，那些计件领薪的工人很少停下来休息。女工的健康状况似乎很不好，腿背疼痛的问题很普遍。儿童的工作定额与成人相同。①

工人的劳动条件和食物的单调让他们容易患上各种疾病。咳嗽和眼过劳是两种工人要求治疗的最常见的病症，这很可能是粉尘和操作精密机器的严格要求所导致或加重的。② 其他疾病虽然不是工作条件直接造成的，却也反映了基本生活条件的不足。童工们常常出现膝内翻，这是营养不良造成的结果。年长工人容易患关节炎。对宿舍的检查常常发现，房间太小和拥挤，通风不够，容易导致疾病传播。1946 年年末，一场霍乱流行导致许多纱厂工人丧生，促使国营纱厂在第二年进行预防性注射。③

长时间与电力驱动高速运转的机器一起工作导致危险不断。1923 年到 1928 年，裕元纱厂共发生了 46 起工人重大伤亡事故。1928—1929 年，裕元纱厂和华新纱厂的医疗所诊治的病人，超过四分之一是由工业事故造成的，并需要做手术。职业风险因车间不同而不同。在清花车间，快速旋转的叶片是主要危险；在织布厂，从织布机上飞出去的梭子足以杀死一名附近的工人。后面这种风

---

① 吴瓯：《天津市纺纱业调查报告》，第 83—84 页。

② 吴瓯的《天津市纺纱业调查报告》（第 104—105 页），给出了 1929 年裕元纱厂治疗的主要疾病的统计数字。日本人占领之后，情况显然并没有太大变化。根据裕元纱厂的后继者棉纺二厂 1947 年编制的统计数字，27.6% 的工人患有呼吸系统感染，3.5% 患有结核病，38.2% 患有眼睛炎症。棉二：《厂史，1918—1949》，第 114 页。

③ 张绪愉：《我是一个纺织业的工人说几句对纺织业的感想》，第 13 页；采访张春风；中国作家协会天津分会编：《野火烧不尽：天津棉纺五厂历史》，天津：百花文艺出版社，1959 年，第 14—15 页；天津社会局：《社会局公报》第 7 号，1936 年 6 月 1 日；棉四：《1947 年布告留底簿》，1947 年 5 月 23 日、6 月 6 日。

险可以通过在织布机之间和机器皮带周围安装防护铁丝网来防
止，不过天津的纱厂都没有使用这样的安全装置。①

纱厂为工人提供基本的医疗设施。早在1929年，天津的每家
纱厂都有一个诊所，"但多简陋，仅辟小屋一二间，备药品少许"。
这种做法在日本人占领期间被延续下来。然而，工人们担心去治
疗会被诊断出严重疾病，那样一来他们会被送回家，或（更糟糕的
是）被开除。②

薪酬

操纵薪酬制度是厂方用来促使工人加快劳动速度和提高生产
率的一种方法。20世纪20年代末，计时与计件工资制度都已在天
津工厂使用。③ 清花、钢丝、打包、机匠、铁匠、木匠、原动力、浆纱、
整理和苦力按天支付工资。粗纱、细纱、摇纱、打小包、经纱、纬纱、
整经、抽纱和织布按计时加计件的方式支付薪酬，"不但每日之工

① 《社会局年报》，1928年8月—1929年7月，方显廷：《河北的工业化与劳动力，尤
以天津为例》，《中国社会及政治学报》第15卷第1期，第16页；方显廷：《中国的
棉纺织业与棉花贸易》，第155—156页；张绪愉：《我是一个纺织业的工人说几句
对纺织业的感想》，第13页。
② 方显廷：《中国的棉纺织业与棉花贸易》，第154页；南满洲铁道株式会社：《华北工
厂实际情况调查报告：天津》，第92、103页；采访张文清。
③ 由于对纱厂的调查远多于三条石工厂或脚行，因此有关各个时期普遍实行的工资
数据很多。不过，数据多并不一定更好，纱厂数据都有同样的缺陷，如数据本身前
后不一致、调查人口变化不定、缺乏与生活成本以及天津不断变化的货币体系之
间的相互关联。这里不想试图调整这些差异之处，而是仅限于讨论天津纱厂薪酬
支付方式的一些特征：计时与计件制度、奖金的重要作用、男工与女工工资支付的
不同、经济困难时期实物工资扮演的角色。

资率已经确定,且每日应作之工作量,亦有规定标准,逾此标准,则除应得当日之工资外,复加以计件法而应得之工资"①。在所有计时工作中,除了一种,其余都只在男工中实行;在所有计件工作中,除了两种,其余在男女工人中都有实行。因此,女工实际上都是计件支付工资,男工的工资则是计件或计时均有。

除了底薪,工人还可能有奖金。连续工作两周的工人通常可以得到相当于一天或两天工资的奖金。这种做法反映了厂方努力通过降低缺勤率来确保稳定的劳动力。② 工头也可自行决定给工作表现好和守纪律的工人颁发奖金。在传统节假日,厂方以现金或实物方式发放奖金是标准做法,假日奖金的多少所导致的分歧常常引发劳资纠纷。③

不过,如果工资制度反映了工业时间带来的强制性,那么在政治不稳定时期,它也反映了资产阶级的脆弱。在纱厂短暂的历史中,有几个阶段,通货膨胀迫使经济上陷入困境的纱厂回到以物易物时代。在日本人占领的后期,还有就是从大约 1946 年到 1949 年,纱厂的部分工资常常以实物支付。尽管不清楚工资中现金和实物的比例,但是工人们常常抱怨日本人占领期间,作为工资发放的粮食是质量最差的玉米面、甘薯、高粱或大豆,并且经常发霉,或

① 方显廷:《中国的棉纺织业与棉花贸易》,第 127 页。

② 例如,在 1930 年连续工作两周的工人被奖励"一工",这很可能相当于一天的工资。南开大学经济研究所编辑:《天津市社会调查资料》;方显廷:《中国的棉纺织业与棉花贸易》,第 123—124 页。1945 年后,在国营纱厂里,工人每工作两个星期得到两天额外的工资,这被称为"赏工"。参见棉四《1947 年布告留底簿》,1947 年 5 月 8 日。

③ 方显廷:《中国的棉纺织业与棉花贸易》,第 133 页;南开大学经济研究所编辑:《天津市社会调查资料》;棉四:《1947 年布告留底簿》,1947 年 9 月 25 日。

者掺杂了土、石子或玻璃碴。① 工人们有时还得不到他们应得的全部工资，一位曾做过童工的人记得：

> 有一次我排着队。风刮得很大。当你一排到前面，他们就催促你快去领你的粮食。我把粮食拿回家。我很高兴，因为粮食很轻，我以为我已经强壮得可以拿东西了。当我到门口时，我父亲在迎接我。到家后，我母亲给我倒了碗茶，并让我坐到炕上。我们称了一下我拿回来的粮食，发现是 28 斤大豆。他们本应该给你 40 斤。他们倒走了一些，给了我 28 斤。而且，三分之一是土。②

在日本占领快要结束时，通胀逐渐成为一个问题。"支付工资的粮食口袋不断缩小，"张文清回忆，"工资没有增加，而粮食口袋缩小了。"③

但是，日本人占领后期的通胀，跟折磨着国民党政权的通胀相比简直就不值一提了。由于大部分棉纺工人在政府所有的纱厂工作，他们比其他行业的工人阶级更直接受到政府有意抵消通胀的政策的影响，而这些政策常常无法起到保护作用。日本人投降后，工人的工资马上改由现金支付，有时用布或玉米面作补充。随着通胀的加剧，以实物发放工资的做法变得更加复杂。1947 年，棉纺四厂每天都分发布匹作为工资；此外，还给工人们发放面粉券，他

---

① 采访韩瑞祥，1981 年 4 月 1 日；采访纪凯林、张文清。
② 采访张春风。
③ 采访张文清。

们可以用它买到价格比较低的面粉,再将这部分从工资里扣除。①

不过,尽管工厂采取了这些措施,而且试图使工资跟上频繁变动的生活支出指数,然而通胀使得无论支付多少工资都远远不够。1947 年 11 月,中纺四厂的一个通知解释,由于缺少纸币,此后工资只能用 10 000 元的纸币发放。那些工资不到 10 000 元的工人只能将两次应发的工资合成一次发。该厂这一时期出售面粉的定价为半袋 79 700 元。中华人民共和国成立后的一位中国研究者通过计算得出,1948 年 9 月,一个在政府纱厂工作的工人平均月工资可以购买 347 斤玉米面;等到了 10 月,同样这名工人却只能买到 50 斤玉米面。对主要生活用品的投机使问题更加恶化。工人工资调整的幅度是根据官方的价格确定的,而黑市商品的价格要远比这高得多。②

在国民党统治快要结束时,工人们必须想办法应对"价格一天涨几次"的情况:

> 假设你每两周领一次工资,你的工资值 100 斤玉米面。如果你早上发了工资,你最好在中午,当你的家人给你送午饭时,把钱给他们让他们赶快去粮店买粮。那时你或许可以买到 80 斤。如果你等到下午,你的工资就不值那么多了。③

---

① 采访纪凯林;棉四:《1946 年本厂简介和调查》;棉四:《1947 年布告留底簿》,1947 年 5 月 30 日、9 月 17 日、11 月 28 日。

② 棉四:《1947 年布告留底簿》,1947 年 11 月 15 日、9 月 17 日;纪广智:《旧中国时期天津工人状况》,第 17 页;棉二:《厂史 1918—1949》,第 111—112 页。

③ 采访纪凯林。

"到最后，"第三位工人说，"半月的工资只够买一棵白菜了。"①

工厂主以实物支付工资，企图以此来应对通胀，这或许也为工人们提供了一种福利。这种家长式的做法并不是中国所独有的。例如，在18世纪的英国，厂方常常在歉收的年份批量购买粮食，以成本价或低于成本的价格卖给工人。② 不过，天津工厂主的做法有点相形见绌了，当整个经济陷入恶性通货膨胀的时候，他们试图用工资制度来控制劳工的做法显然是无济于事的。

正式与非正式的劳动纪律

与三条石工厂的劳动纪律严苛且很少有成文者不同，纱厂保留着同时期有关工厂规章的详细记录，并相应制定了一套经济奖惩制度。虽然许多制度从来没有成功实施过，但是它们指出了厂方发现的纪律问题，因而对研究工厂生活非常有用，至少是部分有用的指南。

恒源纱厂的工人如有下列情形者将面临罚款或被开除：煽动他人损害工厂的工作；泄露与工作有关的秘密；违反规章或命令，不服从厂方人员的管理；在工作期间闲谈、逗乐、大笑、唱歌、争吵、打架或懈怠；对女工行为不恭；工作时间未经允许擅自离开和妨碍他人工作；没有得到厂方人员的允许擅自离开工厂；没有得到厂方

---

① 采访张文清。

② ［英］悉尼·波拉德：《现代管理的起源》，第203页。

人员的允许,擅自将材料或工具带出厂,或将无用的东西带进厂；在工厂内吸烟或玩弄火柴以及其他容易引起爆炸的物品；在工厂内看报纸、杂志或小说；携带材料或零件出厂,以及其他类型的不当行为。[1]

　　工人被要求接受搜身,包括在进厂时(确保不携带火柴或香烟)和离厂时(保证他们没有偷纱线、布或工具)。这种搜身是一个在日本人占领时期最经常被提到的工厂生活特色,其实早在1929年这已经是常规的做法,当时一家工厂在入门处摆放着箱子,告诫工人将他们带的东西存放在里面。那些没有照此做又被抓住携带物品者会被控盗窃。[2]　最晚在1947年,一家政府纱厂还发布了一份布告予以警告:

　　　　营口一家工厂一名员工的香烟烟灰引发了一场火灾,造成了巨大损失。为此,本厂再次重申厂内禁止吸烟与工人不准携带香烟的规定。如果厂门警卫发现任何违规行为,违反者将被严厉惩处。[3]

　　除了接受搜查,工人还被要求必须"在指定的地点"会见来访的亲戚或朋友。来访者不"允许拥挤入厂"。与手工工场不同,工厂明确划定厂区范围,出入受到严格控制。对于抓住他人偷盗、工作特别优秀或"竭尽全力使工厂免遭火灾和其他意外事故"的工

---

[1]《恒源纺织有限公司总办公处及工厂章程》,出版信息不详,无发表日期。
[2] 吴瓯:《天津市纺纱业调查报告》,第56页。
[3] 棉四:《1947年布告留底簿》。

人，工厂保证给予奖励。①

虽然高级管理人员发布了这些规章制度，但是它们在执行中只是断断续续地发挥作用。在日本人占领期间，每个厂的最上层主管都是日本人。"他们的管理方式是这样的，"曾在一家日本工厂的人事部门当过工人的韩瑞祥解释说，"上班后，他们去各个车间，如果他们发现哪个地方出了错就喊工头……他会直接处理。打人、惩罚或开除他们。"②除了上午和下午各巡视一次，其他时间车间主任不会去车间。他们的直接下属大部分时间也不在车间待着。经理定期巡视，常常有翻译陪同，工人必须向他鞠躬。不过，一般来说，日本人的监管不那么直接。工人们痛恨他们，给他们起侮辱性的外号，不过，总的来说，他们都会避开日本人。③

工人与工头的关系具有更多的灵活性，并且会相互影响，部分原因是工头自身与日方经理之间是一种自相矛盾的关系。工头也会遭到日本人的谩骂或殴打。经理们在场时他们总是卑躬屈膝，不过，他们是虐待工人还是保护他们，往往取决于他们个人的品性或政治倾向。工头常常是粗暴的纪律执行者。那些以童工身份进厂的人脑海中充满了有关暴力的记忆，他们常常因为工作效率不高或违反了根本不懂的规章制度而遭到工头的暴打：

> 我刚进厂就被打了。我不知道为什么。那时工头常常打人……我们车间有很多童工。我们都大约 10 岁……我不知

---

① 《恒源纺织有限公司总办公处及工厂章程》。

② 采访韩瑞祥，1981 年 1 月 17 日。

③ 采访韩瑞祥，1981 年 4 月 1 日；采访纪凯林。

道为啥,他越是站在那儿,我越是难以抓住综线。(综线是织布机架上一组平行的粗线,用来引导经线。它必须用手穿。)你越是害怕,越是抓不住它;你越是抓不住它,你越是弄错。我就会挨巴掌。我都不敢抬头看。①

以前当过童工的人们都回想起,因为没有等到准许就跑去上厕所,工作时玩耍或睡觉,还有因为犯了其他许多过错而被打。②

不过,工头的权力还不仅限于纪律方面。正如工业化过程中的美国和 19 世纪末期的俄罗斯,他们还控制着工作的分配。③ 为了能得到照顾,在节日或特殊的日子给工头送礼已经成为惯例。当某个工头帮一名工人得到一份工作,不成文的规则就要求这名工人过后向他或她偿还这笔人情债:

> 你上班后,如果他生了孩子或结婚,或他的父母过生日,或他的孩子过满月,每次你都得去拜访他并给他送礼。如果他没有孩子或还没结婚,在过年或过节时,工头会卖大瓶酱油给我们。这瓶酱油值五毛钱,但他卖给我们一块五毛。每个人都得买。④

在国民党统治的后期,随着日子变得越来越艰难,对工人这种

---

① 采访张春风。
② 采访李桂兰、张文清、程长立。
③ 有关 19 世纪末莫斯科工厂工头类似广泛的权力,参见[美]罗伯特・E. 约翰逊《农民与无产者:19 世纪晚期莫斯科的工人阶级》,第 86—87 页。
④ 采访张文清。

需索的次数似乎也在增加,直到最后"每个月他们都要耗掉我们的一部分工资"①。工头需索的这种经济负担在太平年代应该不成问题,但是在通货膨胀迅速攀升的时期就变得难以忍受了。

与工头关系的另一面包含了工作纪律、暴行和做交易多种成分。这就是工头要求占女工的性便宜。当然,不只是工头,同厂男工也对女工进行性骚扰。在日本占领期间 13 岁就开始工作的张文清回忆道:"一些女孩一起走着去上班。一些男孩也结伙而行,并突然跳到女孩跟前吓唬我们。你不能独自行走。"②这样的行为不仅限于孩子,也不仅是在战争期间。早在 1929 年,一位工厂经理就向市政府的调查人员抱怨,冬天夜班工人下班的时候天还很黑,男工们就抓住这个机会"对女工动手动脚"。他所描述的越轨行为令人难以理解,是"背负女工乱跑",或往女工的脸上抹"黑灰油"。厂方的应对措施是在厂外的路上安装电灯,有时派人护送女工回家。③

然而,虽然男工人可能在上下班路上骚扰女工和女童工,但是只有工头有权力在车间侮辱女工并常常奸污她们。性虐待被当成一种管束犯错工人的方法:

> 时常如果你犯了错,他就会侮辱你。你什么都不敢说。不过如果你回来时生气得哭了,每个人都会知道。有一次,一个日本人将一名女工叫进一间小屋里,我们不知道她为什么

---

① 采访张春风。
② 采访张文清。
③ 吴瓯:《天津市纺纱业调查报告》,第 56、123—124 页。

就去了。后来，她出来了，那个日本人也离开了。当我们休息的时候，我和她到了一个角落，她哭了。我说："你看，我们一起干活，不用害怕。"她告诉了我。在她把事情告诉完我之后，第二天她就再也没有来上班。①

作为对偷盗的一种惩罚：

我记得在日本人统治时期，有个叫赵玉梅的。她是在精整车间。她没有父亲。她有一个大哥和四个弟弟。他们就靠她的哥哥在食堂上班和她在精整车间上班生活。他们都很诚实，但是他们的收入无法维持生计，结果她偷了东西。她被抓住并被带到日本宪兵那里。她被奸污并被关了两天。大家都很同情她，但是我们也无能为力。②

作为对生病的惩罚：

如果有哪个女工生病没去上班，他就会去检查，看看她为何不去上班。她一个人待在宿舍里，因为其他人都去上班了，他就会借机占她的便宜。③

对那些拒绝性勾引的：

---

① 采访张文清。
② 采访张春风。
③ 采访纪凯林。

一个日本人喜欢她。他想奸污她。她就是不从,于是他就打她。就在车间里,他找借口打她。最后她被迫屈服。她还是照常来上班。有时他会去她家。①

性交易常常是女工保证她在工厂能继续工作的唯一手段:"这在国民党时期也常会发生。甚至更多。有人讨好工头,而也有人被工头看上。如果你不顺从,他就总挑你的不是。有的人无法忍受被迫离开。如果有的人不同意,工头就开除她们。这是常有的事。"②家长不愿让他们的女儿去工厂上班,尽管经济上非常需要,但在这个问题上大都非常保守,还有一种普遍的看法是工厂女工很难找到对象,部分原因是女工容易受到性侵犯。

厂区的军事化

厂门外的政治状况常常影响到工厂日常的工作。在天津的纱厂里,维持车间的纪律不仅仅是工头和经理的责任。工厂雇有自己的保安。此外,警察或军人常常被叫来维持秩序。有时他们被厂方召唤来专为应对工人骚乱,如20世纪20年代中期调用军阀部队驱散游行示威的工人。在日本人占领期间,工厂里有军人驻防提醒人们,纺织产品对日本赢得战争非常重要。而在战后,军人出现在工厂表明,政府决心防止共产党的组织者从工人中赢得拥

---

① 采访张春风。
② 采访张文清。

护者。

那些从来就不是政治活动分子的工人，包括许多从没有参加过任何有组织活动的人，每天都受到工厂军事化的影响：

> 在日本人统治时期有军人驻防。他们实际上不是军人，而是退伍的军人。他们组成驻防部队，还统辖着一支中国人组成的保安巡逻队。
>
> 在国民党时期，公安局的警察住在工厂。还有一支巡逻队，在他们下面有几名厂警。几乎跟日本人的驻防军一样。①

20世纪40年代后期，随着内战的扩大，军队的干预变得更加明显："在工厂里，随着解放的临近，控制得更紧了。我们厂有几次罢工。每次国民党都派军队对着工人架起机枪。"②维持厂里治安的不仅限于专职保安人员，"甚至连人事部的头头都有枪。他与国民党的特务机构南区稽查处合作。他们组织了一些秘密活动，探听工人内部有哪些传言。表面上他是人事部的头头，但实际上他是做这种事情的"③。

到1948年，天津实施军事管制，军警常常在上下班的路上或车间里搜查工人，对他们管制的程度甚至超过了外国列强占领天津时期。④ 警察和军人进驻工厂造成的直接后果是加强了厂方管理

---

① 采访韩瑞祥，1981年4月1日。

② 采访纪凯林。

③ 采访韩瑞祥，1981年4月1日。

④ 采访韩瑞祥，1981年4月1日。

层的权力。不过，工人们在公开反抗不可能的情况下，按照日常工作的需要间接地组织反抗，其中之一就是"泡蘑菇"。

"泡蘑菇"

"泡蘑菇"是怠工的俗称，是车间里自发形成的一种生存策略。它需要工人之间高度的一致，也需要工头配合，不过它很少需要正式的组织。

1929年，一位政府调查人员到裕元纱厂时，厂方向他列举了几种降低劳动效率的毛病。这些毛病（逛窑子、赌博、调戏女工、盗窃）多数并不直接与工作时的要求有关，只有一种是明显的例外。工人们对他们认为生产速度过快的机器采取的做法是，在机器皮带上偷偷地抹油。这会让机器转得更慢，意味着纱线断的次数更少，工作也更容易。这也意味着棉纱的产量减少。为了防止油渗入机器皮带，厂方在每根皮带上涂上一层很厚的松香，这种做法既费钱又费时。一些工人采取用刀割断机器皮带的方式回敬厂方，这样他们就可以在修复机器时休息。①

对那些靠计件来获得工资的工人来说，这种简单的破坏只会让他们的工资减少，于是他们采取其他方式：

> 譬如粗纺工人，其出产额由亨克表衡计，工人乃多自动操持该表，随意移动其标识，图以少报多，是法旋被厂方发现，乃

---

① 吴瓯：《天津市纺纱业调查报告》，第123—124页。

以铁栏将该表锁住，使其不复能自由移动。又如织布工人，常
自由操纵织机，使经纬距离增大，如是织成之布，结构不密，但
其长度则有增加；结果成品质料变劣，厂方受累，常常以 110
匹之价格脱售 100 匹，亦无主顾愿承购之者。①

这种做法在日本人占领期间一直继续。②

　　一种更加消极的、设法一定程度地左右工作环境的方式，也是
被发现的风险更小的方式，就是除非有工头在场盯着，否则就根本
不干活。"工人至工作疲倦时，间有就机旁隙地蜷卧者，更有少数
工人……甚至以赌博（以掷骰子者为多）为消遣。"1929 年一位政
府调查人员这样写道。工人们会溜到厕所趁机休息一下，正如一
位工人在里面所看到的："这里虽然有些臭，但是可以自由谈笑，假
如有烟的时候，可以偷着抽两口，不过这种消遣很是危险，一旦遇
见工头，轻则一顿臭骂，重则罚钱开除。"不过，在摇纱、准备和织布
三个车间，这种逃避的策略不起作用，按件计酬的压力把工人们束
缚在机器旁。③

　　在日本占领时期，即使是在那些计件工人中也开始流行"泡蘑
菇"策略。实际上，在每次对日本纱厂老工人的采访中，他们都会
讲到这样一个典型的工作日：

---

① 方显廷：《中国的棉纺织业与棉花贸易》，第 128 页。
② 棉二：《厂史 1918—1949》，第 83、91 页。
③ 吴瓯：《天津市纺纱业调查报告》，第 56 页；《益世报》，1935 年 3 月 10 日，第 14 版。
　　在 19 世纪莫斯科的工厂，工人们唯一相见的地方是厕所，一家工厂的工人称厕所
　　为"我们的俱乐部"。[美]罗伯特·E. 约翰逊：《农民与无产者：19 世纪晚期莫斯
　　科的工人阶级》，第 93 页。

　　我们有个规定。我们一上班就必须非常努力地工作。要照看六台织布机。如果其中四台停机了，你就会挨踢。所以，我们上班的第一个小时会很忙。谁都不敢偷懒。我们要把所有的机器都开动。

　　8 点左右，上班两个小时了，工头会离开去休息。日本经理会去客厅。他要去抽根烟，喝点水。这时，我们就可以放松了。一些机器停了下来。我们就躺在地上休息一会。有的人去厕所。在车间里，大概有一半机器都停了下来。

　　11 点钟左右，我们估计他们快要休息完了。我们会又努力工作两小时……

　　有时会有人讨好他们。他会说，"只要你一离开，他们就不好好干活"。于是，他们改变了方法。一个人会假装离开，但实际上并没有离开。他不到半小时后回来，看到机器停了下来，他就开始打人，逼着人们拼命干活。

　　我们该怎么办？我们都十五六岁。我们很累，简直无法承受。于是我们建立了一种警戒办法。靠近门的那个人负责警戒。当他看到工头来了，就挥动一块布。他们对我们控制这么严，我们不得不想办法多休息一会儿。①

　这样的故事在每个车间都差不多一样，只是用来警告人们工头来了的方式各有不同。在纺纱车间，"门口附近的工人把一支纱

---

① 采访程长立。

轴扔进车间里。纱轴一掉在地上，每个人都知道有人来了，马上开始快速工作"①。在整理车间，一个人在门口放哨，"当日本人来了时，她就举起手，每个人马上跑回去工作"②。

童工们甚至把车间变成了游戏场。不过，后果往往是灾难性的：

> 我们是孩子，都喜欢玩。即使在机器运转时我们还会玩。我们会用一些棉纱卷成两个球，用一根线将它们系在一起来玩。
>
> 它们一旦被挂在机器皮带上，就会发出很大声响。所有的机器都停了下来。一个日本人看到了纱球。他打我，并把我拖到办公室。正好另一个日本人、他的上司也在办公室。他们打我。他们说我在故意制造麻烦。然后他们把我带到门口的警卫室。他们每隔两三个小时就把我抓去打一顿。他们让我在那里跪了一天一夜。③

"泡蘑菇"似乎在战后时期没有那么普遍。不清楚是因为工作条件改善了，还是因为监管变严了，抑或因为这些劳工抗议方式被其他更有效的方式取代。另一个尚未搞清的问题是，中国工头背着日本管理人员在保护工人或与工人一起"泡蘑菇"中所起的作用。不过，工人们为了减慢工作速度而彼此合作，其协调程度在其

---

① 采访纪凯林。
② 采访张文清。
③ 采访程长立。

他工厂类似的抗议活动中也同样出现，如相互配合偷东西以维持最低生计。

工余时间的斗争

如果说天津的手工工场是一个封闭和狭窄的世界，那么天津的纱厂则是拥有一系列福利设施的规划社区。例如，政府和学术界的调查报告都称赞裕元纱厂的宿舍、食堂、诊所、供工人及其子女们读书的学校、消费合作社、澡堂、操场、武术协会，还有带薪的产假、伤残抚恤、丧葬补贴以及夏天给工人买西瓜的津贴。[①] 第二次世界大战后有关国营纱厂的报道，也揭示了令人印象深刻的各种福利。除了提供上述所有福利，裕元纱厂的继任者还增加了戏曲和音乐剧团、托儿所和英语课。[②]

有关工人福利待遇的这种规定并不是中国独有的。在 18 世纪的英国，正值工业化早期，如果新区建立工厂，雇主给工人提供住房是很常见的。提供医疗帮助、死亡补助金和开设职工商店也

---

① 吴瓯：《天津市纺纱业调查报告》，第 13—14、109—119 页；方显廷：《中国的棉纺织业与棉花贸易》，第 133、158、181—189 页。

② 《中纺天津第二厂概况》，《河北劳动》第 1 卷第 7 期，1947 年 1 月，第 26 页。一个有关棉四内容类似的报告，见棉四：《1946 年本厂简介和调查》。有关这个厂丧葬费用的规定，参见棉四：《1947 年布告留底簿》。这份"福利文献资料"最让人奇怪的特征是频繁提到女工的产后福利。例如，参见 79 页，据王清彬说，这是早在 1926 年的福利。棉四《1947 年布告留底簿》对 1947 年所有国营纱厂孕期政策概括如下：工人产前和产后分别有四周假。工人如果流产也有假期。在这期间工人可获得部分或全部工资。然而，由于没有证据表明这些规定曾被执行过，所以没有理由认为它们是女工职业生涯中的重要因素。

是普遍的做法。在 19 世纪的莫斯科，工厂主发起创办出售食品和
日用品的合作社。① 在缺少基础设施的地方，工厂主还必须要负责
建造基础设施。在天津快速扩张的年代，住房肯定短缺，特别是在
建立工厂的郊区。

但是，和英国一样，天津的公司建造住房还有另一个目的，那
就是企图把工厂的纪律和常规的工业劳动习惯强加到工余时间。
如果能够做到的话，天津的工厂主将会把工厂建成一个封闭的环
境，由公司的专门机构实施管理，由公司的保安负责保卫。但是工
人并不买账，他们反对将住房变成"纪律工具"的企图。②

在日本人统治时期，公大六厂建成了一个有 500 间房的宿舍
区（新德里），但并没有多少工人选择住在那里。他们不愿意住在
那里的部分原因是工作经常会变动，而其他的原因也很重要。很
多工人不想让厂方在下班后知道他们在哪里。一位当时在人事部
工作的人解释说："生活太艰难了，有时人们迫于无奈从厂里拿走
一点小东西。一旦被厂里发现，他们就会来找你。因此人们不愿
意住在工厂里，即使是新的建筑。宿舍 50%—60% 是空的。如果工
人没来上班，他们也想避免被追到家里。人事部的人出去调查旷
工的工人，他们会发现十个有八个不住在他们给的家庭地址。"③

这些工人不愿住在厂里是因为不想在下班时间（有时在工作
时间）对工厂负有责任，只有那些独自来天津并且没有任何亲戚关

---

① ［英］悉尼·波拉德：《现代管理的起源》，第 202—203 页；［美］罗伯特·E. 约翰
逊：《农民与无产者：19 世纪晚期莫斯科的工人阶级》，第 87—91 页。
② ［英］悉尼·波拉德：《现代管理的起源》，第 201 页。
③ 采访韩瑞祥，1981 年 1 月 17 日。

系或本地家眷的单身工人住在宿舍。住在宿舍的只占所有工人的五分之一到四分之一。在日本人统治时期，这些单身工人多数年龄都很小，只能算是童工。工厂负责招工的人向他们展示娱乐设施的照片，可他们到达后发现每个房间住着 8 到 40 人，有铁的双层床或"死"土炕（之所以称为"死"，是因为这些土炕下面没有灶，不能加热），而且既冰冷又到处飞舞着蚊子。①

最重要的是这些宿舍是上锁的，复制了学徒工被监禁的手工工场的封闭世界。除了节假日，居住在里面的工人是不被允许出厂门的。工厂给住宿舍的工人都发放能识别身份的专门的工作服，他们的工卡上标着两道红杠或其他简单的标记。一个车间的人住在一起。下班后，他们回到宿舍吃饭。实际上，有些厂是发早餐和晚餐的，每顿两个馒头，在经过车间和宿舍之间的检查卡时发放。一位工人回忆："如果你病了，你就没饭吃，只能躺在那里挨饿。"因为有病未得到治疗而死在宿舍的情况并非没有耳闻。②"如果我们上夜班，我们就常常在白天玩，"另一名工人回忆他在工厂的童年时光，"不过，我们还是不能到院子以外去。我们就玩弹球。"③

住宿舍的工人只能寄希望于从车间、宿舍和院子的隔绝世界里偶尔解脱一下，即便那样做必须遵守一定程序："如果你住在宿

① 《益世报》，1937 年 1 月 17 日，第 12 版；采访张文清、张家贵、程长立、纪凯林。解放后的著述非常详细地讲述这些童工的经历，常常将他们看成所有天津工人的象征。例如，见中国作家协会天津分会编《海河红浪》，天津：百花文艺出版社，1960 年，第 20—23 页的《童工苦》。
② 采访张文清、高凤起、张家贵、程长立。
③ 采访程长立。

舍,想出去必须有担保人。你不能想出去就出去。每隔一年左右我就想回家看看。同屋的一个人为我担保。"①住在家里的普通工人通常不被允许到宿舍去,那里有人看守。工人的家属来天津,也常常被拒绝进入宿舍。

就像三条石的学徒那样,工人们对宿舍生活常见的反应就是逃跑。程长立记得有两个从青岛招来的童工,年龄分别是 11 岁和 14 岁,他们翻过工厂的墙逃跑了。一个被抓住暴打了一通。"当有人离开时,"他说,"他们将铺盖留下。大约每隔一个月,工厂就会装满一车被褥,拉到南市去卖。"②

随着战争结束,工厂纷纷关门,而等到 1946 年年初工厂重新开工时,宿舍作为工厂控制的工具开始发生变化。越来越多的家眷搬进工厂的住房,单身工人宿舍的条件变得更加舒适。发生这种变化的原因还不清楚。或许 1946 年暂时的稳定促使更多的工人将他们的家人带进城市。那些刚进厂时还是十二三岁孩子的工人,如今到了结婚的年龄,不太可能继续住在单身工人宿舍里。虽然有关这一点没有可用的统计数字,但是劳动力的年龄整体上显然更大了。③

工厂主还试图管理那些从没有住在厂内的工人下班后的行为。例如,许多工厂在节假日专门发布规定,禁止厂方人员收受贿赂,禁止工人赌博。④ 然而,除了那些在本地没有亲友关系者,工人

---

① 采访程长立。

② 采访程长立;采访韩瑞祥,1981 年 1 月 17 日。

③ 有关这个时期工人年龄的增长,参见对程长立的采访。

④ 棉四:《1947 年布告留底簿》。

们对如何支配自己的工余时间做得还是相当成功的。只要有可能,他们就与亲属生活在一起,这样可以巩固与他们一起来到城市的社会关系,而不是进入工厂主企图提供给他们的工业规范的世界。

庇护与争夺保护

在工作日的斗争中,工厂主制定规则,工头执行规则,而工人适应规则。但是,工厂里争夺庇护和保护的斗争,在某种意义上,是发生在工人自己地盘上的事。工厂工人利用亲戚和同乡的关系,与工头和帮会老大结成跨阶级联盟,并与同车间的工人形成虚构的亲属关系。这些社会关系网络给工厂生活带来了凝聚力和延续性,帮助工人们在一个充满冲突并常常充斥着暴力的环境中生存。① 帮会成员身份有点自相矛盾,既是暴力的根源,又提供保护使工人免遭暴力。

工人通常并不是作为孤立的个人,而是作为地域网络和家族社会网络的成员来到工厂的。这些网络将他们输送到某个厂或车间,一旦他们进入,那里还为他们提供某种保护。纪凯林回忆说:

> 我们厂有很多人来自文安县,大概有五分之一,并不都来

---

① 有关莫斯科工厂工人的"私人生活"及其与这些社会网络的关系,参见[美]罗伯特·E. 约翰逊《农民与无产者:19 世纪晚期莫斯科的工人阶级》,第 94—97 页。他从欧文·高福曼(Erving Goffman)的《避难所》(*Asylums*)一书中借用了"私人生活"(underlife)这个词。

自我们村,而是整个县。我们村的人都是由一个姓刘的人(工厂里一个低级工头)介绍的。我们县来的人有的彼此有联系,有的没有。不过,一旦你发现有人来自文安,你们的关系就更近了。我们会互相帮助。一些人成了盟兄弟……从一个地方来的工人有一种小团体心理。一些地方甚至有同乡会。①

不过,与三条石的铁厂不同,一家纱厂的工人并不都来自同一个家乡。纱厂劳动力的规模,使其缺乏像金属加工业与某个地方手工业传统之间那样的关联,加之难民劳动力人数众多,使得每家纱厂的工人都由两个或两个以上的地域网络构成。他们一旦彼此打交道,遇到一起时常常会充满敌意,正如纪指出的:

午饭时,我的家人给我送来饭。我将饭放下去洗手,当我回来时饭没法吃了,因为里面都是沙子。是一个唐山来的姓郑的工人放在里面的。他是由我前面提到的那个姓郑的工头(也是唐山来的,或许彼此是亲戚)招来的。我问他为何要这么做。他也不说原因,只是走过来打我。当时我非常生气,捡起一块金属打在他的手臂上。

之后,他告诉了姓郑的工头,他到我的屋里来找我。我躲了起来。他站在我的屋里骂街,然后有人劝他,事情就这样过去了,因为他没有什么理由。

唐山来的这些人关系非常密切。如果有人欺负他们中的

① 采访纪凯林。

某一位，他们就会互相帮忙。①

与地域网络相交织的是在纱厂里建立起来的家族网络。鉴于社会关系在纱厂找工作中所起的作用，有亲戚关系的工人往往成群聚集在某个纱厂就不足为奇了。甚至在日本人占领天津之前，兄弟姊妹也是一个接一个地进入某个厂。张家贵1931年的故事就很典型："当时我们（从北郊）来到天津，租了一间小房……我哥哥介绍我进的厂，因此我不需要担保人。我妹妹在纺纱车间。我们大概都同时进的纱厂。我们有四五个人在上班：我的两个妹妹，两个哥哥。"②

这种模式一直持续到日本人占领期间一家家的难民来到天津。纪凯林和他的妻妹及妻子1943年进了一家纱厂。（他当时10岁，他的妻子是童养媳，生活在他家，7年后他才正式结婚。）高凤起和他的妹妹1940年一起进的厂。张春风用以下方式描述了她1940年进入公大六厂：

> 我姐姐在日本人公大六厂的前身老裕元纱厂工作。她12岁开始在络纱车间上班……我有三个哥哥在这个厂。大姐17岁时得了一种妇女病死了。那时我二姐在纺纱车间。她已经17岁了。她找到一个婆家，结婚之后就不再上班了。于是我顶了她的班。③

---

① 采访纪凯林。
② 采访张家贵。
③ 采访纪凯林、高凤起、张春风。

一旦进了厂，亲戚们就会互相保护，一起上下班，帮助家庭成员对付工头和其他工友的欺负。继续依靠这种关系，工人可以改善他或她在工厂等级中的地位，或者是调换工厂，甚至离开纺织行业。

工人们除了有这些伴随着他们的社会关系，还在工厂里建立新的关系以应对工作环境。劳工史学者的传统观点是将这种新的联系模式看成衡量工人阶级觉悟的一个标准，因为它们是建立在工人的共同经历而不是他们的籍贯或在家族中的地位之上的。然而，在天津，这些新的社会关系与旧有的关系并非毫无关联。纱工里的关系是建立在旧有关系之上的，并因后者而得到巩固和受到限制。

以互相保护为目的的关系的形成是一种重要的生存策略。这种关系可以凭借血缘或籍贯关系，但也不仅限于这些关系。这些关系通常按性别分开，并且常常是秘密的。男的结拜兄弟或组成帮派、女的结拜姐妹或组成宗教团体是最常见的形式。成员并不一定是工厂工人，他们常常向一个工厂以外的人物表示忠诚，这个人物要么是人要么是神。在天津的工人中，"拜盟兄弟非常非常的普遍"，韩瑞祥回忆说：

> 工厂里有许多结拜兄弟（盟兄弟）。最小的一伙儿有 3 个人，最大的 108 人，还有 72 人一伙的。在日本人时期，我们 7 个人组成一伙，在国民党时期组成了 28 人一伙。
>
> 目的是什么？一旦遇到麻烦我们可以互相帮助，互相关

照一下。成员之间没有压迫或霸道。他们是彼此常常有联系
的一帮人。他们有相同的观点。他们有同情心。

拜盟兄弟的不一定是相同籍贯的人。"他们常常是一个车间的，在
一起工作。"团体有时是自发形成的，不过，他们的组织有着严格的
等级："一个组织起很多人的人被称作大哥。如果他看到很多人在
一起相处很好，他就会说，'我们可以在一块儿吧'。有时，一群人
会邀请一个大哥来当他们联盟的老大。"

这种等级制度反映在结拜兄弟的正式仪式上：

他们聚集在一起，并邀请一位大哥来领导这个联盟。或
许他是上一辈的成员，或者至少他是位大哥。他来了之后，他
们会坐下，每个人都说出他的生日，然后按年龄大小排顺序。
所有的 28 个人，我最年轻排在第 28 位。在我们排完辈分之
后，组织这个联盟的人正式宣布谁是大哥。每个人都向他行
礼，然后他们就一起喝酒。

虽然这种组织没有正式活动，但它的确提供了一种能够被用来从
事诸如盗窃活动的基本组织单位，因而招致日本人的怀疑。"他们
不喜欢这个，因为对他们不利。不管你怎么看它，它并非不利，因
为如果团体中的某人出了什么事，大家会互相照应。"①

对某一特定人群誓忠不一定是长期的承诺。这或许反映了工

———————————

① 采访韩瑞祥，1981 年 1 月 17 日。

厂人员流动性高,工人们根据需要组成和重新组成团体:"在日本人时期我结拜过一次盟兄弟。然后在国民党时期,我结拜过两次盟兄弟。有时你会在一伙人里遇到同一些人。总会有重复的。上一帮 28 个人里面就有几个是以前那伙人里的,这帮把兄弟里头也是同样。"①

裕元纱厂的历史显示,盟兄弟团体在两个时期被有意地用来鼓动工潮——1926 年和 1947—1948 年的两次罢工。1929 年,市政当局的调查显示,盟兄弟们一起玩耍、一起喝酒,或者有红白事时互相走动。这些小团体既是互相保护的联盟,又是互助联盟,也是社会小集团。②

为了寻求比独立的工人团体更有力的保护,盟兄弟们有时会加入天津最活跃的帮会之一——青帮或红帮。虽然这些帮会在天津的主要力量根基在搬运行业,但是它们也试图染指许多其他领域。中国社会学家李世瑜将中华人民共和国成立前的天津称为"青帮世界"。这两个帮(特别是青帮),在天津的澡堂、旅馆、赌场、烟馆及妓院,都有利益关系。从 20 世纪 20 年代一直到解放,多数大厂的工头都是青帮成员。③ 与工头保持良好关系是在工厂获得提升的最可靠途径,而帮会成员的身份是巩固这种良好关系的有效手段:

---

① 采访韩瑞祥,1981 年 1 月 17 日。
② 棉二:《厂史 1918—1949》,第 36、119—120 页;吴瓯:《天津市纺纱业调查报告》,第 129 页。
③ 采访李世瑜,1981 年 3 月 24 日;采访陈志。

在青帮中，如果你认某人作师父，他就是你的"老头"。即便你年龄比他大，他仍是你的"老头"，比你高一辈。在红帮中，他们叫他"大哥"。只要你一提你大哥的名字，或说你是谁谁的弟子，人们就会对你另眼看待，不敢怠慢你。就好像你的社会地位提高了。它起到了保护的作用。[1]

虽然工人的"老头"可能不是他在工厂里的直接上司，但是向他表忠心与通过其他方法从有势力的工头那里获得保护，所达到的目的是一样的，因为在必要时可以请他去上司那里调解。

帮会成员身份与工厂里其他形式的保护不同，在工厂里，帮会的等级结构完全延伸到工厂之外，进入天津的权力结构中。尽管这些关系是模糊的，但是很显然天津的精英和黑社会的影子精英成员属于帮会，并在一定程度上依靠纱厂工人和职员中的成员来建立他们的权力基础。韩瑞祥的讲述对弄清一个帮会的网络很有启发性：

这些大哥是些什么人？据我所知，他们有的是文化人。如青帮大哥张逊之是国民党报社的头头儿。他们都不在工厂里。他们都不干活。另一些人是国民党的政客……一些是当地的地主和恶棍……这类大哥不是文化人。他们之间发生很多争斗。他们也控制脚行和码头。

我加入了红帮。我的大哥是姜般若。你需要一个人引

---

[1] 采访韩瑞祥，1981 年 4 月 1 日。

荐。帮里都是男人;女人不能加入。多数红帮人来自南方。
我被介绍给姜大哥。他是位于花园的一所大学的校长。据说
那所大学的学生不是正牌的学生。

这些人与当时的大官有联系。红帮里有个姓赵的在中纺
四厂工作。他认识中纺二厂的董克成。董克成和我的弟弟在
同一个车间上班。他常常来我家,并和我认识了。他问我:
"你从哪来的?"我说:"我是山东来的。""天津的山东人不多。
你在这有什么老乡吗? 你是怎么来的天津? 来再认识几个
人吧!"

……

我认识了在中纺四厂上班的赵钟明。然后,他们让我见
了姜大哥……加入帮会的目的是要离开这个厂,做点能使我
们有权和有钱的事儿……我们的大哥是南方人。我不知道在
天津是否还有其他红帮派别。姜手下有一两百人。

一个在工厂以外有许多弟子和影响力的强有力的大哥,对有
困难的工人会有很大的帮助。"如果你家要办一场婚礼需要些什
么,如果你家有丧事,他就会把所有的事情都打理好。"[1]他还可以
保护不幸的工人免遭来自厂外的危险。一名工人加入青帮是为了
逃避被抓去当劳工:

大约在 1944 年日本人占领时期,我加入了青帮。我为什

---

[1] 采访韩祥瑞,1981 年 4 月 1 日。

么加入呢？我对它一无所知。他们告诉我，如果我加入了就不会再受欺负。那时，我离开了公大纱厂去了一家小厂，一家私人纱厂工作。我和一个人一起在那上班。他说，日本人到处抓人去做劳工。他说，如果我不加入，日本人就会抓住我将我带走。于是，我就去见了一位大哥。我们烧香。弟子们向他鞠躬行礼。他们收五元钱。①

　　除了这笔入会费，工人在节假日、生日和其他特殊日子要送礼物给大哥，就和对待工头一样。不过，他给予的保护和关照对工人而言显然是值得花费的，在 20 世纪 40 年代，天津纱厂的男工人估计有 80%—90% 加入了青帮或红帮："你不得不加入。不管是这里还是那里都有一个大哥。你不属于这个就属于那个。在日本人占领下也是这样，不过在国民党时期（成员）更多。这也是为了吃饭。为了少被人欺骗和被欺负。"②

　　在两个帮中，青帮的徒众更多。③ 每个人都忠于一个"老头"，不过"老头"之间并没有一个尊卑明确的等级体系。派别分分合合，有时派别之间的冲突在纺织厂上演。与脚行中一样，冲突常常与工头而不是工人的利益有关。然而，工人们被卷入了这些冲突以及随之发生的暴力争斗中："至于这些冲突对工厂的影响，除了在厂外的械斗……还会发生有人受伤而不是被杀的殴斗。对方会弄伤他们一个自己人，然后把他摆放在那儿，说是另一方干的。所

---

① 采访张家贵。
② 采访张家贵。
③ 采访韩瑞祥，1981 年 4 月 1 日；采访李世瑜。

有这些人都是从工厂里来的。但领头的不是厂里的。"①这种暴力有时也会波及工厂。一位不是任何帮会成员的女子对帮会暴力和对工厂生活的影响记忆犹新:

> 我们厂里有好几个帮会。青帮、红帮。他们划分地盘……厂里总有人打架。他们一打起来就停下机器并互相对骂……每一派的头子都有一些权力,他们利用那些怕被欺负的工人……他们自己不会出面。人们在跟他们自己的阶级兄弟打架。②

帮会暴力也可能表现为持续很久的仇杀形式,这涉及"老头"与成员之间延伸到工厂之外的忠诚链。例如,1948 年天津《益世报》报道,自 1947 年年初,中纺二厂发生了一系列袭击组长的事件,全部事件都发生在工厂的附近。两个组长吴柏林与潘长青连续遭到 20 多人的殴打。这份报纸评论说,"系有组织行动"③。

韩瑞祥当时在中纺二厂上班,他解释了这些袭击的起因:

> 1948 年,我们厂发生了一起两个青帮派别之间的冲突。事情是这样的:春节,工厂的厂长买了许多水果(苹果)和点心搞祭祀。每台机器都摆放了供品。在烧完香后,人们都想要水果。自然,大工头得到它们,小工头得不到。

---

① 采访韩瑞祥,1981 年 1 月 17 日。
② 采访张春风。
③ 《益世报》,1948 年 2 月 8 日,第 4 版。

由于供奉水果问题,青帮两派起了冲突……潘长青想让(他们)把水果祭品给自己。而负责整个织布厂的工头吴柏林告诉他,"你最好放聪明点",并将水果拿走了。后来,潘告诉了他的大哥。事情逐渐闹得越来越大。

随着工厂工头的徒众与他们厂外的"老头"的卷入,一派的信徒开始进攻另一派的追随者:

在东楼,青帮挂甲寺派的孙老三(孙步川)——他手臂上刺着四条龙,拿斧子砍了卞如子。通常他们不会杀了他们,只是弄伤了。砍伤他们的腿……这位卞如子的大哥跟官员有关系。他们告了状,状子提交到法院。

他们使用的办法是:他们弄伤自己这边的一个人,然后说是另一方干的。被伤的那个人事先并不知道。否则就被发现了……他们都是这个厂的;他们都是小胳膊根儿小把头……进攻者要抽签决定。

(来自同一派的)两个人一起走到河边,其中一人用刀子捅伤另一人,然后跑掉……他们弄伤了这个人,然后说是另一派干的。事情到最后出现了一位说和的人。他也是一位青帮的大哥——来自报社的张逊之。所有的人都坐下来,一起喝酒吃饭,事情就了解了。与此同时,那个被捅伤的人已经在医院里……这种事情很常见。①

————————————

① 采访韩瑞祥,1981 年 4 月 1 日。

296

不过，根据当地媒体的后续报道，这件事情还没有完。在下如子被刺的 2 月之后不久，他这一派发现袭击行动是由阎来德下令干的，48 岁的阎是青帮挂甲寺派的头。

行刺的孙步川是阎的弟子。孙的弟弟孙步海 21 岁，张学金也是 21 岁，他们都是这个地区的苦力，也是同一帮派的成员，他们用刀刺伤了自己，然后嫁祸给织布厂的工头吴柏林，说是吴柏林捅伤了他们。当调查真相出来后，他们与阎来德、孙步川以及另外三个都在脚行干活的徒弟一起被拘留。①

在这些冲突持续期间，该报继续报道："又在厂外发现可疑三轮车数辆，经一搜查在车厢内起获杀人利器多件，幸防护于先，未致肇祸。"或许是厂方收到了警告，以暴力著称的运输工人卷入了这场冲突，所以他们向军警请求保护。厂方注意到，阎是青帮成员，手下有几十个"爪牙"，很有可能再次发生冲突。② 果然不出所料，7 月底冲突突然爆发。这次，一名工头将矛头直指工厂董事彭雪舟。这名工头指控彭贪污，剥削工人，在抗战期间为日军管理一家山东纱厂，并勾结外人威胁这名工头的安全。

最后，这项指控证明了纱厂中存在着血缘关系、地域网络与帮会关系的交集。在 7 月初，当地的青帮"老头"、因为与二月事件有关而被捕的阎来德被军警释放。来自湖南的董事彭雪舟将他的许多同乡和亲戚带进了厂，其中包括一个侄子彭受鉴和另一个亲戚胡世剑，两人都是技术员。他们显然也都是阎来德的弟子，因为

---

① 《益世报》，1948 年 2 月 8 日，第 4 版；棉二：《厂史 1918—1949》，第 109 页。
② 《益世报》，1948 年 2 月 8 日，第 4 版。

7 月21 日，他们陪同他一起在工厂里到处转，"散步谈话"。

这名工头非常清楚地记得，阎策划了对他们一名成员的"二月袭击"，对此他非常愤怒并向工会投诉，而这时的工会已经由工头们控制。工会将这个问题提交给工厂董事彭雪舟，彭答应如果针对阎的指控是真的，将开除他的亲戚。当调查委员会提供证据证明阎的确到过该厂时，彭却称病不去上班了。这时一群"等久候未获解决"的工头和工人直接找到工厂的经理，要求开除那两名亲戚。这篇文章的结尾虽然有点含糊不清，但暗示两人被给予严厉警告而不是被开除。[①]

正如前面的叙述已经搞清的，工人加入帮会寻求保护和庇护并不是让帮会进入工人组织。相反，一个工人获得保护的代价是为工头或厂外的人效力，被卷入冲突甚至有时受伤。对那些人而言，纱厂工人只不过是另一种尽可以牺牲掉的兵卒。尽管有明显的劣势，帮会效忠依然存在，因为工人需要保护，而帮会成员身份是获取保护的最可靠方法。和工人依靠的那些建立在亲戚和老乡关系之上的传统团体一样，帮会也包括了那些通常情况下可能会互相反对的不同阶级背景的成员。正如中华人民共和国成立后的厂史所描绘的，工人并不只是与工头争斗，显然他们和他们的工头也常常与归属于敌对派别"老头"的工人和工头争斗。

妇女团体：结拜姊妹与宗教信仰

尽管工作会将妇女与男人置于同一个部门，但是他们各自的

① 《益世报》，1948 年 7 月 30 日，第 5 版。

社会网络总会让他们分开。妇女对帮会成员和帮会的冲突敬而远之。妇女为了彼此保护而联合起来时,常常组成结拜姊妹。这种团体最初可能非正式地出现在同车间的女工当中:"如果几个人在一起相处,她们就会彼此相互关照。如果有什么问题,如果我病了,你就会在工作上帮我。"[1]后来,这种关系可能被正式化了:

> 我们大部分时间都在一起。我们相处很好。我们常常5到7个人一帮结拜姊妹。人数永远是奇数,如11。不会有偶数。一般来说,结拜姊妹没有任何政治目的。我们在一起:大姐、二姐、三姐、四姐。我们和睦相处,同甘共苦。[2]

实际上,没有任何有关这些妇女团体的性质或功能的信息保留了下来。1929年的一份政府报告认为,这些妇女团体不如纱厂男工组成的盟兄弟那么强,女工很少有机会像男工那样在厂外举行社交集会,而且妇女团体常常因为争吵而解体。[3] 这些团体的组成反映了劳工的分化。住在家里的女工不与住在厂宿舍的女工结拜姊妹,因为后者在工厂待不了太长时间就逃掉了。1949年后的厂史认为,结拜姊妹常常会转向政治目的,在日本人统治时期抵抗工头的侮辱,或在战后时期组成罢工团体。不过,由于她们的组织显然不如男工那么正式,也从没有隶属于像帮会那样更大的、更显

---

[1] 采访张文清。
[2] 采访张春风。
[3] 吴瓯:《天津市纺纱业调查报告》,第127页。

眼的组织，所以她们的组织一直显得很神秘。①

女工寻求保护的另一个源泉是神。有关工人宗教信仰的佐证既分散又含糊不清。一位工人称，多数工人信仰某种佛教，而另一位补充说，女工常常会加入龙华会或一贯道这样的宗教团体。② 一贯道在抗日战争时期的敌占区很流行，它的起源可以追溯到宋朝的白莲教。一贯道把儒教思想、道教的宇宙观、佛教经典以及各种迷信折中混合在一起，将创世主无生老母看作自己的中心神。在每个时代的末日，她都会派一名使者到人间重组世界。信众相信，无生老母会在大灾难来临时挽救他们和他们的亲人。

20世纪30年代，一贯道开始在天津发展起来。它的领导人张天然被许多信众认为是新世纪的引领者。他来自山东济宁，但从1934年直到1947年去世，他断断续续住在天津和北京。信众组织成坛，每月聚集几次，或者在家烧香和磕头。会员要交纳会费和出

---

① 采访张文清；棉二：《厂史1918—1949》，第83页；中国作家协会天津分会编：《野火烧不尽：天津棉纺五厂历史》，第17页。有关上海纱厂工人中结拜姊妹的讨论，见[美]韩起澜《上海纱厂女工，1919—1949年》，第4章。
② 采访陈志、张家贵。

钱印刷经文。① 一贯道在工厂,特别是在女工中有一些信众。张文清记得,工人通常是"跟随家人。如果父母参加了,小孩就会加入"②。一个类似的教派龙华会在工人中也有一些信众,该教传授密语,这些密语据称能够保护背诵它们的人:

早出门

晚出门

出门就有解救神

四大天皇给你引路

---

① 在日本占领期间,社会学家李世瑜为了调查"一贯道"曾以高中生的身份加入该教。他推测,"一贯道"战争期间在华北城市中吸引信众的原因是其在不安定时期可以给人们带来安慰。它的信众在 1939 年大水灾后和 20 世纪 40 年代初经济困难时都有增加。成员在朋友和亲戚中宣传,劝说他们"和我一起进天堂"。多数成员来自商业部门,包括许多富商。李世瑜认为,多数工人既没钱也没时间从事道门活动。有些例外的情况是,铁工厂和纺织厂的经理和工头或许带着工人和他们一起加入。李世瑜估计,在日本人占领期间,多达四分之一的天津人口是"一贯道"的成员。李世瑜:《现代(在)华北秘密宗教》,成都:《中国文化研究所集刊》专著(*Studia Serica Monograph*),1948 年,第 32—78、87 页;1980 年 4 月 16 日与顾琳一起采访李世瑜。在[苏]列夫・德柳辛(Lev Deliusin)的《一贯道会社》("The I-Kuan Tao Society")一文中(载[法]谢诺编[Jean Chesneaux ed.]《中国的大众运动和秘密会社,1840—1950》[*Popular Movements and Secret Societies in China, 1840-1950*],加州斯坦福:斯坦福大学出版社,1972 年,第 225—233 页)也对"一贯道"有过专门论述。有关天津的"一贯道"及其解放后被镇压的情况,见[美]李侃如《天津的革命与传统,1949—1952》,第 14—15、106、108—118 页。1949 年后中国学者对秘密会社活动的描述,见昝道徒《一贯道的罪恶内幕》,《文史资料选辑》第 47 辑,1963 年 11 月。有关该道门近年来在台湾的活动,见[美]焦大卫(David K. Jordan)《天师道近期的历史》("The Recent History of the Celestial Way"),《近代中国》(*Modern China*)第 8 卷第 4 期,1982 年 10 月,第 435—462 页。

② 采访张文清。李世瑜在 1980 年 4 月 16 日采访中证实,家庭常常作为一个单位加入"一贯道"。

八大金刚护你身。①

这些线索非常诱人，它们还是工厂里可能存在着大量宗教活动的神秘反映。教派成员身份完全可能是工厂生活的一个重要组成部分，只是在 1949 年之后，附在其上的恶名掩盖了其范围和构成。信教的人数在女工占多数的纱厂似乎要比全是男性工人的三条石更多。不过，这种模式意味着什么还不清楚。

围绕生活的斗争

天津纱厂工人的薪水总是让他们的生活维持在使人难以为继的生存边缘。20 世纪 40 年代，随着天津经济变得更加不稳定，谋生的斗争变成为生存而进行的防御性斗争。工厂主的权力由于得到厂外军事力量的支持而得以强化，因此公开的劳工冲突很少见了。而相反的，工人们通过从工厂盗窃来获得他们认为可以供他们勉强度日的薪水。不管这意味着一种抗议的形式，②还是仅仅是

---

① 棉二：《厂史 1918—1949》，第 87 页。"金刚"是指佛的护法神。
② 威廉·瑞迪坚持认为，19 世纪 30 年代鲁贝（Roubaix）毛纺厂大规模的偷窃行为是 18 世纪粮食骚乱的一种继续，工人们的抗议还没有发展到将劳动力作为一种商品，而是集中在有形产品的价格上。"这种做法的成功与否取决于一种实际上不能称之为阴谋的默认的社会和解协议，而且一旦他们的工资降得太低，这种做法就为他们提供了强迫雇主执行公平原则的一种不拘形式的手段。"[法]威廉·瑞迪：《法国早期纺织厂的纱线、等级工资、折扣、蒸汽与其他"群众公正"对象》，第 211—213 页。

仓促谋划的勉强度日的手段,盗窃都涉及工人之间高度的组织,以及跨阶级联合的实施。

每个工厂都存在大型的、组织严密的盗窃团伙。1929年,裕元纱厂的管理人员告诉来访者,纱线盗窃是个严重问题。在工厂的出口附近放着箱子,旁边牌子上的文字鼓励工人将盗窃的东西放到箱子里,却没有效果。那些负责在厂门口对工人搜身的保安也被证明不管用,因为他们常常与小偷们串通,不会仔细搜查他们,以此获取回报。在裕元纱厂所在的郊区小刘庄的大街上,有许多人专门收购盗窃来的纱线以便倒卖。①

迫于经济形势的恶化,工人们在日本人占领期间扩大了盗窃范围。个别工人在袜子里藏布,在饭盒里藏棉纱。成伙的工人将物品隔墙扔到墙外,让外面的同伙捡拾。机器皮带和铅条、工具以及各种原材料,通过这种方式出了工厂。② 如此大范围的和手段多样的盗窃需要相当的组织性:

> 我们干嘛偷嘛。纺纱工偷纱;织布工偷布。那时候我们都一条心。男工与女工……一起干。当纱线落下来后,日本人不会看着,……我们就将纱线扯下来藏到衣服里。像我这样的身材(又高又瘦)可以藏10斤纱线。在织布厂,每个人都拿经纱并藏在他们的衣服里……冬天……然后我们会穿上外套。
>
> 男工将这些东西交给女工。虽然女工只穿着内裤和内

① 吴瓯:《天津市纺纱业调查报告》,第123—124页。
② 棉二:《厂史1918—1949》,第90页。

衣，但是他们从没有试图趁机占我们的便宜……在快要下班时，大约下午四点钟，我们开始往身上"穿"这些东西……我们称之为"上货"。实际上，就是偷。①

除了最高层，所有的监管人员也都参与到这种活动中："工头也参与了。日本人是少数。他们不可能看住这么多人。"②

一旦棉纱安全地藏好之后，下一道障碍就是门口的保安。如果他们按照要求做，搜查将是彻底的、费时的和侮辱性的。"我们下班后必须排队接受搜查。掏出所有的口袋，脱掉鞋子"，这是一位工人回忆。另一位工人记得，必须"解开纽扣和解开裤子"。这一过程是在一天劳累工作之后又增加的一件更烦人的事："如果你6点下班，回家时已经过了8点。"③

不过，保安如果提前被买通，就会让那些将偷的棉纱几乎一直塞到耳根的工人顺利通过。日本管理方很快意识到这个问题。他们竖起了一块隔板，从屋顶一直挡到工人的肩膀位置，这样保安就看不见他们搜查的是谁。不过，这个设计独特的防范措施也没有用：

> 他们防止我们与搜查者串通……不过，我们也有办法对付他们。如果我和你有联系，你知道我正从你的搜查点站通过，你一定会让我走，我就在我的袜子或鞋上做上某种记号，

---

① 采访张春风。
② 采访张春风。
③ 采访陈志、程长立、张春风。

使你一看到就知道那是我。这是一种办法。还有好几种办法。①

　　自称为盗窃者的工人为了取得成功,而且有机会不断去做,就需要对所有的合作者表达适当的谢意:"外面的人卖掉我们偷的东西。如果我偷了 10 斤,许多人都有一份。搜身的人得两斤。你放我走,我给你两斤。我还得买通工头——一斤或两斤。我只保留30%或40%……我把它交给厂外面的人去卖。"购买偷来的棉纱的人也相当有组织:"他们把它买到乡下……我问他需不需要棉纱。如果他需要,我就说,'我明天 12 点给你拿来'。我把棉纱拿到他家里或事先商量好的地点。10 斤中有两斤是他的利润……交货时他会付钱给我。我拿到钱就去买粮食。我得吃饭。我得过日子。"②

　　工人偷东西并不能致富;盗窃只是"勉强度日"的一种手段。即使是间隔了将近 40 年,当年的小偷回忆起他们的故事时还是津津乐道,但也很显然,这些行为的风险是巨大的。

　　　　日本人很精明。有时他们会站在那里命令你到另一个搜查者那里(事先没有约定的一个人)……他们不得不抓一些人,否则日本人会追查他们……男工比女工偷窃的多。他们会将你带到警卫室并把你吊起来打……或者他们将你送去做

———————————

① 采访张春风。
② 采访张春风。

劳役。十个被送去的十个会死……

一个整经车间的女工偷了一些纱……他们冬天在外面，让她光着身子打她。他们让她在那站了很长时间。他们打完了她，就把她开除了……这就是那时的斗争形式……不管怎样，我们认为无论我们怎么做，我们都会死。①

尽管面临如此残酷的惩罚，工人们仍愿意继续偷东西，这本身就证明了他们的绝望。他们想尽一切办法来逃避保安："我们曾躲在澡堂里干过。有人曾将棉纱和布藏在粪桶里，将它们与粪便一起带出来。"②他们策划偷走一整批的布："整车的货。一切都得安排好……你还必须与官员商量好。他们派出专门的人。你必须买通他们。这是一次偷一整批的货。一个人单独干不了。必须好几个人合伙努力。"③

日本投降后，盗窃的规模似乎缩小了，部分原因是经济状况改善，部分原因是纱厂不再被外国人控制了。工人们"觉得这是我们的，我们不能偷了"④。随着通胀再次开始降低生活水准，盗窃又重新出现了，不过，再也没有达到以前那样大的规模。惩罚也没有那么严厉。1947 年，棉纺四厂向工人发布的一份告示警告："今天，一名摇纱车间的工人胡裕发（Hu Yufa，音译）偷了一轴纱被抓。这违反了工厂的规章。他已被开除，工资被没收。这是今年发生的第

---

① 采访张春风。
② 采访张文清。
③ 采访张春风。
④ 采访韩瑞祥，1981 年 4 月 1 日。

一起盗窃事件。从今以后,任何员工如若盗窃公司财产,他们将一律受到惩罚。"①具有讽刺意味的是,在这一时期,那些在外面捞外快的地位低下的警察对偷东西的工人的威胁远大于工厂的管理人员。

> 工厂外面路上都是警察和便衣。他们可以随意搜查和逮捕人。他们这样做都是为了钱。如果你给他们钱,你可以拿任何东西而一点事都没有。因此,多数偷东西的人都会带点钱。
>
> 这在1948年特别常见。厂门外总有四五个这样的人靠墙站着,都是为了勒索。一些警察也这么干。他们脱下制服,换上便衣等在那里。如果他们发现你身上有东西,你就必须得给他们钱,否则他们就逮捕你。许多人都被抓过。②

正如马云龙在战后花大量时间躲避三条石的政府敲竹杠者一样,纱厂工人也极力避开厂门外的便衣。在这两种情况下,执法官员通过敲诈和提供保护来赚钱。工厂内外的中国人形成一个小偷"统一战线"以智战胜日本人的日子结束了。

天津纱厂的斗争动力并不是一种整体一致的剥削与统一的反抗。工厂主、工头和工人,以及无数跨阶级界线的宗派,都试图将秩序强加给新的工作环境。前面提到的每一种斗争,都是没有结果的。工厂主从来也未能通过择优录用获得一支稳定的劳动力,

① 棉四:《1947年布告留底簿》,第12号。
② 采访韩瑞祥,1981年4月1日。

他们也无法按照他们的意愿规范工人的行为。工头作为一个群体构成相当清楚，但是作为工头，其个人地位总是不稳定的。而工人在工厂里很明显是脆弱的，从来没有完全转变为工业无产阶级。他们与工友结盟，但也一直依赖与工头的纵向联合。而且，他们与自己阶级成员的关系更取决于亲属关系和籍贯，也取决于在工厂的共同经历。他们不断从乡村的旧世界吸取资源，复制了前工业化工作场所的一些关系，甚至在应对工厂工业化生产的新要求方面也表现出相当大的创造力。

第七章　大鼓书与鬼市：工人阶层的生活方式

　　天津的工人大多数是大量城市移民中的老资格者,他们大都很难找到稳定的工作。不过,他们虽然为了谋生从乡村迁徙到城市,工作换了一个又一个,但是无论如何都不能说是过着漂泊不定的生活。在城市里被边缘化,经济上没有保障,这让他们绝对有必要与亲戚和同乡保持着联系。这种乡村网络的连续性,由于工人们的工作经历而得以强化,同时也影响到他们度过业余时间的方式。工人们的休闲活动、节日风俗及其他种种习俗,不仅延续着乡村的传统,而且为工人们重建由他们带入城市的各种关系提供了契机。

　　当然,工人们也并非一直保持不受他们所生活的城市的影响。为了寻求保护,他们以在家乡不可能采用也没有必要的方式,扩大他们的关系网。他们出入"三不管"的娱乐场所,聆听并非来自自己的家乡,而是来自外县的说唱表演。而且,他们为了生存而战,难免受到伤害;家族的恩怨,激情与报复引发的犯罪,常常导致冲突发生。不过,这些紧张表象不应该与文化的断裂相混淆。工人阶层的生活充满了无序,但不是规范的缺失;社区纽带和行为标准不是被削弱,反而是被强化了。

市场和娱乐

虽然工人们手头的钱不多,但是去遍布城里的热闹市场闲逛是工人们生活的重要组成部分。买食品是每天都必须做的事,工人们常常也需要去一趟当地的钱庄和市场办一些日常杂事。许多在其他地方无法找到稳定工作的工人就来到市场做一名卖二手货的流动小贩。那些连一张很便宜的杂耍门票都买不起的工人,则可以在市场里"看热闹"度过他们的闲暇时间,或者流连于当地骗子在街边摆设的赌博游戏摊。

除了老城和租界,天津主要的蔬菜市场位于老城的北面和东面,以及东南部小刘庄的棉纺厂一带。另一个蔬菜市场则位于老城西南,与布市混在一起,每天早上 6 点小贩就开始叫卖绸缎布头。旁边是一个鱼市,多数鱼贩使用的秤都少一到二两,迫使顾客自己带着秤,并经常与小贩发生争吵。1936 年,一位到这个市场的访客目睹了可笑的一幕:顾客最喜欢占便宜争分量,却将篮子和钱袋里的东西忘却了,而一般偷偷摸摸的小偷,便乘机做些盗窃的行为。①

---

① 张次溪:《天津游览志》,第 30—32 页。

多数的菜市都有卖天津特色街边食品的小摊：糖包或肉包、面饼（有不同的叫法：烧饼、火烧、干烙）、炸糕、饺子（天津话叫扁食）、锅巴菜、牛羊肉或猪肉火烧，以及油煎包。工厂附近和河边一带市场上的小摊，除了卖这些食品，还卖鸡蛋、热酒、咸花生和辣白菜，生意非常红火。①

天津最热闹的旧货市场位于西广开附近，每天天亮前开市，为其他许多市场供货，当地人称之为"鬼市"。这里是那些"喝破烂儿的"流动小贩的聚集地，也是被盗物品的销赃地。1936年一个典型的早晨，鬼市所卖的货品包括一条藏着很多虱子的棉裤、废铜烂铁、旧书、洋钟表、沾满旧主人污物的鞋子。古董商人和旧货贩子之间的买卖交易最为火爆，然后他们便收拾起来前往其他市场。每天到了早上9点，鬼市上的人们就四散而去。

来自鬼市的一些物品被走街串巷"喝破烂儿的"卖到城市各个地方，他们同时还要为转天的鬼市收购旧货和破烂儿。另一些来自鬼市的物品当天晚些时候就出现在老城西南角附近的旧货市场上。在那里，老式留声机和清代的钱币被随意地扔在货架上，旁边摆放着废铜烂铁、唱片、报纸、旧书（论斤卖）和木家具。当地的一本指南曾这样嘲讽地说，这个市场与其他市场不同之处是，人们能看到商品原来的主人，"这里可以看到短衣小帽或衣冠不整的人，鬼鬼祟祟和摊主谈生意。他们谈买卖时，或由袖口里暗暗讲价，或说着春典，以避免外人听见"。这位作者认为，如此鬼鬼祟祟的原因之一就是："每有被窃或失盗的人到这里来认寻故物，若是钱袋，

---

① 张次溪：《天津游览志》，第32、218页；1981年1月19日采访李世瑜。

便不免变了旧观,原物虽尚在,里面的钱财会不翼而飞。"①

多数市场天黑前就关了,不过在前奥租界,天黑后在河边还开有夜市。每天用五毛钱,就可以租一个摊位和一盏灯笼。小贩们卖袜子、手绢、化妆品、梅汤、油炸花生、绸缎、皮革和藤椅等。

由于给不同的工人群体造成不同麻烦的双重货币体系的存在,这些市场的交易支付方式变得复杂。工厂和大公司用银元或者部分用银元向工人支付工资,而人力车夫和临时工的报酬是用铜板支付的。卖日用品的商店要求用铜板支付,所以接受银元作为工资的工人必须到遍布城市的小钱铺将银元换成铜板。相邻只有百十来米的钱铺的兑换率都有所不同,国内和国际的经济波动也会影响到银钱的兑换率。

这种兑换率也会随着季节而发生变化。春节前后,铜板的市价最高,这个时候各种生意红火,需要用铜板购买日用品。二月至七月,生意萧条,铜板的需求减少,其价格也随之降低。铜板价格的另一次小幅度升高出现在中秋节前后,那时农产品进入市场,人们需要用铜板购买。从十月至十一月,铜板价格下降,通常情况下随着新年的临近,铜板价格会再次上涨。这样一来,那些接受银元

---

① 张次溪:《天津游览志》,第33—35页。"袖里吞金"的习惯做法起源于乡下的牲畜市场,目的是保守价格的秘密。不过,地方的迷信认为,市场上的牲畜如果知道了它们被卖的价格,就可能会发怒并怨恨而死。出价的人按照预先定好的方式,抓住对方藏在长袍袖子里的手。如果抓住一个手指头,意味着这个数是"一",如此一直到"五"。如果要表示"六",就将议价方手的拇指和小指分开成"六"的形状。如果表示"七",就将拇指和前面的两个手指按在一起;将拇指和食指分开表示"八";如表示"十",会将五个手指按在一起并转一下,表示"两个五";抓住一个手指旋转几次,可能表示110或1110,这要取决于具体情况。采访李世瑜,1981年1月19日、3月24日。

工资的工人发现,在他们花销最大的时候他们的工资恰好最不值钱。①

为此,工人们会经常光顾当铺,虽然那里的利率高达 15%,当期只有三个月。每当春节前夕,当铺的生意就变得异常火爆,因为人们需要现钱来支付年底的债务。当铺的许多主顾是工厂工人、搬运工人和人力车夫。他们中最穷的人早上将东西当出,晚上再用当天挣得的收入赎回来。1947 年,天津有 44 家当铺,1000 多家被称为"小押店"的小型当铺,以及 100 多家旧货商店。天津的这种典当行数量如此之多,间接说明穷人需要短期信贷,不管其价格怎样。②

手头拮据并不妨碍工人们在市场的小摊赌博。有一种非常流行的赌博叫"摇会"。将两个骰子投进一个有木槽的圆球中,摇动圆球,骰子上的数字就会通过木槽显示出来,参赌者通过猜测显示的数字下注赌输赢。另一种赌博是滚球游戏的变种,每次一个铜板。有技巧的玩家能够赢得 200 块糖。还有一种赌博特别受织毯工人欢迎,也就是赌骰子:"几个人一起凑几毛钱,蹲在摊子旁,如果骰子数是 18,他们将赢取一对非常漂亮的茶杯,而输了的摊主一

---

① 有关货币的混乱及其对工人阶层影响的具体讨论,参见《冯华年先生纪念册:民国十六年至十七年天津手艺工人家庭生活调查之分析》,第 489 页;《经济周刊》第 203 期,1937 年 2 月 4 日,出版信息不详;以及[美]贺萧《天津工人阶级的形成,1900—1949》,第 380—387 页。
② 王子寿:《天津典当业四十年的回忆》,第 46 页;《天津市周刊》第 4 卷第 2 期,第 11 页;《益世报》,1947 年 3 月 24 日,第 4 版。

脸晦气。这让每个人消遣一阵子。"①

天津工人们娱乐消遣最喜欢去的地方是"三不管"，也就是南市华安大街尽头的一大片地区。工人们一般去不起戏院、电影院或跳舞场，所以他们在节假日或少有的空闲时间就会去"三不管"。1935年，一位记者写道，在过年的时候，这一地区街上的人群大多"穿着宽松和并不时髦的衣服，戴着崭新的帽子，穿着半摩登的鞋。他们都是工厂工人、学徒和苦力"。他写道，他们喜欢的娱乐方式与上层的人们寻求的娱乐完全不同。② "三不管"到处都摆满了小摊。南边的小摊儿主要卖旧衣服给苦力和三轮车夫，北边的小摊儿主要卖灯罩、袜子和旧眼镜。旁边是支着篷子并带着小炉子的流动剃头匠，在忙着给人理发。再往前几个摊，是替不识字的人写信的先生的。

天津街边大夫是城市里最能忽悠人的骗子。他们常常穿着马褂和长袍，假扮成上层绅士的模样。他们有些人卖药，声称能帮病人戒除鸦片和吗啡。有些人宣称能治疗花柳病（性病的俗称）。他们常常是三个人把车排成一排，一个人大声指责另外两人是江湖庸医。1936年，一位名叫杨宝亭的卖药的，穿着一套旧西服，特别善于吸引主顾。他手臂上戴着一个纸袖标，上面写着"警病医院院长"，一边敲着面铜鼓一边喊："吃了我的药，不许再有病！百病皆治！药到病除！全国国民都吃一点立刻可以强国！"和杨竞争的是各种打把势卖艺的，他们通过表演武术找机会卖药。他们要观众

① 张次溪：《天津游览志》，第34页；采访李世瑜，1981年1月19日；《天津地毯厂和东风地毯厂联合厂史》，手稿，1959年5月，天津地毯三厂厂档案，第101页。
②《春节中劳苦大众娱乐场：三不管漫游记》，《益世报》，1935年2月12日，第14版。

在他表演之前先往地上扔钱,表演过程中会不断停下来要观众再多扔钱。

另外一些行医者更专业:修脚师为那些劳累的工人修脚。一本指南书这样记录,"专门替人'拔牙'的几乎是三步一摊"①。1936年,一位街角牙医使用了一套用电池驱动的整副牙齿的模型,它能够根据指令开合。他告诉他的工人主顾们,是他用心灵感应术让这副牙齿在动。他还说,吃了他的药,可以让人"生新牙,拔坏牙,长好牙"。旁边的摊据称能治聋哑和精神病。苦力们常买的药叫"牛胎丸",这种药非常受欢迎,据说能够增强体力。这种药丸里含有牛胎盘,有时又说药丸中含有地上的蚂蚁,据猜测是含有一种"蚁酸"。②

"三不管"的北头也有一个露天茶馆,人们在那里下棋,也表演一种由一个人操作的两个假人演的摔跤。有的摊儿则用木头箱子"拉洋片"。花一个铜板,观客就可以看到八张外国风景图片或流行的中国故事的插图,摊主则在旁边伴唱或随片做解说。有的"拉洋片"的白天放卓别林电影剪辑的片段,晚上则放"肉感的片子"。

二十世纪二三十年代,天津和北京一样,是全国性的曲艺演出中心。新的艺人从天津南市的燕乐和升平茶园出道,成名后再回到那里表演。其他的艺人则在"三不管"、谦德庄及其他工人聚集区摆地演出。③

---

① 张次溪:《天津游览志》,第213—214页。
② 张次溪:《天津游览志》,第46—47页;采访李世瑜,1981年1月19日。
③ 张鹤琴:《津门曲坛沧桑录》,《天津文史资料选辑》第14辑,1981年3月,第117、119页。

　　"三不管"的主要娱乐场所是占地面积很大的苇棚子,那里既是戏院也是表演杂耍的地方。棚顶覆盖的是茅草,一下雨就漏得厉害,所以就得了"雨来散"的绰号——与中文"雨伞"一词谐音。棚子里摆着一排排长长的木凳,几张厚的木凳搭在高架上就是舞台。花上几个铜板,当地工人们就可以欣赏各种艺术表演。

　　在"三不管"最受欢迎的娱乐表演是"蹦蹦戏"。"蹦蹦"是"半边"的讹音。之所以这么称呼,是因为"蹦蹦戏"只是表演某部戏曲中某几个角色,而不是整部戏。[1] 在"三不管"的每个"蹦蹦"棚子的外面,都贴着红底金字的预告,列着当天要演出的剧目。观看的票价,男人1大枚(铜板)听一段,女人5大枚听半天。门票不是在入口收,而是每一段演出之后都会敲一通鼓,表示该给钱了,然后派人向现场的每个观众收钱。每隔10分钟就要收一次钱,因为"去的人全是短时间的听众,所以来出是无常的"。

　　有的棚子为了迎合上夜班的工人,专门组织上午场演出。下午的演出吸引更多的是过往的路人,工人们晚上又来到棚子里。生意好的"蹦蹦"棚子一天收入能多达2000个铜板。棚子的主人会留下全部收入的大约五分之一,其余的都归演出的艺人。不过,艺人的收入很少能够维持生计,他们常常还要做临时工来贴补

---

[1] 根据李世瑜的说法,蹦蹦戏的原型是一种从东北流传到河北,被称作"落子"的戏,可以由一小组演员表演,不穿戏装。后来逐渐发展成"半边戏",穿戏装,但不用整部戏的演员。这种戏曲形式在河北乡村盛行一时,20世纪30年代发展成熟并扎根天津,因为天津有大量来自乡村的移民。"蹦蹦戏"与京戏不同,京戏源于湖北,至今演唱仍带湖北口音。京戏也被称作"大戏","蹦蹦戏"被认为是一个小剧种。采访李世瑜,1981年1月19日。

收入。①

　　另一种娱乐演出形式是大鼓。大鼓是一个高至男人胸部的
鼓,放在一个架子上,由一根鼓槌击打演奏。旁边另一位演员弹奏
一种弦乐器。演唱者多数都是女性,用带有诗韵的语言说唱故事,
并用这些乐器伴奏。大鼓有许多地域性的变种。有的像山东的
"梨花片",用手指弹击铜片。京韵大鼓反复讲述来自古老满族民
谣的传统故事。"三不管"的女艺人往往是被黑道人物从当地妓院
里带出来"培养"成艺人的年轻女子。一旦成为专业的鼓书演员,
她们就再也不当妓女了。②

　　与大鼓有关却很少有复杂音乐伴奏的一种表演是评书。评书
大都在遍布天津的那些席棚和茶馆里演出。说书人通常是一位老
人,以一种快速的、充满韵律的话语,讲述一段关于充满奇异色彩
的英雄壮举的古典故事,在他的讲述中间不时穿插鼓声和锣声。
"观众的眼神也随他的动作而转动,"一位看过这些表演的记者这
样写道,"说得痛快淋漓时,唾沫星子便不时飞到观众脸上,但是他

---

① 张次溪:《天津游览志》,第49、44、42页;新凤霞:《新凤霞回忆录》,1981年,第31、
35—38页。
② 大鼓的起源比"蹦蹦戏"的起源还要难追溯。许多大鼓的创始人显然是民国时期
破落的满族旗人的后代。采访李世瑜,1981年1月19日。凯瑟琳·史蒂文斯
(Catherine Stevens)发现,一种京韵大鼓起源于1880年左右,当时大鼓艺人从河间
县的乡下来到天津。在20世纪上半期,表演者从露天舞台进入茶园。史蒂文斯
写道:"大鼓的观众包括中层和下层民众,主要依靠受过教育的有闲精英阶层的支
持,他们常年在自己喜爱的戏院有包厢。"[美]凯瑟琳·史蒂文斯:《京韵大鼓》
("Peking Drumsinging"),哈佛大学博士论文,1973年,第9、74、77、81页。有关天
津大鼓的各曲种的详细讨论,参见张鹤琴前引文,第121—138页。

们不会感觉到这些的。"①

另外一种类型的娱乐表演(有些是天津特有的)是在被称作"落子馆"的席棚和茶馆里进行的,妓女兼任舞台艺人。这些妓女通常以五六个人为一组演唱,有两三个男演员为她们伴奏。这种演唱节目被称为"时调",是一种下流曲调,也叫"窑调"。"落子馆"既是娱乐场所,也是为妓院招揽主顾的地方。②

还有一种在席棚中看到的戏剧性的娱乐表演是相声,由三到五人表演。通常主要是其中的两个人对话,一个人为另一个人做捧哏,其他表演者不时地插入笑话或唱歌。这些相声充满了性暗示,如一本指南书所说:"一般色情狂的下级顾客,趋之若鹜,百听不厌。"每段相声表演之后会收一次钱。③

杂耍场的特点是各种各样的表演在一起演出,有杂技、魔术和杂耍等。一位表演者熟练地用一根绳子抖起"闷葫芦"。④ 另一位表演者额头上稳稳地顶着一口缸,与此同时,第三位表演者在踢着用一串铜钱扎成的鸡毛毽,一直不能让它落到地上。还有表演者耍弄着碟子或一人高的叉子。一位音乐艺人则在表演"什不闲儿",一边演唱一边用手和脚演奏各种乐器。旁边的一位魔术师从丝毯里变出金鱼缸来。这场多种节目的混合演出,最后以一群人

---

① 《春节中劳苦大众娱乐场:三不管漫游记》。
② 姚惜云:《天津时调的演变》,《天津文史资料选辑》第14辑,1981年3月,第163页;史蒂文斯的论文对女大鼓表演者在北京"落子馆"的表演也做了描述,参见该博士论文,第61—62页。
③ 张次溪:《天津游览志》,第42页。
④ 天津人称空竹为"闷葫芦"。——译者注

表演各种武术而结束。①

在大多数工人聚集区附近,也有和"三不管"相类似的娱乐区。在中心车站附近,铁路工人和华新纱厂的工人下班后聚集的地方,就有一个规模小一点的"三不管",称为"小营市场"。火车站冒出的浓烟将所有的建筑都笼罩在一片乌黑的烟霾之中。在市场内,"婉转的弱女歌声、锣鼓的喧阗声"诱惑着刚下班的工人。市场分为大戏和杂技两个区,西边不远处有人在卖"血红的驴肉、漆黑的羊肚和雪白的煎粉"。② 在谦德庄和河东区一带,也都有类似的聚集之区。

一些地方戏剧和杂耍非常受工人欢迎,因为这些与他们家乡的娱乐方式很相似。来自河南又思念家乡的农民,可以听河南坠子,山东人则可以听到梨花片。梨花片起源于农闲季节在乡村演唱的简单的曲子,演唱时用两片铁犁铧碎片敲击节拍作为伴奏。乐亭大鼓来自河北东部的乐亭县,起初也是民间业余艺人在农闲时为赚取外快而表演的娱乐节目。北平来的工人特别喜欢听单弦,通常由男演员表演,并由他自己用手鼓伴奏。③ 而绝大多数的工人以前是河北乡村的农民,都喜欢"蹦蹦戏"。

在民国末年,一位记者评论,这些各式各样的民间表演艺术被

---

① 史蒂文斯在其博士论文中对各种娱乐表演有详细的描述,参见第63—64页。

② 张次溪:《天津游览志》,第49—51页。有关天津艺人生活的更多资料,可以参见郭荣起:《我的学艺经过》,《天津文史资料选辑》第14辑,1981年3月,第206—223页;张寿臣:《回顾我的艺人生涯》,《天津文史资料选辑》第14辑,1981年3月,第196—205页。

③ 张鹤琴:《津门曲坛沧桑录》,第126—128页。按李世瑜的观点,"单弦"最初是由满族旗人发展起来的。采访李世瑜,1981年1月19日。

它们传入的城市改变，或许预示着新城市文化类型的发展。①　在天津，京韵大鼓和许多其他艺术形式"从撂地演出时期伴奏简单的冗长故事，变成了伴奏更复杂、故事内容缩短的单独节目，最终进入茶园演出，成为专门为那些喝茶的茶客提供的这些表演节目"。新形式的大鼓，如"二黄"，就是20世纪20年代由天津民间艺人创立发展起来的。不过，大鼓艺人表演的曲目尤其注重农村移民所熟悉的主题。有些节目颂扬名著小说《三国演义》《水浒传》和《红楼梦》中著名人物的事迹，还有一些则讲述乡下的故事，宣扬孝道。在天津度过大部分从艺生涯的"鼓王"刘宝全创作的新段子，"褒扬以人与人之间相互感恩为最高原则导引下的生活方式"②。

其他的本地娱乐表演，如"时调"，是在城市环境下由天津工人用天津特有的方言和腔调创造的。和大鼓不同的是，时调内容简短，一段的长度不超过60句。时调中的"靠山调"是制鞋作坊的工匠，背靠着作坊的山墙，一边制鞋一边哼唱而形成的。"靠山调"在其他手工工匠和搬运工人中也非常流行。另一种叫"鸳鸯调"，主要内容是关于爱情和两性关系的。在19世纪，这些时调主要是混混们用来自娱自乐的；到了20世纪，主要在低等妓院中表演。"胶皮调"则是人力车夫坐着等客人的时候吟唱的。

一些时调经过当地艺人的挑选、提炼和表演，另外一些则流行于南市的妓院中。时调的主题包括一年四季发生的事件，男人因

① 《益世报》，1948年8月17日，第5版。尽管这可能是工人阶层文化构成的一个重大发展，但是如若对其深入探讨，需要开展一项有关当地文化史的全面研究计划。
② 史蒂文斯博士论文，第81、63—64、82、85—100页；张鹤琴：《津门曲坛沧桑录》，第127、133页。

丧妻而悲痛,光棍儿渴望讨老婆,后娘虐待孩子,妓女感叹身世悲惨。也有几个富于喜剧性的段子。天津旧式行业中的工人,如搬运工人,特别喜欢这些时调。在"三不管"的苇棚中,各种戏剧曲艺爱好者聚集在一起,听着来自其他省市县的民间艺术的表演。各种不同的演出让南市不仅在当地的工人们中间,而且在一些富人中很出名。①

即使在休闲娱乐的时候,工人们也无法摆脱他们辛苦劳作的背后那个严酷的世界。士兵、官员和当地的地痞流氓经常从小贩们那里敲诈钱财,以暴力对待那些拒绝就范的人。即使是那些已经成名的艺人,通常也要在允许演出之前,先寻求青帮头子的保护;而街上的无赖让所有去南市游玩的人很少有生命安全感。②

尽管"三不管"的戏园为女性提供优惠票价,但是这些娱乐场所的顾客基本上都是男性。大量未婚男性或将妻子留在乡下的男子在这里寻求娱乐。虽然本地女子有时也出外工作,但是经常出入杂耍园或说书馆,对女性来说仍然被看作很不适宜的,特别是未婚女子。那些到"三不管"来的女人,通常不是工人文化的消费者,而是在茶馆里演出的,或者是与许多男人而不是女人在一个城市里非常繁荣的行业中工作的,这就是妓院。③

---

① 张鹤琴:《津门曲坛沧桑录》,第140—141页;姚惜云:《天津时调的演变》,第160—166页。

② 张次溪:《天津游览志》,第52页;《春节中劳苦大众娱乐场:三不管漫游记》;骆玉笙:《舞台生活六十年》,《天津文史资料选辑》第14辑,1981年3月,第181—182页。

③ 姚惜云:《天津时调的演变》,第165页。

性、暴力和脆弱性

天津娼妓的等级结构

在天津出现产业工人之前的很长时期里，妓女主要的服务对象是商人和驻扎在城市里的士兵。1884年，主要红灯区在天津城的北门外，恰好就在最大的市场一旁。妓院分为高级的"大地方"和便宜的"小地方"。接客的程序有一套传统的规矩：

> 每当客到，男仆相迎，让客归坐，即高挑帘栊，大呼"见客"。随见花枝招展、燕瘦环肥，珊珊而来者，几目不暇给矣。或选中某妓，开烟盘，打茶围，名曰坐过。收夜度资之一半也。客有故称不中意而走者，谓之"打糠灯"。①

妓院的生活很不平静。嫖客因为不满于照顾不周，或者找不到符合他们美貌标准的妓女，以及纯粹就是来敲诈，而经常制造事端。当地的混混儿让情况变得更加复杂，他们找嫖客要钱，如果嫖客不给就立刻挑起一场殴斗，而所有这些名义上是为了保护某个

---

① 张焘：《津门杂记》卷中《妓馆》，第47页。

妓女。一位 19 世纪的作家叹息说："温柔乡时为用武之地。"①

　　即使在较早时期，天津也已经有其他几个服务于特定人群的红灯区。在紫竹林租界，有广东来的妓女，接待来自南方的富商和外国商人。到了 20 世纪，又有来自俄罗斯、朝鲜和日本的妓女，服务于外国人。而城西门外的妓女聚集区，后来成为吸引天津男性工人的地方："亦有土娼数处，所居多矮屋泥垣，迎风待月。"和城北那些举止文雅、头发经过精心梳理的妓女相比，这些人都是些"半老徐娘，地狱变相，颇难令人寓目也"，一位作者这样写道。②

　　20 世纪 20 年代末，天津的阶级结构变得更加复杂，性服务市场同样如此。民国时期，卖淫合法但受到管控，为此，1929 年天津社会局着手对天津辖区内的所有妓女进行登记和分类。妓女被分成五个等级和许多亚类，其中人数最多的一组是第三等。第三等的妓女每天挣 1 毛到 4 毛，而五等妓女挣 7 分到 3 毛（作为比较，一名工厂女工每天大概可以挣 4 毛钱）。③

　　在所调查的 571 家妓院的 2910 名妓女中，几乎三分之一是天津本地的。另外三分之一来自河北各地农村，其余的来自北平、山东和其他地区。根据这份调查，有将近 60% 的妓女是被迫的，30%

---

① 张焘：《津门杂记》卷中《妓馆》，第 47—48 页。混混儿经常参与开设妓院。城北著名的妓院"天宝班"就是由一个姓陶的混混儿兼作县衙差役班头的，与一个此前当过仆人，只知道叫"小李妈"的人一起开的。1900 年后，他们将妓院迁到南市。姓陶的死后，小李妈一个人经营妓院，她的常客包括著名的军阀曹锟和张作霖。小李妈在天津的政治影响力，让她足以帮助警察局局长丢官之后失而复得。1921 年，她已经 80 岁，仍被人称作"小李妈"。李然犀：《旧天津的混混儿》，第 205—206 页。

② 张焘：《津门杂记》卷中《妓馆》，第 48 页。

③ 吴瓯：《天津市纺纱业调查报告》，第 44—48 页。

是自愿的,其余的是被卖、被租或被骗入妓院的。这次调查的正在从事卖淫的妓女,有 40%以上是已婚者。[①]

还不清楚这些女子是通过什么途径进入这一行业的,因为调查记录中没有留下她们的讲述。她们的工人邻居按照传统的想法,认为她们是被从家乡骗来或是被诱拐,然后被卖到窑子里的。[②] 妇女的就业选择有限,经济需求的因素无疑要比人们后来所认为的其他原因起的作用大许多。按照市政当局和学术界的调查者们的观点,对工厂女工和妓女所从事的职业需要用不同的框架进行分析。然而,从这些女性的角度来看,无论是在工厂上班还是卖淫,都给那些在不稳定的都市环境中难以找到工作的女性提供了工作机会。一个女人能找到哪种工作,跟运气和社会关系有很大的关联,与个人的选择没有多大关系。还有,当时的观察者所记录下来的,既没有这些女性的动机,也没有关于卖淫行业组织的更多细节,他们只对逛妓院的危险性提出了严重的警告。

这些观察者记录下来的最让人愤怒的是第三等及以下等级的妓院,这些妓院分布在谦德庄、"三不管"、西南角和其他工人娱乐区。1936 年的一份对天津棉纺工人的调查提到,一些地区的"老妈堂",主顾都是棉纺厂的工人。这份调查报告称,这些妓院的妓女对男性工人特别客气、体贴逢迎,引诱他们将自己以血汗换来的钱都用来逛妓院,并常常令工人染上性病而没有钱治疗。[③] 一份当地

① 吴瓯:《天津市社会局统计汇刊》;《社会月刊》增刊,1930 年 3 月 20 日,出版地不详。
② 采访陈桂兰、陈义和。有关天津妓女的生活,参见新凤霞:《新凤霞回忆录》,1981 年,第 16—17、40—48 页,以及她的《艺术生涯:新凤霞回忆录二集》,第 39—48、93—99 页。
③ 王达:《天津之工业》,第 118 页。

的非官方地方志书在 1931 年这样警告说：

（三等妓女）其毒较一二等者尤甚。更有一种土妓，居卑污地，其中妓女非姿容丑陋即年齿已长，劳动界趋集之。二角许即可留髡，甚有一曰间留髡数次者，故其身之恶疾最烈，一经接触即染梅毒，伤身戕命绝种者，千百人中而无例外。……更有一种暗娼，尤为危险，此辈皆无一定之住址，由他处而来，以娼为名而施其欺骗手段，堕其术中小则金钱损失大则性命堪虞，初来天津者，幸勿试此陷阱也。①

妖妇、诱惑者、掠夺者甚至敲诈者，是那个时代的社会文学中妓女约定俗成的形象。对一些天津工人居民来说，妓女的大众形象有所不同，虽然同样有羞耻、厌恶、好奇和幽默的成分，但都被一种道德规范遮掩，即居民们认为谈论这个话题是不得体的。陈桂兰还是"三不管"的一个小女孩时，第一次看到妓女，无意中违反了这个禁忌：

9 岁时，我跟着一位我们院子里的大人去一家餐馆买剩饭菜。在西南角看到一家妓院。回家后，我对奶奶说："奶奶，那里的人真有钱。他家门口有好多人在结婚。她们都穿着新衣服，还化了妆。"……她们当时正把男人往房里拉。我奶奶说："别说那个了！"我母亲也说："别说了！"在那个时候，如果她们

① 宋蕴璞：《天津志略》，天津：天津协成印刷局，1931 年，第 356 页。

要你别说，你就不能说。

后来，我听奶奶说："她一定是经过了赵家妓院。"后来我才明白了。

此后，她在陈家唯一一次提到妓院，是因为她弟弟的一次好笑的误解："谦德庄因为那里的妓院而被称作'鲇鱼窝'。刚从乡下来的人以为那里真的卖鱼。我弟弟……曾问我叔叔：'我们能到那买点鲇鱼吗？'我叔叔听了觉得非常好笑。"尽管陈桂兰知道不要讨论这个话题，但沉默并没有扼杀她的好奇心："我知道那是个坏地方。那里的人很脏。她们得了脏病。不过，即使我知道了这些，小的时候我还是喜欢看。我喜欢看那些穿着漂亮衣服的'小媳妇'（妓女）。在当时，有哪个穷人家能够穿得起如此五颜六色的衣服？"[1]

天津的卖淫业在规模和性服务市场组织的精细程度上，都与乡村不同。它不是一个村里有一两个"破鞋"的问题，而是一个按不同等级组织起来的复杂的行业，以面对高度分化的市场。男性工人成为低等级妓院的主顾。他们通常遇不到那些服务于社会上层的妓女，她们在另一个世界活动。例如，1947年，政府在试图让那些活动于中心城区大饭店的妓女们迁往南市的妓院时，遭到她们的强烈反对。她们不愿意向妓院交费或服从它们的规矩；她们拒绝南市墙很薄的房屋和低劣的生活环境。她们自己组织起来，推选出一个人向市政府和媒体提出她们的诉求。不过，多数天津

---

[1] 采访陈桂兰。

妓女仍然受制于城市的职业结构，她们的生存选择权非常有限。①

工人犯罪的逻辑

1933 年，一位研究地方风俗的人评论说，天津人喜好讼争，令人烦恼。20 世纪前 30 年，随着人口密度增大，天津人的纠纷也日渐增多。大部分的民事案件与债务、析产、离婚和家庭争吵有关，不过对簿公堂的刑事案件和民事案件数量不相上下。②

在 1929 年记录的 16 469 起犯罪中，将近 10 000 件属于"造成危害"，这显然是一个既适用于人身伤害，也适用于财产损坏的一般用词。另有 3083 起案件属于盗窃或扒窃，1210 起属于婚姻和家庭伤害。当年该市发生了 20 起谋杀案。③

在这些犯罪统计中，工人犯罪的人数不成比例。在 1930 年地方法院审理的 5820 名罪犯中，40%是工人，这一比例远远高于他们在整个城市人口中所占的比例（大约 6.8%）。在那一年，工人犯罪在相应犯罪类型中的占比为：所有盗窃罪的 52%，与赌博有关的犯罪的 53%，所有与毒品有关的犯罪的 24%，侵犯人身和财产犯罪的 48%。与此形成对照，商业部门雇员犯罪人数只占全部犯罪人数的五分之一多一点，而那些原本我以为由于经济困窘迫而更容易犯

---

① 《天津市周刊》第 2 卷第 4 期，1947 年 3 月 29 日，第 4 页；第 6 期，1947 年 4 月 12 日，第 10—11 页。

② 《天津市之风俗调查》，第 1—22 页。

③ 《社会月刊》增刊，1930 年 3 月 20 日，第 1—3 页。

罪的失业者，却只占犯罪人数的四分之一多一点。①

　　报纸往往乐于报道那些耸人听闻和能引起轰动的犯罪，但是从报道中并不能完全看出工人的犯罪动机，我只能通过这些报道对天津工人的犯罪类型有一个大致的划分。20世纪30年代中期到40年代末，《益世报》和其他几种报刊报道的天津工人犯罪主要分成三类：经济拮据导致的犯罪、激情犯罪和受挫后的报复犯罪。每种犯罪都是对特定城市环境的一种反应，比其他的工人行为能更明显地显示出城市生活的压力。

　　任何像天津工人一样濒临经济灾难的群体，都可能因为经济上陷入绝境而犯罪。每当有大工厂裁减工人，通常就有工业权威人士警告这将会引发新一轮犯罪潮。1935年，两家纺织厂倒闭，4000名纺织工人失业，一位来访的国际劳工组织（ILO）的记者写道："工厂关门才几天，就发生了两起这两家工厂此前雇用的工人失业后抢劫的案件。"国际劳工组织1937年出版的中文读物同样警告说，如果不采取措施为他们解决生计问题，失业的印染工人和地毯织造工就会很容易沦为小偷。而实际上，20世纪30年代初，天津的河北第三监狱关押的大部分囚犯都是犯了偷窃罪行的贫民

---

① 吴瓯等：《天津市社会局统计汇刊》。各阶层犯罪人数的93.7%是男性。1929年天津的人口，不含外国租界是139 1121人，工人人数是47 519人。如果加上搬运工人，人数增加一倍，那么劳工人数占天津总人口的6.8%。人口数来源于《中国经济杂志与公报》第20卷第3期，1937年3月；工人人数来源于《南开统计周报》第3卷第17期，1930年4月28日，第81、85—86页。

和工人。①

　　然而奇怪的是，每天的报纸上很少提到这些经济犯罪，或许是因为这些犯罪没有多大区别，或许是因为这些偷窃案件都是由警备司令部，而不是地方法院处置的，因而公众知道得很少。唯一一种让记者专门报道的那些经济上走投无路的工人的类型，是为生活困境所迫企图自杀的。1936 年报道的一起案件，是一位和母亲一同在北洋纱厂工作的寡妇。当时，这名寡妇患病后无法工作，却又没钱治病，企图用剪刀自杀，被她的母亲救了过来。②

　　情感犯罪是更好的新闻题材，人们之所以感兴趣是因为这些案件可以让人深入了解工人阶层的道德观念。这些犯罪不仅反映了妇女在家庭之外的经济活动越来越多，也说明了她们往往更容易受到伤害。

　　1947 年的一个案件中，有个名叫曹德志的妇女被控和三轮车夫吴树忠合谋毒死曹的丈夫王（也是一名三轮车夫）。报道称，曹与王已经结婚五年，可是她经常偷偷跑到吴家并很晚回家。她的丈夫并没有掌握她出轨的任何证据，不过，在他很怪异地预感到自己将要死去之前，他告诉自己的兄弟："在我死后，你们不要悲伤，只是要看看我死后会发生什么，看看我的尸身有什么异常。"不久，他吃过妻子做的白面馒头和羊肉丸子后，几乎当即身亡。曹告诉

① 程海峰：《北平、天津与济南之行，1935 年 5 月 21 日—6 月 14 日》，第 11 页；《国际劳工通讯》第 4 卷第 4 号，1937 年 4 月，第 102—103 页；天津南开学校社会视察委员会：《天津南开学校社会视察报告》，第 12、45、263 页。

② 天津南开学校社会视察委员会：《天津南开学校社会视察报告》，第 59 页；《益世报》，1936 年 9 月 22 日，第 5 版。

邻居们说，他是死于肺病。过了不到三天，她就和她的兄弟安排她和吴的婚事。邻居们在接受记者采访时，都主动发表看法，认为吴是个"无赖"，在曹的丈夫猝然死亡前就与曹有"暧昧关系"。①

通奸经常会导致暴力。杜恺是西广开一名 25 岁的人力车夫，娶了一位姓周的女子。杜的朋友孟和周有染，杜开始愤怒不已，不过当他的妻子向他保证说，只要她和孟保持关系就会让孟承担家里的所有日常开销时，他就变了主意。这种关系维持了一段时间，不过，有一次杜由于吃醋，要孟离开他的家时，遭到孟的痛骂。后来，杜乘孟熟睡时用菜刀连砍了他 13 刀。案件提交法院后，杜被判处五年监禁，菜刀被没收。②

女工人性的软弱并不仅限于工作场所。1935 年，英美烟草公司一名叫陈国兴（Chen Guoxing，音译）的工人，诱拐了一名还不到 16 岁的同厂女工刘玉珍（Liu Yuzhen，音译）。陈虽然是有妇之夫，却将刘关在日本租界一家旅店的房间里达三天之久。当女孩的父母指控他时，陈告诉警察说，他和刘已经有四个月的性关系，带她到日本租界也有 20 多次，实际上是她在追求他，尽管他一再向她表示自己已经结婚。在法庭上，陈和他的律师一直以刘是"自愿的"为由来为自己辩护。陈在法庭上问刘："如果你觉得不快乐，为什么发生了 20 多次？"刘没有回答他，这个案件的最终结果也没有报道。③

---

① 《益世报》，1947 年 7 月 16 日，第 4 版。

② 《益世报》，1935 年 12 月 31 日，第 5 版。

③ 《益世报》，1935 年 3 月 4 日，第 5 版。（引文标注可能有误，此版中的案例与文中的不是一个案例。——译者注）

在 1947 年发生的一起大胆的诱拐案件中，一个名叫张志久的棉纺厂工人对厂里一名 14 岁的女工于淑媛"心怀不轨"。一天晚上，他约她到一个市场吃饭，然后带她去看电影。看完电影后，他说她回家太晚了，将她带到一家旅馆，并强奸了她两次。第二天她不敢回家，但由于两天都没有回家，她的母亲找到厂里并将她带回家中；母亲发现了是怎么回事，便禁止她再出家门。十天后她出门办事时，张终于找到了她，并劝说她去了他的姑姑位于郊区的家中。于的父亲是铁厂工人，他去到那里寻找女儿，张的亲戚将女孩藏在里屋，不过她的父亲找到了那处房子，砸开门上的锁，"父女拥抱在一起"。张和他的姑姑、姑父随后一起被逮捕。①

在另一起案件中，一名更成熟一些的棉纺厂女工成功地保护了自己的贞洁。两名来自山东的女工薛淑萍和李世英，一起住在城东南角的棉纺厂附近（这里的住宿安排有点不同寻常：单身工人通常和家人一起住或住在工厂的宿舍里）。一天下午，薛的男朋友来看她，薛出去买花生时，她的男朋友抱住李想强奸她。李向当地警察局告发，警察以涉嫌强奸将薛和她的男友逮捕（他们推断，薛为什么突然出去？这不是为了给她男友创造机会接近她的室友吗？）并将两人送往警局接受进一步的审问。② 上述这些案件，对所有作案者都成功地采取了行动，不过，许多案件无疑都没有被报道。失去贞洁给女人带来的污点会毁坏她们的婚姻前景，因此，她们为了她们的利益（也为了她们家庭的利益）只有对这些犯罪保持沉默。

第三种普通类型的犯罪——受挫后的报复犯罪，许多都是由

① 《益世报》，1947 年 11 月 9 日，第 4 版。
② 《益世报》，1948 年 11 月 5 日，第 5 版。

331

于在压抑的工作环境中郁积的怨恨最终以暴力的形式爆发。这种暴力行为有时是雇主针对工人的,有时是工人针对雇主的。例如,1936年,西广开一家织布厂的经理被逮捕,原因是他指责一名外包女工偷东西,女工否认后遭到他的殴打,导致流产。当地的调查机关要求他为这名女工支付医疗费时,他和他的妻子又刺伤了那名女工的头部,造成重大伤害,从而加重了他的罪行。1941年记录的一个案件更为典型,一家电器厂的经理在乘人力车上班途中被一名心怀不满的前工厂雇工刺伤,试图制止这起袭击的人力车夫被杀死,这名工人被逮捕。①

此外,工人之间由小口角演化为全面对抗时也会发生暴力行为。1935年的《益世报》就刊登过两起这样的案件。在第一起案件中,一家体育用品制造厂两名分别姓黄和姓李的工人,长期互相敌视。黄被工厂辞退,李非常高兴并散布有关他的谣言。黄断定自己被炒跟李有关,用一把随处可以找到的菜刀猛砍了他许多刀,这次他用的菜刀来自工厂的厨房。黄被逮捕。在第二起案件中,一家火柴公司的两名工人由经常的互相对骂最终演变成拳脚相向,其中一人用特意买来并藏在自己床下的一把一尺长的刀刺向另一人。一个工人最终进了医院,差点丢了性命,另一个人则进了当地的监狱。②

个人恩怨也经常演变为成帮结伙的工人大规模地打群架,这

---

① 《益世报》,1936年6月19日,第5版;天津特别市特别行政区公署编:《天津特别市特别行政区公署中华民国三十年年报》,天津,1941。(此注释后一项可能有误。——译者注)
② 《益世报》,1935年9月15日、10月9日,第5版。

种解决分歧的方式显然不仅限于运输业或棉纺厂。在这类冲突中，工人们调动他们所建立的各种关系网来保护他们自己。1936年的一个案子涉及一家面粉厂的一名姓马的工人，他因为面粉如何装船的事与名叫杨哑巴的搬运工发生殴斗。工头和马的同事制止了这场殴斗，于是马迁怒于他们。第二天，他带着他的父母、盲人叔叔和30个朋友再次来到厂里，所有的人都带着家伙。他们打碎了工人休息处的玻璃，打伤了好几个工人，警察赶到后逮捕了4名闹事者和几名受伤者。①

　　街头斗殴可能会演变成不仅针对个人，而且针对某个机构及其财产的暴乱。在1947年的一个案件中，一个军粮厂的工人因为一张公共汽车票与军警发生殴斗。这名工人被警察拘留，他的几十名同事乘着这辆公交车到公交公司报告说他没有回来。其中的一些人也被拘留，公交公司由此与这些工人之间结下了很深的仇。第二天，这个厂的一名工人在马路中间被一辆公交车压到了脚。随即，人数超过百人的一群工人闯进了公交公司的院子，殴打司机和售票员，砸毁4辆公交车，并劫走了3名公交车工人。军警平息了这次骚乱。尽管一周后又发生了类似事件，公交公司和军粮厂的厂方还是很快达成了和解协议。②

　　突发暴力事件也会殃及闲暇娱乐活动。1948年2月的一个下午，1名穿着厂服的男工带着4名女子到一家戏院看电影。和第五章描述的有关一个搬运工人的案子有点相似，他由于少买了一张票，当时就被赶了出来。第二天他带着大约70名同厂工人又去了

---

① 《益世报》，1936年8月10日，第5版。
② 《益世报》，1947年7月7、13、15日，第4版。

戏院，将那里肆意打砸一通。由于戏院经理不在，他们打了经理的父母一顿才罢手。然后，他和他的朋友们押着经理的父母经过当地一个派出所时，经理的父亲大喊"救命！"许多警察跑了出来。一名工人冲上前抢夺警察的枪，枪走火了，击中了这名工人的胸部。这名工人当晚死亡。[1]

工人阶层的暴力行为，不管发生在上工时还是发生在大街上，通常都是针对同一阶层的成员的。天津的工人在某种程度上与城市其他阶层是相隔离的。在大街上就如同在工厂里，那些最容易遭受个人暴力袭击的人，正是那些不能依靠家族、朋友和保护人构成的联盟提供的保护的工人。而那些能够依靠这种保护网的工人，不仅用它来保护他们自己，也利用它制造暴力，伤害那些比他们更脆弱的工人。于是，个人报复行为采用了那些经历过工厂暴力的工人们非常熟悉的群体暴力方式。

节日和庆典

和其他地方一样，在天津，贫困从来就不妨碍举行各种仪式和节日庆典。尽管天津工人已经被迫进入新的工作环境，但是他们依然保持着他们生活在中国北方农村时所熟悉的民俗习惯。阴历不再支配他们的工作周期，但是阴历的节日仍然为他们标示出每年度过的一段段岁月。而且，不管他们能采用什么样的手段去挣

---

[1]《益世报》，1948 年 2 月 17 日，第 4 版。

钱,他们都得像来天津之前那样,生育孩子,安排孩子的婚姻和安葬死者。工人们利用这些时机再次确认与家族和乡亲们已经存在的关系,同时增强与工头和盟兄弟之间建立的新关系。

节日的季节律

许多工人在新年时回到自己的家乡,直接加强他们与乡村的联系。另一些人则待在天津,但是会在城市里再现乡下的习俗并再次确认在城里的乡村关系网络。

阴历新年或称春节一股在每年的 1 月或 2 月到来,但紧张忙碌的准备在一个月之前就已经开始了。阴历十二月初八那天,天津人要用谷物和干果熬粥,叫作"腊八粥",亲朋好友一起喝。这一天人们也做"腊八醋",一坛子放了大蒜瓣的醋,将蒜浸泡 3 周之后,到阴历新年那一天用这种醋蘸饺子吃。这段时间非常忙,因此被称为"要命的腊八"。①

---

① 除非另行注释,下面有关节日风俗的描述根据以下资料:张次溪:《天津游览志》,第 68—75 页;《天津市之风俗调查》,第 1—22 页;采访李世瑜,1981 年 3 月 24 日;陈佩编:《河北省武清县事情》,出版地不详:新民会中央总会,1940 年,第 26—28 页;新凤霞:《新凤霞回忆录》1981 年;采访陈桂兰,1980 年 11 月 2 日;采访纪凯林,1980 年 12 月 29 日。我本人自 1979 年至 1981 年两年在天津居住期间所见所闻,证实了我所观察到的习俗在中华人民共和国成立前就已存在。武清的材料被用来分析城市与乡村习俗的相似性。有关北京年俗的文字优美、内容更详尽的描述参见卢兴源(H. Y. Lowe):《吴氏历险记:一个北京人的生活周期》(*The Adventures of Wu: The Life Cycle of a Peking Man*),北京,1940、1941 年出版;新泽西州普林斯顿:普林斯顿大学出版社(Princeton, N. J.: Princeton University Press),1983 年重印,第 1 卷,第 141—148、221—232 页;第 2 卷,第 22—41、63—74、140—161 页。

这个称呼还有另外一个原因，阴历十二月也是工人阶层家庭压力增大的一段时间。按照传统，债务必须在春节之前偿还，在一年的最后几个星期，债主要到欠他们钱的人家登门讨债。欠债人家的户主有时会离家躲债，债主就逼迫他的妻子还钱，咒骂他的孩子，直到满意了才离开。①

大约在同一月份，天津老城的每个城门附近和天津的其他地区都出现了年货市场。这些市场大都售卖传统年货，诸如书写在竖长条红纸上、贴在各家门两边的对联；用红纸剪成猪或财神图形，贴在窗户上的吊钱儿；将戏剧或历史传说中的场景，用鲜艳的颜色画在薄纸上，贴在人们房间里的年画；以及陀螺、灯笼、鞭炮、烟花、香、蜡烛和灶王神像等。这些都和乡下过春节时看到的年俗用品一模一样。工人们认为，如果他们不准备一些蜡烛、香和灶神像来迎接新年，来年他们就会变得更穷，于是他们省吃俭用也要买这些东西。

阴历十二月二十三日，家家户户都要每年一度地祭奠灶神。糖瓜供奉在灶神像前，草和水是提供给他返回天上的坐骑的。随后灶神像要被烧掉，意味着送他上路，希望蜜甜的糖瓜能让灶神到达天庭后给这家人美言一番。

新年前的最后几天，过年的各种准备到达高潮。按照当地的习俗，年后的几天不得生火做饭，所需的所有馒头和其他主要食品都必须提前做好或买好。除夕夜的习惯是，每家都必须守夜不眠度过午夜时分。在陈桂兰家，一家人在下午就包好了饺子，然后一

---

① 有关这个场面的描述，参见新凤霞《艺术生涯：新凤霞回忆录二集》，第1—3页。

直打牌到午夜:

> 到半夜时我们会祭拜。在天津和乡下都是这样……我们家有个香炉。我们在桌子上铺上红纸,然后点上香。一支香快点完了,我们再点上一支……然后我们开始吃饺子。我们用饺子给佛上供,然后再把它们都吃了。
>
> 我们并不信教。佛吗?只不过是一张纸上面画着一个老人,代表着神灵。
>
> 我们吃饺子之前,媳妇和儿子必须给老人磕头……之后,孩子们就该给祖父母和父母磕头。①

整个除夕夜,人们都在大街上放鞭炮。第二天人们起得很早,又一次吃饺子,穿上最好的衣服,然后在年初的几天要去给亲戚朋友拜年。这个乡下的风俗在城里被完整地保留下来,以有助于重建乡村的关系纽带:

> 乡下人对新年和春节都看得很重。拜年的风俗非常普遍。向长一辈的人磕头,碰到人就拱手作揖……
>
> 我们来这里后这种习俗保留了下来……我们会去给街坊邻居和亲戚拜年……一些人也会送礼。……起初我们是磕头,但后来我们只是做个动作好像要磕头,而人们就会对我们说:"快别麻烦了。不用了!"……最重要的是要到人家里去并

---

① 采访陈桂兰。

让人家领会感情。如果你不去,这就不好了。①

　　新年正月的头五天,禁止接触生米和生面。这个禁忌有两方面的含义:分散的生米粒象征着混乱,而先前做好的食物已经变得整齐有序,象征着来年顺利;各家吃上一年做的食物,会显得很富裕。正月第二天之后可以用生面做饭,但还不能用生米。由于有这个风俗,女人们可以从常年做饭的家务琐事中解脱出来。全家人在家中度过这段休闲时光,闲聊或者赌钱。

　　过节期间的食物也有规矩。正月第一天,各阶层的人们都吃饺子,象征着万象更新。由于新年初一这一天标志着一段五个月时期的开始,在这段时间里债主不能催债,所以饺子也常被称作"救命饺子"。第二天,传统的食物是面条,第三天吃一种大饺子,叫合子,第四天是一般食物,第五天又吃饺子。也是在第五天,家里装饰的红纸花要取下来扔到街上。谁去捡它都会被认为是晦气的,用脚踩或者往上面吐唾沫则被看作吉利的。

　　尽管有些人新年正月第二天或者第三天就要回去工作,但是春节一直要延续到正月十五日。这一天叫元宵节,也叫"小年"。这一天还要磕一次头,各家各户都要悬挂灯笼和吃用糯米制作并用水煮熟的元宵。

　　春节结束十天后,就是正月二十五,又要举行"填仓"仪式。在这个仪式前几天,人们用灰或石灰在自家房子的地上画个圆圈,在屋外画一个同样的。他们在圆圈内放上用过年期间贴在窗户上的

―――――――――――――――

① 采访纪凯林。

红纸剪成的吊钱包着的铜钱和谷粒，再用砖压上。二十五日这天天亮时，仪式参加者先燃放鞭炮，再拿开砖头看铜钱上的字朝上面还是朝下面，如果朝上面象征好运，朝下面意味着平淡的一年；然后，再看砖头上粘了多少谷粒，为的是预测收成。尽管后面这个程序在城里的意义远没有对乡下劳作的农民那样大，但是它仍被看成一种对这家人在新的一年里命运如何的普遍的暗示。按照传统习惯，正月二十五这一天吃捞面，而且除了做饭，女人们这一天禁止干针线活，原因是担心她们的缝衣针会扎伤仓神的眼睛。

过年的一些禁忌，如不许剃头，从新年正月开始执行。二月的第二天，刚一起床，人们就要用扫帚敲打他们睡觉的炕沿，嘴里还要念念有词："二月二敲炕沿儿，蝎子蜈蚣不见面儿。"接着，他们要从房间里到最近的水坑或水沟边撒一溜灰，这象征着冬天和过年期间的懒龙已经出去，勤快和富裕的龙进来，带来金钱和（在乡下）给秧苗带来雨水。这个仪式过后，人们开始剃头。

这一天的传统食品包括烙饼、"焖子"（一种豆子做成的胶状食品，切成菱形块并用油煎过，代表凶恶和懒惰的龙的鳞），还有豆面条和豆芽做的拌菜，代表着龙须。女人们这一天只是做饭和赌钱，同样不能做针线活，因为担心伤到新龙的眼睛。

三月初三是清明节①，天津和中国其他地方一样过这个节日，给先人扫墓和祭祀他们。接下来四月初八是佛祖的诞辰，大部分寺庙都有庆祝活动，城里人纷纷到寺庙祭拜。城隍神的神像被抬出庙在街上巡游。四月二十八是药王的生日，药王是道教神，原本

---

① 原文如此。清明节为中国传统节日，时间为公历（阳历）4 月 4 日或 5 日。——译者注

是战国时期的一个医生。在这个节日，河东、郊外的杨柳青及城西一带举行巡游庆祝。

五月初五是端午节。大多数居民在家门上插上艾草和柳枝，相信它们能够驱避五种毒虫：蝎子、毒蛇、蜈蚣、壁虎和蟾蜍。小孩子身上戴着丝绸绣花香包，里面装着胡椒和其他香料；头上、耳朵和屁股上都抹上雄黄，以驱赶毒虫。人们还在墙上贴上画有这些毒虫的剪纸。人人都吃粽子——一种带尖的圆筒状米团，里面放上枣和肉，裹在粽叶里蒸熟。按照习俗，要送粽子给家里的女儿们，即使她们已经结婚搬出家了。

"龙舟"使这个节日得以成名。这是一种带有龙头的船，这一天在水上赛龙舟是节日庆典的一部分，许多城里人都出来观看。

六月相对平静无事，只有初六这一天例外，是户外晾衣服的日子。七月初七，年轻女子拜"织女"（一个带有浪漫传说的星座）以求婚配。

七月十五是鬼节，家人在新亡的亲人坟前举行缅怀仪式，还要在河边放"河灯"。这些"河灯"是天津有钱人家用木头和纸做成的小船模型；穷人家则用半个空心西瓜代替。里面放着蜡烛，还有给饿死鬼吃的点心。①

八月十五是中秋节。已婚的女人要回到父母家过节。一家人聚到院子里赏月，吃月饼，并用月饼和水果祭月。剪纸描绘了月亮

---

① 李世瑜讲了下面这个故事：在日本军队占领之前，日本轮船经常在天津停泊。这些轮船的名字多数包含有日文"maru（丸）"，这个字在中文中念"wan（完）"。在1936年的鬼节，一群工人放出了一艘西瓜船，船的一侧刻着一个政治双关语"日本完"，这是日语"日本丸"的同音异义词，汉语的意思却是"日本完蛋"，1981年3月24日采访李世瑜。

中的兔子和美丽的嫦娥飞向月亮的传说。许多家庭还要求年轻人磕头祭拜。从中秋节到新年,只有两个小的节日:一是重阳节(九月初九),有些人到附近乡下登高,吃粘糕;再有就是十月初一,人们给亡故的先人烧用纸做成的寒衣。

阴历的多数节日来源于农村生活的季节变化,即便在城市里,人们也保留了许多源于乡村的节庆习俗。和在农村一样,节日也是债主们登门索债,以及花销大而导致家庭财政紧张的时候。在城市里,这种紧张状况在过节时还会因解雇、奖金纠纷和停工歇业而加剧。

结婚庆典

桂兰到结婚年龄时,已经和家人在天津生活 7 年多,并干过许多工作。不过,和许多乡下来的人一样,她的父母还是依靠乡下的关系给自己的儿女找对象。就像男人们回到他们的村里去找媳妇,许多家庭有时也会把他们的年轻女孩送回村里结婚,或至少设法通过家族和同乡网络给她们找对象。

陈桂兰和邢敏志(Xing Minzhi,音译)的婚事就是桂兰的叔叔在陈家回老家期间的一次回访时商定的。她叔叔的妻子和陈家日后的新郎是一个村的。桂兰家对这门亲事很满意,因为邢家经济上比他们家富裕。邢家也非常满意,因为陈桂兰是个大美人。当然,两个年轻人在结婚前没见过面。媒人这样说亲:

> 媒人会对男方家说:"这是个好闺女。她干活好,干什么

都行。她长得漂亮,而且大门不出二门不迈。"媒人来到女方家时,她会说:"他是个好小伙儿,非常厚道。"随后她会介绍这家的情况——家里有多少口人等等。①

桂兰结婚时 19 岁,已经在城里工作 7 年。不过,媒人还是援用农村判定一个好媳妇的价值标准——吃苦耐劳和封闭隐居的教养。尽管她未来的婆家肯定知道她在城里工作过,但是他们接受这些早前时期的事实,因为他们确信她已经完全长大成人,会给他们家增加一个很好的人手。

在结婚前一天,桂兰坐着车从父母家来到她未来的婆婆家。(称呼一个女人结婚的常用词是"找个婆家",这种表达恰当地强调了在年轻新娘的生活中这种关系的核心性质。)她的头发被梳成一个圆发髻,她穿上红色新衣裳,头上戴着"龙凤花"。到达新家后,她记得:

> 我坐在炕上。第二天早上四点我们起床,拜天地。8 位长辈坐在那,旁边有几个小男孩打着点亮的灯笼。随后我们从一个房间进到另一个房间。
>
> 仪式之后我们吃饺子。我吃不下,太紧张了。那个时候每个结婚的人都要哭一通。你不知道那家是什么样,你要嫁的男人什么样。你不知道他们家人怎么样。我害怕像我的同辈姐妹一样受到虐待。

---

① 采访陈桂兰。

结婚后,她继续在炕上坐了三天,第四天她回到父母家待了很短一段时间。然后,她就开始了当媳妇的生活。她的第一项任务是给她丈夫的母亲做了一条裤子,她对婆婆要百依百顺。后来:

> 过了 20 天,我家派了一辆大车来接我回家。离开前,我必须给我婆婆和家里其他长辈磕头。只有我一个人,我丈夫则不必磕头。我问我婆婆,"妈,我应该待多少天?"她就会告诉你。如果她说待 10 天,你就不能在第 11 天回来,否则她就会不高兴。①

幸运的是,桂兰的婆婆是个非常开明的女人,桂兰与她的关系比较好。

尽管已经不生活在农村,但是天津的工人阶层家庭还是尽量保留乡下结婚的形式,只是根据他们的情况做了调整。新娘和新郎通常比那些富裕一些人家的儿女的岁数要大几岁,因为这些家庭需要更长的时间攒钱来支付婚礼开销。有些家庭还遵守着一些习俗,包括交换婚帖,上面写着双方的出生年月;请算命先生判定这门婚事是否合适;新郎家向新娘家送聘礼;用花轿或类似的方式迎亲。迎娶新娘还有许多迷信的做法,如在进屋之前她要跨过一个马鞍,因为"鞍"与平安的"安"是同音字;她还必须在腰间戴一面

①　采访陈桂兰。

铜镜以避邪。新娘到达后，要和新郎一起吃"子孙饺子"和"长寿面"。①

　　即使在那些经济条件极其困窘的家庭，一顶花轿也是举办一场婚礼绝对不可省却的。有店铺专门租赁轿子和其他结婚用品，如灯笼、旗、锣、伞等。② 由于租轿子实在太贵了，一些工人家庭想出了一个巧妙的办法："一领轿花 10 元，赶轿花 5 元。我们就来赶轿。这就是说，另一家人用完之后，我们再去用。这就是为什么叫'赶轿'……第一个用轿子的人付的钱也多。"③

　　婚礼常常会给新郎家带来相当大的经济困难。棉纺厂的男工人张家贵在 20 世纪 40 年代初结婚，也"赶了轿子"。不过，他回忆说，"那时办一次婚礼很困难，我母亲四处借钱"。一些有儿子的家庭提前多年定亲，将未来的媳妇接到新家来直至长大后完婚。这样，婚礼就不会办得那么铺张了。④

---

① 有关这些仪式在天津和武清县的详细描述，参见《天津市之风俗调查》，以及陈佩编《河北省武清县事情》，第 24—25 页。北京订婚和结婚风俗参见卢兴源《吴氏历险记：一个北京人的生活周期》，第 2 卷，第 190—228 页。
② 采访陈桂兰；《天津市红白货业商情习惯调查》，《社会月刊》增刊第 1 卷第 8 号，1930 年 3 月 20 日，第 10 页。
③ 采访程长立。
④ 采访张家贵、纪凯林。有关台湾的这个习俗，参见武雅士（Arthur P. Wolf）《海山妇女：人口统计学式的描述》（"The Women of Hai-shan: A Demographic Portrait"），载［美］卢蕙馨（Margery Wolf）、罗克珊·维特克（Roxanne Witke）编《中国社会中的妇女》（Women in Chinese Society），加州斯坦福：斯坦福大学出版社（Stanford, Calif.: Stanford University Press），1975 年，第 89—110 页。

生育习俗

从新郎家的角度来看,结婚的主要目的就是生育后代。如果媳妇在结婚后两三年内还没有生小孩,她的婆家就会常常表示出对她的疑虑,婆婆和媳妇就会开始祈求神灵赐子。①

求子的一个方法是吃"碰头蛋"。新生儿出生第三天洗澡时,洗澡水中放上鸡蛋。接生婆在完成了这种仪式性的洗澡之后,捞出两个相互碰撞的鸡蛋,送给那些想要怀孕生子的女人吃。这个女人要背对着门坐在屋子的门槛上将鸡蛋吃下。

另一种方法是到天后宫(见第一章)去向天后娘娘求子。在天后宫天后塑像的旁边,摆放着许多小泥娃娃。求子的女人烧完香和祷告后,就会把一个泥娃娃带回家,并将它藏在炕席的下面;三天后将它取出,给它穿上衣服,一日三餐要把食物摆在它面前。如果日后这个女人真的生了孩子,这个泥娃娃将被当作大哥对待,真正的孩子成了老二。

求子的第三种方法是由婆婆实施的。在除夕夜的子时,在不让任何人知道的情况下,婆婆在黑暗中捡回一块砖头或其他任何她看到的东西,把它带回屋里藏起来,设法不让媳妇看见它。将来,如果孩子出生了,就用捡回的这个东西为他(或她)起小名。

---

① 以下的描述,除非另行注出,都来源于《天津产儿风俗》,《社会月刊》增刊,1930 年 3 月 20 日,第 1—6 页,以及《天津市之风俗调查》。虽然这两种资料都没有明确说明哪个阶层采用哪种育儿习俗,但是采访资料告诉我们,和婚礼与葬礼一样,工人们只能遵守他们能够负担得起的习俗仪礼。北京育儿习俗参见卢兴源《吴氏历险记:一个北京人的生活周期》第 1 卷,第 1—67 页。

　　求子的最后一种方法也是由婆婆来完成的。在除夕夜做饺子的时候，婆婆偷偷地将一粒枣和一粒栗子放在饺子馅中。她不许在这个有特殊馅的饺子上做任何显著标记，当晚家里人吃饺子时也不许挑拣。如果媳妇恰好吃到那个包有枣和栗子的饺子，那就意味着她来年一定能怀上孩子，因为"枣"和"栗子"的谐音是"早立子"（早有一个孩子）。

　　怀孕的女人必须特别小心，不能触犯一些忌讳。她不能偷听别人的谈话或将盐、姜递给其他人。犯了这些规矩据说会导致难产。怀孕的女人如若改变房间内任何东西的位置，干活太用力，搬重物，或吃太辛辣的食物，都将可能导致流产。女人怀孕时进入建筑工地，或看见躺进棺材的死人，都会面临生出"三片嘴"孩子的风险。如果两个怀孕的女人在美容时用同一根线去拔除脸上的汗毛，她们的孩子就被认为会发疯或死去。最后，怀孕的女人被禁止坐在正处在哺乳期的母亲的床上，以免她偷走这位母亲的奶。

　　随着分娩日期的临近，有许多方法被用来预测生男还是生女。孕妇如果走路时先迈出右脚，喜欢吃辣的，或肚子形状较平，应该是生女儿；如果走路先迈左脚，很想吃酸的，或者肚子呈尖形，则会生男孩。在怀孕的每个阶段，人们都会提醒女人最好要生个男孩。如果生了个男孩，产房被称为"喜房"；如果生了女孩，则只是被称作"产房"，人们会视其为不洁之地而刻意躲开。

　　在工人阶层家庭，婴儿总是由接生婆或女性亲戚接生的。有些妇女像陈桂兰，是回到他们的老家村里生产的。[1] 孩子出生之

---

[1] 采访陈桂兰。

日,家人和亲友交换礼物以示庆祝。孩子出生后有几次庆祝活动,
第一次是在出生后的第三天,由接生婆当着亲戚们的面为婴儿洗
澡。接生婆要用金属秤砣轻压婴儿的身体,名曰压千斤,希望这会
有助于孩子在以后的生活中能承受重担。她还作势用一把锁封住
孩子的嘴,为的是让他将来说话和行动都要谨慎。随后,洗澡结
束,接生婆劝诱在场的人向洗澡水中扔钱币,说扔的钱越多,孩子
将来的能耐就越大,财富就越多。这些钱币都归接生婆所有。

洗澡这一天过后,孩子 12 天不能见生人,主要是担心生病。
家庭庆祝仪式在孩子满月后举行,在那之后,孩子的母亲才可以恢
复正常的生活。另一次类似的庆祝活动在孩子出生百日后举行。
在这些庆祝活动中,墙上挂着大幅的红纸,上面写着诸如"多子多
孙"之类的词句。①

葬礼

只要亡者的亲属非常富有,有能力大办丧事,天津的葬礼游行
就成了复杂的公共事务。天津全市有超过 180 家店铺专门售卖葬
礼用品(有的也售卖婚礼用品)。一个规模完整的葬礼队伍需要有
扇、牌、旗、轻便的"亭"、恒念的拱门、幡、锣、伞、桌子、凳子、红白棍
(红的给童男,白的给其他人)和真人大小的童子像。

尽管多数穷人办不起如此规模的丧事,不得不满足于由一顶
轿子和一副便宜的棺材组成的送葬队伍,但是有钱人的葬礼还是

---

① 新凤霞:《艺术生涯:新凤霞回忆录二集》,第 93 页。

天津工人阶层生活很重要的一部分。许多穷人通过在丧事中受雇充当哭丧者而赚取收入。陈桂兰家院子里的小男孩就靠做这些事挣几个铜板的外快，大人也会参与扛抬棺材。抬棺材由丐帮组织负责，他们垄断了整个城市的抬棺材生意。①

不管亡者的收入如何，他们的亲属都会给他们穿戴上一身整洁的寿衣和帽子。然后，亲属们穿上孝衣，向亲朋报丧，如果有可能的话还会雇和尚或道士念经超度。亡者死后的第三天，据说亡者的灵魂要回来取前往另一个世界的路费。这一天晚上，全家人都要聚到棺材旁痛哭一场。然后，要为入殓选定一个吉日，那一天全家人要祭灵并跪拜，再将尸体放入棺材。在工人家庭中，由于住房狭窄，棺材通常摆放在院子里。在亡者去世后的某一天（一般是第七天、第九天、第十一天或第十三天），家人就要出殡送葬去坟地。在下葬后，家人要在坟前烧纸钱和用纸扎制的其他物品。回家时进入家门前，每个家庭成员必须将一块糖放在嘴里，并跳过一堆火，以便清除自己与死者接触沾上的晦气。人死之后，家庭成员还要定期举行祭祀。②

葬礼和婚礼一样，可能会产生一笔巨大的开销。家人为亡故的父母买寿衣、租墓地而举债；如果不这样做的话，就是违反孝道，会遭到厄运并招致邻里的严厉斥责。有时候，死者家人收到的钱

---

① 《天津市红白货业商情习惯调查》，第1—13页；采访伊斯雷尔·爱泼斯坦。
② 《天津市之风俗调查》；陈佩编：《河北省武清县事情》，第25—26页；采访陈桂兰。

物礼品,可以抵偿葬礼部分的花费。①

工人阶层生活中的节日和庆典,大多都反映了在天津工作的这些人来源于农民。纪凯林评论说:"农民都有一种乡土观念,特别是在年纪大一些的人当中非常强烈。他们不想死在陌生的土地上。乡音和说话的方式,都不容易发生改变。农民的思维方式也很难改变。"②天津工作场所以外的生活方式证实了工作组织本身已经说明的:工人们通过业余时间的生活方式,使大量的农民文化得以保留,农民的社会关系有些也得以重建。不过,城市不仅是一个超常发展的都市乡村。城市街区将来自不同农村地区的人们聚集到一起。市场和娱乐场所为男性工人提供了一系列新的聚集场所。工人们变得依赖于市场,容易受货币波动的影响,并以与乡村完全不同的方式利用当铺。天津的工人阶级文化汲取了乡村文化资源,并开始在城市环境下使这些乡村文化转变为城市文化。

这种熟悉的乡村文化形式的转变在天津的市场和文化场所表现得最为明显,一种新型的下层都市文化正在开始形成。市场本身也变成了娱乐场所,其规模和多样性是乡村居民从来不知道的。这些娱乐之所以广受欢迎,正是因为它们汲取了乡村娱乐的形式。

---

① 新凤霞:《艺术生涯:新凤霞回忆录二集》,第 2 页。在冯华年 1927—1928 年调查的 132 户中,有 3 户举办过葬礼。第 1 户为年迈的母亲送葬,家里一共花了 23 元(相当于一年收入的九分之一)。第 2 户埋葬夭折的孩子,花了不到 5 元。第 3 户是安葬去世的户主,不过由于他死在另外一个省,大部分丧葬费用不是由家里支付的。在这次调查中,有 1 户人家在父亲去世时,收到了超过 60 元的礼物。《冯华年先生纪念册:民国十六年至十七年天津手艺工人家庭生活调查之分析》,第 503—504、528 页。

② 采访纪凯林。

而且，这些娱乐发展得越来越成熟，越来越适合城市的观众，城市观众成群结队前去观看娱乐节目，不像在乡村仅仅是过节时偶尔为之，而是经常地、间隔时间很短地从管理严格的工作场所逃脱出来观看娱乐节目。许多娱乐表演者和他们的观众来自同样的社会阶层，他们也是天津的工人和临时的劳工。娱乐表演者的生活也和他们的工人观众一样，经济上朝不保夕，还要受到那些比他们更有势力的人们的欺负。娱乐表演者也是工人，显然是在都市环境中为其他工人表演的。

工人在工作之余的活动常常会折射出工作场所的两个主题：脆弱性和暴力。例如，当男性工人去天津的妓院时，他们是在购买那些像他们自己的姐妹和女儿一样的人的服务，她们来自农村，来自工人阶层或临时工家庭。所不同的是，由于性别上和出身背景上的劣势，妓女们无法通过婚姻找到更加受到尊重或能赚到更多钱的工作。天津的职业结构使女子很少能有机会找到稳定的工作。1929 年社会局的统计表明，天津的妓女人数几乎是女工人数的两倍。① 妓女是天津劳动者中最脆弱的一部分。她们常常被那些生存状况无法再养活一个女性成员的家庭卖到妓院。她们丝毫不能指望得到什么保护。她们提供了一种特别引人注目的劳动形式，同时也是不那么引人注意的一部分女性劳动阶层的典型代表——小妾、女佣和婢女，即家庭服务和性服务的提供者。

和脆弱性一样，工作场所的暴力也在更大的城市环境中被反映出来。脚行和工厂有组织的暴力行为，目的是寻找保护人和保

① 这两项数字分别是 2910 和 1543。吴瓯《天津市社会局统计汇刊》，以及《天津市纺纱业调查报告》，第 39—41 页。

护其地盘，以便反过来可以继续为每个工人提供保护。本章所讲述的个人的、"私下的"暴力行为，大都被工人们理解为一种有关失去保护的人的最终命运的警示。那些不幸的、失去保护的工人，很容易被迫铤而走险而从事经济犯罪活动，他们因此受到指责，或很容易遭到同行业仇人的报复。有组织的暴力行为之所以一直是工人阶层生活中持久不变的现象，是因为它强化了保护人的权力，而保护人可以在一定程度上使工人免遭经济打击和个人暴力的伤害。

工人阶层生活中的节日和庆典，为城市工人阶层文化的出现提供了关键的线索。天津流行的节日风俗习惯和庆典仪式，大都与农村的风俗习惯非常一致。而且，这些也为他们在城市环境中建立新的社会关系提供了机会。当工人们为了争取能按照乡村的风俗习惯过节日的权利和方式而斗争时，重大节日也就成了工人阶层在工作场所采取明显的和有组织的方式发泄不满的时候。乡村的传统以及城市中的社会关系和工作场所的压力，促进了工人阶层抗议形式的形成。

第八章　工人阶级抗议的形成

　　1918 年到 1926 年是中国产业工人阶级劳工斗争的第一个高潮期,上海有记录的罢工是 638 次,天津是 14 次。[①] 在日本人占领末期以及 1947—1948 年的严重通胀时期,有时似乎整个上海都在罢工。而这一时期,天津的劳工斗争是分散的,并很快被镇压下去。这种相对的不活跃常常会被用惯常的说法加以解释,并由各种背景的天津人传递给研究者——“北方人更保守”。

　　不过,这种说法不足以描述工人阶级的觉悟。正如前面章节所显示的,天津工人通过建立在籍贯、亲属关系、庇护和阶级基础之上的多变联盟来增进自己的利益。这些联盟虽然许多并未涉及公开的阶级冲突,但都显示出城市工厂软弱的新来者一定程度的自觉策略。

[①] 陈达:《1918—1926 年中国罢工分析》(“Analysis of Strikes in China from 1918 - 1926”),《中国经济杂志》(*Chinese Economic Journal*) 第 1 卷第 10 期,1927 年 10 月,第 846 页。

在天津工人阶级历史的几个阶段,战略计划扩展到包括有组织的劳工运动。工会的形成与罢工的出现都是天津工人阶级历史的一部分,仔细研究工人阶级的战斗性就会发现,天津似乎并不是一个不活跃的地方。不过,天津工人的斗争在空间与时间上都是受到限制的。在本研究考察过的工人当中,只有那些在大型制造企业中的工人从事过有组织的、以阶级为基础的抗议活动。棉纺厂、面粉厂、火柴厂与地毯厂都发生过罢工,而三条石铁工厂(作坊)与私人脚行一般没有发生过。某种形式的有组织的活动要想切实可行,需要有足够数量的工人,而天津大多数的制造企业规模都很小,这导致劳工运动的基础相对薄弱。此外,手工业传统的缺乏、垂直联盟的影响力不够,以及严苛的工厂制度,诸多因素结合在一起,使得小作坊的工人难以通过集体的、以阶级为基础的方式表达他们的不满。

即使在大型工厂,有组织的劳工抗议也主要仅限于两个短暂时期:1925—1926 年和 1946—1948 年。在 20 世纪 20 年代中期,数千工人参加了政治集会和游行。纱厂工人在 1925 年 8 月砸了裕大纱厂,给工厂造成了严重损失,导致该厂关闭了好几个月。更小规模的抗议出现在 20 世纪 30 年代。由于经济大萧条,市内到处有工厂关门,火柴厂工人将自己围在宿舍里,并进行防御性的绝食罢工,避免被解雇和被赶出工厂,而恒源纱厂被解雇的工人拒绝离开厂房,直到被捕。在日本人占领时期,罢工活动被"磨洋工"和盗窃取代。1945 年国民党返回天津,也带来了通胀,参与罢工的工人人数比以往任何时期都多。

有组织的工人运动只限于大型工厂,而且持续时间很短,因此很明显不能被看成衡量工人阶级觉悟的唯一标准。不过，如果不说明劳工抗议为何采取这样的方式，且所起的作用又如此有限，那么天津工人阶级的历史就是不完整的。大型工厂最有可能成为开展有组织工人运动的场所。同时，工厂也是对成功的工人组织限制最明显的地方。

考察大工厂的抗议，我们必须探索三种关系：工人之间的关系，这也是本研究自始至终都在探索的，这种关系有时会有助于形成正式的劳工抗议，尽管它也可能对抗议起反作用；工人与支配群体的关系，包括工厂的工头、有改革意识的国民党官员及武装的政府军，这种关系创造了一种环境，它鼓励某些形式的工人行动，并使得其他行动都被列入不必考虑之列，同时帮助确定工人阶级举行抗议的时机；最后，工人与外部政治组织者的关系，它成为在某些时期组织劳工抗议的关键因素。在1949年前的30年间，这些关系中没有任何一种是静止的。劳动力的结构性变化，外部组织者的控制及其策略的反复无常，还有统治阶级的不稳定，都使得天津工人阶级的活动具有异乎寻常的阵发性和漫无目的的特点。然而，在每个历史时期，工人都会对他们面临的可能性做出反应，并通过他们自己的行动来扩大这些可能性。抗议是持续的，不过，随着更大的政治与经济环境提供了一些机会并阻止了其他机会，抗议的形式也在发生变化。

20 世纪 20 年代:共产党与纱厂

20 世纪 20 年代初是天津工业快速发展时期,也是中国共产党成立并在城市工厂工人中迅速扩大影响的时期。在天津,中共组织者帮助工人在棉纺织行业发动了一次工会风暴。当 1925 年的五卅运动席卷中国城市中心的时候,本地的劳工组织运动受到全国政治运动的激励。最终,地区军阀政治的压制占了上风,摧毁了爆发积极工人运动的可能性。

20 世纪 20 年代初,参加刚刚兴起的共产主义运动的学生将目标对准了天津六所纱厂,发动工人组织工会。他们选择的方式是教育:他们在纱厂附近成立工人学校,并招收工人学习认字。1921 年刚刚从日本学习回来的两个年轻人于树德和安体诚,开办了第一所学校。学校开办了大约一年就被当局关闭了。学校关闭的时候,于和安两个人已经加入共产党,这所工人学校已经在北京共产党的直接领导下。①

1924 年初,中国共产党与国民党正式合作,共产党在许多中国城市的组织工作获得了大发展。在天津,积极分子成立了社会主义青年团天津地方执行委员会和中国共产党天津地方执行委员

---

① 董振修:《中国共产党在天津的早期革命活动》,《天津文史资料选辑》第 10 辑,1980 年 7 月,第 4 页;采访廖永武,天津历史博物馆,1980 年 11 月 19 日。安体诚是河北丰润县人,他和于树德在天津北洋法政专门学校教书时,创办了这所工人学校。1923 年,安转往杭州去教书,他在 1927 年的政变中被杀害。董振修:《中国共产党在天津的早期革命活动》,第 22 页。

会。前者关注学生工作,而中国共产党的执委会通常选派有知识分子背景的干部,组织铁路、印刷、码头和工厂的工人。与工人最初的接触还是通过建立的两所平民学校:一所在海河东岸靠近宝成纱厂和裕大纱厂的地方,由李培良负责;卢绍亭在海河西岸的裕元纱厂和北洋纱厂附近开办了另一所。两人都是河北人(李是天津人),都在参加了一段学生运动后加入了中共。①

李和卢利用各种方法吸引工人到他们的学校去上课。他们在下工时间站在街道拐角处向人们宣传识字的重要性。他们走访工人的家,在工厂大门对过贴广告,免交学费,还免费提供纸张和笔。李培良的学校设在工厂后面两所新建的小房间里。到1925年春天学校正式开课的时候,李已经认识一群工人,并开始与他们谈论组织工会的事。②

在学校开课前常常来找李培良的三名宝成纱厂的工人是沈玉山、董兆义和姬兆生。尽管不清楚是什么吸引他们到平民学校去的,但是他们身上共同体现了宝成纱厂多样性劳工力量的许多特点。该厂由上海人管理,高级职员和熟练工人都是薪水相对较高的南方人。北方人来自河南、山东和河北的农村,他们挣的工资都较低,此外很少有共同点。每个群体的人都与来自家乡的人交往和结拜为兄弟。沈玉山是南方人,在摇纱车间修理机器,薪水相对

① 董振修:《中国共产党在天津的早期革命活动》,第7、12、27—28页;采访廖永武,1980年11月19日。
② 王林:《播种:天津工运史话》,天津:天津通俗出版社,1953年,第3页;廖永武:《天津晚报》,1963年10月23日;司呈祥:《参加天津早期革命活动的回忆》,《天津文史资料选辑》第10辑,1980年7月,第69页;《一九二五年天津纺织工人斗争经过》(8位老工人座谈记录),《北国春秋》,1959年10月10日,第42页。

较高,每月 24 元。他在南方工人中有一定声望。董兆义和姬兆生也在摇纱车间工作,那里集中了 60% 的工人。在与李广泛交谈了该厂的情况之后,三人同意为平民学校招收学生,沈专门负责南方人,其他两个人负责摇纱车间的普通工人。学校开学时他们已吸收几十名学生。姬还安排了几个来自他山东家乡的人为李做饭和洗衣。①

每个参加平民学校的学生都收到了一本一千字的启蒙课本。除了教识字,李和卢还利用上课时间倡导成立工会,必要时也秘密地进行。李说服那些坚持认为工厂的状况就是他们的"命"的工人,告诉他们工会在工作中会赋予他们更多的权力:"一枝筷子,一决就折,二根、三根就不容易被决折,如果是一捆筷子就更决不折。"下课后,李继续与沈、董和姬秘密开会,几个月后他们都加入了中共。②

过了几个月,平民学校学生在纱厂动员了好几百名积极分子。他们全部都是男性;由于没有一批女性劳工组织者,学校很难联系到人数很少的女工。1925 年 4 月,宝成成立了一个工会,会员大约1800 人,占工人总数三分之二。会员构成打破了纱厂常见的派系分割。例如,沈玉山说服南方人加入工会,告诉他们与工厂主站在一边的就是工贼。由于他在工厂中的名望,其他工人都不敢反对他。每个车间都有由几名会员组成的工会委员会,工人每月交会

① 《一九二五年天津纺织工人斗争经过》,第 42—44、48 页。
② 《一九二五年天津纺织工人斗争经过》,第 43—44 页;廖永武:《天津晚报》,1963年 10 月 23 日;王林:《播种:天津工运史话》,第 4—5 页;司呈祥:《参加天津早期革命活动的回忆》,第 69—70 页;1981 年 1 月 7 日采访原宝成纱厂工人张全有。

费一毛。5月，三天抗议减薪罢工的成功，提高了工会的声望。其他纱厂很快也组织起来。5月，除了裕大，所有纱厂的代表都到李培良的平民学校开会，成立了天津纺织工会。①

　　1925年春夏之交，中国城市爆发了由上海五卅惨案引发的抗议。反帝示威游行暂时取代了天津劳工运动的经济问题，而成立工会的问题继续迅速发酵。在年轻的中共组织者的指导下，地毯和印刷工人、海员及铁路工人都在这一时期成立了工会。7月，海员针对一家英国轮船公司的罢工让好大一部分天津贸易停顿了下来。几千名工人组成了紧密的团体，在6月参加了三次游行，8月又参加了一次，抗议五卅惨案。在这些示威活动中，有好几万人在市内游行，他们绕开了英、日租界，那里精神紧张的武装警察挡住了他们的去路。工人们喊着反帝和反对不平等条约的口号，举着提倡抵制日货的标语。他们聆听了好几位中国共产党的活动分子的演讲，也听了一位天津商会代表的演说。游行队伍领头的是法政学校的一位教师。参加游行的工人参与到席卷中国城市的政治运动浪潮中，但并没有将斗争矛头直接指向工厂主或特别提出涉及工人的经济诉求。②

　　但是，在宝成纱厂7月的一次罢工中，政治与经济问题很快交

---

① 《一九二五年天津纺织工人斗争经过》，第44—45页；采访廖永武，1980年11月19日；采访张全有。

② 王林：《播种：天津工运史话》，第6页；廖永武：《五卅风雷话天津》，《天津师范学报》第3期，1975年，第93页；《赵世炎生平史料》，《文史资料选辑》第58辑，1979年，第86—87页；《一九二五年天津纺织工人斗争经过》，第46页；司呈祥：《参加天津早期革命活动的回忆》，第72—75页；董振修：《中国共产党在天津的早期革命活动》，第13—14页，棉二：《厂史1918—1949》，第30—32页。

织在了一起。当工会干部正开会计划组织一次示威游行支持其他城市的罢工时,一个白班小组的负责人派人报告称,工厂突然开除了一名离开机器吃饭的女工。她向工会求助。工人们迅速选派代表到工厂公事房要求恢复她的工作,但厂警拦住他们并用停工威胁他们。

当晚,工人们决定罢工。他们在夜班和早班交接时聚集在厂门口,游行至附近的盐坨地开大会,然后在下午回到厂里,发现他们被关在厂门外。许多工人与厂警扭打起来,他们冲进了厂院内,并捣毁了公事房。然后,他们又回到了盐坨地。经过 5 天的罢工,在中共活动人士以"学生代表"身份斡旋的帮助下,工人们达到了目的。那位女工恢复了工作,工厂取消了减薪,厂方同意不再殴打或侮辱工人,并允许他们停下机器吃午饭。①

砸裕大

到了夏天,只剩下裕大纱厂还没有组织起来。日本管理方紧紧的控制,以及总工头、青帮成员赵魁高的阻挠,妨碍了该厂秘密组织工会所做的努力。李培良召集其他厂的工会代表一起商讨这个难题,他们想出利用裕大厂内的家族网络来解决这个问题的办法。工人们告诉李培良,只要能恰当地接近项瑞芝,就能对组织裕

① 《一九二五年天津纺织工人斗争经过》,第 45 页;王林:《播种:天津工运史话》,第15—25 页;董恂如:《永不磨灭的忆念——记董季皋、安幸生二烈士》,《天津文史资料选辑》第 10 辑,1980 年 7 月,第 58 页。另一段有关这些事件的记述参见《益世报》,1925 年 8 月 11 日;中国作家协会天津分会编:《一九二五年的风暴》,天津:百花文艺出版社,1959 年,第 199—201 页。

大工人起到很关键的作用。他和他的三个兄弟都在该厂上班,他的父亲是这家工厂一个食堂的厨师,工人们都上他那里买热饭。他们被称为"项家五虎",同厂工人中有许多是他们附近宝坻县的老乡。①

1925年7月,另一位裕大的工人将项带到了平民学校。李培良向他问起裕大的情况,然后说:"我听说裕大工人无法组织起来是因为他们怕赵魁高。"项满脸通红并回答说,虽然有"算他妈的什么东西"的赵魁高,他也可以把该厂组织起来。几周之后,他得到他的父亲和多数兄弟的支持,他将他父亲的食堂作为公开谈论工会和工人报名的场所。裕大组织工作成功地推进,使天津六大纱厂成立工会的工作得以完成。8月初,天津纱厂工人与20多名工会代表一起成立了一个全市性的总工会,负责人是一位名叫安幸生的中共组织者。②

1925年8月11日,新组织的裕大工会向厂方提出了五项要求:拨给工会办公用房,每天八小时工作,每天四小时学习,休息一个小时吃饭,增加工资。此外,他们还要求厂方打电报给从5月30日开始将工人关在厂门外的上海英日纱厂,要求他们立即复工。

接下来发生的事情有不同的说法。一个日本人的版本说,该

---

① 司呈祥:《参加天津早期革命活动的回忆》,第76—77页;《一九二五年天津纺织工人斗争经过》,第47页。

② 司呈祥:《参加天津早期革命活动的回忆》,第77页;《一九二五年天津纺织工人斗争经过》,第47页;项瑞芝:《记一九二五年砸裕大事件的前前后后》,《天津文史资料选辑》第10辑,1980年7月,第116—121页;采访廖永武,1980年11月19日;满铁经济调查局(Mantetsu toa keizai chosa kyoku):《中国劳工运动》(*Shina no rodo undo*),东京;至诚堂(Tokyo:Doshoten),1926年,第78页;董振修:《中国共产党在天津的早期革命活动》,第14、26—27页。

公司的日本董事长接受了所有的条件,但所答应增加的工资稍微低于工人的要求。根据中国工人的回忆,厂方不愿意给上海发电报。不管怎样,工人们下了白班开始走出厂门到盐坨地开会时发现,有一百多名警察拦住了去路。厂方向当地军阀李景林求助,李景林派出了这些警察来应对。工会领导决定号召罢工,并派人到附近的宝成与河对岸的裕元和北洋纱厂求助。①

当他们从军阀部队的跟前经过时,一些工人嘲讽军警支持日本工厂主对付同胞。双方互相对骂,军队开枪,项瑞芝的哥哥和两个纠察队员受伤,一大群愤怒的工人把一些军队和厂保安队追到了纱厂院内。军警将门关上防止更多的工人进入。②

当宝成纱厂的工人赶到时,他们能够听到纱厂院内混战的声音。他们奋力向前,推倒了一段南墙涌入工厂,与工人们一起和军警展开肉搏战。一些工人从厂里抢到了镐头,另一些人则切断了电话线。他们捣毁了工厂办公室、撕毁了布匹、衣服和账簿,动力房和水泵房也遭到严重毁坏。《北华捷报》的报道如此描述当时的场景:

棉纺机器在他们面前被捣毁了,就像飓风中的木屋,几分钟之内就变成了一堆破烂不堪的被砸碎的机器、纱锭和碎

① 《一九二五年天津纺织工人斗争经过》,第47页;王林:《播种:天津工运史话》,第27—29页;董振修:《中国共产党在天津的早期革命活动》,第14—15页;[日]内藤顺太郎(Naito Juntaro):《中国的纺织业工潮》(Zai Shina keizai sogi),东京:东亚社(Tokyo:Toasha),1925年,第144页;《北华捷报》,1925年8月22日,第202页。
② 司呈祥:《参加天津早期革命活动的回忆》,第78页;项瑞芝:《记一九二五年砸裕大事件的前前后后》,第118页;《一九二五年天津纺织工人斗争经过》,第47页。

片……整座建筑超过 75% 的窗玻璃，包括用铁丝加固的玻璃都被砖砸碎，室内一片狼藉。一部打字机一部分已经被砸扁，钢键和铅字被压碎，显然是遭到了撬棍用力一击的结果。

等到河对面纱厂的工人赶到时，战斗已经停止，大部分军人已经逃走，工人们缴获了十支步枪、三支手枪，扣押了两名人质，包括一名军警和一名日本医生。[①]

政府的反应很迅速。当晚，一位姓陈的官员来找项瑞芝，提出愿意充当调停人来换取释放人质，并警告说这起事件如果得不到解决将产生国际影响。项放走了人质。各工厂的工人回家，答应第二天回来开会。不过，来自河西岸的工人在第二天黎明试图过河时，发现军警已经将所有的渡船拖到河中央并停泊在那里。当工人们游泳到河中央找回那些船并渡过河时，武装的军队伏击了东岸那些已经聚集在盐坨地的工人，迫使他们退回裕大纱厂。多数罢工领导人被逮捕。西岸工人及时赶到，但被军队开枪赶进一所当地的寺庙。[②]《北华捷报》虽然责怪工人用石头和土块袭击军警，但同时也谴责了随后发生的恐怖事件中"难以名状的恐慌场景"："由于无法躲避警察的步枪，骚乱者的领头人返身与身后的人

---

① 《一九二五年天津纺织工人斗争经过》，第 47 页；司呈祥：《参加天津早期革命活动的回忆》，第 78 页；王林：《播种：天津工运史话》，第 29—32 页；采访张全有、陈志；《北华捷报》，1925 年 8 月 22 日，第 202 页。

② 《一九二五年天津纺织工人斗争经过》，第 47—48 页；王林：《播种：天津工运史话》，第 33—38 页；司呈祥：《参加天津早期革命活动的回忆》，第 78—80 页；项瑞芝：《记一九二五年砸裕大事件的前前后后》，第 118 页。（文中提到的寺庙应为周家祠堂。——译者注）

搏斗。一些人不幸倒地死亡或受伤,许多人跳入海河中躲避子弹,不少人相信已经被淹死了。"①

裕大纱厂的损失后来估计超过了 50 万两。在这起事件中,至少 10 名工人死亡,几十人受伤,超过 400 人被捕。"许多伤者好像由于担心被捕被送到乡下去了",《北华捷报》报道称。项瑞芝直接从盐坨地逃回老家宝坻县,但几个月后他返回时被逮捕,并遭受了用辣椒水灌耳朵的酷刑。平民学校早期积极分子和中共党员姬兆生因为是个麻脸,说话有一口浓重的山东腔,很容易被裕大的保安队头子认出,他也被逮捕了。尽管大部分工人很快获释,但项、姬和其他 8 名积极分子一直被关押到 1925 年年底。裕大事件之后不久,李景林关闭了天津中国管界内的所有工会,并派警察将租界内的工会监视起来,关闭了广东会馆,那里一直是海员罢工的组织中心,并拘押了许多学生领袖,审问他们与中共的关系。平民学校这个中共征召和组织工会最成功的场所也被关闭。日本公使就裕大的财产损失向外交部提出了正式抗议。②

政治镇压与工人抗议

裕大罢工遭镇压表明天津工人在城市的大政治环境中极其脆

---

① 《北华捷报》,1925 年 8 月 15 日,第 159 页。
② 《北华捷报》,1925 年 8 月 22 日,第 202 页;《赵世炎生平史料》,第 85 页;《一九二五年天津纺织工人斗争经过》,第 48—49 页;王林:《播种:天津工运史话》,第 39—47 页;司呈祥:《参加天津早期革命活动的回忆》,第 80—81 页;[日]内藤顺太郎:《中国的纺织业工潮》,第 146—147 页;项瑞芝:《记一九二五年砸裕大事件的前前后后》,第 119—121 页;《北华捷报》,1925 年 10 月 22 日,第 202 页。

弱。尽管日本人对裕大的所有权是形成这起特殊事件和政府对该事件所做反应的一个因素，但是在随后 25 年里，在中国人拥有的工厂中，工人运动的模式并没有很大的差别。武装的市政警察或政府的军队经常被招来阻止或暴力镇压工人抗议。在日本人占领的年代，许多工厂都有驻军，军队的存在让任何类型的正式组织都不可能存在。只有在社会上层最初还没有准备好面对工人斗争的时期，如 1925 年，或者上层太弱无法有效应对时，如 20 世纪 40 年代末，工人才有机会举行大规模罢工。

1925 年 8 月，随着大部分工会领袖入狱，所有保护性组织停止活动，天津工人公开的组织活动陷于停顿。裕大纱厂关门几个月，1500 名工人失业。来自北京的中共干部走访了海河东岸的工人，并给那些在罢工中受伤的工人的家属送来救济金。中共继续在几个厂秘密招收党员。与此同时，厂方试图通过将其提拔为工头或增加薪水，来收买那些在过去的冲突中表现积极的人。① 这次工人组织活动的平息完全是政府压力的产物。从 1925 年 12 月至 1926 年 3 月，孙岳的国民军第三军占领天津时，这种政治压制消失了。冯玉祥领导的国民军很明显地对工人组织采取了比这之前与之后的政权都自由的态度。裕大罢工后被捕的所有积极分子都被立即释放。尽管中共本身仍是秘密的，但它可以通过总工会这样的组织自由活动。②

总工会的总部设在华界的大东旅社。中共从相对较安全的租

---

① 《赵世炎生平史料》，第 85 页；司呈祥：《参加天津早期革命活动的回忆》，第 81 页。
② 董振修：《中国共产党在天津的早期革命活动》，第 16—17 页；《赵世炎生平史料》，第 96—97 页。

界搬到这幢建筑里。纱厂工人、地毯工人、油漆工人和印刷工人的工会很快恢复起来,人力车夫、三条石铁厂工人和木工也开始组织工会,这使得总工会领导下的工人超过了 3 万人。工会出版了两种刊物:《工人小报》和《工人生活》。①《工人生活》宣布了一个雄心勃勃的新组织计划:"不管你是一个现代工厂的工人还是手工作坊里的学徒,不管你是黄包车车夫还是商店里的小伙计,只要你是出卖自己的劳动力生活,你就可以组织在我们的旗帜下!"②有一阵子,四分五裂的天津工人阶级似乎要被动员起来的工人们组织到一个大工会里。

在这个工运活动受阻相对较小的时期,工会组织者注意到两个经常发生的问题。一个是刚组织起来的工人特别是年轻人有一种倾向,就是通过破坏工厂的设备来表达他们的不满。另一个问题是,工人积极分子在完成组织工作之前,有被工头发现并被开除的危险。《工人生活》警告,那些不遵守工会纪律和无视工厂规章的个人将被视为蓄意破坏者,那些向厂方报告工会秘密的将被当作走狗对待。他们召集年轻的棉纺和地毯工人举行特别会议,解释采取有纪律的行动而不是暴徒式的暴力行动的必要性。③

1926 年 3 月奉系军阀褚玉璞占领天津后,这一公开活动时期

---

① 《赵世炎生平史料》,第 96—97 页;司呈祥:《参加天津早期革命活动的回忆》,第 83 页;董振修:《中国共产党在天津的早期革命活动》,第 17 页;廖永武:《天津晚报》,1963 年 4 月 26 日;《赵世炎生平史料》,第 97 页;《工人小报》,天津:1926 年 1 月 25 日,天津历史博物馆,#GF 1748;《工人生活》,天津:1926 年 1 月 26 日,天津历史博物馆,#GF 1036,第 8—10 号,1926 年 1 月 15 日,第 10—12 页。

② 《工人生活》第 8—10 号,1926 年 1 月 15 日,第 34 页。

③ 《工人生活》第 16—23 页;司呈祥:《参加天津早期革命活动的回忆》,第 84 页。

戛然而止。政治压制再次剥夺了工人组织活动的自由。工会转入地下,中共将总部搬回租界。从 1926 年 11 月至 1928 年 1 月,当地党组织遭到破坏的次数多达八次,许多共产党和革命的国民党领导人被处决。[1]

不过,零星的罢工活动仍在纱厂继续,多数是在中共的秘密领导下进行的。与 1925 年的运动一样,最成功的组织工作利用了工厂里已经存在的社会网络。例如,裕元纱厂在 1926 年发生了三次罢工。其中的一位领导人是左振玉,他是在该厂中国共产党的委员会一位成员的鼓励下加入工会的。与他一起加入工会的还有七名和他一同长大的结拜兄弟。[2]

裕元纱厂的两次罢工仅限于一个车间。还有一次需要预先做大量的计划,要求涉及提高工资、带薪假期、吃饭休息时间、夜校和停止随意解雇工人。吸取裕大罢工失败的教训,工人们与机器在一起,用棉花堵住厂门,如果外面的军队开枪就可以引燃棉花。当人事部负责人站在织布车间外面辱骂工人时,工人们从窗户将他揪进去扣为人质。尽管两天后厂方同意了工人们涨工资和带薪假期的要求,但是军阀的部队逮捕了厂外的纠察队并杀害了多人。[3] 在持续政治高压的环境下,即使是那些得到有力的支持并组织得非常好的工人运动也只能取得暂时的胜利。

---

[1] 董振修:《中国共产党在天津的早期革命活动》,第 20 —22 页;司呈祥:《参加天津早期革命活动的回忆》,第 88—89、92—98 页。

[2] 棉二:《厂史 1918—1949》,第 37—42 页。

[3] 棉二:《厂史 1918—1949》,第 39—40 页;王林:《播种:天津工运史话》,第 48—54 页;有关北洋纱厂 1926 年的一次罢工叙述,见司呈祥《参加天津早期革命活动的回忆》,第 86—88 页。

最晚到 1927 年,中共在天津共有 24 个支部和 459 名党员,其中"很大比例"是工人。不过,最终,纱厂里的中共积极分子发现自己已经断绝与日益陷于围困之中的党的领导者之间的联系。许多政治上活跃的纱厂工人在罢工被镇压后,因为参加工会活动而被开除或为躲避警察追捕而被迫逃亡。裕元和北洋纱厂的工人、中共党员司呈祥与其他四名北洋工会的领导人,以及两名厂外中共党的组织者在 1927 年 1 月被捕。他们被控拥有内容可疑的政治传单,但他们都装作不太认识彼此。在其中的一个人因为缺乏证据被释放后,另一个人声称那个被释放的人(早已离开)是个油贩子,正是这个油贩子将这些传单留在他家的。他又假装自己是文盲,分不清什么是政治传单和卖油账单。虽然恼怒的当局最终释放了这些人,但是这个事件还是导致纱厂工人组织最后的终结。司呈祥改了名字在裕元纱厂找到了一份新的工作,不过,其他工人积极分子为了生存沦为街头小贩。[1]

20 世纪 20 年代中期的天津工厂的工人主要由来自农村的年轻人组成,非常容易接受中共指导下的工会组织。组织者利用家庭和籍贯网络绕过工厂工人的垂直关系和派系分割发动工人,特别容易取得成功。许多工人在工会里非常活跃,而其中少数但很重要的核心积极分子被吸收进入中共。工人们向工厂管理层提出了自己的要求,主要涉及薪水和工作条件。不过,他们的抗议有时反映了天津和其他城市更大的政治问题,他们参加全市反帝示威

---

[1] 董振修:《中国共产党在天津的早期革命活动》,第 20 页;司呈祥:《参加天津早期革命活动的回忆》,第 86—92 页;项瑞芝:《记一九二五年砸裕大事件的前前后后》,第 121 页。

游行并将他们的反日情绪带到了至少一次重要的罢工中。虽然早期工人运动常常损毁工厂设备，但是工人们变得越来越有纪律性，并善于利用暴力威胁而不再采取直接的破坏手段。这一时期后来的多数罢工都发生在工厂内部。

这时的纱厂仍处于扩张期，能够在没有过分压力的情况下答应工人的一些要求。要求改善条件的主动权在工人，与之形成对照的是 20 世纪 30 年代，工人们采取自卫的方式来应对工厂裁人和关闭。20 世纪 20 年代天津工厂对工会活动实行压制是出于政治而不是经济原因。军阀的军队使用武力镇压外国人和中国人拥有的工厂的罢工。最终，武力镇压严厉限制了工人的组织，同时也摧毁了帮助发动工人的中共组织。中共被迫将许多有经验的干部从天津转移到安全的地方，而本地的活动分子被解雇、逮捕或被迫逃亡。中共已经无法与纱厂工人维持一种需要建立强大的工会组织来维系的持久关系。虽然是工人的不满使 20 世纪 20 年代的工运成为可能，但是那时的工运，都是由中共发动组织而成的，并最终被驻扎在天津的军阀破坏。

南京政府十年：改革、解雇和关厂

1928 年，国民党完成了中国名义上的统一，山西军阀阎锡山控制了天津。在此后的 10 年，中共在工厂工人中活动的影响很小。工会组织的主要动力反而来自国民党政府，他们组织官方工会运动，目的是控制工人。对越来越困难的经济状况被迫采取守势的工人则利用这个政府劳工机构来保住他们的工作。激进的工人运动多数时候的目的都是防止工厂裁人，而且再一次仅限于大型工厂。

国民党市政府首先采取的一个行动就是组织新工会。到 1928 年，天津有 76 个工会 21 580 名会员，第二年加入工会组织的工人达到了 22 431 人。这个数字包括产业工人、运输工人，以及第三类被政府称为"职业"工人的：印刷工人、制革工人、漂染工人、搬运工人和服务业工人。棉纺工人占总数的一半多一点。1928 年 8 月，天津成立了新的总工会。①

尽管新工会的组织结构和一些言论与 20 世纪 20 年代很相似，但是控制它们的政府官员的目的有很大的不同。他们首先关心的是清除中共的影响。一份有关工会问题的政府报告称，在 1925 年工会刚刚发起时，工人运动被中共控制。在蒋介石 1927 年政变之后，"忠诚的同志"（国民党党员）变得更加活跃，特别是在组织铁路工人方面。1929 年，新总工会领导人警告说："即使现在，在这个城市的后面，仍埋藏着红色暴动的种子……他们有魔力迷惑年轻人的心，有手段欺骗农民和工人。人的生命器官感染疾病是很难治愈的。"②

---

① 刘畏吾：《抗战前后津市工运之动态》，《华北劳动》第 1 卷第 1 期，1946 年 1 月 15 日，第 10 页；司呈祥：《参加天津早期革命活动的回忆》，第 98 页；工商部劳工司编：《十七年各地工会调查报告》（工商丛刊，劳工类之一），南京：南京工商部总务司编辑科，1930 年，第 2—3 页；何泽春：《考察各级工会总报告》，第 26、3—4、43 页；《南开统计周报》第 3 卷第 18 号，1930 年 5 月 30 日，报告称 1929 年工会成员总数 29 542 人。

② 何泽春：《考察各级工会总报告》，第 45—46、74—76 页。

国民党当局认为,防止这种"疾病"蔓延的最可靠的办法不仅是组织工人,还有对他们进行政治培训。政府处理劳工控制问题的这种方法有时是与工厂主的愿望相冲突的,后者根本就不想要工会。在各种规模的企业,工人们在组织工会时常常遭到厂方的反对,不过他们只要遵守一定的程序就有望得到市政府的支持。在全市总工会第二次大会上提出的口号摘要如下:

> 全市工人联合起来!
>
> 打倒帝国主义!
>
> 废除不平等条约!
>
> 促进劳资合作!
>
> 消除阶级斗争!
>
> 打倒买办阶级!
>
> 消灭中国共产党!
>
> 保障工人生活!
>
> 提高工人地位!
>
> 清除包工制!
>
> 工人自由万岁!
>
> 拥护国民党![1]

政府调查人员认为,最成功的工会在大型工厂,有勤劳的员工,并常常直接得到工厂补贴来支付工会开销(虽然常常也收会

---

[1] 何泽春:《考察各级工会总报告》,第66页。

费)。在 1929 年的政府报告中,被称赞为楷模的裕元工会,有经过选举产生的由 9 名工人组成的执行委员会,有 5 个分会,还有负责组织、宣传、培训和总务的部门。工厂每月给工会 200 元,并另外提供经费以供特殊的开支。1931 年,工会会员总数包括 4725 名男工和 886 名女工;39 名男工(没有女工)是国民党党员。[1]

在手工工业和其他季节性工人中组织工会比较困难。其中最难管理的是搬运工人分会,一份政府主持的报告将其成员描述为"无知、无组织之人,不知道工会为何物"。在这种情况下,工会组织仅仅是上面强加的程式。[2] 有时,政府的组织者根本不能建立一个工会。1932 年政府的报告估计,在天津 20 万工人、苦力和手工业工人中,只有大约 16%组织了工会。其中,四分之三在产业工会中。[3]

改善工人生活的同时消除阶级斗争是件困难的任务。但是,市政府通过 1928 年成立的社会局,让自己成为劳资纠纷的调解人。社会局由热心社会工作的温和派组成,同时负责社会调查工作和一些福利事业。一旦发生劳工纠纷,政府就成立一个由社会局、公安局和争议方人员组成的委员会。有关各方都可以请求调停,委员会自身也可以启动这个程序,要求进行调查并在两天内做出决定。有关的任何一方如果不满意,可以向第二个委员会上诉,该委

---

① 何泽春:《考察各级工会总报告》,第 36 页;吴瓯:《天津市纺纱业调查报告》,第 127—132 页。

② 何泽春:《考察各级工会总报告》,多处可见。

③ 《天津工会调查报告(国民党报告)》(Report on the Investigation of Tientsin Trade Unions [Kuomintang Report]),1932 年 8 月,载于程海峰《中国通信月报,1933 年 2 月》,C1809/000,第 28 页。

员会由市政府、国民党党部、地方法院和不受该纠纷影响的资本家和工人的代表组成。在调解期间，工人不允许罢工，厂方也不可以开除他们或不准他们进厂。生产军用品的企业以及公共事业和公共交通业的工人，一律不得罢工。①

随着精心策划的新劳工官僚机构在天津的形成，组织者小心确保该机构不被同情共产党的活动分子控制。每一位要加入工会的成员都被要求填写一份表格，说明他（或她）在工人运动中的个人历史。此外，国民党市党部资助展开一项详细的调查，以确定在总工会会员中有没有"反革命分子"在活动。②

即便这些措施不完全有效，也还有其他力量来削弱中共在天津工厂中留下的影响。一些在纱厂工人和印刷工人中的中共党员脱离了党，并成为国民党和新工会中的活跃分子。③ 对中共领导人的监视和逮捕在军阀统治时期很残酷，但是是时有时无的，到国民党时期则变得更加系统。通过私拆邮件、监视中共邮箱和跟踪前去取信的人，公安局特务处在 1929 年逮捕了 30 多名中共党员，其

---

① 《天津特别市社会局一周年工作总报告（民国十七年八月至十八年七月）》，天津：社会局，1929 年，第 131—136 页。

② 《天津特别市社会局一周年工作总报告（民国十七年八月至十八年七月）》，第91—105 页；《天津各级工会调查概况》，《社会月刊》第 1 卷第 5—6 期，1929 年 12月，第 10—11 页。

③ 司呈祥：《参加天津早期革命活动的回忆》，第 98 页。

中有好几名是重要的工人活动分子。① 中共继续留在工厂变得异常困难。1932 年,在一个苏区发行的一份党刊在报道天津的一系列罢工时评论,中共没有以任何方式参与这些运动;在面粉厂罢工持续了 1 个月之后,天津的中共支部甚至还不知道参与罢工的面粉厂的地址。②

　　国民党市政府组织新工会、建立调解程序和谨慎地根除中共活动分子,这三项措施相结合,有效地将工人抗议控制在可控范围内。根据政府的统计,在 1928 年的最后 4 个月,天津发生了 7 起劳资纠纷,只有 1 次导致了罢工。第二年发生了 54 起纠纷,包括引发了 3 次罢工和 29 次停工;到 1930 年,纠纷次数减少到 31 起,其中引发了 3 次罢工和 4 次停工。这些纠纷不管是导致了罢工、停工、怠工,还是仅仅是正式的投诉,其中将近 90% 都与"雇工条件"有关;没有任何一次与厂外的政治组织或运动有明显关系。在这 92 起纠纷中,67% 由社会局调解,其余的由社会局与当地法院和调解委员会联合处理。将近三分之一的调解结果完全满足了工人的要

---

① 李汉元:《关于陈涤云的被捕经过的史实补正》,《天津文史资料选辑》第 10 辑,1980 年 7 月,第 130—131 页。这些事件是否导致这一系列逮捕是一个有争议的问题。中共工人运动分子的两则叙述称,这些逮捕始于两名党的干部(他们本身以前也是工人)开始从其他党员处勒索钱和偷东西。无可奈何之下,省委下令处决了这两人。当市政府调查谋杀案时,其中一名死者的妻子和另一名死者的母亲将一名共产党员指认为嫌疑人。国民党政府借机判处他们当中的许多人,包括将彭真(傅茂公)长期监禁。不过,当时政府特务处主任李汉元称这起发生在法租界的谋杀案不归他管辖,否认谋杀案与发现中共网络有关系。司呈祥:《参加天津早期革命活动的回忆》,第 99—107 页;左振玉:《一九二九年的狱中斗争》,《天津文史资料选辑》第 10 辑,1980 年 7 月,第 122—130 页。
② 《红色中华》第 50 号,1932 年 9 月 10 日,第 20—28 页。

求,另有三分之一为他们赢得了部分利益。仅有 12% 的结果是工人完全失败。[1]

这些乏味的统计数字掩盖了工人越来越采取守势的状况。社会局 1929 年有关劳工的公告指出,大规模解雇是引发纠纷的最严重原因。许多小企业常常在中秋节和新年解雇工人。让社会局官员奇怪的是,1929 年 3 月到 4 月,又一轮工厂与工场的解雇瞄准了加入工会的工人。不过,多数情况涉及的是那些由于经济困难而被迫关闭的工厂。1929 年,社会局调查了 33 起这样的案例,将近四分之三在提花织布业,市场饱和与资金不足导致许多工厂关闭。在每起案例中,社会局官员要么下令公司将工人召回,要么接受这个不可避免的现实并尽力为被解雇的工人争取到解雇费和路费。如果工人直接罢工,这些官员就不那么同情他们;那样,官员通常的做法是招来警察镇压罢工并同时发起谈判。[2]

20 世纪 30 年代,随着世界经济大萧条的加重,解雇和关闭工厂的威胁波及纱厂。1933 年夏天,天津所有中国人开办的纱厂工人都进行了旷日持久的罢工。在恒源纱厂,工人们毫不意外地反

---

[1] 吴瓯等:《天津市社会局统计汇刊》。1932—1936 年的相应统计数字是:1932 年,47 起纠纷(9 起罢工);1933 年,25 起纠纷(5 起罢工);1934 年,35 起纠纷(3 起罢工);1935 年,7 起纠纷(无罢工统计);1936 年,14 起纠纷(无罢工统计)。这些数字占全国总数的 2.3% 到 14.83%。《中华年鉴》,1933 年,第 365 页;《中华年鉴》,1934 年,第 249 页;《中华年鉴》,1936 年,第 320 页;《中华年鉴》,1938 年,第 326 页;1934 年的总数来源于程海峰《北平、天津与济南之行,1935 年 5 月 21 日—6 月 14 日》,第二部分。

[2]《天津特别市社会局民国十八年工作报告书》,天津,无发表日期,第 56—57、59—69、74—76 页。关于 1932 年宝成有关经济问题罢工的叙述与工会代表的性质,见《纺织周刊》第 2 卷第 10 号,1932 年,第 254—256 页;第 13 号,第 320—321 页;第 14 号,第 342—343 页。

对社会局的建议——将他们的工资降为他们通常收入的80%。他们停止工作,不过市政府支持社会局的建议,很可能是觉得减薪总比裁人要好。1个月后,该厂宣布由于财务亏损停工6个月,但同意如果能够支付工人往常工资的四分之三就可以重新开工。这次,工人们相信他们的工作处在风险之中,便同意了厂方的条件。①

其他工厂的工人也反对减薪。在宝成纱厂,厂方决定放弃三个8小时班的试验,回到两个12小时班的制度。当有工人反对时,厂方将他们关在厂外超过1个月,随后解雇了600名工人并允许剩下的工人按12小时一班回到工作岗位。当地国民党党部和政府四处调停也没能挽回被解雇工人的工作,但确实为被解雇的工人争取到了解雇费、路费和重新雇用的优先权。②

1933年夏天组织得最好的罢工发生在裕元纱厂。与其他工厂主一样,裕元厂方宣布减产,具体做法是取消夜班和隔周上两个班。一小部分工人没等工会批准就组织停工。他们让厨师在送午餐时偷运进200把小刀。厨师中有些人是工人们的盟兄弟,他们将小刀藏在稀饭桶里。这些工人得到武器之后,马上将经理和职员关在一间里面的屋子里,用一位工人的话说,将他们"当成一种'押金'"。当他们晚上饿了,他们从上浆车间(通常用淀粉上浆)拿来面粉,占领职员厨房,自己做面饼。不过到了午夜,几百名警察赶到,迫使这些工人离开工厂,并逮捕了73名罢工领导人。厂方随后企图关闭工厂并开除所有工人,不过因为政府仲裁的解决

---

① 杜文思:《平津工业调查》,第25页;《中华年鉴》,1934年,第257页。
② 《中华年鉴》,1934年,第260页。

方案最后同意不再解雇 1000 多名工人并恢复生产。①

尽管不太清楚参与这次罢工的工人们之间的关系，但是很显然，当面临失去工作的危险时，他们能够采取一致的行动。1935年，随着纱厂危机的加剧，工人们被迫采取一种越来越灵活的姿态。他们发现，罢工不应只是为了保住现有的工作，必须向社会局呼吁恢复那些因为工厂突然关闭而失去的工作。800 名宝成工人先游行到社会局，然后到市政府，抗议关闭他们的工厂。社会局负责人为他们每人发了半斤烧饼和一块咸菜，但对他们的处境无能为力。市政府命令厂方偿付他们的工资。宝成最终与日本人的裕大纱厂合并，并从中国其他地区雇佣工人。②

1935 年 1 月，裕元厂方宣布该厂即将倒闭，工人们效仿宝成纱厂的工人。他们要求有一个明确的停工时限和保证工厂会重新开工，并派工会的领导人去社会局和国民党市党部。国民党政党局答应组织工人与工厂主之间的谈判，但是工厂主故意拖延达成解决协议的时间，将主要的人员派到北京出差。社会局命令这些拒不服从的经理返回天津。工人们最终获得了重新被雇用的权利、解雇费和路费，不过那些抱怨他们最后一次工资太少的工人被国民党政党局警告不要再生事。20 个月后，该厂重新开工，新的日本

---

① 《中华年鉴》，1934 年，第 259 页；棉二：《厂史 1918—1949》，第 49—50 页；采访张家贵，1981 年 1 月 17 日；《纺织周刊》第 3 卷第 24 号，1933 年，第 766 页。

② 采访张全有；《益世报》，1935 年 7 月 15—17 日，1936 年 5 月 15 日、9 月 23 日、11月 22 日，第 5 版。

工厂主在压力下同意再雇用一些原来的工人,试用期6个月。① 随着多数天津纱厂被卖给日本人,即使像恒源这样中国人拥有的工厂的雇工方式(参见第六章)也发生了很大的改变,政府担保的重新雇用权实际上已经不可能再执行。虽然至少还有一些政府发起组织的工会领导人尝试着采取积极行动保卫纱厂的工作,但是整个政府联合工会组织完全被20世纪30年代的经济危机击垮了。工人们所剩的调整空间几乎没有了。

这一时期工人抗议形成的部分原因是严重的经济危机,不过也受到存在已久的节日周期的影响。农历岁末是许多工厂和作坊因为新年奖金的多寡而发生冲突的时间。当工厂的经济还没有立即陷入危机之中时,社会局官员有时会审查工厂的账目,并命令厂方支付更高的奖金。不过,他们对待那些举行罢工来要求更多奖金而不是向他们求助的工人总是很强硬,在调解纠纷前派警察逮捕罢工领导人。②

在一次这样的新年罢工中,工人们显示了相当大的创造性,开创了一种既赢得了政府最大的关注又避免被镇压的抗议形式。冲突发生在1935年1月,当时北洋火柴厂的工厂主宣布在阴历新年清账的10天前停工。工人们怀疑节前关闭预示着经济困难,工厂可能不会再开工。1月19日,几百名男女外工(被雇来包装火柴,不住在工厂里的工人)在得不到工资前拒绝离开工厂。社会局按

---

① 《益世报》,1935年1月12—16、19、20、22、26、27、29、30日,2月25日,3月18、19日,4月17日,5月19日,6月23日;1936年3月22、25日,4月11日,5月20日,6月8、22、26日,7月16日,8月29日,第5版。
② 《益世报》,1935年1月26、27、29、30日,第5版。

照惯常的做法,派警察来镇压这次罢工,威胁要将这些工人(包括大约 40 名"盲目加入的女工")打发回家。这起抗议以给每位工人发 1 元休假工资得到解决。①

然而,工人们的担心是真的,2 月初工厂的经理辞职,工厂在重新开工前被债主告上了法庭。通过政府调停,工厂董事会同意在工厂关门期间,给住厂工人和外工支付一定数量的生活费。不过工厂迟迟不支付伙食费,到 3 月 4 日,工人们实在不能忍受了。他们让女工留下来守护工厂,几百名男工人游行到国民党政党局,要求颁发救济金和确定工厂重新开工的确切日期。厂方答应支付救济金和决定重新开工的日期,但是结果他们既没有发钱也没有做出复工决定。②

这时,许多工人仍住在工厂的宿舍里。随着谈判的拖延,500名男女工人开始绝食罢工。他们拒绝社会局提供的伙食费,要求支付他们的工资。这次,市长亲自召见该厂的董事长,要求他给工人发钱吃饭。而第二天,工人们在工会的领导下继续绝食罢工,因为该公司仍没有支付工资和生活费,也没有公布重新开工的日期。他们躺在宿舍的床上进行第二天的绝食罢工,只是在工厂给每人发 1 元临时工资之后才被说服吃东西。③

然而,北洋火柴厂的工人尽管在获得市政府和媒体的关注方面足智多谋,最终还是被解雇了。一位社会局的代表告诉他们,该公司陷入严重的财政困难,要求他们"暂忍一时之痛",并希望工厂

① 《益世报》,1935 年 1 月 20、21 日,第 5 版。
② 《益世报》,1935 年 2 月 10—13、15、17、24、26、28 日,3 月 1、5—7 日,第 5 版。
③ 《益世报》,1935 年 3 月 8—11 日,第 5 版。

日后会重新开工。和其他关闭的工厂一样，工人们得到了解雇费，此外工厂还支付了他们生活费。他们相应地同意和平撤出工厂。尽管工厂在 15 个月后重新开工，但是不知道这些绝食罢工的工人是否重新得到了工作。①

和这些工人一样，火柴厂工人将各种形式的抗议、工会组织和政府调停运用到了极致；和这些工人一样，火柴厂工人还是失业了。20 世纪 30 年代的经济危机显然降低了工人组织的有效性，即使有政府与工会组织愿意代表工人的利益，只要这些利益保持在政治上可以接受的范围。20 世纪 30 年代中期，许多被解雇的工人用他们的交通补贴回到乡下老家。劳动力的高度流动性是 20 世纪 20 年代天津的特征，它也导致了 30 年代天津工人运动缺乏连续性。几年后，这些工人有的又回到天津，这时日本人已经占领天津，他们不得不进入被占领的城市，此时那里的政治与经济力量的平衡再次发生变化，随之而来的是有组织的工人行动的可能性。

20 世纪 40 年代：占领时期与国民党的重返

在南京十年（1928—1937 年）中，政府极力将工会转变成控制劳动力和保持劳资合作关系的工具。不过，对 1937 年占领中国华北的日本人而言，即使这些温和的工会也是"被激进分子控制，专门制造骚乱的"危险组织。1938 年 3 月，日本军方在华北取缔所有

---

① 《益世报》，1935 年 3 月 12、14 日，1936 年 8 月 6 日、12 月 13 日，第 5 版。

劳工组织。① 在此后的 8 年中,随着工作和生活条件迅速恶化,罢工不再是中国工人阶级生活的一个特征,取而代之的是不直接的抗议方式如"磨洋工"、盗窃和偶尔的破坏活动。

公开抗议减少的最显著原因是越来越有效的镇压。"日本人认为罢工不是经济性的而是政治性的,有共产党或八路军参与其中",曾经的工人陈志评论。张春风与其他罐头厂的工人参加过1943 年的一次罢工,要求供给更多的食物和停止打人;罢工结束后,日本人"进行审问,想查出谁是组织者,并将他们送到特务机关去"②。罢工不仅非法,对日本人而言是叛逆的,应该受到相应的惩罚。

大型工厂沉默的另一个原因是工人的高流动性。特别是在日本占领的最初几年,工厂竞争劳动力,工人流动性很大(参见第六章)。当收成好或者他们感觉农村比城市更安全时,他们就回到乡下老家。最后,他们选择了离开,他们担心他们可能因为盗窃被抓住送到宪兵队那里,或者被送往日本或东北当劳工。③ 这种高度流动性,或许最好被看作对无法忍受的环境的一种逃离而不是寻找更好的环境,也减少了进行长期秘密组织活动的可能性。

缺少有组织抗议的最后一个因素是极其虚弱的体力,原因是长期高强度的工作和糟糕的食物供给。工人们除了维持必要的生活,几乎没有精力参与任何活动。在日本人纱厂工作过的韩瑞祥

① 《密勒氏评论报》(*China Weekly Review*)第 84 卷第 9 号,1938 年 4 月 30 日,载于程海峰《中国通信月报,1938 年 4 月》,C1803/85,第 5 页。
② 采访陈志、张春风。
③ 采访韩瑞祥,1981 年 4 月 1 日。

回忆：

> 在日本人占领时期，一个日本人组织了一个大铜管乐队。为了让人参加，他们给参加的人每人发两个包子。有人为了包子就参加了。能吃到两个包子也不容易。不过，一旦你吹起这些乐器往往需要花更多的力气，远远超过包子所能提供的（力气），后来就再没人来了。①

即使在这样的情况下，工人们也没有放弃让生活更容易忍受的努力。不过，他们常常选择既能够得到最大回报又可以避免与军方对抗的抗议方式。除了第六章描述的怠工和盗窃，工人们偶尔也参与纵火行动，烧毁棉花仓库或破坏机器。国民党的地下工作者也参与了一些这样的活动。② 不过，一直到日本人被打败，多数工人活动的直接目的就是短期的生存。

官方的工会与抗议的范围（1945—1949）

1945 年国民党政府重新控制天津时，带来了一整套带有南京十年特征的劳工制度：一个官方支持的工会运动，一个调解纠纷的社会局和一个准备用劝说和武力来确保工厂和平的市政府。政府直接接管了从日本人那里没收的 7 家纱厂，抗战胜利后首先在这些纱厂里成立了工会。其他多数大厂和许多小厂也先后成立了工

---

① 采访韩瑞祥，1981 年 1 月 17 日。
② 刘畏吾：《抗战前后津市工运之动态》，第 11 页。

会；成为工会组织成员的工人人数在 1946 年 9 月为 44 148 人。一个全市性的纺织工会于 1947 年 4 月成立，天津市在当年 8 月成立了总工会。①

伴随着这种制度性结构的是与以前的十年很相像的一套程序和意识形态。工头和熟练工人（而不是普通成员），对组织与控制工会分会起着作用。② 劳资纠纷由两位工会干部、三位工厂主和三位政府代表组成委员会调解。公共运输工人以及劳资纠纷正在调解当中的其他任何工人都禁止罢工。在"特别时期"，工会不允许发动罢工或怠工，而这些时期的性质并没有得到明确说明。③ 颐中烟草公司（原来的英美烟草公司）工会的口号总结了工会活动理想的要求，即"不强求，不过分，不逾法，不任纵工人"④。

这样的约束被认为是可以促成国家意志的共有意识，跨越阶级界限，从而有利于提高生产率和增加效益的。官方的工运杂志《工人周刊》刊发了一位工厂主反思的文章，他引用孙中山的话说，中国实际上没有资本家，只有"大贫"和"小贫"。在这样的情况下，这位工厂主说，劳工斗争是不妥的；相反，工人与工厂主应该合作为每个人生产出更多食物和衣服。在这样一个合作世界里，工厂主资助工会组织福利机构，这些机构比 20 世纪 30 年代的更加复杂。大型工厂的工会组织新年演出、建立球队、合作社、武术俱乐部和剧社，甚至还提供廉价的理发室。一位工人在《工人周刊》声

---

① 中国纺织建设公司天津分公司编：《天津中纺二周年》，第 181—182 页；程海峰：《中国通信月报，1946 年 9 月》，C1803/176，第 41—42 页。

② 采访韩瑞祥，1981 年 4 月 1 日；采访纪凯林。

③ 《工人周刊》第 8—9 期，1947 年 1 月 15 日，第 7 页。

④ 《华北劳动》第 1 卷第 8 期，1947 年 2 月 15 日，第 17 页。

称,工厂主应该意识到资助所有这些是为了他们的利益。满足工人的文化生活和住房需要会帮助提高生产和避免罢工。[①]

不过,制度化的工会结构及其意识形态有明显的不足,甚至官方工会的领导人也清楚地看到了这一点。到1946年底,市政府官员与工人之间看法的差异变得明显了。在一次对工人代表的重要讲话中,天津新任市长阐述了工运的9点目标:促进劳资合作、增加生产、提高工人的技术和教育水平、维护劳动纪律、保护工厂、遵守政府法令、协助执行政府法令、服务全社会、(对参加工运的国民党党员)遵守党的规章。他没有提到工会也应该关心工资和劳动条件。在随后的非正式交流中,一位来自冀北电力公司的工人代表当众直言,虽然有点窘迫,"面红耳赤",但勉强地说出,在他们厂,尽管已经达成协议同意提高工人的工资,但公司一直拖延。另一位工人附和他指出,工人们劳动是为了赚钱谋生,他的希望是政府的政策应该使其成为可能。其他工人则插话,对在当时通胀凶猛的情况下工资仍然不做调整的这一情况,委婉地表达了他们的不满。市长和社会局的局长也礼貌地倾听,又接着问了几个问题,然后鼓励工人们"以老成持重之精神,取得劳资双方信任,设法解决问题"[②]。

这些劳工领袖对于官方对经济问题关注不足所表现出来的温和的失望,在天津的工厂和街道上以更加难以控制的方式反映了出来。劳工纠纷持续爆发:1945年最后两个月70起、1946年200起、1947年118起、1948年前四个月79起。工人们不满的主要原

①《工人周刊》第8—9期,1947年1月15日,第9—21页。
②《天津市周刊》第1卷第3期,1946年12月28日,第3—4页。

因随着时间而变化。1945年,将近三分之二的纠纷起因是战争结束工厂关闭时,工人要求发放遣散补贴。1946年是骚乱的高峰年,主要的问题是工资(38%),其次是解雇(22%)。在1947年,随着越来越多工厂受电力和原材料短缺的影响,解雇纠纷至少增加到总数的一半,而工资纠纷下降到29%。1948年前四个月,这种倾向更加明显了(61%的解雇和22%的工资)。纠纷的其他原因包括要求支付解雇费和复工。[①]

产生不满的主要根源之一是通货膨胀。1946年7月,工人生活成本指数比1937年同期高4000多倍,并还在持续上升。[②] 到1947年7月,政府纱厂的一名普通熟练工人的月平均工资相当于236.4斤玉米面;在私有纱厂,工资相当于210斤玉米面;在小企业,工资只能买157斤玉米面;在最小的作坊,工人挣得的工资只能购买大约40斤玉米面。这些数字只相当于1936年工资水平的八分之一到三分之一。[③] 市场价格每周甚至每天都在发生波动,所以前一个月确定的工资到下个月就几乎什么也买不了了。尽管政府很快成立了一个工资仲裁委员会,要求以工人生活成本指数为基础解决工资争议,但仲裁与执行无法跟上通胀的步伐。[④] 为了规避通胀的影响,用面粉、布匹、煤炭和其他商品来支付工人部分工资成

---

① 程海峰:《中国通信月报,1946年10月》,C1803/85,第13页;1947年6月,C13-2-77,第39页。《天津市政统计月报》第3卷第2期,第14页;第3期,第8页;第3卷第4期,第10页。

② 程海峰:《中国通信月报,1946年9月》,C1803/176,第43页。

③ 纪广智:《旧中国时期的天津工业概况》,第17页。

④ 程海峰:《中国通信月报,1946年9月》,第41页。《益世报》,1946年12月7日,第4版;1947年1月7日,第4版。

了工厂的标准做法,不过这样一来,纠纷的焦点也就转向这些商品的市场价值。① 在这种情况下,许多工人最初对国民党的热情——他们认为这是值得支持的中国合法的政府——迅速消失。②

从表面上看,1945 年至 1949 年的工人运动和工人抗议风潮与南京十年很相似。和他们 20 世纪 30 年代的前辈一样,工人们通过一个与厂方关系密切的工会组织表达他们的一些不满。两代工人都被合法性的观念限制,这种合法性提供调解程序但同时也限制了他们罢工的权利。更重要的是,这两代工人都被混乱和不稳定的经济气候束缚,因此他们大部分的活动都用于防止生活水平进一步恶化而不是要求改善。

不过,到了 20 世纪 40 年代末,工人抗议的内部动力发生了极大改变。尽管难以找到可信的数据,但是许多观察者都指出,战后的劳动力比以前任何时期都年龄更大,也更加稳定。许多日本统治时期雇用的童工现在已经成为精力充沛的成年人,有了多年的工厂工作经历。那些从一个厂换到另一个厂,从城市到农村③的工人现在在天津定居下来,有的住在工厂的宿舍,还有的将他们农村的家人带到城市。

起初,这种移民的出现来自战胜日本后随之而来的乐观和经济条件的改善。后来,随着通货膨胀让生活更加困难,工人们选择继续留在天津是因为他们中多数人的农村家乡处在战区。不管是何原因,他们现在在天津有个家,因此有关工资的斗争结果与他们

---

① 参见《益世报》,1946 年 12 月 7、12、15 日,第 4 版。
② 采访韩瑞祥,1981 年 4 月 1 日。
③ 原文如此,可能应为"从农村到城市"。——译者注

更有利害关系。他们年龄也更大，在工厂做事也更加老练，且很可能比以前那个时期的童工和青年工人更不容易受到恐吓。①

工人们也可能受到鼓励，敢于比以前的年代更加大声地发出抗议，因为国民党政府比以前更加虚弱。与日本人占领时期相比，政府对工厂的有效控制进一步减弱。由于进入解放战争，被共产党控制的华北农村地区包围，国民党官员很可能觉得需要答应工人的一些要求，以便工人们不会把对他们的拥护转向共产党。

工人抗议性质的第三个因素是中共组织者重新出现在大部分的天津工厂中。在日本人占领的后期，中共组织者的这个网络开始在学校和工厂得到发展。他们的领导层没有在天津，而是在冀中的根据地或华北的其他根据地。正如 20 世纪 20 年代一样，城市新加入共产党的大部分是学生，不过在战争快要结束时，这些学生中许多人响应中共"到工人中去"的指示，在工厂找工作。②

中共在天津工厂的组织工作

一位从事这样工作的女子名叫苏更，她到双喜纱厂（后来国民党时期称作中纺五厂）工作，并一直待到 1946 年夏天被迫逃往解放区。苏的父亲是一家工厂的职员。当她上完初中后家里无法供她继续上学。与许多有社会上层家庭背景的年轻学生积极分子（他们容易被发现是嫌疑分子）不同，苏到工厂工作是很自然的

---

① 实际上，每位为这个研究而被采访的工人都确认了这些印象。韩瑞祥在 1981 年 4 月 1 日采访中，提供了一个最完整的评价。
② 采访前中共地下党左建，1980 年 10 月 9 日。

选择。

在双喜纱厂,苏更开始并没有从事任何组织活动。她慢慢地在工友中交朋友。和其他中共党员一样,她通过单线垂直联系的方式与党保持联系。在同一个工厂工作的党员常常并不知道对方的存在。这种组织方式是为了一旦有人被捕,能将中共网络的损失减至最小。不过,它也是日本占领期间各根据地的城工部都派人进入天津造成的结果。有时,来自不同根据地的人在工厂做工作的过程中发现了彼此。一旦发生这种情况,在某个厂已经发展出更广泛联系的组织就会继续留下,另一个组织就会撤出。解放区党的组织者也会寻找那些从天津回家乡过年的工人,为他们上课并在他们回天津时给他们布置工作任务。①

根据地的领导和中共对天津工作的指导直到日本投降之后才得到统一,当时天津的共产党员在冀中根据地的领导下成立了天津工作委员会。这时有一千多名中共地下党在天津工作。天津工作委员会有下属委员会,分别在学生、赞同共产党的精英分子、工人和很难通过工作地点联系上他们的城市居民(像手艺工匠和失业工人)中从事工作。大型工厂的工人和铁路工人通过工人委员会联系。如果要联系三条石的工人的话,可以通过城市居民委员会。不过,大部分小作坊的工人仍在中共的联系网络之外。②

苏更和其他分散在天津各工厂中的党的干部慢慢地开始与其他工人交谈并吸收他们加入中共。苏发展了三四名党员,其中一

---

① 采访左建;三条石档案,A2(42.2,42.4)。
② 1946年年底,随着内战爆发,天津工人委员会解散并回归冀中城市工作部领导。采访左建;三条石档案,A2(42.4);采访陈义和。

个成了她的丈夫。孙少华是一位 1936 年 8 岁时就进厂工作的女工，她在 1945 年遇到了苏。不过，这并不是孙第一次接触中共党员。一年前，两名妇女到该厂工作。其中一名个子很高，"看起来像个男人"，她向工人们解释说她是从一段不幸的婚姻中逃出来的。这两名妇女一起住在工厂的宿舍，在织布厂工作。午餐时间她们会来到纺纱车间，教那里的女孩和妇女认字，并给她们讲故事。那个高个子妇女还给她们唱京剧。孙那时 16 岁，认为这两人不一般，因为没有多少受过教育的人会跟工人接触。尽管她并不知道她们是中共党员，但当不到一年后她们突然离开工厂时她并不感到奇怪。她后来得知她们逃到了解放区。不久，苏更来到了这个厂，并继续讲故事的工作，还掺杂着讲一些有关中国马上就要打败日本的消息。孙少华 1946 年参加了中共，之后不久，在夏天的一次大罢工中，许多工人中共党员暴露并被迫到其他工厂找工作。①

　　这种在工厂里长时间建立中共网络的工作有助于 20 世纪 40 年代后期斗争的发展。不管是从外面派来的或是在工厂发展的党员，都曾帮助发起和指导旨在要求增加工资的斗争，也曾协助从官方工会的领导人手中夺取权力。他们不一定要领导每一场斗争；他们对工人不满的现实原因做出回答，而不是企图从外部强制推行一项政治计划。

---

① 采访左建；采访原纱厂工人与总工会官员孙少华，1981 年 4 月 16 日。随后，孙以不同的名字分别在棉二和棉四上班。苏更在解放区一直待到 1949 年，1949 年后回到天津负责总工会的妇女工作。

罢工活动

在一些工厂,中共党员联合非党员工人组成"进步工会"——这种组织松散的团体领导工人斗争,并与无能的政府组织的工会竞争。在仁立毛纺织厂,官办工会在 1946 年遭到了工人的反对,因为工人们觉得它不能代表他们的利益。该厂由一位曾留学德国的中国企业家经营。厂方自行从工人每月的工资中扣除 5 角钱,存入一个强行设立的储蓄账户中,等到将来再支取。随着通货膨胀的加剧,工人们担心他积攒了 10 多年的存款"已经买不起一包牙粉,更别说一袋面粉"。官办工会成立后,许多人要求工会与工厂主协商发给他们每人 10 袋面粉,替代迅速贬值的现金。工厂主拒绝了,工会也拒绝进一步催促这个问题的解决。①

这时,一些工人(后来证明是中共党员)建议工人们抛开工会自己采取行动。1946 年 4 月,工人们将自己封锁在厂内,拒绝让经理们离开办公室,并拒绝给他们食物。当工会官员试图说服工人让步时,罢工者回答说,如果工会完全代表他们,情况就不至如此了。恼羞成怒的工会官员指责他们"用不适合城市生活的农民方式和将资本家当地主对待"。经过 12 小时的罢工,工厂主同意给每位工人发放相当数量的现金。

罢工的解决并没有弥合工会领导人与普通工人之间出现的裂痕。工会官员指责中共煽动了这次罢工,工人们向社会局投诉工

① 采访原毛纺厂工人与总工会官员杨春林,1980 年 5 月 29 日。

会领导人。最终这个工会的负责人失去了市总工会和社会局的支持，并被撤掉了职务。①

　　在这些事件中表现活跃的工人之一是杨春林，他在这个厂工作了十二三年。因为认定他是一个能干的积极分子，国民党和中共的代表都秘密找他，要他加入。尽管他不喜欢国民党，但是他担心直接拒绝会惹来麻烦，于是他告诉拉拢他的人说，他是那种只知道吃饭和干活的人，不想加入任何组织。他对中共的代表同时也是这次罢工的领导人说，他会考虑加入中共。经过一夜的考虑，他决定加入中共，至少如果工会工作让他陷入麻烦他还可以逃到解放区去。他加入了中共并一直在仁立待到1948年10月，为了躲避追捕逃到了解放区。②

　　在纱厂中，抗议的方式与中共参与的方式相似。党员参加了许多工会成立的俱乐部，用它们作为与其他工人交朋友的方式。与20世纪20年代情况截然不同，他们要在工厂里待上好几年，并在每个地方学会弄清当地的问题和活跃分子。与20世纪20年代不同的另一种情况是，这时的中共组织有许多女性干部。因此，他们可以组织女工。在两个时期中间的那些年，女工人数大大增加，这也促使她们在工厂斗争中发挥积极的作用。一位工人出身的女干部感觉到，妇女比男人更容易被组织起来，因为男工已经受制于帮会和国民党的身份。中共组织者决定将注意力集中到纺纱厂，因为那里一半工人都是妇女。③

---

① 采访杨春林。
② 采访杨春林。
③ 采访韩瑞祥，1981年4月1日；采访孙少华。

　　尽管这一时期天津工厂的大部分斗争都源于对工资和裁员的不满,但是有些也反映了前工业化的实践和规律。1946 年 6 月,中纺二厂工人罢工,原因是一位工人在一次工业事故中丧生。工人们拒绝复工,除非厂方答应举行一个大型葬礼,提供一口好棺材和赔偿他的家属。① 工潮继续伴随传统节日如中秋节和春节,工人们要求更多的节赏,如果节赏的金额不如其他工厂给的多就抗议。②

　　许多抗议也反映了工人中传统的籍贯隔阂,经济竞争则加剧了这种隔阂。例如,1947 年 1 月,中纺四厂(原上海纱厂)的工人举行怠工,反对雇用一批山西来的新工人。厂方认为这次招雇是必要的,因为工厂缺少工人和熟练技工。本地工人非常愤怒,因为厂里的许多人失去了工作,而工厂不雇用他们却招雇外省的人。他们向工会提出要求,不允许新工人开始工作。但是,正当有关这一问题的谈判缓慢进行时,200 名失去耐心的工人组织了怠工。第二天,这群工人挥舞着木棍,先是试图说服其他工人加入他们,随后又与厂保安队发生争吵。三名保安队队员、一名职员和两名工人在冲突中受伤。在军警和国民党市党部的帮助下,工人们被弹压下去,18 名工人被开除。不清楚是否有活跃在该厂的中共地下党参与了这次特别的抗议行动。不过,很清楚的是,即使是 20 世纪 40 年代现代行业发生的冲突,也少不了传统的地方主义色彩。③

　　带有工厂社会关系和非劳动生活特征的零星集团暴力,也不

---

① 棉二:《厂史 1918—1949》,第 123—124 页。

② 《工人周刊》第 1 期,1946 年,第 7 页;《益世报》,1947 年 1 月 10 —12、15、17、18 日第 4 版。

③ 《益世报》,1947 年 1 月 7、8 日,第 4 版;《工人周刊》第 8—9 期,1947 年 1 月 15 日,第 12 页;棉四:《1947 年布告留底簿》,1 月 6、11、13 日;采访陈志。

断渗入工人阶级的抗议中。1947年3月，多个行业的工人袭击了国民党市党部，而他们不满的原因不明。1947年11月，一家化工厂的80名工人，包括女工和男工，由于不满社会局对该厂歇业的调停，打了该局劳工科的科长。结果，社会局查封了该厂的工会并拒绝再代表工人进行任何调解。[①] 在一些斗争中，工人所表现出的用暴力表达不满的倾向，很可能引起地下组织者与政府部门的震惊，因而不可避免地引发政府的镇压。

即使这些传统方式对形成激进行动很重要，国民党政府也认为他们远不如有工人阶级支持的、有组织的共产主义运动的威胁大。随着国民党开始在天津以外地区的解放战争中节节败退，他们对天津市内的镇压加紧了，政府也加紧了对大型工厂的监视。1947年6月，天津宣布实施戒严令，并实行宵禁。尽管这些限制后来部分取消，但是政府一直断断续续地实施戒严令直到1948年底。[②] 1948年2月，83名中共党员被逮捕，被指控策划一次总罢工。在这些被逮捕的人中，有铁路工人、码头工人、工厂工人、搬运工人及苦力。一位组织者马燕岐承认，他是受冀中军区政治部指派到天津来负责宣传任务，在工厂发展组织并招收中共党员的。[③]

整个1948年，惊恐万状的国民党政府加紧了对大型工厂的监视。政府的巡逻队驻扎在工厂里，士兵在工厂车间里和上班的路上搜查工人，工人被要求带身份证明。工厂的工头接到指示要向

---

① 《益世报》，1947年3月5日，11月26、27、29日，第4版。

② 《益世报》，1947年6月1—3、11、15、17、21日，第4版；1948年11月24日，12月19日，第3版。

③ 《益世报》，1948年2月18日，第4版；采访纪凯林。

政府报告工人活动分子的情况,特别是与八路军有联系的嫌疑者。① 监视的加强、罢工活动的减少、罢工组织者的被捕等,都对罢工产生了不利的影响。

即使在罢工的高潮期,许多工人在天津工厂有组织的激进运动中也只是偶尔参与而不是活跃分子。1947 年参加中纺四厂罢工的李桂兰这样描述她的这次经历:"我看见他们做,我也就做了。工人们跑出去,我也跑出去了。我岁数小,还不懂事。"对所有工人积极分子而言,有好几百位是像男工人高凤起这样的人:

> 参加罢工,不过仅仅是由于一时激动而加入的。我们不知道这到底是怎么回事……1948 年,织布厂开始一次罢工……当有人跑过来躲在一个角落时我们正在干活。我们不知道发生了什么。我们不敢动。后来我们发现是罢工。是因为工资的问题。罢工成功了。我们不知道是谁组织的。或许那些在织布厂上班的人知道。我当时在纺纱厂。

工人们只关心日常的生存策略,往往不注意更大的政治事件。许多工人虽然听说过甚至参加过自己工厂的抗议活动,但是并不知道鼓动他们参加罢工的中共组织者的作用。"我们不懂什么国事,"高回忆说,"我们不敢说话。我们只知道怎么干活。"②共产党的组织者比以前更融入工人当中,而一支年龄更大、更稳定的工人

---

① 采访韩瑞祥,1981 年 4 月 1 日;采访纪凯林。

② 采访李桂兰、高凤起。

队伍对于出谋划策变得更熟练了。抗议也比以前更持久。不过,虽然激进运动是 20 世纪 40 年代天津工人阶级生活的一个重要特征,但是投入的程度和觉悟的水平使得这些运动对每个工人而言都意味着不同的意义。1949 年 1 月,经过两个月的围困后,解放军进入了天津。①

多数工人阶级在大部分时间的经历,应该到另外的地方,到工作场所的结构和社会关系中,以及工人非工作时间的周期和流逝中去寻找。这为天津工人相对缺乏明显的战斗性提供了许多线索。工人阶级分裂在许多大相径庭的行业,难以形成统一的工人阶级运动。正如第三章和第四章所注意到的,在手工业工人中,工作场所的狭窄和行会组织及其日常行动的软弱,以及整个手工业行业在经济上的脆弱,使得跨阶级联盟比以阶级为基础的抗议行动更为普遍。虽然临时工和外工在工人阶级中占据相当大的比例,但是他们的工作是不连续的,也不限定在一种职业,从这种意义上讲,他们仍处于边缘状态。实际上,不连续是各行业工人职业生涯的普遍特点,因为大部分工人都是第一代农村移民,一旦在天津的生活变得太艰难,他们就回到乡下老家。

如果说工人阶级结构的一些特征对有组织抗议产生了不利影响,那么,其他方面的影响更加模棱两可。农村的社会关系可以使工人在城市工厂斗争中多少有一点依靠,并将工人和工厂主连在一起,但是在大型工厂里,它们也可能被用来在那些不满的工人中

① [美]李侃如:《天津的革命与传统,1949—1952》,第 28—29 页。

组织联系网络。正如我们对 20 世纪 20 年代纱厂的研究所显示的，城市工人阶级的新环境本身并不能使工人固有的保守发生改变或减弱工人对抗议的兴趣。

垂直的庇护关系是天津工厂的另一个特征，以同样的方式发挥着作用。对工头的忠诚或畏惧，可以防止工人与其他人一起抗议。但是如果一位在工厂里的声望很高和各种关系都很强的工人，如 20 世纪 20 年代宝成纱厂的沈玉山，决定利用他的声望支持工会组织，那么他就会给每个人带来他所承诺的庇护和保护。至于暴力手段，这个使许多工人保持沉默的工作场所的普遍特征，既可以成为工人斗争的一种工具，又可以成为镇压他们的一种手段。在适宜的环境下，农村的社会关系、垂直的庇护关系以及暴力，都可以促成有组织的工人阶级抗议的形成。

最后，天津工人阶级抗议的历史不能完全用这种或那种结构因素来解释。它也必须被理解为天津特定的经济和政治历史的产物。有组织的工人行动就像工人阶级本身一样，是对大环境的反映，甚至取决于大环境。天津许多政府公开的镇压和更微妙的合作有助于确定抗议的限制因素。外来的组织者尤其是中国共产党，了解了工人的不满并指导他们如何发泄不满。无论镇压还是动员，在时间上都是不连续的，而在工人阶级历史的每个时期，对两者之间的交互作用必须分别加以分析。

不过，工人阶级战斗性也不仅仅是这些政治关系的产物。外来者会影响但并不会造成工人抗议，他们应该被看成限制或促进而不是决定性的因素。工人们的不满当然足以激起广泛的抗议活动。

在不同时期，工人阶级的不同群体，使抗议成为可能。在大型企业最激进的工人中，性别有助于结构的形成又限制参与。一方面，女工被排除在许多被用来动员男工的网络之外；另一方面，她们也不会完全陷于使许多男工人不再积极活动的庇护结构中。正是中共干部有意识地组织工作，将妇女带入正式的工厂斗争中；不过，一旦妇女们卷入了斗争，她们的行动便清楚地表明，妇女起初缺乏战斗性是社会束缚的产物，而不是"自然"的产物。

天津工人阶级有组织行动的概貌是可以被追溯的。大型工厂、有经验的工人、受尊重的领导人以及适宜的外部政治环境，能够催生斗争行动。

天津工人是不是如汤普森所写的那样，"由于共同的经历（遗传或共有的），感觉到和明确地表达了他们之间利益的一致性，并反对其他利益与他们不同（并且常常是对立）的人"？① 有时是这样的。天津工人发现自己植根于许多社会关系中。有些社会关系代表他们与昔日农村的联系，有些则是为了寻求在工厂生存而形成的。这些网络可以有各种用途：获得跨阶级保护是一种，应对变化而结盟是另一种。"共同经历"和"利益一致"似乎并不总是按阶级界限将他们组织起来。如果工人们这样做了，那么他们就明确表明，他们自己的利益不仅与工厂主不一致，与政府也不一致。但是，这种按阶级构成感知利益的方式是根据具体情况决定的，因此，在天津不断变化的政治环境中也是变化无常的。

1949 年之后，中国共产党提供了国民党承诺过却无法提供的

---

① ［英］汤普森：《英国工人阶级的形成》。

东西:稳定的工作、广泛的福利设施、没有日常暴力的危险的工作
场所,以及工人与控制生产者之间的合作。最终,工人们有了在解
放前的天津难以得到的庇护、保护和稳定。

附　录

保证书①

王墨斌(二十四年2月1日)入厂

(档案影印)

立保证书人(韩英儒) 今保到(王墨斌)年(十七)岁

河北省(天津)县(海下)村人愿在

贵工厂学习工业手艺情愿遵守厂规章倘违背左列厂规

等事由立保证书日起有保证人担负完全责任决不返(修改为

"反"——译者注)

---

① 注:这份合同是三条石档案馆中一份没有编号的文件。广大工厂是一家位于三条
石大街的灯泡制造工厂,既不是铸造厂也不是机器厂。不过,这些作坊签订的合
同条款内容几乎相同。一份郭天祥机器工厂1948年的合同文本,附在天津史迹调
查队三条石早期工业资料调查组《天津市三条石早期工业资料调查》,第9部分
第5页。广大工厂的这份合同之所以附在这里,是因为它保留了最初的样本,没
有因后来的政治运动目的而被修改。

悔恐(空)口无凭立此保证书存据此致

广大工厂　　　本铺

立保证书人:(XX 同聚成)　　　　　　　住址 住宫北大街六古里

介绍人:(杨 X 起)　　　　　　住址 宫北通庆里

厂规列左:

1.本厂工徒学习期间以四(改为"三")年为满。若在学期未满时,不准任意退学。如中途发生别故退学者,应按本厂定章,每日大洋一角五分赔偿以补饭费。

2.本厂工徒向无工资。兹为提倡实业奖励工徒起见,由(工徒入厂之日起,第一年每月定赠工徒零费洋壹元;第二年每月定赠工徒零费洋壹元伍角;第三年每月定赠工徒零费洋贰元。除此特赠工徒)外,不论来早来晚之工徒,凡做工精细者,查考登册,每月另有奖励。

3.本厂工徒除按例放假外,不准旷工或告假回籍。遇婚丧等事,须先同介绍人及保证人到厂声明方可,但不得过一个月期。

4.本厂工徒在学习手艺期内,遇有病故不测意外等事,概由中保人办理,本厂概不负责。

5.本厂工徒如有窃取厂内财物,及违犯警章或私逃等事,须由保证人担负,如数照章赔偿责任。如犯警章必送官厅。

6.本厂工徒在学习期内,有不用心或无意学习工艺者,本厂查实立
　即斥革。工徒应即时按日交清饭费出厂,不得借词巧辩,并不能
　追索特赠工徒之零费。

7.本厂工徒如有逐日歇工者,按照工表扣补。日期足三年者准其
　毕业。

中华民国二十四年二月一日　立

参考书目

［法］罗纳德·阿敏扎德（Aminzade，Ronald）:《法国罢工发展与阶级斗争》（"French Strike Development and Class Struggle"）,《社会科学史》（*Social Science History*）第 4 卷第 1 期,1980 年冬,第 57—79 页。

安力夫:《天津市搬运工人工作报告》,北京:工人出版社,1950 年。

［美］安立德（Arnold，Julean）:《中国商业手册》（*Commercial Handbook of China*）第 1 卷,华盛顿特区:美国政府印刷局（Washington，D. C.：Government Printing Office）,1919 年。

《帮会手册四种》,台北:祥生出版社,1975 年。

鲍觉民:《在南开大学的讲座》,天津,1980 年 7 月 4 日。

鲍觉民:《天津港口发展之地理背景》,《经济周刊》第 77 期,1934 年 8 月 22 日。

鲍觉民:《天津之气候》,《经济周刊》第 44 期,1933 年 12 月

27 日。

鲍觉民：《天津游览》，1980 年 1 月 24 日。

[美]鲍大可（Barnett，A. Doak）：《共产党接管前的中国》（*China on the Eve of Communist Takeover*），纽约：布拉格出版社（New York：Praeger），1963 年。

[美]唐纳德·H. 贝尔（Bell，Donald H.）：《工人文化与工人政治：一个意大利小镇的经历，1880—1915》（"Worker Culture and Worker Politics：The Experience of an Italian Town，1880-1915"），《社会史》（*Social History*）第 3 卷第 1 期，1978 年 1 月，第 1—21 页。

毕鸣岐：《天津的洋行与买办》，《文史资料选辑》第 38 期，1963 年 2 月，第 69—97 页。

[法]毕仰高（Bianco，Lucien）：《中国革命的起源，1915—1949 年》（*Origins of the Chinese Revolution，1915-1949*），加州斯坦福：斯坦福大学出版社（Stanford，Calif.：Stanford University Press），1971 年。

[美]维多利亚·E. 邦内尔（Bonnell Victoria E.）：《叛乱之源：圣彼得堡和莫斯科工人的政治与组织，1900—1914 年》（*Roots of Rebellion：Workers' Politics and Organizations in St. Petersburg and Moscow，1900-1914*），伯克利：加州大学出版社（Berkeley：University of California Press），1983 年。

[法]步济时（Burgess，John Stewart）：《北京的行会》（*The Guilds of Peking*），纽约：哥伦比亚大学出版社（New York：Columbia University Press），1928 年。

[英]邓肯·白赛尔（Bythell，Duncan）：《血汗贸易：19 世纪英

国的散工》(*The Sweated Trades：Outwork in Nineteenth-Century Britain*),纽约:圣马丁出版社(New York：St. Martin's Press),1978年。

蔡慕韩:《"胜芳蔡"发家史》,《天津文史资料选辑》第 2 辑,1979 年 2 月,第 130—141 页。

陈明(Ming Chan):《劳工与帝国:珠江三角洲的中国劳工运动,1895—1927 年》("Labor and Empire：The Chinese Labor Movement in the Canton Delta,1895-1927"),斯坦福大学博士论文,1975 年。

常南:《英国汇丰银行的经济掠夺》,《天津文史资料选辑》第 9 辑,1980 年 6 月,第 69—78 页。

陈达:《1918—1926 年中国罢工分析》("Analysis of Strikes in China from 1918 - 1926"),《中国经济杂志》(*Chinese Economic Journal*)第 1 卷第 10 期,1927 年 10 月,第 843—865 页。

[加]陈志让(Ch'en, Jerome):《袁世凯传》(*Yuan Shih-k'ai*)(第二版),加州斯坦福:斯坦福大学出版社(Stanford, Calif.：Stanford University Press),1972 年。

陈佩编:《河北省武清县事情》,出版地不详:新民会中央总会,1940 年。

陈世如:《曹锟家族对人民的经济掠夺和压榨》,《天津文史资料选辑》第 1 辑,1978 年 12 月,第 99—112 页。

程海峰:《中国通信月报,1929—1949 年》(China Correspondent Monthly Reports. 1927-1949),日内瓦国际劳工组织档案馆(ILO Archives,Geneva)。

程海峰:《北平、天津与济南之行,1935 年 5 月 21 日—6 月 14

日》(Visit to Peiping, Tientsin and Tsinan, 21 May–14 June 1935)，C1802/3，日内瓦国际劳工组织档案馆(ILO Archives, Geneva)。

［法］让·谢诺(Chesneaux, Jean)：《中国劳工运动，1919—1927》(*The Chinese Labor Movement, 1919–1927*)，加州斯坦福：斯坦福大学出版社(Stanford, Calif.: Stanford University Press)，1968 年。

［法］让·谢诺(Chesneaux, Jean)：《19—20 世纪中国的秘密会社》(*Secret Societies in China in the Nineteenth and Twentieth Centuries*)，安娜堡：密歇根大学出版社(Ann Arbor: University of Michigan Press)，1971 年。

洛克伍德·O. P. 秦(Chin, Rockwood Q. P.)：《纱厂，日本经济在华的急先锋》("Cotton Mills, Japan's Economic Spearhead in China")，《远东调查》(*Far Eastern Survey*)第 6 卷第 23 期，1937 年 11 月 17 日，第 263 页。

《春节中劳苦大众娱乐场：三不管漫游记》，《益世报》(天津)，1935 年 2 月 12 日，第 14 版。

［美］高家龙(Cochran, Sherman)：《中国的大企业：烟草工业中的中外竞争（1890—1930）》(*Big Business in China: Sino-Foreign Rivalry in the Cigarette Industry, 1890–1930*)，麻州剑桥：哈佛大学出版社(Cambridge, Mass.: Harvard University Press)，1980 年。

［美］柯文(Cohen, Paul A.)：《中国与基督教》(*China and Christianity*)，麻州剑桥：哈佛大学出版社(Cambridge, Mass.: Harvard University Press)，1963 年。

［英］克兰默-宾(Cranmer-Byng, J. L.)编：《一个出使中国的使者：马戛尔尼作为使节觐见乾隆皇帝期间的日记，1793—1794》(*An*

Embassy to China：Being the Journal Kept by Lord Macartney During His Embassy to the Emperor Ch'ien-lung 1793–1794），出版地不详：朗文（Longmans），1962 年。

［英］詹姆斯·E. 克罗宁（Cronin，James E.）：《劳工暴动和阶级的形成：比较的视角下的欧洲 1917—1920 年危机》（"Labor Insurgency and Class Formation：Comparative Perspectives on the Crisis of 1917 – 1920 in Europe"），《社会科学史》（Social Science History）第 4 期，1980 年，第 125—152 页。

［英］詹姆斯·E. 克罗宁（Cronin，James E.）：《罢工的理论：为什么他们不能解释英国经验?》（"Theories of Strikes：Why Can't They Explain the British Experience?"），《社会史杂志》（Journal of Social History）第 12 卷第 2 期，1978 年冬，第 194—221 页。

［苏］列夫·德柳辛（Deliusin，Lev）：《一贯道会社》（"The I-Kuan-Tao Society"），载谢诺编（Jean Chesneaux ed.）《中国的大众运动和秘密会社，1840—1950》（Popular Movements and Secret Societies in China，1840 – 1950），加州斯坦福：斯坦福大学出版社（Stanford，Calif.：Stanford University Press），1972 年，第 225—233 页。

邓庆澜编：《天津市第二次工业统计》，天津：天津社会局，1935 年。

邓中夏：《中国职工运动简史》，北京：人民出版社，1953 年。

丁沽：《中国工业的流动资本的问题》，《经济周刊》第 14 期，1933 年 5 月 31 日。

董昌言：《天津面粉工业状况（工业丛刊第一种）》，出版地不详：河北省立工业学院工业经济学会，1932 年。

董权甫、刘申之：《曹锟家族与天津恒源纺织有限公司》，《文史资料选辑》第 44 辑，1963 年 8 月，第 85—114 页。

董恂如：《永不磨灭的忆念——记董季皋、安幸生二烈士》，《天津文史资料选辑》第 10 辑，1980 年 7 月，第 49—68 页。

董振修：《中国共产党在天津的早期革命活动》，《天津文史资料选辑》第 10 辑，1980 年 7 月，第 1—29 页。

[美]诺赫·菲尔兹·德雷克（Drake, Noah Fields）：《天津地图及其简释》（*Map and Short Description of Tientsin*），出版信息不详，1900 年。

杜立昆：《白俄在天津》，《天津文史资料选辑》第 9 辑，1980 年 6 月，第 150—177 页。

杜文思：《平津工业调查》，北平：公记印书局，1934 年。

[美]托马斯·都柏林（Dublin, Thomas）：《职业女性》（*Women at Work*），纽约：哥伦比亚大学出版社（New York: Columbia University Press），1977 年。

罗伯特·杜普莱西斯、玛莎·豪威尔（Duplessis, Robert S., and Howell, Martha C.）：《早期近代城市经济的再思考：以莱顿与里尔为例》（"Reconsidering the Early Modern Urban Economy: The Case of Leiden and Lille"），《过去与现在》（*Past and Present*）第 94 期，1982 年 2 月，第 49—84 页。

[德]艾伯华（Eberhard, Wolfram）：《中国历史》（*A History of China*），伯克利：加州大学出版社，1977 年（Berkeley: University of California Press, 1977）。

[美]杰夫·埃利（Eley, Geoff）、基思·尼尔德（Nield, Keith）：

《为什么社会史忽略政治?》("Why Does Social History Ignore Politics?"),《社会史》(*Social History*)第 5 卷第 2 期,1980 年 5 月,第 249—271 页。

[英]亨利·埃利斯(Ellis, Henry):《阿美士德使团出使中国日志》(*Journal of the Proceedings of the Late Embassy to China*),费城:斯莫尔出版公司(Philadelphia：A. Small),1818 年。

[美]费正清(Fairbank, John K.):《天津教案的潜在模式》("Patterns Behind the Tientsin Massacre"),《哈佛亚洲研究》(*Harvard Journal of Asiatic Studies*)第 20 辑,1957 年,第 480—511 页。

方显廷:《天津棉花运销概况》(第二部分),《经济周刊》第 76 期,1934 年 8 月 15 日。

方显廷:《中国棉纺织业之危机》,《经济周刊》第 8 期,1933 年 4 月 19 日。

方显廷、陈振汉:《中国工业现有困难的分析》,《经济周刊》第 26 期,1933 年 8 月 23 日。

方显廷:《中国的棉纺织业与棉花贸易》(*Cotton Industry and Trade in China*)第 1 卷,天津:直隶印字馆(Tientsin：Chihli Press),1932 年。

方显廷:《天津的棉纺厂和原棉供应》("Cotton Mills and Raw Cotton Supply in Tientsin"),《中国经济月刊》(*Chinese Economic Monthly*)第 7 期,1924 年 4 月,第 1—6 页。

方显廷:《天津针织工业》(*Hosiery Knitting in Tientsin*),天津:直隶印字馆(Tientsin：Chihli Press),1930 年。

方显廷:《中国之工业组织》(*Industrial Organization in China*),

天津：直隶印字馆（Tientsin：Chihli Press），1937 年。

方显廷：《河北省之工业化与劳工，尤以天津为例》（"Industrialization and Labor in Hopei，with Special Reference to Tientsin"），《中国社会及政治学报》（Chinese Social and Political Science Review）第 15 卷第 1 期，1931 年 4 月，第 1—28 页。

方显廷：《天津人造丝与棉纺织业》（Rayon and Cotton Weaving in Tientsin）（《天津织布工业》英文版），天津：直隶印字馆（Tientsin：Chihli Press），1930 年。

方显廷：《天津地毯工业》（Tientsin Carpet Industry），天津：直隶印字馆（Tientsin：Chihli Press），1929 年。

冯国良、郭廷鑫：《解放前海河干流治理概述》，《天津文史资料选辑》第 18 辑，1982 年 1 月，第 25—38 页。

《冯华年先生纪念册：民国十六年至十七年天津手艺工人家庭生活调查之分析》，天津：李锐、华文煜、吴大业印赠，1932 年。

［美］费维恺（Feuerwerker，Albert）：《中国的早期工业化》（China's Early Industrialization），麻州剑桥：哈佛大学出版社（Cambridge，Mass.：Harvard University Press），1958 年。

［美］费维恺（Feuerwerker，Albert）：《二十世纪初外国在华企业》（The Foreign Establishment in China in the Early Twentieth Century），安娜堡：密歇根大学中国研究中心（Ann Arbor：Center for Chinese Studies，University of Michigan），1976 年。

［美］费维恺（Feuerwerker，Albert）：《二十世纪中国的工业企业：启新水泥厂》（"Industrial Enterprise in Twentieth-Century China：The Chee Hsin Cement Co."），载费维恺等编《中国近现代史的方

法》(*Approaches to Modern Chinese History*),伯克利:加州大学出版社(Berkeley: University of California Press),1967 年,第 304—342 页。

[美]伊丽莎白·福克斯-吉诺维斯(Fox-Genovese, Elizabeth)、尤金·吉诺维斯(Genovese, Eugene):《社会史的政治危机:一个马克思主义者的观点》("The Political Crisis of Social History: A Marxian Perspective"),《社会史》(*Social History*)第 10 卷第 2 期,1976 年冬,第 205—220 页。

高渤海:《天津买办高星桥发家史》,《文史资料选辑》第 44 辑,1963 年 8 月,第 202—226 页。

高尔夫等:《解放前夕奄奄一息的天津工商业》,《天津文史资料选辑》第 5 辑,1979 年 10 月,第 158—176 页。

[美]葛平德(Golas, Peter J.):《清初行会》("Early Ch'ing Guilds"),载[美]施坚雅(G. William Skinner)编《中华帝国晚期的城市》(*The City in Late Imperial China*),加州斯坦福:斯坦福大学出版社(Stanford, Calif.: Stanford University Press),1977 年,第 555—580 页。

《公厕问题》,天津市政府秘书处编译室:《天津市周刊》第 6 卷第 7 期,1948 年 3 月 20 日,第 12—13 页。

《工人生活》,天津:1926 年 1 月 26 日,天津历史博物馆,#GF 1036。

《工人小报》,天津:1926 年 1 月 25 日,天津历史博物馆,#GF 1748。

工商部劳工司编:《十七年各地工会调查报告》(工商丛刊,劳工类之一),南京:南京工商部总务司编辑科,1930 年。

[美]顾琳(Grove, Linda):《华北传统商人和现代资本家的管理实践》(*Managerial Practices among Traditional Merchants and Modern Capitalists in North China*)(未刊稿)。

[美]顾琳(Grove, Linda):《革命中的乡村社会:1910—1947年的高阳地区》("Rural Society in Revolution: The Gaoyang District, 1910-1947"),加州大学伯克利分校博士论文,1975 年。

顾金武:《试论解放前天津三条石资本主义剥削的若干特点》,油印品,天津:南开大学经济学系,1979 年。

郭荣起:《我的学艺经过》,《天津文史资料选辑》第 14 辑,1981年 3 月,第 206—223 页。

[美]赫伯特·古特曼(Gutman, Herbert):《工业化进程中美国的工作、问题与社会》(*Work, Culture, and Society in Industrializing America*),纽约:克诺普夫出版社(New York: Knopf),1976 年。

利奥波德·海姆森(Haimson, Leopold H.):《俄罗斯城市的社会稳定问题,1905—1917》("The Problem of Social Stability in Urban Russia, 1905-1917"),《斯拉夫评论》(*Slavic Review*)第 23 卷第 4期,1964 年 12 月,第 619—642 页;同上,第 24 卷第 1 期,1965 年 3月,第 1—22 页。

[美]韩格理(Hamilton, Gary G.):《比较视野下的地区协会与中国的城市》("Regional Association and the Chinese City: A Comparative Perspective"),《社会与历史的比较研究》(*Comparative Studies in Society and History*)第 21 卷第 3 期,1979 年 7 月,第 346—361 页。

［美］迈克尔·哈纳根（Hanagan，Michael P.）：《团结的逻辑：三个法国小镇的工匠与产业工人，1871—1914》（*The Logic of Solidarity：Artisans and Industrial Workers in Three French Towns，1871-1914*），厄巴纳：伊利诺伊大学出版社（Urbana：University of Illinois Press），1980 年。

［美］迈克尔·哈纳根（Hanagan，Michael P.）、查尔斯·史蒂芬森（Stephenson，Charles）：《熟练工人和工人阶级的抗议》（"The Skilled Worker and Working Class Protest"），《社会科学史》（*Social Science History*）第 4 卷第 1 期，1980 年冬，第 5—13 页。

郝延平（Hao Yen-p'ing）：《十九世纪的中国买办：东西之间的桥梁》（*The Comprador in Nineteenth Century China：Bridge Between East and West*），麻州剑桥：哈佛大学出版社（Cambridge，Mass.：Harvard University Press），1970 年。

何诚若：《倪嗣冲在安徽和天津的投资》，《天津文史资料选辑》第 13 辑，1981 年 1 月，第 187—191 页。

何廉：《白银征税与棉纱征税政策上之矛盾》，《经济周刊》第 88 期，1934 年 11 月 7 日。

何廉：《最近天津铜圆跌价之原因及其影响》，《经济周刊》第 6 期，1933 年 4 月 5 日。

何泽春（He Zechun，音译）：《考察各级工会总报告》，天津：中国国民党天津特别市执行委员会，1929 年。

《恒源纺织有限公司总办公处及工厂章程》，出版信息不详，无发表日期。

［美］约翰·赫西（Hersey，John）：《重归故里》（"Homecoming"），

《纽约客》(*The New Yorker*)，1982 年 5 月 10、17、24、31 日。

[美]贺萧(Hershatter, Gail)：《飞铁走錾：三条石工人》("Flying Hammers, Walking Chisels：The Workers of Santiaoshi")，《近代中国》(*Modern China*)第 9 卷第 4 期，1983 年 10 月，第 387—419 页。

[美]贺萧(Hershatter, Gail)：《天津工人阶级的形成，1900—1949》("The Making of the Working Class in Tianjin, 1900–1949")，斯坦福大学博士论文，1982 年。

[美]贺萧(Hershatter, Gail)、韩起澜(Honig, Emily)：《纱厂女童工的艰难岁月：上海棉纺业中的女工，1895—1927》(*Hard Times Cotton Mill Girls：Women Workers in Shanghai's Cotton Spinning Industry, 1895–1927*)，手稿，1977 年 6 月。

[美]艾瑞克·霍布斯鲍姆(Hobsbawm, E. J.)：《劳动者》(*Labouring Men*)，纽约州花园城：安科图书公司(Garden City, N. Y.：Anchor Books)，1967 年。

[美]史提夫·霍克施塔特(Hochstadt, Steve)：《社会历史与政治：唯物主义的观点》("Social History and Politics：A Materialist View")，《社会史》(*Social History*)第 7 卷第 1 期，1982 年 1 月，第 75—83 页。

[美]鲁道夫·霍梅尔(Hommel, Rudolf P.)：《手艺中国》(*China at Work*)，纽约：约翰·戴出版公司(New York：John Day)，1937 年；麻州剑桥：麻省理工学院出版社(Cambridge, Mass：MIT Press)，1969 年重印。

[美]韩起澜(Honig, Emily)：《姐妹们与陌生人：1919—1949 年上海纱厂的女工》(*Sisters and Strangers：Women in the Shanghai*

Cotton Mill，*1919 - 1949*），加州斯坦福：斯坦福大学出版社（Stanford，Calif.：Stanford University Press），1986年。

［美］韩起澜（Honig，Emily）：《上海纱厂女工，1919—1949年》（"Women Cotton Mill Workers in Shanghai，1919-1949"），斯坦福大学博士论文，1982年。

萧良林（Hsiao Liang-lin，音译）：《中国对外贸易统计资料，1864—1949年》（*China's Foreign Trade statistics*，*1864-1949*），麻州剑桥：哈佛大学出版社（Cambridge，Mass.：Harvard University Press），1974年。

黄万盛、尹继佐：《试论中国无产阶级局限性》，《社会科学》第5期，1980年，被《青年报》引用，1981年1月11日，第3版。

黄献廷：《三十年来英商仁记洋行在天津的掠夺》，《文史资料选辑》第44辑，1963年8月，第193—201页。

华商纱厂联合会棉产统计部：《中国棉产统计》，未刊本，1929年。

［美］恒慕义（Hummel，Arthur W.）：《清代名人传略》（*Eminent Chinese of Ch'ing Period*［*1644-1912*］），台北：成文，1972年。

［英］简·汉弗莱斯（Humphries，Jane）：《阶级斗争和工人阶级家庭的持久性》（"Class Struggle and the Persistence of the Working Class Family"），《剑桥经济学杂志》（*Cambridge Journal of Economics*）第1期，1977年，第241—258页。

《日本开发华北棉纺织业》（"Japan Development North China Cotton Industry"），《远东调查》（*Far Eastern Survey*）第5卷第17期，1936年8月12日，第185页。

纪广智：《旧中国时期的天津工业概况》，《北国春秋》第 2 卷第 2 期，1960 年 4 月，第 16—29 页。

纪广智：《旧中国时期天津工人状况》，《北国春秋》第 3 卷第 3 期，1960 年 7 月，第 16—30 页。

纪华：《倪嗣冲在粮食业的投资》，《天津文史资料选辑》第 4 辑，1979 年 10 月，第 194 页。

［美］理查德·约翰逊（Johnson, Richard）：《汤普森、吉诺维斯和社会主义——人文主义的历史》（"Thompson, Genovese, and Socialist-Humanist History"），《历史工作室》（*History Workshop*）第 6 期，1978 年秋，第 90—91、97 页。

［美］罗伯特·约翰逊（Johnson, Robert E.）：《农民与无产者：19 世纪晚期莫斯科的工人阶级》（*Peasant and Proletarian：The Working Class at Moscow in the Late Nineteenth Century*），新泽西州纽布伦斯威克：罗格斯大学出版社（New Brunswick, N. J.：Rutgers University Press），1979 年。

《天津地毯厂和东风地毯厂联合厂史》（*Joint Factory History of the Tianjin Carpet Factory and the East Wind Carpet Factory*），手稿，1959 年 5 月，天津地毯三厂厂档案（Factory Archives, Tianjin Carpet Factory #3）。

［美］琼斯（Jones, F. C.）：《上海与天津：有关外国利益》（*Shanghai and Tientsin：With Special Reference to Foreign Interests*），纽约：太平洋关系研究所（New York：Institute of Pacific Relations），1940 年。

［英］盖瑞斯·斯特德曼·琼斯（Jones, Gareth Steadman）：《被

遗弃的伦敦》(*Outcast London*),牛津:克拉伦登出版社(Oxford, Eng.: Clarendon Press),1971 年。

[美]焦大卫(Jordan, David K):《天师道近期的历史》("The Recent History of the Celestial Way"),《近代中国》(*Modern China*)第 8 卷第 4 期,1982 年 10 月,第 435—462 页。

[美]托尼·朱特(Judt, Tony):《身着豪华紫袍的小丑:社会史与历史学家》("A Clown in Regal Purple: Social History and the Historians"),《历史工作室》(*Histroy Workshop*)第 7 期,1979 年春,第 66—94 页。

亚洲发展研究所华北联络局政治事务办公室(Koain Kahoku renraku bu seimu kyoku):《华北劳工问题概述》(*Kahoku rodo mondai gaisetsu*),出版信息不详,1940 年。

[美]黛安娜·科恩科尔(Koenker, Diane):《莫斯科的工人和 1917 年革命》(*Moscow Workers and the 1917 Revolution*),新泽西州普林斯顿:普林斯顿大学出版社(Princeton, N. J.: Princeton University Press),1981 年。

[美]弗里德里克·李(Lee, Frederic E.):《中国的货币、银行与金融》(*Currency, Banking, and Finance in China*),华盛顿特区:政府印务局(Washington, D. C.: Government Printing Office),1926 年。

李炳志:《帝国主义控制下天津海关的内幕》,《天津文史资料选辑》第 9 辑,1980 年 6 月,第 54—68 页。

李汉元:《关于陈涤云的被捕经过的史实补正》,《天津文史资料选辑》第 10 辑,1980 年 7 月,第 130—131 页。

李洛之、聂汤谷:《天津的经济地位》,天津:经济部冀热察绥区特派员办公处结束办事处驻津办事分处,1948 年。

李步龙(Li Bulong,音译):《天津砖业概况及其改良办法刍议》(*The Brick Industry in Tientsin and the Problem of Its Modernization*),油印本,天津:工商学院(Hautes Etudes);上海:震旦大学(Universite l'Aurore),1940 年。

李然犀:《旧天津的混混儿》,《文史资料选辑》第 47 辑,1963 年 1 月,第 187—209 页。

李绍泌、倪晋均:《天津自来水事业简史》,《天津文史资料选辑》第 21 辑,1982 年 10 月,第 27—53 页。

李世瑜:《现代(在)华北秘密宗教》,成都:《中国文化研究所集刊》专著(*Studia Serica Monograph*),1948 年。

李志道:《中国实业银行兴衰小史》,《天津文史资料选辑》第 1 辑,1978 年 12 月,第 54—63 页。

梁佩瑜:《天津怡和洋行及其买办梁炎卿》,《天津文史资料选辑》第 9 辑,1980 年 6 月,第 79—106 页。

廖一中、吕万和、杨思慎编:《天津和记洋行史料》,《天津历史资料》第 6 期,1980 年 7 月,第 1—70 页。

廖永武:《五卅风雷话天津》,《天津师范学报》第 3 期,1975 年,第 91—94 页。

[美]李侃如(Lieberthal, Kenneth):《一座中国城市的重建与革命:以天津为例,1949—1953》("Reconstruction and Revolution in a Chinese City: The Case of Tientsin,1949-1953"),哥伦比亚大学博士论文,1972 年。

[美]李侃如（Lieberthal，Kenneth）：《天津的革命与传统，1949—1952》（*Revolution and Tradition in Tientsin，1949-1952*），加州斯坦福：斯坦福大学出版社（Stanford，Calif.：Stanford University Press），1980年。

林开明：《关于天津三条石发轫的几点探讨》，手稿，1962年12月12日。

林树惠：《第二次鸦片战争后天津地位的变化》，《明清国际学术讨论会论文》，天津，1980年12月。

刘锦涛：《天津之蛋业》（"Egg Industry in Tientsin"），《经济研究》（*Economic Studies*）第18期，天津：天津工商学院（Tientsin：Tientsin Institut des Hautes Etudes），1941年。

刘谷侯：《天津工商业的危机》，《社会月刊》第1卷第1期，1929年7月，第42—50页。

刘谷侯：《天津工商业之鸟瞰》，《社会月刊》第1卷第5—6期，1929年12月，第1—24页。

刘静山：《汉奸恶霸衰文会的一生》，《天津文史资料选辑》第18辑，1982年1月，第202—212页。

刘畏吾：《抗战前后津市工运之动态》，《华北劳动》第1卷第1期，1946年1月15日，第10—11页。

刘心铨：《华北纱厂工人工资统计》，《社会科学杂志》第6卷第1期，1935年3月，第141—158页。

卢兴源（Lowe，H. Y.）：《吴氏历险记：一个北京人的生活周期》（*The Adventures of Wu：The Life Cycle of a Peking Man*），北京，1940、1941出版；新泽西州普林斯顿：普林斯顿大学出版社

（Princeton，N. J.：Princeton University Press），1983 年重印。

鲁荡平：《发展天津工商业最低限度的工作》，天津特别市社会局编：《社会月刊》第 1 卷第 5—6 期，1929 年 12 月。

鲁荡平：《天津工商业》，天津：天津特别市社会局，1930 年。

骆传华：《今日中国劳工问题》（*Facing Labor Issues in China*），上海：上海青年协会书局，1933 年。

骆玉笙：《舞台生活六十年》，《天津文史资料选辑》第 14 辑，1981 年 3 月，第 170—195 页。

吕露园：《北洋纱厂与朱梦苏》，《天津文史资料选辑》第 6 辑，1979 年 12 月，第 128—142 页。

麦金农（Mackinnon，Stephen R.）：《中华帝国晚期的权力与政治：袁世凯在北京与天津 1901—1908》（*Power and Politics in Late Imperial China：Yuan Shi-kai in Beijing and Tianjin，1901–1908*），伯克利：加州大学出版社（Berkeley：University of California Press），1981 年。

［法］马隆上校（Malone，Col. C. L. L'Estrange）：《新中国，第二部分：劳工状况与劳工组织》（*New China，Part Ⅱ：Labour Conditions and Labour Organizations*），伦敦：独立工党（London：Independent Labour Party），1926 年。

满铁经济调查局（Mantetsu toa keizai chosa kyoku）：《中国劳工运动》（*Shina no rodo undo*），东京：至诚堂（Tokyo：Doshoten），1926 年。

［美］玛丽·琳恩·麦克杜格尔（McDougall，Mary Lynn）：《意识与社区：里昂的工人，1830—1850 年》（"Consciousness and

Community：The Workers of Lyon，1830－1850”），《社会史杂志》（*Journal of Social History*）第 12 卷第 1 期，1978 年秋，第 129—145 页。

［美］伊兹拉·门德尔松（Mendelsohn，Ezra）：《俄罗斯犹太人地区的阶级斗争：沙皇俄国犹太工人运动的形成岁月》（*Class Struggle in the Pale：The Formative Year of the Jewish Workers' Movement in Tsarist Russia*），英国剑桥：剑桥大学出版社（Cambridge，Eng.：Cambridge University Press），1970 年。

米禄斋：《阎锡山与帝国主义的军需贸易内幕》，《文史资料选辑》第 49 辑，1964 年 1 月，第 66—77 页。

棉二：《厂史 1918—1949》，手稿，1958 年 9 月 15 日，天津：棉二厂档案。

棉四：《1946 年本厂简介和调查》，天津：棉四厂档案。

棉四：《1947 年布告留底簿》，天津：棉四厂档案。

南满洲铁道株式会社（Minami manshu tetsudo kabushiki kaisha）：《华北工厂实际情况调查报告：天津》（*Hokushina kojo jittai chosa hokokusho：Tenshin no bu*），出版地不详，1938 年。

［美］戴维·蒙哥马利（Montgomery，David）：《19 世纪的美国罢工》（“Strikes in Nineteenth-Century America”），《社会科学史》（*Social Science History*）第 4 卷第 1 期，1980 年冬，第 81—104 页。

［美］戴维·蒙哥马利（Montgomery，David）：《人民的研究：美国工人阶级》（“To Study the People：The American Working Class”），《劳工史》（*Labor History*）第 21 卷第 4 期，1980 年秋，第 485—512 页。

[日]内藤顺太郎(Naito Juntaro):《中国的纺织业工潮》(*Zai Shina keizai sogi*),东京:东亚社(Tokyo:Toasha),1925 年。

南开大学经济研究所编:《南开指数资料汇编(1913—1952 年)》,北京:统计出版社,1958 年。

南开大学经济研究所编辑:《天津市社会调查资料》,蜡纸油印剪贴簿,1931 年。

南开大学历史系 1956 年辑编:《天津地区义和团运动调查报告》,油印本,天津:出版者不详,1960 年。

《南开大学六十年》,天津:南开大学,1979 年。

南开大学政治经济学系:《关于解放前天津三条石资本主义剥削情况调查资料》,油印品,1972 年 3 月。

[荷]约翰·纽霍夫(Nieuhoff, John):《1655 年荷兰东印度公司使节哥页和开泽阁下觐见中国皇帝》("The Embassy of Peter de Goyer and Jacob de Keyser from the Dutch East India Company to the Emperor of China in 1655"), 约翰·平克顿(John Pinkerton)编:《世界各地最好最有特色的航海和旅行记总汇》(*A General Collection of the Best and Most Interesting Voyages and Travels in All Parts of the World*),伦敦:朗文出版社,1811 年,第 7 卷(Vol. Ⅶ. London:Longman, Hurst, Rees, Orme, and Brown)。

《平津意识形态组织调查》("Pekin Tientsin shiso dantai chosa")(二),《调查月刊》(*Chosa Geppo*)第 2 卷第 6 期,1942 年 6 月,第 385—460 页。

《北京和陆路交通线》(*Peking and the Overland Route*),上海:托马斯·库克(Shanghai:Thomas Cook),1917 年。

[美]伊丽莎白·H. 普莱克(Pleck, Elizabeth H.):《两界合一:工作和家庭》("Two Worlds in One:Work and Family"),《社会史杂志》(*Journal of Social History*)第 10 卷第 2 期,1976 年冬,第 178—195 页。

[英]悉尼·波拉德(Pollard, Sidney):《工业革命中的工厂纪律》("Factory Discipline in the Industrial Revolution"),《经济史评论》(*Economic History Review*),系列 2 第 16 卷第 2 期,1963—1964 年,第 254—271 页。

[英]悉尼·波拉德(Pollard, Sidney):《现代管理的起源》(*The Genesis of Modern Management*),麻州剑桥:哈佛大学出版社(Cambridge, Mass.: Harvard University Press),1966 年。

乔虹:《明清以来天津水患的发生及其原因》,《北国春秋》第 2 卷第 3 期,1960 年 7 月,第 86—95 页。

《青洪帮考释》,台北:时代海员月刊社,1973 年。

《清谱辑要》,天津:崇义悟学社,1932 年。

[英]雷穆森(Rasmussen, O. D.):《天津插图本史纲》(*Tientsin: An Illustrated Outline History*),天津:天津印字馆(Tientsin: Tientsin Press),1925 年。

[法]威廉·瑞迪(Reddy, William M.):《法国早期纺织厂的纱线、等级工资、折扣、蒸汽与其他"群众公正"对象》("Skeins, Scales, Discounts, Steam and Other Objects of Crowd Justice in Early French Textile Mills"),《社会与历史比较研究》(*Comparative Studies in Society and History*)第 21 卷第 2 期,1979 年 4 月,第 204—213 页。

[英]阿利斯泰尔·瑞德(Reid, Alistair):《英国工人阶级形成

时期的政治与经济：对穆尔豪斯的回应》（"Politics and Economics in the Formation of the British Working Class：A Response to H. F. Moorhouse"），《社会史》（*Social History*）第 3 卷第 3 期，1978 年 10 月，第 359—361 页。

任朴：《三条石》，天津：百花文艺出版社，1964 年。

［美］丹尼尔·T. 罗杰斯（Rodgers，Daniel T.）：《传统、现代性与美国产业工人：反思与批判》（"Tradition，Modernity and the American Industrial Worker：Reflections and Critique"），《跨学科史杂志》（*Journal of Interdisciplinary History*）第 7 卷第 4 期，1977 年春，第 655—682 页。

［美］罗威廉（Rowe，William T.）：《汉口：一个中国城市的商业和社会（1796—1889）》（*Hankow：Commerce and Society in a Chinese City，1796–1889*），加州斯坦福：斯坦福大学出版社（Stanford，Calif.：Stanford University Press），1984 年。

［美］罗威廉（Rowe，William T.）：《日本占领期间的青帮及其汉奸活动，1939—1945》（"The Qingbang and Collaboration under the Japanese，1939–1945"），《近代中国》（*Modern China*）第 8 卷第 4 期，1982 年 10 月，第 491—499 页。

阮渭泾：《美商大来洋行在中国的掠夺》，《文史资料选辑》第 49 期，1964 年 1 月，第 1—20 页。

芮允之：《天津地毯工业的兴起和发展》，《天津文史资料选辑》第 1 辑，1978 年 12 月，第 64—79 页。

［美］琼·W. 斯科特（Scott，Joan W.）：《卡尔莫的玻璃工人》（*The Glassworker of Carmaux*），英国剑桥：剑桥大学出版社

(Cambridge, Eng.:Cambridge University Press),1974 年。

［美］马克·塞尔登(Selden,Mark):《中国与日本的无产阶级、革命性变革与国家,1850—1950 年》("The Proletariat, Revolutionary Change, and the State in China and Japan,1850–1950"),伊曼纽尔·沃勒斯坦(Wallerstein, Immanuel)主编:《世界社会结构中的劳工》(*Labor in the World Social Structure*),加州贝弗利山:塞奇出版社(Beverly Hills,Calif.: Sage Publications),1983 年,第 3 卷,第 58—120 页。

［美］小威廉·H. 休厄尔(Sewell, William H., Jr.):《19 世纪马赛社会变迁与工人阶级政治的兴起》("Social Change and the Rise of Working-Class Politics in Nineteenth-Century Marseille"),《过去与现在》(*Past and Present*)第 65 期,1974 年 11 月,第 75—109 页。

［美］小威廉·H. 休厄尔(Sewell, William H., Jr.):《法国的工作与革命:从旧政权到 1848 年的劳工语言》(*Work and Revolution in France: The Language of Labor from the Old Regime to* 1848),英国剑桥:剑桥大学出版社(Cambridge, Eng.: Cambridge University Press),1980 年。

［美］林德·谢弗(Shaffer, Lynda):《中国工人阶级》("The Chinese Working Class"),《近代中国》(*Modern China*)第 9 卷第 4 期,1983 年 10 月,第 455—464 页。

［美］林德·谢弗(Shaffer, Lynda):《毛泽东和工人:湖南的劳工运动,1920—1923 年》(*Mao and the Workers: The Hunan Labor Movement, 1920–1923*),纽约州阿蒙克:夏普出版社(Armonk, N.

Y.：Sharpe），1982 年。

上海市棉纺织工业同业公会筹备会：《中国棉纺统计史料》，上海，1950 年。

［美］詹姆斯·谢里登（Sheridan，James E.）：《分崩离析的中国》（*China in Distintegration*），纽约：自由出版社（New York：Free Press），1975 年。

［日］斯波义信（Shiba，Yoshinobu）：《宁波及其腹地》（"Ningbo and Its Hinterland"），载［美］施坚雅（G. William Skinner）编《中华帝国晚期的城市》（*The City in Late Imperial China*），加州斯坦福：斯坦福大学出版社（Stanford Calif.：Stanford University Press），1977 年，第 391—440 页。

［美］爱德华·肖特（Shorter，Edward）、查尔斯·蒂利（Tilly，Charles）：《法国的罢工，1830—1968 年》（*Strikes in France，1830-1968*），英国剑桥：剑桥大学出版社（Cambridge Eng.：Cambridge University Press），1974 年。

司呈祥：《参加天津早期革命活动的回忆》，《天津文史资料选辑》第 10 辑，1980 年 7 月，第 69—108 页。

［美］施坚雅（Skinner，G. William）：《中华帝国晚期的流动性策略：一个区域性体系研究》（"Mobility Strategies in the Late Imperial China：A Regional Systems Analysis"），载卡罗尔·史密斯（Smith，Carol A.）编《区域分析，第一卷：经济体系》（*Regional Analysis，Vol. I：Economic Systems*），纽约：学术出版社（New York：Academic Press），1976 年，第 327—364 页。

［美］史蒂芬·R. 史密斯（Smith，Steven R.）：《伦敦学徒工：17

世纪的青少年》("The London Apprentices as Seventeenth-Century Adolescents"),《过去与现在》(*Past and Present*)第 61 期,1973 年 11 月,第 149—161 页。

宋蕴璞:《天津志略》,天津:天津协成印刷局,1931 年。

[美]斯坦利·斯佩克特(Spector, Stanley):《李鸿章与淮军》(*Li Hung-chang and the Huai Army*),西雅图:华盛顿大学出版社(Seattle: University of Washington Press),1964 年。

[英]乔治·斯当东(Staunton, George):《英使谒见乾隆纪实》第 1 卷(*An Authentic Account of an Embassy from the King of Great Britain to the Emperor of China*, Vol. I),费城:约翰·博伦出版公司(Philadelphia: John Bioren),1799 年。

[美]凯瑟琳·史蒂文斯(Stevens, Catherine):《京韵大鼓》("Peking Drumsinging"),哈佛大学博士论文,1973 年。

[美]全大伟(Strand, David):《20 世纪 20 年代的北京:政治秩序与民众反抗》("Peking in the 1920's: Political Order and Popular Protes"),哥伦比亚大学博士论文,1979 年。

[美]全大伟(Strand, David)、理查德·魏纳(Weiner, Richard R.):《20 世纪 20 年代北京的社会运动和政治话语:基于 1929 年 10 月 22 日电车动乱的分析》("Social Movements and Political Discourse in 1920's Peking: An Analysis of the Tramway Riot of October 22, 1929"),曼素恩(Susan Mann Jones)主编:《远东研究中心论文选编》(*Select Papers from the Center for Far Eastern Studies*)第 3 期(1978—1979),芝加哥:芝加哥大学(Chicago: University of Chicago),1979 年,第 137—179 页。

孙华:《领薪》,《工人周刊》第8—9期,1947年1月15日,第18—19页。

孙敬之:《元隆绸布店与"庆修堂孙"的兴衰始末》,《天津文史资料选辑》第2辑,1979年2月,第118—129页。

孙立民、辛公显:《天津日租界概况》,《天津文史资料选辑》第18辑,1982年1月,第111—151页。

陶玲、章秀敏(Lydia Johnson):《天津工业中的妇女与女童研究》("A Study of Women and Girls in Tientsin Industries"),《中国经济杂志》(*Chinese Economic Journal*)第2卷第6期,1928年6月,第519—528页。

[英]理查德·陶尼(Tawney, Richard):《中国的土地与劳力》(*Land and Labour in China*),纽约:哈考特·布雷斯(New York: Harcourt, Brace),1932年。

天津日本商会(Tenshin Nihon Shogyo Kaigisho):《天津概瞰》,天津:日本商会,1927年。

天津日本商会(Tenshin Nihon Shogyo Kaigisho):《天津工商业指南补遗》(Tenshin Shogyo annai furoku),天津:日本商会,1939年。

[美]伯纳德·S.托马斯(Thomas, S. Bernard):《劳工与中国革命》(*Labor and the Chinese Revolution*),安娜堡:密歇根大学中国研究中心(Ann Arbor: Center for Chinese Studies, University of Michigan),1983年。

[美]伯纳德·S.托马斯(Thomas, S. Bernard):《中国革命和1927广州公社中的"无产阶级领导权"》("'Proletarian Hegemony' in the Chinese Revolution and the Canton Commune of 1927"),安娜

堡:《密歇根中国研究论文》(*Ann Arbor:Michigan Papers in Chinese Studies*)第 23 号,1975 年。

[英]汤普森(Thompson, E. P.):《十八世纪的英国社会:没有阶级的阶级斗争?》("Eighteenth Century English Society:Class Struggle without Class?"),《社会史》(*Social History*)第 3 卷第 2 期,1978 年 5 月,第 147—150 页。

[英]汤普森(Thompson, E. P.):《英国工人阶级的形成》(*The Making of the English Working Class*),纽约:古典书局(New York:Vintage),1966 年。

[英]汤普森(Thompson, E. P.):《时间、工作纪律和工业资本主义》("Time, Work-Discipline and Industrial Capitalism"),《过去与现在》(*Past and Present*)第 38 期,1967 年,第 56—92 页。

田红石:《天津概述(一九一九年前)》,《天津历史资料》第 3 期,1965 年 3 月 1 日,第 1—13 页。

《天津宝成纱厂实行三班制》,《统计月报》第 2 卷第 4 期,1930 年,第 3—4 页。

《天津产儿风俗》,《社会月刊》增刊,1930 年 3 月 20 日,第 1—6 页。

《天津的洋行买办》,《天津文史参考资料简辑之六》,天津,1975 年 8 月。

《天津各级工会调查概况》,《社会月刊》第 1 卷第 5—6 期,1929 年 12 月,第 1—26 页。

《天津工人生活程度及其近四年来生活费之变迁》,《经济研究周刊》第 19 期,1930 年 7 月 6 日。

天津进步日报社编印：《天津工商业丛刊3：五金及其农具经营的方向》，天津，1951年。

天津南开学校社会视察委员会：《天津南开学校社会视察报告》，天津，1930年。

《天津纱厂实业近况》，《纺织周刊》第5卷第22—23期，1935年6月15日，第561—564页。

《天津市二十五年份人口出生状况》，《稽查调查统计丛刊》第2卷第5号，1937年5月，第1—8页。

《天津市二十五年份人口死亡统计一斑》，《稽查调查统计丛刊》第2卷第4号，1937年4月，第6—20页。

天津市纺织工业局编史组：《旧中国时期的天津纺织工业》，《北国春秋》第2卷第1期，1960年1月10日，第86—110页。

《天津市红白货业商情习惯调查》，《社会月刊》增刊第1卷第8号，1930年3月20日，第1—13页。

《天津市花柳病防治所》，《天津市周刊》第1卷第8期，1947年2月1日，第9页。

《天津市脚行简介》，（一）：《天津市周刊》第2卷第2期，1947年3月15日，第7—8页；（二）：《天津市周刊》第2卷第3期，1947年3月22日，第6—7页。

天津市京剧团改编：《六号门》，天津：百花文艺出版社，1965年。

天津市历史研究所天津史研究室：《天津简史》，天津：天津市历史研究所，1979年。

天津市历史研究所资料室整理：《天津的脚行》，《天津历史资料》第 4 期,1965 年 10 月 1 日,第 1—29 页。

天津市社会局编:《国货一览》,天津:天津市社会局编印,1929 年。

天津市政府统计处编:《天津市主要统计资料手册——第 2 号:工商专号》,天津:天津市政府统计处编印,1948 年。

《天津市之风俗调查》,《河北月刊》第 1 卷第 3 号,1933 年 3 月,第 1—22 页。

天津史迹调查队三条石早期工业资料调查组编:《天津市三条石早期工业资料调查》,油印本,天津,1958 年。

天津县实业局:《天津县实业调查报告》,天津:天津县实业局,1925 年。

《天津特别市妇女救济院妇女一览表》,《天津特别市社会局一周年工作总报告,1928—1929 年》,天津:社会局,1929 年。

《天津特别市工厂联合会会务纪要》,天津,1943 年。

天津特别市公署:《天津特别市公署二十七年行政纪要》第 2 卷,天津,1938 年。

《天津特别市社会局民国十八年工作报告书》,天津,无发表日期。

《天津特别市社会局一周年工作总报告(民国十七年八月至十八年七月)》,天津:社会局,1929 年。

天津特别市特别行政区公署编:《天津特别市特别行政区公署中华民国三十年年报》,天津,1941 年。

《天津租界简况》,《天津文史参考资料简辑之三》,天津,1972 年。

《天津逐渐成为一个新纺织业中心》("Tientsin Slowly Emerging as a New Textile Center")，《远东调查》(*Far Eastern Survey*)第 6 卷第 1 期，1937 年 1 月 6 日，第 11 页。

[美]路易丝·蒂莉(Tilly, Louise A.)：《五月事件：米兰的工人阶级和 1848 年的叛乱》("I fatti di maggio: The Working Class of Milan and the Rebellion of 1848")，载罗伯特·J.贝祖查(Robert J. Bezucha)主编《现代欧洲社会史》(*Modern European Social History*)，麻州列克星敦：希思出版社(Lexington, Mass.: Heath)，1972 年，第 124—158 页。

[美]路易丝·蒂莉(Tilly, Louise A.)：《无产阶级化的路径：生产组织、劳动的性别分工与妇女的集体行动》("Paths of Proletarianization: Organization of Production, Sexual Division of Labor, and Women's Collective Action")，《信号》(*Signs*)第 7 卷第 2 期，1981 年冬，第 400—417 页。

[美]路易丝·蒂莉(Tilly, Louise A.)、琼·斯科特(Scott, Joan W.)：《妇女、工作和家庭》(*Women, Work and Family*)，纽约：霍尔特出版社(New York: Holt)，1978 年。

[美]路易丝·蒂莉(Tilly, Louise A.)、查尔斯·蒂利(Tilly, Charles)编：《阶级冲突与集体行动》(*Class Conflict and Collective Action*)，加州贝弗利山：塞奇出版社(Beverly Hills, Calif.: Sage Publications)，1981 年，第 207—232 页。

[美]西奥多·冯·劳(Von Laue, Theodore H.)：《工厂中的俄罗斯农民，1892—1904 年》("Russian Peasants in the Factory, 1892-1904")，《经济史杂志》(*Journal of Economic History*)第 21 卷，1961

年,第 61—80 页。

《天津工业的工资》("Wages in Tientsin industries"),《中国经济月刊》(*Chinese Economic Monthly*)第 3 卷第 10 期,1926 年 10 月,第 418—423 页。

[美]尼姆·威尔斯(Wales,Nym)、海伦·福斯特·斯诺(Snow,Helen Foster):《中国工人运动》(*The Chinese Labor Movement*),纽约:约翰·戴出版公司(New York:John Day),1945 年。

万心权:《天津市税捐概况》,《河北月刊》第 1 卷第 4 期,1933 年 4 月,第 1—4 页;同上,第 1 卷第 5 期,1933 年 5 月。

王达:《天津之工业》,《实业部月刊》第 1 卷第 1 期,1936 年 4 月,第 109—218 页。

王怀远:《旧中国时期天津的对外贸易》,《北国春秋》第 1 部分:第 1 期,1960 年 1 月,第 65—85 页;第 2 部分:第 2 期,1960 年 4 月,第 29—44 页。第 3 部分:第 3 期,1960 年 7 月,第 98—109 页。

王景杭、张泽生:《裕元纱厂的兴衰史略》,《天津文史资料选辑》第 4 辑,1979 年 10 月,第 172—179 页。

汪敬虞编:《中国近代工业史资料,1895—1914》第 2 辑,北京,1957 年。

王林:《播种:天津工运史话》,天津:天津通俗出版社,1953 年。

王清彬等:《第一次中国劳动年鉴》,北平:社会调查部,1928 年。

王锡荣等:《解放前天津三条石徒工的血泪》,《历史教学》第 2 期,1965 年,第 42—46 页。

王绣舜、张高峰：《天津早期商业中心的掠影》，《天津文史资料选辑》第 16 辑，1981 年 8 月，第 61—73 页。

王芸生、曹谷冰：《英敛之时代的旧大公报》，《文史资料选辑》第 9 辑，1960 年 9 月，第 1—44 页。

王子健：《民国二十三年的中国棉纺织业》，国立中央研究院社会科学研究所旧稿，出版信息不详，无发表日期。

王子寿：《天津典当业四十年的回忆》，《文史资料选辑》第 53 辑，1965 年 11 月，第 35—58 页。

魏伯刚：《天津横滨正金银行与魏家两代买办》，《天津文史资料选辑》第 18 辑，1982 年 1 月，第 153—181 页。

魏克晶：《天后宫的变迁》，《天津日报》，1981 年 2 月 8 日，第 3 版。

［美］韦尔莫特（Willmott, W. E.）编：《中国社会的经济组织》（*Economic Organization in Chinese Society*），加州斯坦福：斯坦福大学出版社（Stanford, Calif.: Stanford University Press），1972 年。

［美］卢蕙馨（Wolf, Margery）、罗克珊·维特克（Witke, Roxane）编：《中国社会中的妇女》（*Women in Chinese Society*），加州斯坦福：斯坦福大学出版社（Stanford, Calif.: Stanford University Press），1975 年。

［美］蒂姆·赖特（Wright, Tim）：《"一种逃避管理的方法"——1937 年以前中国煤矿的合同工》（"'A Method of Evading Management'—Contract Labor in Chinese Coal Mines before 1937"），《社会与历史的比较研究》（*Comparative Studies in Society and History*）第 23 卷第 4 期，1981 年 10 月，第 656—678 页。

吴瓯:《天津市纺纱业调查报告》,天津:天津市社会局,1931 年。

吴瓯:《天津市火柴业调查报告》,天津:天津市社会局,1931 年。

吴瓯:《天津市面粉业调查报告》,天津:天津市社会局,1932 年。

吴瓯等:《天津市社会局统计汇刊》,天津:天津市社会局,1931 年。

吴焕之:《关于我父吴调卿事迹的回忆》,《文史资料选辑》第 49 辑,1964 年 1 月,第 228—235 页。

列奥纳德·吴(Wu Leonard T. K.):《中国棉纺业的危机》("The Crisis in the Chinese Cotton Industry"),《远东调查》(Far Eastern Survey)第 4 卷第 1 期,1935 年 1 月 6 日,第 1—4 页。

吴世成:《天津之纸币》,《商学月刊》,1935 年 7 月,第 27—33 页。

吴子光:《经济恐慌中天津对外贸易之衰落》,《河北月刊》第 2 卷第 12 期,1934 年 12 月。

夏少泉:《关于周学熙、杨味云和华新纱厂资料的补充》,《文史资料选辑》第 31 辑,1962 年 7 月,第 320—322 页。

项瑞芝:《记一九二五年砸裕大事件的前前后后》,《天津文史资料选辑》第 10 辑,1980 年 7 月,第 116—121 页。

肖祝文:《天津英美烟公司的经济掠夺》,《天津文史资料选辑》第 3 册,1979 年 6 月,第 166—194 页。

新凤霞:《新凤霞回忆录》(Reminiscences,Beijing:Panda books)

（外文版），北京：《中国文学》杂志社丛书（Beijing：Panda Books），1981 年。

新凤霞：《新凤霞回忆录》，香港：三联书店，1980 年。

新凤霞：《艺术生涯：新凤霞回忆录二集》，香港：三联书店，1982 年。

邢必信、吴铎、林颂河等：《第二次中国劳动年鉴》，北平：社会调查所，1932 年。

徐景星：《天津近代工业的早期概况》，《天津文史资料选辑》第 1 辑，1978 年 12 月，第 124—161 页。

薛不器：《天津货栈业》，天津：新联合出版社，1941 年。

严逸文：《四十年买办生活回忆》，《文史资料选辑》第 42 辑，1964 年 2 月，第 254—283 页。

阎子奉：《阎锡山家族经营的企业》，《文史资料选辑》第 49 辑，1964 年 1 月，第 46—65 页。

杨联陞：《中国的货币与信贷》（*Money and Credit in China*），麻州剑桥：哈佛大学出版社（Cambridge，Mass.：Harvard University Press），1952 年。

姚惜云：《天津时调的演变》，《天津文史资料选辑》第 14 辑，1981 年 3 月，第 160—169 页。

叶谦吉：《天津棉花需求—价格相关之研究》，天津：南开大学经济研究所政治经济学报单行本，1935 年。

叶悟西、邵云瑞：《刘少奇"天津讲话"再评价》，油印本，天津：南开大学历史系党史研究室，1979 年。

易苏民编：《青帮考释》，台北：言昌出版社，1978 年。

《一九二五年天津纺织工人斗争经过》(8 位老工人座谈记录),《北国春秋》,1959 年 10 月 10 日,第 42—49 页。

横滨正金银行调查部(Yokohama shokin ginko chosaka):《天津的原棉和棉花业》(*Tenshin menka oyobi men kogyo*),出版信息不详,1919 年。

于鹤年:《天津天后宫考》,《河北月刊》第 3 期,1935 年,第 6—7 页。

日本驻北京使馆(Zai Pekin Dai Nippon teikoku taishikan):《华北运输业劳工调查》(*Kchoku ni okeru kotsu unyu rodoka chosa*),出版信息不详,1941 年。

日本驻天津总领事馆(Zai Tenshin Nippon teikoku soryojikan):《从工业角度考量天津和华北的经济状况》(*Sangyojo yori mitaru Tenshin to Hokushi no keizai josei*),出版信息不详,1938 年。

昝道徒:《一贯道的罪恶内幕》,《文史资料选辑》第 47 辑,1963 年 11 月,第 210—225 页。

[美]雷金纳德·E. 泽尔尼克(Zelnik, Reginald E.):《沙皇俄国的劳工与社会:圣彼得堡的工厂工人,1855—1870 年》(*Labor and Society in Tsarist Russia：The Factory Workers of St. Petersburg，1855-1870*),加州斯坦福:斯坦福大学出版社(Stanford, Calif.: Stanford University Press),1971 年。

[美]雷金纳德·E. 泽尔尼克(Zelnik, Reginald E.):《俄罗斯工人与革命运动》("Russian Workers and the Revolution Movement"),《社会史杂志》(*Journal of Social History*)第 6 卷第 2 期,1972—1973 冬,第 214—236 页。

曾铁忱：《天津之机器业》，《社会月刊》第 1 卷第 3—4 号合刊，1929 年 10 月，第 1—34 页。

张次溪：《天津游览志》，北平：中华印书局，1936 年。

张高峰：《劝业场一带的变迁》，《天津文史资料选辑》第 16 辑，1981 年 8 月，第 74—92 页。

张鹤琴：《津门曲坛沧桑录》，《天津文史资料选辑》第 14 辑，1981 年 3 月，第 116—159 页。

张焘：《津门杂记》，清光绪十年（1884 年）刻本。

张寿辰：《回顾我的艺人生涯》，《天津文史资料选辑》第 14 辑，1981 年 3 月，第 196—205 页。

张绪愉：《我是一个纺织业的工人说几句对纺织业的感想》，《华北劳动》第 1 卷第 1 号，1946 年 1 月，第 12—14 页。

张钟（Zhang Zhong，音译）：《沈括谈天津》，《天津日报》，1980 年 1 月 15 日。（查无此文，原文出处可能有误。——译者注）

赵世贤：《军阀王占元经营工商业概况》，《天津文史资料选辑》第 4 辑，1979 年 10 月，第 163—171 页。

《赵世炎生平史料》，《文史资料选辑》第 58 辑，1979 年，第 36—162 页。

振济：《胜利前天津机械工厂概况》，《华北工矿》第 2 期，1946 年 6 月，第 107 页。

郑启南：《经济部接收东亚烟草公司概况》，《华北劳动》第 1 卷第 6 期，1946 年 6 月，第 14 页。

郑志璋：《天津太古洋行与买办郑翼之》，《天津文史资料选辑》第 9 辑，1980 年 6 月，第 107—124 页。

《整顿脚行》,《天津市周刊》第 4 卷第 6 期,1947 年 9 月 27 日,第 3—4 页。

《中纺天津第二厂概况》,《河北劳动》第 1 卷第 7 期,1947 年 1 月,第 24—26 页。

中国纺织建设公司天津分公司编:《天津中纺二周年》,天津,1947 年。

《中国劳动阶级生活费之研究》,《经济研究周刊》第 3 期,1930 年 3 月 17 日。

《中国约开港口贸易统计(1863—1872 年)》(*Trade Statistics of the Treaty Ports, for the Period 1863–1872*),上海:海关总税务司出版社(Shanghai: Imperial Maritime Customs Press),1873 年。

中国作家协会天津分会编:《海河红浪》,天津:百花文艺出版社,1960 年。

中国作家协会天津分会编:《野火烧不尽:天津棉纺五厂历史》,天津:百花文艺出版社,1959 年。

中国作家协会天津分会编:《一九二五年的风暴》,天津:百花文艺出版社,1959 年。

中华民国政府金融专家委员会:《金本位货币体制逐渐引进中国的法律方案》(*Project of Law for the Gradual Introduction of a Gold-standard Currency System in China*),出版信息不详,1929 年。

中华全国总工会编:《搬运工人工会工作参考资料》,北京:工人出版社,1950 年。

祝淳夫:《北洋军阀对天津近代工业的投资》,《天津文史资料选辑》第 4 辑,1979 年 10 月,第 146—162 页。

祝淳夫:《周学熙与北洋实业》,《天津文史资料选辑》第 1 期,
1978 年 12 月,第 1—28 页。

朱梦苏:《天津北洋纱厂沿革及其与金城、中南两行的关系》,
《文史资料选辑》第 49 辑,1964 年 1 月,第 195—200 页。

《最近中国人口的新估计》,《社会科学杂志》第 6 卷第 1 期,
1935 年 3 月。

《最近中国之人口统计》,《统计月报》第 1 卷第 1 期,1929 年。

左振玉:《一九二九年的狱中斗争》,《天津文史资料选辑》第
10 辑,1980 年 7 月,第 122—130 页。

译名对照表

A

An Ticheng 安体诚

An Xingsheng 安幸生

B

Ba Yanqing 巴延庆

Bai Yunsheng 白云生

Bao Cheng Mill 宝成纱厂

Bei Cang 北仓

Bei Yang Match Factory 北洋火柴厂

Bei Yang Mill 北洋纱厂

Bengbeng Xi 蹦蹦戏

Bian Ruzi 卞如子

Big Grab 大抓

Dagu 大沽

Dajing Road 大经路

De He Ironworks 德和铁工厂

De Li Xing 德利兴

Dollar Company 大来洋行

Dong Kecheng 董克成

Dong Lou 东楼

Dong Ya tobacco plant 东亚烟草公司

Dong Zhaoyi 董兆义

Du Kai 杜恺

Du Yuesheng 杜月笙

Duan Qirui 段祺瑞

E

Elder Brother Society 哥老会

Eley,Geoff 杰夫·埃利

Ellis,Henry 亨利·埃利斯

Epstein, Israel 伊斯雷尔·爱泼斯坦

F

Feng Huanian 冯华年

Feng Yuxiang 冯玉祥

Fong,H. D. 方显廷

foremen 工头 把头

Hong Bang 洪帮

Honig，Emily 韩起澜

Hu Shijian 胡世剑

Hu Yufa 胡裕发

Hua Xin Mill 华鑫纱厂

Hui Le Guild 惠乐脚行

Hunhunr 混混儿

J

Jardine & Matheson 怡和洋行

Ji Kailin 纪凯林

Jiang Bore 姜般若

Jiang Jieshi 蒋介石

Jiaohe county 交河县

Jibei Power Company 冀北电力公司

Ji Zhaosheng 姬兆生

Jin Ju Cheng Ironworks 金聚成铁工厂

Jin Ju Xing 金聚兴

Jinan 济南

Jinghai county 静海县

Johnson，Lydia 章秀敏

Johnson，Robert 罗伯特·约翰逊

Lu Dangping 鲁荡平

Lu Family 鲁家

Lu Shaoting 卢绍亭

Lu Zhuangzi guild 芦庄子脚行

M

Ma Wenheng 马文衡

Ma Wenyuan 马文元

Ma Yanchi 马燕岐

Ma Yunlong 马云龙

MacKinnon, Stephen R. 麦金农

Michie, Alexander 宓吉

Mitsubishi 三菱

Mitsui 三井

N

Nangong 南宫

Nantong 南通

New Virtue Lane 新德里

Ni Sichong 倪嗣冲

Nield, Keith 基思·尼尔德

P

Pan Changqing 潘长青

Peng Shoujian 彭受鉴

Peng Xuezhou 彭雪舟

Peng Zhen 彭真

Pu Le Street 普乐大街

Pure Brightness Festival 清明节

Purple Bamboo Grove 紫竹林

Q

Qian De Zhuang 谦德庄

Qin Ji 秦记

Qing Bang 青帮

Qingdao 青岛

Qixin Cement Company 启新洋灰公司

Quan Sheng De Ironworks 全盛德铁工厂

Quan Ye Chang 劝业场

R

Reddy, William 威廉·瑞迪

Reid Alistair 阿利斯泰尔·瑞德

Ren Li wool mill 仁立毛纺厂

Robert Dollar Company 美国大来洋行

Roubaix 鲁贝（地名）

Rui Sheng Xiang Dyeworks 瑞生祥颜料厂

S

Sanbuguan 三不管

Santiaoshi 三条石

Sanyo Company 三洋

Selden，Mark 马克·塞尔登

Sewell，William，Jr.小威廉·休厄尔

Shaffer，Lynda 林德·谢弗

Shen Yushan 沈玉山

Shi Yukai 史玉凯

Shuang Ju Gong Ironworks 双聚公铁厂

Shuang Xi Cotton Mill 双喜纱厂

Shulu county 束鹿县

Si Chengxiang 司呈祥

Stearns，Peter 彼得·斯特恩斯

Stevens，Catherine 凯瑟琳·史蒂文斯

Strand，David 全大伟

Su Geng 苏更

Su Zhenbao 苏振宝

Sun Buhai 孙步海

Sun Shaohua 孙少华

Sun Yatsen 孙中山

T

Tamula Company 田村洋行

Tan Hua Match factory 丹华火柴厂

T'ao Ling 陶玲

Thompson, E. P. 汤普森

Tianjin Iron and Steel Mill 天津钢铁厂

Tianjin Textile Union 天津纺织总工会

Tianjin Work Committee 天津工作委员会

Tie Dao Wai 铁道外

Toa Company 东亚株式会社

Tong Yi Gong 同义公

Tong Yi Guild 同议脚行

Tu Fangzi 土房子

V

Victoria Park 维多利亚花园

Victoria Road 维多利亚道

Von Laue, Theodore H. 西奥多·冯·劳

W

Wang Changxing 王长兴

Wang Laichi 王来池

Wang Mobin 王墨斌

Wang Shuge 王书阁

Wang Weizhen 王维桢

Wang Xiaolai 王晓籁

Wang Zhanyuan 王占元

Wen'an county 文安县

White Lotus sects 白莲教

Woodrow Wilson Street 威尔逊路

Wopu 窝铺

Wright，Tim 蒂姆·赖特

Wu Bolin 吴柏林

Wuhan 武汉

Wu Maoding 吴懋鼎

Wuqiao 吴桥

Wuqing county 武清县

Wu Shuzhong 吴树忠

Wuxi 无锡

X

Xi Guang Kai 西广开

Xi Yao Wa 西窑洼

Xiang Ruizhi 项瑞芝

Xiao Bai Lou 小白楼

Xiao Li Ma 小李妈

Xiaoying Market 小营市场

Xin Le Street 新乐街

Xing Minzhi 邢敏志

Xitou 西头

Xuan Lou 宣楼

Xue Shuping 薛淑萍

Y

Yalun Machine Factory 亚轮（也有作"亚伦"）机器厂

Yan Laide 阎来德

Yan Xishan 阎锡山

Yang Baoting 杨宝亭

Yang Chunlin 杨春林

Yang Derun 杨德润

Yi Guan Dao 一贯道

Yi Zhong Tobacco Company 颐中烟草公司

Yishi Bao 益世报

Yong Mao Gong Ironworks 永茂公铁厂

Yu Da Mill 裕大纱厂

Yu Feng Mill 裕丰纱厂

Yu Shude 于树德

Yu Shuyuan 于淑媛

Yu Yuan Mill 裕元纱厂

Yuan Shikai 袁世凯

Yuan Wenhui 袁文会

Z

Zao Qiang county 枣强县

Zelnik，Reginald E. 雷金纳德·E. 泽尔尼克

Zeng Guofan 曾国藩

Zhai Chunhe 翟春和

Zhang Chunfeng 张春风

Zhang Jiagui 张家贵

Zhang Jinming 张金铭

Zhang Tianran 张天然

Zhang Wenqing 张文清

Zhang Xunzhi 张逊之

Zhang Xiyuan 张西元

Zhang Xuejin 张学金

Zhang Zhijiu 张志久

Zhang Zuolin 张作霖

Zhao Kuigao 赵魁高

Zhao Yumei 赵玉梅

Zhao Zhongming 赵钟明

Zhou Enlai 周恩来

Zhou Xuexi 周学熙

Zuo Zhenyu 左振玉